重庆市律师协会　编著

重庆市律师协会
行业规则与业务指引

编委会主任　熊世明

主　　编　袁小彬

副 主 编　高弘伱　彭　静　肖　华

编委会委员
袁小彬　徐丽霞　何洪涛　陈　昊
邹晓黎　宋卫东　张智勇

西南大学出版社
SWUP
国家一级出版社　全国百佳图书出版单位

图书在版编目(CIP)数据

重庆市律师协会行业规则与业务指引 / 重庆市律师协会编著. -- 重庆：西南大学出版社，2023.10
ISBN 978-7-5697-1944-4

Ⅰ.①重… Ⅱ.①重… Ⅲ.①律师业务-中国 Ⅳ.①D926.5

中国国家版本馆CIP数据核字(2023)第138275号

重庆市律师协会行业规则与业务指引
CHONGQING SHI LÜSHI XIEHUI HANGYE GUIZE YU YEWU ZHIYIN

重庆市律师协会　编著

责任编辑：	张　琳
责任校对：	曹园妹
特约校对：	朱司琪
装帧设计：	殳十堂_未　氓
排　　版：	杨建华
出版发行：	西南大学出版社(原西南师范大学出版社)
	地址：重庆市北碚区天生路2号
	邮编：400715
	市场营销部电话：023-68868624
印　　刷：	重庆市联谊印务有限公司
幅面尺寸：	210 mm × 285 mm
印　　张：	26.25
字　　数：	644千字
版　　次：	2023年10月　第1版
印　　次：	2023年10月　第1次印刷
书　　号：	ISBN 978-7-5697-1944-4
定　　价：	130.00元

序 言
PREFACE

"法者，天下之程式也，万事之仪表也。"律师以"法"为业、以律为师，规则是律师执业的生命和律师行业服务管理的依据。律师协会作为自律性组织，依法实施律师行业服务管理，无疑应当以规则为基，以规则建设为先。

重庆市律师协会把规则规范建设摆在律师行业服务管理的优先位置，制定专项工作规划持续推进，致力通过管理规则和业务规范的系统化建构，优化行业服务管理，营造律师执业良序，提升专业服务水准，推进行业高质量发展。

最近四年多来，重庆市律师协会在重庆市司法局指导下，立足行业服务管理需要，直面行业服务管理焦点，着眼行业服务管理发展，在对现行行业规则全面梳理和系统检视的基础上，按照问题导向、需求导向、目标导向，分步做好行业规则的"立、改、废"工作，制定或修订各类行业管理类规则和律师业务指引类规范50余件，构建完善了务实管用的律师行业服务管理规则体系。这些规则，总结、提炼、吸纳了律师行业服务管理的优秀成果、先进经验和创新做法，可谓律师行业服务管理经验之集成和律师执业智慧之结晶。这些规则，不乏率业界之先、影响较大、重庆辨识度高的创制性成果：专题调研完成《合伙制律师事务所发展模式调研报告》，创新制定《合伙制律师事务所高质量发展建设指引》，创新发布《律师事务所办公环境建设指南》《律师工作小时计算及审核指引》，与重庆市高级人民法院联合制定发布《立案实务指引》和《民商事案件管辖指引（试行）》……凡此种种，获得了主管部门、律师业界和社会有关方面良好评价，在律师行业服务管理中发挥了积极效用，有的被广泛借鉴引用。

本次汇编出版的行业管理规则与律师业务指引总计43件，是对近年来尤其是律师协会第七届理事会以来，行业制度建设与实践成果的一次集中呈现。我们希望能够借此对律师行业规范化、职业化、专业化、标准化建设有所助益，特别是对律师事务所发展建设和青年律师成长有切实帮助，更希望通过交流互鉴提升律师行业服务管理能力，全面推进新时代新征程律师工作高质量发展，以高水平的行业领域治理为法治中国建设添砖加瓦，努力在推进中国式现代化建设中贡献重庆律师行业的更大力量！

是为序。

熊世明

2023年9月

目录
CONTENTS

行业管理指导文件

1. 合伙制律师事务所高质量发展建设指引　　02
2. 合伙制律师事务所发展模式调研报告　　12
3. 重庆市律师协会区县律师工作委员会工作经费使用报销规定　　20
4. 重庆市律师协会分会及代管区县律师工作委员会工作经费使用管理暂行规定　　23
5. 重庆市律师协会关于同一律师事务所及人员规模界定标准　　27
6. 重庆市律师执业年度考核实施细则（试行）　　28
7. 重庆市律师协会律师事务所文化建设指引　　47
8. 重庆市律师协会关于推荐评优评先、职务安排及出具证明试行办法　　55
9. 重庆市律师协会参加律所活动管理办法（试行）　　57
10. 重庆市律师业务档案立卷归档指引　　59
11. 律师事务所办公环境建设指南　　69
12. 重庆律师着装指南　　72
13. 律师或律师事务所执业活动中违法违规信息上报暂行办法（试行）　　74
14. 重庆市律师和律师事务所违规行为行业处分信息通报暂行办法　　76
15. 重庆市律师协会惩戒委员会议事规则（试行）　　78
16. 重庆市律师协会会员违规行为处分听证程序规定　　81
17. 重庆市律师协会调查员工作规则（试行）　　86

18. 重庆市律师协会惩戒委员会工作规则(试行)　　　　　　　　　　89

19. 重庆市律师协会复查委员会工作规则(试行)　　　　　　　　　　93

20. 重庆市律师协会惩戒委员会关于律师执业利益冲突认定和处理暂行规则　　95

21. 重庆市律师协会区县律工委专门委员会专业委员会考核暂行办法　　98

律师业务指引

1. 重庆市律师协会关于印发《风险代理合同示范文本》《签订风险代理委托合同告知书》的通知　　　　　　　　　　　　　　　　　　　　　　　　　　106

2. 重庆市律师协会律师办理行政诉讼案件指引　　　　　　　　　　114

3. 重庆市律师协会律师办理刑事案件指引　　　　　　　　　　　　140

4. 立案实务指引　　　　　　　　　　　　　　　　　　　　　　　199

5. 民商事案件管辖指引(试行)　　　　　　　　　　　　　　　　　223

6. 重庆市律师协会律师办理国内商事仲裁法律业务操作指引(试行)　239

7. 重庆市律师协会关于律师办理公司并购业务指引　　　　　　　　259

8. 重庆市律师协会关于律师办理有限责任公司变更为股份有限公司业务指引　294

9. 党政机关法律顾问服务操作指引　　　　　　　　　　　　　　　313

10. 法律意见书制作指引　　　　　　　　　　　　　　　　　　　　320

11. 法律检索报告制作指引　　　　　　　　　　　　　　　　　　　325

12. 类案检索报告制作指引　　　　　　　　　　　　　　　　　　　330

13. 农村土地承包经营权(土地经营权)流转合同参考文本　　　　　336

14. 律师函制作指引　　　　　　　　　　　　　　　　　　　　　　368

15. 证据目录制作指引　　　　　　　　　　　　　　　　　　　　　372

16. 律师服务收费标准备案暂行办法(试行)　　　　　　　　　　　　377

17. 律师工作小时计算及审核指引　　　　　　　　　　　　　　　　382

第七届理事会以前出台规则指引

1. 重庆市律师协会申请律师执业人员考核办法 　　　　　　　　388
2. 重庆市律师协会申请律师执业人员面试考核评估标准指引 　　394
3. 重庆市律师协会申请律师执业人员面试考核程序指引 　　　　402
4. 重庆市律师事务所收入分配规则行业指引 　　　　　　　　　407
5. 重庆市律师社会保险和最低工资保障行业指引 　　　　　　　409

行业管理
指导文件

1

合伙制律师事务所高质量发展建设指引

第一章 总 则

第一条 为了促进我市合伙制律师事务所(以下简称"律师事务所")规范化建设,提高律师事务所核心竞争力,促进律师行业持续、健康发展,夯实西部法律服务高地主体基础力量,结合我市实际,制定本指引。

第二条 引导律师事务所在建设、管理的各个主要方面确定普适性的、高标准的、规范化的目标与行为路径,为各类政府机构、市场主体及公民个人等提供优质的法律服务,为全面建设社会主义现代化国家贡献法治力量。

高质量发展建设包括合伙机制、党团统战、人才队伍、业务规范、行政管理、文化建设、社会公益等方面的建设。

第三条 本指引作为评价律师事务所高质量发展的行业标准和依据之一,律师事务所应当根据有关法律、法规、规章、职业规范以及本指引,结合本所具体情况,拟定高质量发展方案。

第二章 律师事务所发展建设

第一节 合伙机制

第四条 合伙机制是律师事务所高质量发展的根本,应以科学、合理、规范为标准,建立民主集中的议事机制、灵活有效的决策机制、公平透明的分配机制,以及符合本所实际的合伙人吸收、考核、晋升、淘汰机制和合伙人纠纷解决机制。

第五条 大型律师事务所宜强调以制度和规则协调合伙人内部关系，强化合伙人议事机制，定期召开各层级的合伙人会议，由合伙人会议对律师事务所的重大事项进行研究、讨论与决策，完善各层级合伙人会议表决制度。

引导中型律师事务所的合伙机制在"人和"的基础上逐步向制度与规则过渡，鼓励律师事务所合伙人参与所务管理，保障规章制度、发展规划、财务状况、人员情况等所务信息在合伙人内部的公开透明，通过定期或不定期的合伙人会议进行民主决策。

小型律师事务所的合伙机制建设宜充分建立在"人和"的基础上，保障合伙人内部的稳定与和谐，重大事务由合伙人集体协商决策。

微型律师事务所可建立骨干律师与核心合伙人协商律师事务所重大事项制度。

第六条 进一步优化大型律师事务所的合伙人管理机制，在合伙人中设立管理委员会、执行委员会、监事会等管理、监督机构，在管理委员会层面下设立战略规划、财务审计、业务监督、对外联络等内设机构，明确职权分工与责任划分。合伙人分层分级参与管理，并将管理权限适当向管理委员会集中，科学制定内设机构成员的任期制度及任免机制。鼓励聘用专业管理团队及职业经理人。

进一步规范中型律师事务所的合伙人管理机制，在合伙人内部设立管理委员会、监事会等内设机构，逐步推行合伙人分级管理。

鼓励小型律师事务所设立执行委员会或者管理合伙人，日常管理工作由执行委员会或者管理合伙人负责，合伙人原则上均应分工参与律师事务所的管理。

微型律师事务所宜设立主任或执行合伙人，日常管理工作由律师事务所主任或执行合伙人负责，保障本所规章制度对律师事务所实施有效管理，避免出现合伙人管理缺位情形。

第七条 促进大型律师事务所合伙人利润分配制度的进一步完善，综合考虑合伙人的业务创收、业务办理、公共事务参与及资历等多方面因素，着眼于强化律师事务所长期的品牌打造与团队合作。不宜以平摊办公费用等简单的方式进行利润分配。

中型律师事务所宜在利润分配上对合伙人作合理的倾斜，并参考其他非经济性因素。

小微型律师事务所以业务创收兼顾综合贡献为核心进行利润分配。

第八条 推进大型律师事务所对合伙人进行合理分级，成立考评小组，优化合伙人考核评价机制，综合业务创收、团队建设、自律示范、社会影响等多方面指标，对合伙人进行客观、公正、公开的考核与评价，并在此基础上建立完善合理的晋升与淘汰机制。

引导中型律师事务所逐步建立合伙人吸收、考核、晋升、淘汰的各项规范，建立以业务创收为主要考量并综合资历、公共事务等因素的评价体系。

小微型律师事务所应注重合伙人对于律师事务所的业务支撑作用，在吸收合伙人时，考虑发展理念、执业风格与工作习惯等方面的和谐一致。

第九条 推动律师事务所建立有效的合伙人纠纷解决机制,包括但不限于调查、听证、申诉、回避、裁决等程序,合理消弭利益冲突。

合伙人纠纷不能在律师事务所内部化解的,提倡将相关的纠纷提交律师协会或司法行政机关进行调解。

第十条 鼓励大型律师事务所探索建立合伙人退休金机制,综合考虑合伙人的退休年龄,以及对律师事务所的贡献大小、资历等因素,合理给予合伙人一定退休待遇。

第二节 党团建设

第十一条 律师事务所应当坚持以党建引领所建,发挥党员律师的先锋模范作用,积极支持党组织开展活动,建立完善党组织开展活动的保障机制。通过团组织开展各类主题特征鲜明、内容形式丰富的活动,广泛团结青年律师,成为青年律师进一步发展进步的摇篮。

加强律师事务所民主党派成员、无党派人士等的统战工作,为他们履行职责与政治进步提供必要的帮助。鼓励和支持律师参与各类依法成立的社会团体组织的活动,充分发挥法律专业人士的作用。

第十二条 大型律师事务所应积极组织政治理论学习,确保党组织的活动有序开展,贯彻落实"三会一课"制度,定期组织召开民主生活会,相关活动应记录完整,文件资料应妥善保管。

中小微型律师事务所中的党员律师,应根据实际情况设立独立党支部或加入联合党支部,配合上级党组织的相关要求积极开展党务活动,通过民主生活、参观学习、现场观摩、经验交流等形式提升党建水平。

第十三条 律师事务所鼓励律师积极加入民主党派和依法成立的社会团体组织,加强或配合民主党派成员、无党派人士、知联会成员等党外律师统战工作,为党外律师履职尽责、参政议政提供有力保障。

第三节 人才队伍

第十四条 高质量的人才队伍是律师事务所发展的核心要素,提升整体人才素质、完善阶梯型人才储备是长期的战略要求。应推动建立起适应律师事务所规模、学历层次、专业领域与不同年龄梯次的人才队伍,并引导律师根据不同的市场环境,选择专业化发展道路。

第十五条 引导优化律师事务所业务类人员的比例控制。

大型律师事务所律师与合伙人人数比例通常为3:1或4:1,律师(含合伙人)与律师助理人数比例不宜低于3:1;统招本科及以上学历的律师人数占比原则上不宜低于80%,其中毕业于一本院校的不宜低于40%,硕士以上学历及具有留学背景人数占比原则上不宜低于35%,鼓励吸收高层次法律人才,完善律师事务所人才储备制度。

倡导中型律师事务所律师与合伙人人数比例通常为3:1,律师(合伙人)与律师助理人数比例不宜低于4:1;统招本科及以上学历人数占比不宜低于70%,鼓励招收硕士以上学历及海外留学背景律师,逐步建立律师事务所人才储备制度。

鼓励小型律师事务所统招本科及以上学历人数占比不宜低于50%。微型律师事务所统招本科及以上学历人数占比不宜低于40%。

第十六条 推动实现律师事务所律师年龄梯次的适度均衡。

大中型律师事务所35岁以下律师比例在30%左右,35—45岁律师比例在25%左右,45—55岁律师比例在25%左右,55—65岁律师比例在20%左右。

小微型律师事务所各个年龄阶段律师比例相对合理均衡,形成老中青相结合的人才梯队。

第十七条 强化律师事务所专业领域集约化。

引导大型律师事务所专业上主要从事一个领域的律师比例控制在50%左右,主要从事两个领域的律师比例控制在30%左右,主要从事三个领域的律师比例控制在20%左右,在区域市场上形成全面的竞争力。

倡导中型律师事务所在业务领域上向集中化、精品化方向发展,发展三到五个强势的法律业务服务领域,积极整合所内资源,强化不同团队间的协同合作,突出自身优势及特色,在区域市场上形成特定专业竞争优势。

引领小微型律师事务所协调所内律师调整从事的专业领域,鼓励律师从全方位式的律师向专业型律师转型,在一至两个专业领域形成专业特色;支持小微型律师事务所整体打造为专业特色所,培养提升在律师行业及区域市场中的影响力。

第十八条 进一步推动律师事务所人力资源管理制度规范化。

大型律师事务所应建立完善的人力资源管理制度,针对人员招聘、劳动关系建立、入职培训、绩效考核等事项均进行制度化管理。倡导大型律师事务所健全实习生和人才储备制度,明确进入人才储备库的标准、条件及程序,遴选出具有较强专业优势、特长的专业人才集合。

鼓励中小微型律师事务所在聘用人员管理制度上不断增强规范性。

第十九条 律师事务所聘用人员薪酬、福利、社保等事项应严格按照有关法律、法规及规范性文件办理。切实维护青年律师的合法权益,适当提升青年律师的薪资福利水平。

律师事务所应按司法部要求建立不低于本市最低工资标准的律师保底薪酬机制,在此基础上探索多元化的薪酬方案或薪酬体系。

律师事务所应为全体员工缴纳社会保险。

第四节　业务规范

第二十条　合格的业务产品研发、业务监督和业务推广能力是律师事务所发展的基础。鼓励律师事务所建立起对律师办案质量和执业纪律的监督管理机制,包括但不限于利益冲突与回避、业务流程、业务标准、质量控制、风险控制、业务考核、业务监督等方面的内容。

第二十一条　倡导律师事务所设置业务部门或业务团队,强化对业务拓展与业务办理的管理与监督。

大型律师事务所宜在内部设立功能完备的业务部门。在设立专业业务部门时,可根据不同的专业领域进行划分,合理配置不同业务部门团队人员,实现案件办理的专业化与质量内控。

中型律师事务所可在内部设立基本的业务部门,或在团队的基础上进行专业分工,并在此基础上进行业务办理的全过程管理。

鼓励小微型律师事务所设立特色的业务团队并形成鲜明的专业特色。

第二十二条　律师事务所应建立并实施统一的收案审批制度、收案审查制度、收案登记制度、利益冲突处理规则,统一接受委托,统一编号、签订和管理委托代理合同,严格落实利益冲突审查制度,对利益冲突情形进行识别和管理,严格执行利益冲突回避规则。可通过充分运用现代化信息办公系统提高审批效率。

第二十三条　律师事务所应当充分保障委托人的知情权,通过公示、向委托人出具告知书等形式,如实告知委托人有关收费的规定和标准。在洽谈、承接诉讼及仲裁业务过程中,律师事务所应与委托人积极沟通有关诉讼和仲裁的风险,并签署《风险告知书》,针对委托人预期进行妥善引导与管理。

第二十四条　律师事务所应制定各类业务委托合同标准文本,并在接受委托时使用标准化、格式化的合同条款,控制业务风险。鼓励律师事务所针对不同的法律服务产品,设计、制备标准化的基础法律文本,在律师事务所、业务部门或业务团队内部进行推广使用。

第二十五条　强化律师事务所业务连续性,对律师事务所、承办律师执业资格或能力丧失、业务人员变动等事件对业务产生的影响进行预判,避免业务中止或中断,充分保障委托人的权利。

在发生律师转所执业的情形时,该律师所承办的案件,原则上由律师事务所指派新的律师继续办理,原承办律师应妥善交接案件材料。或者,由转所律师与律师事务所指派的律师共同办理,协同服务,合力处理好案件。

第二十六条　律师事务所对指派律师承办业务应进行及时、全面、适度的监督管理,在案件代理过程中持续评估案件风险,并与委托人在事务所层面保持良好的沟通,及时反馈委托事项的办理进度,保存完整的业务工作记录。对承办的案件,对外应建立保密制度,保障客户的商业秘密、个人隐私不外泄;对内应建立"防火墙"制度,确保与案件承办无关的其他人员的信息隔离。

第二十七条　鼓励律师事务所建立、完善重大疑难案件集体讨论机制,对案情复杂、类型新颖、涉案标的额巨大、社会影响面较广等重大、疑难案件,组织专业律师进行集体研究讨论并记录。条件允许的律师事务所,可定期举办模拟法庭等竞争对抗性活动,对承办案件进行模拟演练。

第二十八条 办理重大敏感、群体性案件过程中,律师事务所遵守报备制度,对上述案件的受理情况及案件进展情况及时报告有关司法行政机关或律师协会,不得隐瞒不报。律师事务所应指导办案律师自觉维护社会大局稳定,不就热点难点问题进行越线炒作。

第二十九条 律师事务所应建立和健全业务结案制度。在业务终结时,应向委托人返还原始文件或其他物品,办理费用结算,进行业务总结,并按照档案管理的相关规定对案件材料进行归档保存,条件允许的,同时置备电子文档。

第三十条 律师事务所应优化对业务服务的检查督导。条件允许的律师事务所,可设立专门的投诉处理小组或专门的投诉处理负责人,在执业律师被当事人投诉时能及时核查,对存在的违法违规行为进行处理,并向投诉人反馈处理结果。

第三十一条 鼓励律师事务所积极开展新领域、新类型法律产品研发工作,推动法律服务向标准化、流程化、专业化方向发展。结合律师事务所特色与律师专长等实际因素,探索创新法律服务产品,积极回应法律市场需求。条件允许的,可成立专门的产品研发部门,进行专项市场调研与法律产品设计打造。

第三十二条 鼓励和支持中小微型律师事务所之间,以及与大型律师事务所、国外(境外)律师事务所之间,以联营、合并等形式,扩大律师事务所规模,拓展服务领域。

第五节　行政管理

第三十三条 律师事务所根据不同规模大小,设立相应的行政后勤部门、配备专职人员,建立科学合理的行政后勤支撑体系,开展日常办公事务、人力资源、IT服务、知识管理、对外宣传等活动,为律师事务所的业务开展提供支持与服务。

第三十四条 律师事务所的行政支持体系应与本所实际相适应,不断提升行政协同为律师执业服务的整体水平。

大型律师事务所在内部设立功能完备的行政部门。行政部门的设立宜体现扁平化管理的需求,根据实际需要设置人力资源部、财务部、IT信息部、公共关系部、行政部等部门,任命专职的行政经理等管理层,对各部门实施统一管理。

倡导中型律师事务所在内部设立基本的行政部门,聘任专职的行政主管,与主管部门、律师协会及其他社会相关部门保持流畅的沟通,有效发挥行政支持功能。

引导小微型律师事务所的合伙人加强对行政事务的管理,逐步建立起行政管理团队。

第三十五条 鼓励律师事务所适当充实行政支持人员、业务辅助人员数量,充分发挥行政保障功能。大型律师事务所律师(含合伙人)与行政人员(后勤人员)的比例不宜低于8∶1,建议充足设置及配备与律师事务所自身发展要求相适应的前台、财务、人力、IT、公共关系(客户关系)、管理等岗位人员。

中型律师事务所律师(含合伙人)与行政人员(后勤人员)的比例不宜低于10∶1,建议合理设置及配备与律师事务所自身发展要求相适应的前台、财务、人力、管理等岗位人员。

小微型律师事务所应合理根据自身发展阶段及律师事务所的行政管理需要配备行政支持人员、业务辅助人员,逐步向专职化的行政队伍过渡。

第三十六条 高度重视律师事务所的财税管理,建立合规财务体系,按照权责发生制的原则,严格做到合同、发票、现金流的统一规范,杜绝私自收案收费、收费不入账、报税不规范等行为。律师事务所的会计账册及资料必须真实、准确、完整,并符合会计制度规定。大型律师事务所可建立年度财务预决算制度,严格财务支出审批以及各类费用报销。

律师事务所应当聘用符合国家规定的会计人员,配备1名以上专职出纳,出纳和会计不得由一人兼任。

第三十七条 律师事务所应当统一收取服务费用和办案费用,并向委托人出具合法票据。案件办结后,由律师事务所统一与委托人进行结算。严禁律师个人持有或管理发票。对代为保管的不属于律师事务所的合同资金、执行回款、履约保证金等款项,应通过严格的接收、转移、结算的程序加以规范,保障专款专用。

第三十八条 合伙人可以申请查阅律师事务所的财务状况。

第三十九条 律师事务所应当根据有关法律、法规、规章、职业规范设立职业责任保险等专项基金。倡导大型律师事务所设立公共积累及风险基金,在每年利润分配之前,以年度可分配利润为基数,按照不低于5%的比例提取公共积累,按照不低于2%的比例提取风险基金。上一年度结余的公共积累和执业风险基金转入次年执业账户。

第四十条 律师事务所应当加强对财务章、公章等各类印章的严格保管与规范使用。使用印章应根据不同的事项与时限要求,经律师事务所批准,在用印登记表上注明,保存备查。

第四十一条 律师事务所应当加强对委托合同、收费票据、介绍信函、法律文书等重要文件的规范管理,保障往来法律文书收寄的及时通畅。定期按要求向行政主管部门或律师协会报送相关统计报表。

第六节 文化建设

第四十二条 加强律师事务所的文化建设,积极推进办公文化、执业行为文化等全面均衡发展。文化建设包括:

(一)发展战略、专业特色、价值观念等内在内容;

(二)以投入资金、物力、人力而形成的办公环境、硬件设施、宣传资料等外在形式;

(三)全体律师在执业过程中形成的职业行为、工作态度、团队精神等行为状态;

(四)将法律服务进行创新、规范及标准化并推向市场的行为范式。

第四十三条 支持律师事务所发掘、认识本所的精神内核,着力培育、发扬本所的特色文化。有条件的律师事务所,可建立以VI为核心的律师事务所形象识别系统,与律师事务所各类活动及律师执业全过程深度融合,综合应用传统媒介、新媒介等对律师事务所进行推广与宣传。

第四十四条 律师事务所的办公选址及硬件设施,应体现专业属性,满足现代化办公的基本需要。

大型律师事务所办公选址,可优先选择CBD核心区的甲级以上标准写字楼,保障良好的商务氛围。人均办公面积(建筑面积)不宜低于18平方米,区分会客区与办公区等功能区域,优化办公环境美学品位并兼顾使用舒适性,彰显专业服务行业的知性特征。

倡议中型律师事务所在甲级标准写字楼设立办公场所,人均办公面积(建筑面积)不少于16平方米,办公场地的布局结构符合相关的行业标准。

鼓励小型律师事务所在正规的写字楼设立办公场所,人均办公面积(建筑面积)不少于15平方米,保证律师有独立的工作空间和独立的会客空间。

微型律师事务所不宜在住宅区,以及餐饮业、娱乐业集中的商住两用商务公寓设立办公场所。办公环境宜满足独立办公、标识明显等标准。

第四十五条 倡导律师事务所加强信息化建设,探索、开发信息系统,加强人员、业务、质量及分配管理,提升现代化办公效率,满足多地多场景办公需求。

鼓励大型律师事务所以自我开发或购买的方式,建立匹配本所规模的OA系统,以满足业务、财务和行政综合管理的需要,并保障实现电脑、平板、智能手机等远程使用功能。特别应适应现代通信技术的发展,在具备充足会议空间的基础上设立独立的远程视频通信系统和庭审系统,满足多人多场次远程会议与线上庭审的需求。大型律师事务所应为律师配备法律检索、法律应用工具,满足法律资源便利获取。探索建立知识管理系统,对于本所在执业过程中形成的客户非秘密信息、典型案例、理论文章、法律文书等,进行分类加工整理,为全所律师利用提供便利。

鼓励中型律师事务所根据本所实际情况引入现代化电子办公系统,设立远程视频通信系统和庭审系统。

小微型律师事务所应充分借助于第三方平台,保障本所律师进行法律检索和远程庭审的基本需求。

第四十六条 律师事务所应确保本所执业律师严格遵守职业道德和执业纪律,认真履行职责、廉洁自律、严密审慎,维护当事人合法权益。鼓励律师事务所积极倡导和引领律师在价值取向、思想观念、行为规范、职业操守等方面与律师事务所特色文化相适应。

律师事务所应不断强化律师执业行为的规范性与专业性,注重培养律师的团队意识、集体意识,着力营造和谐、融洽的律师工作氛围。

第四十七条 律师事务所应注重法律服务规范与精进,坚持创新驱动发展战略,加强产品供给研究,积极开拓和发展与科技创新、数字经济、金融证券、知识产权等相关的新兴法律服务领域。不断提升专业服务水平,积淀智力研究成果,推进产品文化建设,充分运用多种宣传手段打造并巩固律师事务所的品牌文化。

第四十八条 强化律师事务所在人才培养、技能培训、职业发展等方面的投入,持续提升律师专业水平与整体素质。

倡导大型律师事务所持续推进人才培养与继续教育制度,在时间、资金等多方面激励、支持律师参加法学类和非法学类的继续教育培训,鼓励律师取得各类专业职称和技术资质。

鼓励中小微型律师事务所加强人才培养,内部营造师徒相承的传帮带良好氛围,外部可与其他律师事务所进行联合培养,强化交流沟通。

鼓励和支持有条件的律师事务所与高等院校共建教学实践基地、校外实习基地,鼓励和支持有条件的律师到高等院校、研究机构等兼职,推动理论研究、实务培训与专业后备人才培养相互融合、相互促进、共同发展。

第七节　公益社会形象建设

第四十九条 鼓励律师事务所积极投身法治国家、法治政府和法治社会的建设,在政府法律服务、乡村振兴法律服务、法律援助、普法宣传等领域,发挥主力军作用;主动承担社会责任,热心社会公益,建立专业、公平、正义的社会形象。

第五十条 律师事务所应积极参与或配合主管部门与律师协会的各项工作,共同营造良好的行业环境。鼓励大型律师事务所在行业协作、反低价竞争、营造良好执业环境等方面发挥先锋示范性作用。

第五十一条 引导律师事务所在发展业务的同时,勇担社会责任,积极投身社会公益。鼓励组织律师为社会弱势群体提供法律援助,为涉法涉诉信访群众依法提供法律服务。

有条件的律师事务所,可通过开展法律讲座、法律咨询、普法宣传、法治文艺表演等各类送法活动普及法律知识,增强群众法治意识,树立良好的社会形象。

第三章　附　则

第五十二条 本指引以律师事务所执业律师人数为标准对律师事务所进行分类,即100人以上为大型律师事务所,30人以上100人以下为中型律师事务所,10人以上30人以下为小型律师事务所,10人以下为微型律师事务所。

第五十三条 各分会及律工委参照本指引,结合本区域实际,引导完善高质量发展目标,推动所属区域律师事务所建立健全发展指引。

第五十四条 各律师事务所应当根据本指引,结合本所实际制定高质量发展目标,推动律师事务所可持续发展。

第五十五条 本指引由重庆市律师协会会长办公会负责解释。

第五十六条 本指引自2023年1月1日之日起施行。

2

合伙制律师事务所发展模式调研报告

前　言

2021年,市律师协会组织对全市人员规模或营业收入两项指标排名前30位的律师事务所进行调研,通过问卷调查、走访、座谈等方式,科学分类,认真对本地品牌律所以及其他省市在渝分所分别研究,现根据调研结果,将律所分为三大类发展模式进行分析。本调研报告着重提炼出不同分配模式律所的共性和代表性做法,对律所的个性化做法和特殊性没有进行归纳总结,供全市律师参考。

总　述

一、参与调研的30家合伙制律所中,70%的律所在合伙人和律师中实行提成分配,20%的律所推行全员(包含合伙人和律师)统一授薪,10%的律所对合伙人和律师收取包干办公卡位费和管理费。

二、不同模式律所相互借鉴,实行传统提成分配为主导的律所和收取卡位及管理费的律所在发展过程中,一方面,律所中部分团队合伙人本人向律师和助理(以下简称助手)授薪,并自主决定助手的进出及薪资,独立执业提成律师和团队授薪律师并存;另一方面,律所部分合伙人团队开始独自转型,专业化明显。

三、推行合伙人和律师全员授薪的律所也在融合发展,比如在实行严格专业分工的基础上,基于特殊人才、专业人才或由提成向授薪过渡期间等特殊因素,存在对小部分顾问以上的资深律师、兼职律师,破格实行提成分配。

四、实行提成分配为主的律所中,逐步探索和施行某些公共事务领域的统一集中管理,借鉴和吸收公司化管理好的经验和做法。

五、不同律所选择的分配方式虽有差别,但无论何种分配模式,总体而言,合伙人和律师的实际净收入差别不大。尤其提成制分配扣除自行承担助手及办公费用后,与不需要承担助手及办公费用的授薪制下合伙人所得相差无几。

六、绝大部分人力及办公成本由律所统一承担的提成分配比例为55%—65%之间。人力及办公成本由合伙人分摊或自行承担的,提成分配比例为70%—80%。年营业收入5000万元以上的律所,合伙人税收、增值税及会费等税费通常占律所营业收入的15%以上。

因此,营业收入规模大所如果提成分配比例达到或超过85%,不太可能存在税收监管风险。

七、全员授薪律所普遍在分红前提取一定比例的风险基金和发展基金,重视律所文化建设,支持律所的可持续发展。

以提成分配为主的律所中,部分律师逐步开始提取发展基金。

八、全员授薪律所注重统一各类专业人才招聘标准及人才梯次结构合理性,在系统性培训及晋升等方面强调平衡,鼓励内部人才自由在不同专业部门和团队之间有序流动。

以提成分配为主的律所重视个人能动性的发挥,重视开拓性人才的发掘与培养,内部等级不严,但通常不允许律师在合伙人团队之间自由流动。

九、全员授薪律所用综合指标考核合伙人,重点关注专业能力、职业经验、创收以及律所文化认同,通常8年以上执业年限的律师才有机会晋升为合伙人。

以提成分配为主的律所考核合伙人通常侧重创收指标,兼顾助手及办公费用承受能力,通常3年以上执业年限的律师就可以成为合伙人。

十、推行全员授薪的律所普遍实行规范的公司化管理,实行提成制的律所管理相对宽松。

十一、本指南从调研中着重提炼出不同分配模式律所的共性和代表性做法,对律所的个性化做法和特殊性没有进行归纳总结。

分　述

一、以提成分配为主的合伙律所

提成制系指合伙人和律师的收入根据到账律师费按一定比例提取报酬。

(一)合伙机制及主要管理特点

基本组织模型是并联模型,合伙人或者提成律师关系松散,各自为一个独立的业务主体和业务单元,独立承揽案件、独立承办案件、独立分享案件利益。

1.合伙人普遍分为2—3级,通常出资10万—30万元,有的不出资;

2.晋升合伙人执业年限通常3年以上,创收标准30万—300万元;

3.合伙人助手通常由合伙人本人自行聘用及承担月薪,小部分律所统一配置及支付月薪;

4.律所主要职能是承担司法行政管理职能和社会保障、税务等职能;

5.大、小公共事务共同决定为主,比较少授权分级管理;

6.律所提成后利润全部用于分配,较少提取公共积累和发展基金;

7.设置管委会、监事会等机构,律所日常管理工作由主任负责,但日常主要公共支出由全体合伙人共同参与决定。

(二)合伙人及律师分配机制特点

1.合伙人提成制,律师授薪制

合伙人之间采用提成60%—75%模式分配(提成60%左右,律所发助手工资,提成75%通常是合伙人发助手工资)。

律师则主要由团队合伙人承担授薪成本的方式。合伙人自主决定团队律师及助理进出及自行承担薪酬为主。

少量独立于合伙人团队之外的律师实行提成制。

2.合伙人提成制,律师也是提成制

合伙人或律所并不给予律师薪酬,通常根据承接业务量大小提取60%—75%(视是否承担办公费用)。合伙人或律师的社会保险、办公费用、个税等成本,一般由律所垫付,从提成中扣除。

3.合伙人或者律师具有高度的独立性,财务分配边界清晰,合伙人之间、律师之间共同交集利益小。

4.独立执业律师不依附合伙人团队,松散合作。

(三)律所与合伙人及律师的关系特点

律所与合伙人、律师之间不紧密,律所不统一推行专业分工与案源强制调配,团队之间松散合作。

1.通常进人主要审查有无司法资格;

2.独立开拓、自行承办案件为主;

3.较少施行专业分工等强制性管理措施;

4.难以对律师案件进行统一调配;

5.案件质量管理上主要由合伙人自身负责风控,小部分由律所统一负责风控。

(四)提成分配下的办公合伙

主要特点是合伙人平均分摊办公费用,或提成分配后的节余按创收多少进行二次分配。

1.租金、公共后勤人员工资、办公费用等公共支出量化汇总,合伙人相互之间平均分摊(小部分律所不同级别合伙人之间区别分担);

2.合伙人分担办公费用以后,自行开拓的案源收入扣除对应税费后,全额提取;

3. 合伙人自行承担助手工资；

4. 独立执业律师通常实行提成制。

(五)提成分配优点

1. 利益边界清晰

合伙人之间、合伙人与提成律师之间，相互间的项目合作通过个案口头协商约定或指导性的分配方案进行约束，律所的分配机制简单明了。合伙人利益冲突少，律所规模容易迅速扩张。

2. 公共管理工作内容不多

由于合伙人之间的利益交集少，业务研发、业务支持、人力资源、业务承办、风险控制等职能由合伙人团队或提成律师各自承担，公共管理机构职能不多且雇员较少。

3. 律所层面合伙人分担显性成本低

公共部门雇员少，合伙人承担的各种公共成本较低，对于开拓较强的合伙人，可以最大限度地获取利益。由于显性成本之外的各种业务成本由合伙人或提成律师自行承担，最终实际总成本支出可能未必低于公司制律所。

4. 有利于规模快速扩张

合伙人及提成律师分配较高，能够最大限度地激发开拓市场的积极性。同时，由于合伙人作为律所权益所有者可以获得的剩余价值即分红通常较低或者没有，引入新合伙人通常不会稀释原有合伙人的利润分配，故合伙人对于新合伙人的加盟比较容易接受，容易迅速扩张。

5. 合伙人主要承担市场风险

提成制具有结构扁平化，合伙人团队业务独立性强等特点，每个合伙人都是市场主体，成本可以被内化到合伙人团队内部，不会因为某项或某几项业务市场萎缩而导致事务所入不敷出而引发破产或倒闭。

(六)提成分配不足

1. 合伙人与律师合作不充分

合伙人之间在利益分配方面过于倾重于按照各自开拓的案源收入提成，客户归属成为决定收入关键因素，为了追求利益最大化，彼此不愿意分享客户，从而导致律所内部合作不足。

另一方面，由于内部有效合作机制的不足，合伙人通常要承担业务推广、业务承接、业务办理等全流程服务，对合伙人的综合素质要求很高，容易制约部分合伙人某项特长的最大化发展。

2. 公共服务职能较弱，有效支撑不足

公共资金积累少，管理机构职能单一，部分合伙人重视个人利益，容易忽视专业分工和团队合作，参与律所管理和品牌宣传积极性不高，不利于律所可持续发展。

3. 合伙人隐性成本较高

由于本应由律所承担的职能大部分由合伙人团队或者提成律师自我内部消化，宣传、产品研发、知识积累、风险控制、人力培训等工作分散，投资难以能汇聚形成规模效益，从而可能部分拉高合伙人实际成本。

4.部分客户体验感有待提高

提成制扁平化运行,合伙人更容易亲自参与服务全过程,中小客户体验感比较好。

对于大型客户,特别是法律服务需求较为综合与复杂的客户,合伙人之间仅凭临时协商或协调,在一定程度上难以满足客户多领域的法律需求。

二、全员授薪的合伙制律所

全员薪资制主要指律所统一给合伙人和律师实行授薪,参照公司治理模式对合伙制律所进行运营。律所对律师及业务等实行统一管理,强调实行专业分工、服务标准化,有效整合资源,彼此紧密协同,实现律所合伙制与公司化管理的有机结合。

(一)合伙机制及主要管理特点

注重律师团队及行政后勤支持的专业化分工与协作,具有较为系统完善的管理制度,对人、财、物进行统一管理和调配,资源配置更优,重视公共积累和长远发展。

1.晋升合伙人执业年限通常8年以上,创收标准100万—500万元不等;

2.合伙人通常分为2—4级,出资20万—50万元,推行多指标综合评判,定期考核并实行升降级;

3.合伙人助手根据合伙人业绩,由律所统一招聘、配置及支付月薪;

4.参考公司运营模式,分级授权管理,不实行"人人参与管理,事事参与决策"。设置合伙人大会、管委会(执委会)、监事会等管理结构,主任、副主任统一授权,人力、市场营销、行政等部门引进专业人士并推行职业经理人管理;

5.管理层实行任期制,民主选举产生;

6.租金、公共后勤雇员、办公费等公共支出由律所统一承担;

7.律所利润提取5%—15%用作公共积累和发展基金。

(二)合伙人及律师分配机制特点

建立健全科学合理的薪酬体系,律所内部利润分配在点数层面是清晰的,在个案或项目层面和合伙人的创收层面上比较模糊。点数类似于分红权,合伙人最终分配是与律所整体业绩挂钩。合伙人分配多少由合伙人资历、承接业务数量、公共事务投入、业务能力、工作量等多因素确定的点数对应决定,各个公司制律所在上述几个要素的权重设置方面可能不同。类似于公司股份分红,只是公司由注册资本决定,而律所合伙人的分红额由每年测算确定的点数决定。

分红权的多指标融会贯通,决定了业务、客户可以打通,律所内部资源实现共享,不同合伙人的作用更像是公司中各大、小部门的负责人,律所是一个有机的整体,以合伙人为支点分工协作,各自负责相应的事务。

1.每一级合伙人的工资基本相同,采取基本工资+计点制利润分配方式,确保每一位合伙人的收入水平反映出其在律所的综合贡献及价值;

2.综合考虑开拓、承办、资历等,同一级别合伙人点数相差不大;

3.律所统一确定并承担全体合伙人助手的定薪及工资,按规定交社保,年终有2—6个月的奖金。工资通常每年递增10%—30%。

部分律所另外有20%以内的案源奖,资深律师办案有一定补助。

(三)律所与律师关系特点

律所与律师关系紧密,注重招聘进人标准、专业分工、合理分级、科学晋升、防范风险,强调专业化分工基础上协同配合。

1.进人学历标准门槛较高,通常对毕业院校、学历、经历等有统一要求;

2.律师按执业年限进行1—7级、顾问、授薪合伙人等多级管理,明确专业分工;

3.律所对律师案件进行统一专业调配;

4.案件质量管理上推行三级风控模式;

5.律师可以申请在所内不同专业领域及专业团队中流动;

6.注重多层次培训;

7.不用承担办公费等公共费用。

(四)全员授薪优点

1.律所内部一体化运作

合伙人根据各自业务方向的不同,承办律所统一招揽的项目或案件。合伙人之间分工合作特征更明显,有利于专业化发展。

2.公共职能强大,管理合伙人分工明确

由于公共事务投入可以量化为分配权重,能够有效平衡与鼓励合伙人加大对各类公共事务的投入。

3.合伙人隐性成本较低

律所宣传、研发、培训等支出较高,合伙人的表面利润率往往低于提成分配,但是,合伙人最终分配获取的是净收入,无须在取得收入后自行支付人力工资、办公场地费、推广费用等。

4.服务专业化,协同性强,客户体验好

由于内部一体化运作,合伙人之间可以形成分享客户的机制,面对规模较大需要全方位法律服务的客户,可以随时调动内部的优质资源满足客户不同的法律服务需求。

(五)全员授薪不足

1.合伙人注重综合贡献,利益关系难以量化界定

利益分配往往"你中有我,我中有你",追求综合贡献指标平衡,合伙人个人的创收贡献等利益关系难以有效区分。

2.管理比较精细,公共投入比较大

公共管理职能丰富,业务研发、业务支持、人力资源、业务承办等职能由律所统一安排和承担。相比提成分配"一单一议",全员授薪的公司化管理推行"统一分配、强制合作"。

3.规模快速扩张不易

分红模式为计点制,合伙人根据点数的多少,在利润池中获取相应比例的收益分配。新增加合伙人,可能稀释原有合伙人的分配比例。因此,对合伙人新入伙要审慎,因为其可能影响律所规模的快速扩张。

4.开拓型合伙人短期激励不足

全员授薪的分配与合伙人带来的业务收入之间关联不强,对于市场开拓能力特别强的案源型合伙人吸引力短期相对较弱,但以5年或10年的长期分析来看,相对比较公允。

(六)全员授薪下的混合分配

绝大部分律师由律所(而非合伙人个人)统一招聘及授薪,而对少量资深律师实行提成,或底薪加提成。

主要特点是全体合伙仍实行授薪(非提成分配),按公司化进行营运,统一人力、业务分配等核心资源调配,提成律师占比极少。

1.律所运营模式与公司化相同;

2.绝大部分律师统一授薪;

3.小部分特殊律师群体适用提成分配,提成比例在50%—65%之间(税前),不承担办公等公共费用。

三、以收取或出租办公卡位(公位)费及管理费为主的合伙律所

(一)合伙机制及主要管理特点

1.晋升合伙人执业年限通常3年以上;

2.律所少数核心或创始合伙人负责主要出资或投资;

3.合伙人支付独立办公室对应租金5万—15万元/年;

4.可以不出资。

(二)合伙人及律师分配机制特点

1.律所合伙人基本无分红;

2.合伙人自行承担团队律师及律师助理工资,合伙人团队自负盈亏;

3.合伙人及律师自行承担税费;

4.律师承担公(卡)位费5000元—2万元及交纳业务收入管理费6%—12%。

(三)律所与合伙人及律师的关系特点

1.出租柜台或摊位式关系;

2.律师不分级,无强制性专业分工;

3.律所不对案件进行统一调配,办理案件自行把控风险。

(四)本模式近几年异军突起,开拓或者案源型合伙人若追求高收益短期经济上比较合算,对青年执业律师则压力较大,优点与不足有待观察与总结

四、总所与分所关系特点

(一)提成分配或收取管理费为主的律所

1.通常总所对分所不投资,无实际控制权,各自独立运营;

2.总所收取分所管理费或加盟费1%—3%,个别每年收取固定金额;

3.总所与分所财务各自独立,自负盈亏;

4.总所与分所业务实行个案合作为主。

(二)全员授薪为主的合伙制律所

总所与分所业务统一调配,统一财务核算,管理分级授权,交流合作紧密,发展协同共生。

1.总所与分所之间不存在管理费或加盟费;

2.总所对分所全额投资,统一管理并推行分级授权;

3.总所与分所财务收入统一核算,利润统一平衡分配;

4.总所与分所业务统一调配。

当前,律师事务所发展模式百花齐放,彼此间相互融合,取长补短。无论是规范度较好的全员授薪制律所,还是更灵活的提成制律所,每个律所发展阶段不同,需求不一样,合伙人的管理能力和眼界存在差别,律所选择的发展模式难免有不同。总体而言,律所各种模式的存在有其合理性,适合自己的模式或许现阶段是最好的。但是,第三种模式中,若有资本过度介入,可能面临被司法行政机关及行业协会规制。随着律师行业发展到更高阶段,法律服务市场也迫切需要高质量发展,规范化、标准化、专业化必定是律所铸造品牌的基石。合伙人及律师有必要保持清醒的认识,理性选择最适合自己的律所模式,注重短期利益与中长期发展相契合,合理规划律所及自身发展道路。律所核心管理层更有必要研究各种发展模式的优劣,择善而从,不断优化完善律所管理制度和发展模式,寻求更长远的高质量发展。

3

重庆市律师协会区县律师工作委员会工作经费使用报销规定

为规范区县律师工作委员会(以下简称"律工委")工作经费的使用,加强工作经费的使用管理,根据《重庆市律师协会区县律师工作委员会工作规则》《重庆市律师协会会费使用规则》《重庆市律师协会财务报销规定》等规定,结合区县律师工作的实际情况,制定本规定。

一、适用范围

本规定适用于重庆市中心城区、长寿区、江津区、合川区、永川区、綦江区、大足区、璧山区、铜梁区、潼南区、荣昌区、万盛经开区律工委,其工作经费纳入市律师协会财务部统一核算。

二、经费使用原则

律工委工作经费使用应遵循合理规划、规范使用、厉行节约、公开透明的原则,充分发挥经费使用效益。

三、经费使用范围

工作经费应当用于律工委履行工作职责和服务辖区律师发生的必要开支,使用范围具体如下:

(一)本区律师工作会议、律工委工作会议等;

(二)本区律师行业党建、团建活动;

(三)开展律师培训、交流、研讨活动;

(四)开展本区青年律师、女律师工作;

(五)区律工委下设工作机构工作支出;

(六)区律师执业权益保障;

(七)举办文体、表彰活动;

(八)慰问困难律师等支出;

（九）与其他省市律师行业、市律师协会专门委员会、专业委员会、分会、律工委等横向交流活动；

（十）聘用工作人员的薪酬；

（十一）完成市律师协会布置的其他工作；

（十二）其他合理支出。

四、经费预算的制定

律工委应当根据年度工作计划，在当年可使用的工作经费额度内制定合理的经费预算方案。经律工委全体会议审议通过后，提交市律师协会财务委员会审核后，秘书处按程序报分管财务副秘书长、分管副会长、秘书长、会长办公会。律工委按照审核通过的预算方案开展工作。

五、报销标准

（一）差旅费

因办理律工委事务发生的交通费参照《重庆市市直机关差旅费管理办法》相应标准报销。

本市主城区人员到本市远郊区、本市远郊区到本市主城区，或到市外出差，确因路途较远不能当天返回需住宿的，参照《重庆市市直机关差旅费管理办法》相应标准报销住宿费。

（二）培训课时费

律工委自行聘请专家、教授和知名律师等进行授课的，其课酬按不超过3000元/半天的标准计算。对确因特殊原因需超过上述标准支付费用的，律工委写情况说明，秘书处按程序报批。授课人员的差旅费据实报销。

上述课时费均含税，个人所得税由市律师协会代扣代缴。

六、报销票据

报销工作经费时，应提供真实、合法、有效的发票和相应凭据。

（一）发票应当以市律师协会全称作为付款单位，即："重庆市律师协会"，并加上纳税人识别号：51500000504023898F。乘坐交通工具和购买保险等票据，按惯例注明个人姓名的特殊情况除外。

（二）报销采购物品的，除提供购货发票等凭证外，发票上应当注明物品的品名、数量。购入的物品品名、数量难以在发票上详细注明的，应当提供加盖销售单位印章并与购物金额相符合的物品明细清单作为报销依据。

（三）报销费用时，除应提供相应的费用发票以外，还应提供相关的凭证，如：1.报销差旅费需提供会议、培训通知等；2.报销会议活动费需提供会议活动方案、会议签到表和会议服务单位提供的费用结算原始明细单据等凭证；3.报销培训费需提供培训通知、参训人员签到表、讲课费发放表等凭证；4.报销会议用餐等接待费的，需提供会议通知、参会人员签到表、接待清单（包括用餐人员姓名及职务）或派出单位函件等凭证；5.因开展专项活动等需要，为律师购置发放文化体育用具等物品，报销时应提供该物品领用表。

七、报销程序

（一）律工委报销工作经费时，应由经办人填写费用报销单，注明报销事项的时间、事由、金额及报销部门等,并按以上要求提供相应的发票等必要凭证,报律工委主任和秘书长签字同意后分别按程序进行报销。

(二)律工委将费用报销单提交至市律师协会财务部(可采用邮寄方式),待财务部门对票据进行审核后,报市律师协会分管副会长、秘书长审签,审批同意后2个工作日内付款至律工委指定账户。市律师协会在收到有效票据起5个工作日内支付,如不符合规定的,应在收到票据后1个工作日内书面或口头一次性提出完善意见。

八、经费使用审批权限

(一)中心城区律工委单笔或单次活动报销经费在1万元以下的、远郊区律工委单笔或单次活动报销经费在0.5万元以下的,由律工委主任和秘书长同意后开支。

(二)中心城区律工委单笔或单次活动报销经费在1万元(含)以上2万元以下的、远郊区律工委单笔或单次活动报销经费在0.5万元(含)以上1万元以下的,应当由律工委主任办公会决定后开支。报销时,需提供律工委主任办公会会议纪要。

(三)中心城区律工委单笔或单次活动报销经费在2万元(含)以上3万元以下的、远郊区律工委单笔或单次活动报销经费在1万元(含)以上2万元以下的,应当由律工委全体会议审议通过后方可开支。报销时,需提供律工委全体会议纪要。

(四)中心城区律工委单笔或单次活动经费预算在3万元(含)以上5万元以下的、远郊区律工委单笔或单次活动经费预算在2万元(含)以上5万元以下的,应在活动开展15日前,将经律工委主任办公会批准的活动方案和经费预算书面报告分管副会长、分管财务副秘书长、秘书长同意后施行。

经费预算金额在5万元(含)以上10万元以下的,由市律师协会分管副会长、秘书长审签后,报会长审批;经费预算金额在10万元(含)以上的,经市律师协会分管副会长、秘书长、会长同意后,提请会长办公会研究决定。

经批准后的方案,在开展活动前可向市律师协会预借该项预算经费的80%,待活动结束后按规定据实报销。

九、借款

律工委可以律工委主任个人名义向市律师协会预借日常备用金,用于律工委日常工作开展,可周转使用,但须于市律师协会年终财务关账前结清,次年借支重新办理手续。其中中心城区律工委最高可借支3万元,远郊区律工委最高可借支2万元。

十、经费使用的监督

律工委应在年度预算范围内使用经费,并对经费使用的真实性、合理性、合法性负责,自觉接受市律师协会财务委员会和财务监督委员会对工作经费使用情况的监督,接受市律师协会委托第三方审计单位的审计核查。

律工委在工作经费使用上如存在违规情况的,将按规定严肃追究相关人员责任。

本规定自2023年1月1日起施行。

4

重庆市律师协会分会及代管区县律师工作委员会工作经费使用管理暂行规定

为规范市律师协会分会(以下简称"分会")、区县律师工作委员会(以下简称"律工委")工作经费的使用,加强工作经费的使用管理,根据《重庆市律师协会区县律师工作委员会工作规则》《重庆市律师协会会费使用规则》《重庆市律师协会财务报销规定》等规定,结合区县律师工作的实际情况,制定本规定。

一、适用范围

本规定适用于分会及由分会代管财务的南川区、开州区、梁平区、武隆区、城口县、丰都县、垫江县、忠县、云阳县、奉节县、巫山县、巫溪县、石柱县、秀山县、酉阳县、彭水县律工委。

二、财务管理

分会及被代管律工委的工作经费实行独立核算,日常财务管理工作由分会负责。其中,万州区分会代管开州区、梁平区、城口县、忠县、云阳县、奉节县、巫山县、巫溪县律工委;黔江区分会代管石柱县、秀山县、酉阳县、彭水县律工委;涪陵区分会代管南川区、武隆区、丰都县、垫江县律工委。市律师协会将分会及被代管律工委当年的工作经费划拨至各分会银行账户,分会及被代管律工委经费的报销分别由各分会负责并统一核算。

分会按照财务制度组织会计核算、建立会计账套,分别核算分会及被代管律工委工作经费的收支情况。

三、经费使用原则

分会(律工委)工作经费使用应遵循合理规划、规范使用、厉行节约、公开透明的原则,充分发挥经费使用效益。

四、经费使用范围

工作经费应当用于分会(律工委)履行工作职责和服务辖区律师发生的必要开支,使用范围具体如下:

(一)本区县律师工作会议、分会(律工委)工作会议等;

(二)本区县律师行业党建、团建活动;

(三)开展律师培训、交流、研讨活动;

(四)开展本区县青年律师、女律师工作;

(五)分会(律工委)下设工作机构工作支出;

(六)区县律师执业权益保障;

(七)举办文体、表彰活动;

(八)慰问困难律师等支出;

(九)与其他省市律师行业、市律师协会专门委员会、专业委员会、分会、律工委等横向交流活动;

(十)聘用工作人员的薪酬;

(十一)完成市律师协会布置的其他工作;

(十二)其他合理支出。

五、经费预算的制定

分会(律工委)应当根据年度工作计划,在当年可使用的工作经费额度内制定合理的经费预算方案。经分会(律工委)全体会议审议通过后,提交市律师协会财务委员会审核后,秘书处按程序报分管财务副秘书长、分管副会长、秘书长、会长办公会。分会(律工委)按照批准同意的预算方案开展工作。

六、报销标准

(一)差旅费

因办理分会、律工委事务发生的交通费参照《重庆市市直机关差旅费管理办法》相应标准报销。因跨区或到市外出差,确因路途较远不能当天返回需住宿的,参照《重庆市市直机关差旅费管理办法》相应标准报销住宿费。

(二)培训课时费

分会、律工委自行聘请专家、教授和知名律师等进行授课的,其课酬按不超过3000元/半天的标准计算。对确因特殊原因需超过上述标准支付费用的,分会(律工委)需写情况说明,秘书处按程序报批。授课人员的差旅费据实报销。

上述课时费均含税,个人所得税由分会代扣后上缴市律师协会,由市律师协会代为申报。分会当月代扣个税后于次月5日前将税款转入市律师协会账户,并提交代扣个税明细表。

七、报销票据

报销工作经费时,应提供真实、合法、有效的发票和相应凭据。

（一）发票应当以市律师协会全称作为付款单位，即"重庆市律师协会"，并加上纳税人识别号：51500000504023898F。乘坐交通工具和购买保险等票据，按惯例注明个人姓名的特殊情况除外。

（二）报销采购物品的，除提供购货发票等凭证外，发票上应当注明物品的品名、数量。购入的物品品名、数量难以在发票上详细注明的，应当提供加盖销售单位印章并与购物金额相符合的物品明细清单作为报销依据。

（三）报销费用时，除应提供相应的费用发票以外，还应提供相关的凭证，如：1.报销差旅费需提供会议、培训通知等；2.报销会议活动费需提供会议活动方案（领导签批件）、会议签到表和会议服务单位提供的费用结算原始明细单据等凭证；3.报销培训费需提供培训通知、参训人员签到表、讲课费发放表等凭证；4.报销会议用餐等接待费的，需提供会议通知、参会人员签到表、接待清单（包括用餐人员姓名及职务）或派出单位函件等凭证；5.因开展专项活动等需要，为律师购置发放文化体育用具等物品，报销时应提供该物品领用表。

八、报销程序

报销工作经费时，应由经办人填写费用报销单，注明报销事项的时间、事由、金额及报销部门等，并按以上要求提供相应的发票和必要凭据，报分会（律工委）会长（主任）和秘书长签字同意后按程序进行报销。

（一）分会工作经费的报销

经办人将填写好的费用报销单提交分会财务人员审核，财务人员重点对票据的真实性以及报销对象、金额、标准等进行合规性审核，经审核无误后，报分会会长和秘书长审签后办理付款。

（二）律工委工作经费的报销

经办人将经律工委主任和秘书长审签后的费用报销单提交至分会（可采用邮寄方式），分会财务人员对票据进行合规性审核后，报分会会长或秘书长审签，审批同意后2个工作日内付款至律工委指定账户。分会在收到有效票据起5个工作日内支付，如不符合规定的应在收到票据后1个工作日内书面或口头一次性提出完善意见。

九、经费使用审批权限

（一）分会单笔或单次活动报销经费在1万元以下的、律工委单笔或单次活动报销经费在0.5万元以下的，由分会（律工委）会长（主任）和秘书长同意后开支。

（二）分会单笔或单次活动报销经费在1万元（含）以上2万元以下的、律工委单笔或单次活动报销经费在0.5万元（含）以上1万元以下的，应当由分会（律工委）会长（主任）办公会决定后开支。报销时，需提供分会（律工委）会长（主任）办公会会议纪要。

（三）分会单笔或单次活动报销经费在2万元（含）以上3万元以下的、律工委单笔或单次活动报销经费在1万元（含）以上2万元以下的，应当由分会（律工委）全体会议审议通过后方可开支。报销时，需提供分会（律工委）全体会议纪要。

（四）分会单笔或单次活动经费预算在3万元（含）以上5万元以下的、律工委单笔或单次活动经费预算在2万元（含）以上5万元以下的，应在活动开展15日前，将经分会（律工委）会长（主任）办公会批准的活动方案和经费预算书面报告市律师协会秘书处，秘书处按程序报批。

经费预算金额在5万元（含）以上10万元以下的，由市律师协会分管副会长、秘书长审签后，报会长审批；经费预算金额在10万元（含）以上的，经市律师协会分管副会长、秘书长、会长同意后，提请会长办公会研究决定。

经批准后的方案，在开展活动前可向分会预借该项预算经费的80%，待活动结束后按规定据实报销。

十、借款

分会（律工委）可以分会（律工委）会长（主任）个人名义向分会预借日常备用金，用于分会（律工委）日常工作开展，可周转使用，但须于分会年终财务关账前结清，次年借支重新办理手续。其中分会最高可借支3万元，律工委最高可借支2万元。

十一、支付方式

对报销的支付，支付给个人的，除按照国家有关规定在劳务报酬、奖金、差旅费及零星支出等范围内可用现金支付外，均应通过开户银行转账支付；支付给单位的，均以转账方式支付，不得使用现金支付。

十二、会计核算要求

分会应严格按照国家统一的财务会计制度要求设置会计科目和账户，填制会计凭证，登记会计账簿，编制会计报表，每年1月5日前向市律师协会报送上年度财务报表及分会（律工委）工作经费使用情况报告。妥善保管财务凭证、会计账簿、财务报表等其他会计资料。

按照市律师协会经费核销制度，分会应于1月5日前将上年度分会（律工委）未使用完的工作经费进行核销并转回市律师协会银行账户。因当年市律师协会财务预算方案尚未提交理事会审议，市律师协会应于1月5日按上年度分会及律工委工作经费的30%预支并转入分会银行账户。

十三、经费使用的监督

分会（律工委）应在年度预算范围内规范使用经费，并对经费使用的真实性、合理性、合法性负责，自觉接受市律师协会财务委员会和财务监督委员会对工作经费使用情况的监督，接受市律师协会委托第三方审计单位的审计核查。

分会（律工委）在工作经费使用上如存在违规情况的，将按规定严肃追究相关人员责任。

本规定自2023年1月1日起施行。

5

重庆市律师协会关于同一律师事务所及人员规模界定标准

第一条 重庆辖区内同一律师事务所是指使用同一字号或品牌的律师事务所，包括：

(一)总所注册在重庆的律师事务所，包括市内分所、市外分所及境外分所；

(二)重庆市外其他省、市、区律师事务所在重庆辖区内设立的分所；

(三)境外律师事务所在重庆辖区内设立的分支机构(办公室)。

第二条 市律师协会、区县分会及律工委以律师事务所的律师人数作为评优评先、职位安排或推荐人选基数时，按下列标准分级确定：

(一)区县分会及律工委作为推荐或评选主体时，以注册在本区/县律师事务所名下的律师人数作为基数；

(二)市级律师协会作为推荐或评选主体时，以该律师事务所在本市范围内的律师人数(含市内分所)作为基数。

第三条 同一律师事务所律师人数规模统计口径：

(一)总所注册在重庆的律师事务所，包括总所律师人数，如有市内分所、市外分所或境外分所的，包括分所律师人数；

(二)市外其他省/市/区律师事务所在本市注册的分所，按注册在该分所名下的律师人数统计；

(三)境外律师事务所在本市注册的分支机构(办公室)，按注册在该分支机构(办公室)名下的律师人数统计。

第四条 以律师事务所的律师人数作为推荐或安排人选基数或参考时，参照《重庆市律师协会关于推荐评优评先、职务安排及出具证明试行办法》执行。

第五条 本标准经重庆市律师协会理事会审议通过并自2023年1月1日起生效。

第六条 本标准由重庆市律师协会会长办公会负责解释。

6

重庆市律师执业年度考核实施细则(试行)

第一章 总 则

第一条 为贯彻落实《中央全面依法治国委员会关于印发〈关于完善律师行业评级评价体系的改革方案〉的通知》(中法委发〔2022〕1号)精神,进一步规范律师执业年度考核工作,加强对律师执业活动的监督,根据《中华人民共和国律师法》《律师执业管理办法》《律师事务所年度检查考核办法》《重庆市律师事务所年度检查考核实施细则》和《律师执业年度考核规则》《重庆市律师协会章程》等规定,以及司法部《律师事务所设立和管理环节突出问题清理规范工作方案》(司办通〔2021〕78号)、中华全国律师协会《关于律师事务所贯彻落实〈中华人民共和国劳动合同法〉保障律师最低工资权益的指导意见》(律发通〔2014〕30号)、重庆市律师协会《重庆市律师社会保险和最低工资保障行业指引》(渝律发〔2016〕29号)等有关要求,结合本市律师行业实际,制定本实施细则。

第二条 律师执业年度考核,是指律师协会在律师事务所对本所律师上一年度执业活动进行考核的基础上,对律师的执业表现作出评价,并将考核结果报司法行政机关备案,记入律师执业档案。

第三条 律师执业年度考核,应当教育、引导和监督律师拥护中国共产党领导、拥护我国社会主义法治,遵守宪法和法律,牢固树立社会主义核心价值观,遵守律师职业道德和执业纪律,依法、诚信、尽责执业,忠实履行中国特色社会主义法律工作者的职业使命,维护当事人合法权益,维护法律正确实施,维护社会公平正义,做党和人民满意的好律师。

第四条 律师执业年度考核,应当坚持依法、公正、公开的原则,坚持日常监督管理、专项监督检查综合评估的原则。

第五条 市律师协会负责组织实施本市区域内的律师执业年度考核工作,建立律师执业年度考核结果评定机制,审查确定律师执业年度考核结果,报所在地区县(自治县)司法局备案。

区县（自治县）律工委（分会）负责汇总、审查本区域内律师事务所提交的律师执业年度考核材料，提出考核意见，报市律师协会审查。

律师事务所应当建立律师执业年度考核制度，负责组织对本所律师上一年度执业活动进行考核评议，出具考核意见，送交律师本人阅签，报所属区县（自治县）律工委（分会）汇总、审查。

第六条 律师执业年度考核应当与律师事务所年度检查考核相结合，采取书面审查、量化评分、实地检查相结合的方式进行，原则上于每年2月上旬至4月下旬完成。

第七条 市律师协会组织实施律师执业年度考核工作，应当接受市司法局、市律师行业党委的指导、监督。

第二章　考核对象和考核内容

第八条 所有身为市律师协会会员的执业律师，均应当按照本实施细则参加律师执业年度考核。但参加考核的律师有下列情形之一的，不评定考核等次：

（一）上一年度获准执业不满三个月的；

（二）上一年度因参加脱产学习、培训等执业不满三个月的；

（三）上一年度因病暂停执业等执业不满三个月的；

（四）上一年度因变更执业机构暂停执业等执业不满三个月的。

第九条 律师执业年度考核，主要考核下列内容：

（一）律师在执业活动中拥护中国共产党领导，拥护我国社会主义法治，遵守宪法、法律、法规和规章，遵守职业道德、执业纪律和行业规范，履行法定职责情况；

（二）律师遵守市律师协会章程，履行会员义务情况；

（三）律师办理法律服务业务的数量、类别和服务质量，办理重大案件、群体性案件情况；

（四）律师履行法律援助义务，参加社会服务及其他社会公益活动情况；

（五）律师受行政奖惩、行业奖惩情况，党员律师遵守党章党规党纪情况；

（六）专职律师违规兼职，丧失中国国籍后仍然执业情况，法院、检察院离任人员违规从事律师职业情况，律师与法官、检察官不正当接触交往情况；

（七）律师违反司法部的有关规定，发起设立或者参加律师联盟、律师参与资本进入律师事务所和律师事务所过度商业化运作情况；

（八）律师担任律师事务所负责人加强内部管理情况，以及按照中华全国律师协会的有关规定，在律师事务所执行社会保险和最低工资保障制度情况，担任律师事务所党组织负责人落实参与决策管理制度机制及开展党建工作情况；

(九)律师参加职业培训或者继续教育培训情况;

(十)更新完善"12348重庆法网"律师管理系统律师执业档案信息情况;

(十一)市律师协会根据需要要求考核的其他事项。

第三章 考核等次和评定标准

第十条 律师执业年度考核结果分为"优秀""称职""基本称职""不称职"四个等次。

考核等次是律师协会对律师上一年度执业表现的总体评价。

市律师协会制定《重庆市律师执业年度考核量化评分标准及考核评分登记表》(附件1),对考核内容按基础分100分进行量化评分,设置加分事项5分,区县(自治县)律工委(分会)作出的考核评分作为评定律师执业年度考核等次的重要标准。

第十一条 律师执业活动符合下列标准,且考核评分90分以上的,考核等次为"优秀":

(一)坚决拥护中国共产党领导、拥护我国社会主义法治,把牢正确政治方向,旗帜鲜明听党话、跟党走,坚定不移走中国特色社会主义法治道路;

(二)切实遵守宪法和法律,遵守职业道德、执业纪律和行业规范,认真履行法定职责;

(三)自觉履行法律援助义务,主动参加社会服务及其他社会公益活动;

(四)自觉遵守律师协会章程,履行会员义务,遵守本所章程及管理制度;

(五)积极服务大局、服务为民,执业活动成效明显。

第十二条 律师执业活动符合下列标准,且考核评分70分以上至90分以下的,考核等次为"称职":

(一)坚决拥护中国共产党领导、拥护我国社会主义法治,把牢正确政治方向,旗帜鲜明听党话、跟党走,坚定不移走中国特色社会主义法治道路;

(二)能够遵守宪法和法律,遵守职业道德、执业纪律和行业规范,依法、诚信、尽责地为当事人提供法律服务,未因执业违法违规行为受到行政处罚或者行业惩戒;

(三)能够履行法律援助义务,积极参加社会服务及其他社会公益活动;

(四)能够遵守律师协会章程,履行会员义务,遵守本所章程及管理制度;

(五)符合其他法律、法规和规章规定的要求。

第十三条 律师执业活动有下列情形之一的,或者考核评分60分以上至70分以下的,考核等次为"基本称职":

(一)因执业不尽责、不诚信、不规范等行为受到律师事务所重点指导、监督,或者受到当事人投诉被查实的;

(二)因违反职业道德、执业纪律或者行业规范受到行业惩戒,但已按要求改正的;

(三)因执业违法行为受到停止执业以下行政处罚的；

(四)有其他不符合本实施细则第十一条规定情形的。

第十四条 律师执业活动有下列情形之一的，或者考核评分60分以下的，考核等次为"不称职"：

(一)因违反职业道德、执业纪律或者行业规范受到行业惩戒，未按要求改正的；

(二)因执业违法行为受到停止执业行政处罚的；

(三)参加执业年度考核有弄虚作假行为或者拒不参加执业年度考核的；

(四)专职律师违规兼职和丧失中国国籍后仍然执业的；

(五)法院、检察院离任人员违规从事律师职业的；

(六)与法官、检察官不正当接触交往的；

(七)律师违反司法部的有关规定，发起设立或者参加律师联盟、律师参与资本进入律师事务所以及参与律师事务所过度商业化运作；

(八)违反司法部的有关规定，通过"阴阳协议"方式出资控制多家律师事务所，或者出资设立多家律师事务所并公开以"律师集团"名义开展活动的，或者参与违规出租或出售"工位""卡位"给律师的；

(九)通过联署签名、组织网上聚集、声援等方式或借个案研讨之名，制造舆论压力，影响案件依法办理；通过媒体、自媒体等平台就案件进行歪曲、有误导性的宣传、评论，以转发、评论等方式炒作误导性、虚假性、推测性的信息，以及其他以不正当方式违规炒作案件的；

(十)违反司法部和中华全国律师协会的有关规定，律师事务所负责人或事务所党组织负责人所在律师事务所没有执行社会保险和最低工资保障制度的；

(十一)有其他违法违规、违反会员义务行为，造成恶劣社会影响的。

按照本实施细则第八条规定参加律师执业年度考核但不评定考核等次的律师，如果有本条规定的情形，应当视为"不称职"，依照"不称职"的相关规定处理。

第四章　考核程序

第十五条 市律师协会制定律师执业年度考核工作方案，部署开展全市律师执业年度考核工作，并与司法行政机关对律师事务所的年度检查考核工作相衔接，实地检查督导律师执业年度考核工作。

第十六条 区县(自治县)律工委(分会)应当加强检查指导，督促本区域内律师事务所按照市律师协会规定的律师执业年度考核内容和考评标准，组织本所律师执业年度考核，总结本所律师执业年度考核情况。

第十七条 执业律师五十名以上的律师事务所应当成立律师执业年度考核工作委员会，负责动员部署和组织开展本所律师执业年度考核工作。

第十八条 律师参加执业年度考核,应当对本人上一年度执业情况进行总结,并对年度考核证明事项作出书面承诺,按照规定时间向律师事务所提交下列材料:

(一)《重庆市律师执业年度考核登记表》(附件2);

(二)《重庆市律师执业年度考核证明事项承诺书(模板)》(附件3);

(三)市律师协会或者区县(自治县)律工委(分会)要求提供的其他材料。

上一年度因变更执业机构新转入的律师,应当同时提交变更前所在律师事务所对其当年度执业时间、执业表现的鉴定意见。

第十九条 律师事务所应当召开律师执业年度考核工作会议,听取律师个人总结,组织进行民主评议,对律师提交的考核材料进行审查。根据日常监管和考核评议情况,由律师事务所依据本实施细则和市律师协会年度考核工作方案规定的考核内容及要求,对照《重庆市律师执业年度考核量化评分标准及考核评分登记表》,对律师上一年度的执业表现进行量化评分,并出具考核意见。

上一年度律师申请变更执业机构的,由新变更的律师事务所向变更前所在律师事务所出具接收函,取得变更前所在律师事务所同意变更执业机构的证明,六个月后未申领新的律师执业证的,可由变更前所在律师事务所向司法行政机关申请依法依规注销其在该所的律师执业证,注销后可不予对其进行年度考核。

律师事务所的考核意见应当送交律师本人阅签意见,本人拒不阅签的,律师事务所应当作出书面记录。

考核工作会议情况应当形成会议纪要存档备查。

第二十条 律师事务所完成律师执业年度考核工作后,应当按照规定时间通过"12348重庆法网"律师管理系统,将作出量化评分的《重庆市律师执业年度考核量化评分标准及考核评分登记表》、出具考核意见的《重庆市律师执业年度考核登记表》、律师提交的《重庆市律师执业年度考核证明事项承诺书》和本所《重庆市律师执业年度考核结果汇总表》(附件4)、《未参加律师执业年度考核人员汇总表》(附件5)等考核材料报送所属区县(自治县)律工委(分会)。

第二十一条 区县(自治县)律工委(分会)收到律师事务所报送的相关考核材料后,应当及时、认真审查,并对律师执业表现进行考核评分,提出考核意见,并按照规定时间通过"12348重庆法网"律师管理系统,将作出考核评分的《重庆市律师执业年度考核量化评分标准及考核评分登记表》、提出考核意见的《重庆市律师执业年度考核登记表》和律师提交的《重庆市律师执业年度考核证明事项承诺书》报送市律师协会。

在审查中,区县(自治县)律工委(分会)发现律师事务所报送的相关考核材料不齐全或者有疑义的,应当一次性告知律师事务所予以补充或者作出说明。

区县(自治县)律工委(分会)在完成本区域内律师执业年度考核工作后,应当将本区域《重庆市律师执业年度考核结果汇总表》《未参加律师执业年度考核人员汇总表》报送市律师协会。

第二十二条 市律师协会收到区县(自治县)律工委(分会)报送的相关考核材料后,应当及时、认真审查,确定律师执业年度考核结果。

在审查中,市律师协会发现律师执业年度考核意见与实际情况不符,或者收到相关投诉、举报的,可以进行调查核实,或者责成区县(自治县)律工委(分会)通知律师事务所对该律师重新进行考核。必要时,也可以经调查核实,直接确定律师执业年度考核结果。

第二十三条 律师执业年度考核结果确定后,市律师协会将考核结果在重庆市律师协会官网或者"12348重庆法网"上予以公示,接受社会监督。公示期不少于七日。

律师对考核结果有异议的,可以向市律师协会申请复核。市律师协会自收到申请之日起十日内进行复核,并将复核结果书面告知申请人及所在的律师事务所。

第二十四条 公示结束后,市律师协会应在五日内将审查确定的律师执业年度考核结果,通过"12348重庆法网"报送律师所在地区县(自治县)司法局备案;由其及时通过备案审查后,在律师事务所统一提交的律师执业证书上加盖"律师年度考核备案"专用章。

第二十五条 律师因涉嫌违法违规正在接受查处的,或者律师所在律师事务所受到停业整顿处罚且处罚期未满的,应当暂缓考核,待有查处结果或者停业整顿处罚期满后再予审查确定。

第五章 考核结果运用

第二十六条 律师执业年度考核等次为"优秀"的,应当作为评先评优和推荐表彰的优先对象;律师执业年度考核等次为"基本称职""不称职"的,不得推荐参与先进评比和表彰。

第二十七条 律师不按规定参加执业年度考核的,律师事务所应当如实报告,由市律师协会责令其限期参加执业年度考核;逾期仍不参加考核的,由市律师协会直接出具"不称职"的考核结果。

第二十八条 根据中华全国律师协会规定,对执业年度考核被评定为"基本称职""不称职"的律师,市律师协会加强监督检查,根据其存在的问题,书面责令所在律师事务所督促其限期整改,并安排其参加市律师协会组织的培训教育。律师连续两年被评定为"不称职"的,由市律师协会给予通报批评或者公开谴责的行业惩戒;情节严重的,建议司法行政机关依法给予相应的行政处罚,也可以建议律师事务所与其解除聘用关系或者经合伙人会议通过将其除名。

第二十九条 在律师执业年度考核中,市律师协会发现律师有违反职业道德、执业纪律或者行业规范行为的,应当依照规定给予相应的行业惩戒;发现律师有违法行为的,应当移交司法行政机关依法给予相应的行政处罚。

第三十条 市律师协会于每年律师执业年度考核结束后,及时将开展情况总结报告中华全国律师协会,同时报送市司法局、市律师行业党委。

第六章　考核责任监督

第三十一条　市律师协会加强统筹协调,强化与司法行政机关的沟通联系,精心组织实施律师执业年度考核工作,如实报备律师执业年度考核结果。

第三十二条　区县(自治县)律工委(分会)应当加强检查指导,严格考核标准,严肃考核纪律,客观、准确地提出考核意见。

市律师协会建立律师执业年度考核工作通报机制,在考核工作结束后,对组织实施不严肃认真、考核流于形式、存在弄虚作假行为的区县(自治县)律工委(分会)提出通报批评,并纳入区县(自治县)律工委(分会)年度述职评议考核内容。

第三十三条　市律师协会、区县(自治县)律工委(分会)考核工作人员应当认真履行职责,掌握考核标准,遵守考核纪律,不得凭个人好恶了解反映情况,不得借考核之机牟取私利,不得泄露考核秘密。

对在考核工作中怠于履职、滥用职权、玩忽职守的,依法依规依纪给予相应处理。

第三十四条　律师事务所应当按照规定的程序、标准和要求组织考核工作,全面、准确、如实考核评议律师上一年度执业情况,出具考核意见;律师应当正确对待考核工作,客观、如实填报和提交相关考核材料,不得弄虚作假。

对在考核中提供不实、虚假、伪造材料或者有其他弄虚作假行为的,市律师协会根据其弄虚作假行为的情节、危害程度,责令其限期整改,并依法依规给予相应处分,同时追究该律师事务所负责人或者合伙人的责任。

第七章　附　　则

第三十五条　法律援助律师年度考核参照本实施细则执行。

第三十六条　本实施细则所称"以上"包含本数、"以下"不包含本数。

第三十七条　本实施细则由重庆市律师协会负责解释。

第三十八条　本实施细则经重庆市律师协会理事会审议通过,自2023年1月1日起执行。

附件1

重庆市律师执业年度考核量化评分标准及考核评分登记表(年度)

(基础分:100分,加分事项:5分)

_____律师事务所(盖章)　　考评机关:_____区县(自治县)律工委(分会)(盖章)

类别项目		考核内容	评分方法	评议分	考核分
律师在执业活动中自觉遵守拥护中国共产党领导、拥护我国社会主义法治等从业基本要求,遵守宪法、法律、法规和规章,遵守职业道德、执业纪律和行业规范,履行法定职责情况(40分)	自觉遵守拥护中国共产党领导、拥护我国社会主义法治等从业基本要求(10分)	认真学习习近平法治思想及中央和市委有关精神(3分);积极参加司法行政机关和律师协会组织的思想政治教育培训(3分);认真学习落实司法行政机关和律师协会制定的规范规则文件(2分);党员律师认真参加"三会一课"、组织生活会、民主评议党员及主题党日活动,律师积极参加律师事务所组织的思想政治学习,有学习记录等(2分)	按项计分		
	遵守宪法、法律、法规和规章(10分)	严格遵守律师队伍建设和管理工作规定要求(6分);与法官、检察官正当规范交往(2分);党员律师未受党纪处分,律师未受行政处罚或者行业惩戒(2分)	按项计分		
	遵守职业道德、执业纪律和行业规范(10分)	严格遵守律师职业道德、执业纪律和行业规范要求(5分);参加律师职业道德和执业纪律教育不少于2次,有学习记录(3分);遵守社会公共道德、公共利益、公共秩序(1分);律师担任律师事务所负责人加强内部管理,担任律师事务所党组织负责人落实参与决策管理基本制度及开展党建工作(1分)	按项计分。其中,以虚假承诺、虚假宣传、最低价恶性竞争、违规设立办公场所或者散发广告、私自接受委托、收取费用等不正当方式承揽或者承办业务,每一件次扣1分		
	履行法定职责(10分)	依法、诚信、尽责地为当事人提供法律服务,维护当事人合法利益(3分);积极维护法律的正确实施(3分);努力让人民群众在每一个代理或辩护案件中感受到公平正义(3分)。在被考核年度无投诉(1分)	按项计分		
律师遵守律师协会章程,履行会员义务和本所规章制度的情况(5分)		律师按时足额缴纳律师协会会费(1分);自觉遵守律师协会章程,接受律师协会的指导、监督和管理(1分);自觉维护律师职业声誉,维护会员间的团结(1分);按时参加司法行政机关、律师协会组织的会议、培训、学习活动及工作安排等(1分);自觉遵守本所规章制度、决议等(1分)	按项计分		

续表

类别项目		考核内容	评分方法	评议分	考核分
律师办理法律服务业务的数量、类别和服务质量,办理重大案件、群体性案件的情况(30分)	业务发展情况(5分)	按照有关法律法规规定的业务范围开展业务,有专业特色,服务领域不断拓展(2分);律师担任法律顾问和办理刑事案件、民事案件、行政案件、非诉讼业务等操作规范(3分)	按项计分。其中,承办业务操作不规范的每件扣0.5分		
	代理重大、敏感案件情况(6分)	代理重大案件、扫黑除恶案件、群体性案件及时向主管司法行政机关和律师协会报告(2分);主动提请对重大、疑难案件集体讨论,并有集体讨论记录(2分);受到区县级及以上党委政府或相关单位肯定的(2分)	按项计分。其中,受到肯定的需要提交证明材料		
	律师执业监督情况(11分)	统一收案并与委托人签订书面委托代理合同(3分);统一收费并向当事人出具正式发票(3分);有服务质量跟踪卡或者回访记录(3分);律师依法纳税(2分)	按项计分。其中,有查证属实的投诉案件,每件扣2分;每有一起私自收案、收费案件扣1分;每有一起利益冲突案件扣1分		
	档案管理情况(8分)	业务档案齐全(2分);业务档案归档及时且案卷文书完整、规范(3分);"12348重庆法网律师管理系统"律师执业档案信息完整、准确、真实(3分)	按项计分。其中,每有一件未按时归档的扣0.1分;每有一件案卷文书不完整、规范的扣0.1分;每有一条执业档案信息不完整、准确、真实的扣0.2分		
律师履行法律援助义务,参加社会服务及其他社会公益活动的情况(8分)		认真完成指派的法律援助任务(3分);积极参加法治宣传、纠纷调解、涉法案件信访、村居法律顾问、民营企业"法治体检"等社会服务和公益活动,有工作记录(每项1分,共5分)	按项计分		
律师参加职业培训或者继续教育培训的情况(7分)		深入学习贯彻中央及市委有关精神,加强律师执业行为规范、提升律师执业技能等内容。专职律师不少于40学时;兼职律师不少于20学时。年满60周岁以上的执业律师不少于10学时;年满70周岁以上的不作具体要求。法律援助律师提供参加司法行政机关、律师协会、所在单位培训或本人自学等继续教育培训证明	未达到规定课时的不得分		
律工委(分会)日常监督考评(10分)		区县(自治县)律工委(分会)根据对律师的日常监督管理和专项监督检查情况进行评分			

续表

类别项目	考核内容	评分方法	评议分	考核分
加分事项(5分)	积极服务大局、服务为民，执业活动成效明显，得到党和国家领导人肯定性批示的，加4分；得到省部级领导肯定性批示或者受到省部级以上表彰的，加2分；被人民日报社、新华社、中国新闻社、法制日报社等中央媒体(不含驻重庆分社、记者站等)刊播报道的，加1分；年度内提交入党申请或发展为入党积极分子或确定为发展对象的，加1分(每人只能加分1次，不得跨年度累加)	按项计分，最高加分不超过5分		
否决事项	违规兼职和丧失中国国籍后仍然执业的	具有任何一项情形的，考评总分为0分		
	法院、检察院离任人员违规从事律师职业的，或者与法官、检察官不正当接触交往的			
	违反司法部的有关规定，发起设立或者参加律师联盟、参与资本进入律师事务所以及参与律师事务所过度商业化运作的			
	违反司法部的有关规定，通过"阴阳协议"方式出资控制多家律师事务所，或者出资设立多家律师事务所并公开以"律师集团"名义开展活动的，或者参与违规出租或出借"工位""卡位"给律师的			
	恶意炒作案件的			
	受到行政处罚或行业处分未按要求进行整改或者整改未达标的			
	提交的年度执业情况报告和执业年度考核情况存在严重弄虚作假行为的			
	违反司法部和中华全国律师协会的有关规定，律师事务所负责人或事务所党组织负责人所在律师事务所没有执行社会保险和最低工资保障制度的			
	有其他严重违法行为，造成恶劣社会影响的			
总评分				
填表说明	1.认真对照检查，客观准确评分 2.未注明扣分上限的，直至扣完所对应的小项分数为止 3.存在否决事项的，在对应栏填"有"；不存在否决事项的则应栏填"无"			
律师阅签意见				签名：

律师事务所负责人(签字)：　　　　　　　　　　　　　　填报日期：　　年　　月　　日

附件2

重庆市律师执业
年度考核登记表

（　　　　年度）

律　师　姓　名　_____

执 业 证 类 别　_____

律师事务所名称　_____

重庆市律师协会　制

填表日期　　年　　月　　日

姓名				性别	
执业证号				身份证号	
执业机构				手机号码	
最高学历		最高学位		专业	
党派名称		党派职务		加入时间	
组织关系所在地		其他社会任职			

	转出所	转入所	转所时间
流动转所情况			

	民事诉讼案件代理(件)		刑事诉讼案件代理(件)		行政诉讼案件代理(件)	
业务活动情况统计	民事类案件律师服务收费总额(万元)		刑事类案件律师服务收费总额(万元)		行政类案件律师服务收费总额(万元)	
	法律顾问单位(家)				非诉讼类业务(件)	
	法律顾问类业务律师服务收费总额(万元)				非诉讼类业务律师服务收费总额(万元)	

个人执业情况总结	（含思想政治学习、遵守法律法规和职业道德、履行岗位职责、从事法律事务工作数量和质量等方面的情况，不超过500字）
律师事务所考核意见	□优秀　□称职　□基本称职　□不称职　□不评定考核等次 盖章 年　月　日
律师本人阅签意见	 本人签字： 年　月　日
所在区县(自治县)律工委(分会)审查意见	□优秀　□称职　□基本称职　□不称职　□不评定考核等次 盖章 年　月　日
重庆市律师协会审查意见	□优秀　□称职　□基本称职　□不称职　□不评定考核等次 盖章 年　月　日
司法行政机关备案意见	□优秀　□称职　□基本称职　□不称职　□不评定考核等次 盖章 年　月　日
填报日期	备注

重庆市法律援助律师
年度考核登记表

（　　　　年度）

律　师　姓　名 _____

执　业　证　类　别 _____

律师事务所名称 _____

重庆市律师协会　制

填表日期　　年　　月　　日

姓名		性别		文化程度	
党派名称		党派职务		加入时间	
所学专业			身份证号		
执业证号			资格证号		
援助律师所在单位				职务	
单位地址					
办公电话		首次执业时间		手机	
_____年办理法律援助案件情况统计	民事类案件(件)			刑事类案件(件)	
个人执业情况总结					

(含思想政治学习、遵守法律法规和职业道德、履行岗位职责、从事法律援助工作数量和质量等方面的情况,不超过500字)

本人签名:

所在单位考核意见	☐优秀　☐称职　☐基本称职　☐不称职　☐不评定考核等次 盖章 年　月　日
律师本人阅签意见	 本人签字： 年　月　日
重庆市律师协会审查意见	☐优秀　☐称职　☐基本称职　☐不称职　☐不评定考核等次 盖章 年　月　日
司法行政机关备案意见	☐优秀　☐称职　☐基本称职　☐不称职　☐不评定考核等次 盖章 年　月　日
填报日期	备注

附件3

重庆市律师执业年度考核证明事项承诺书
（模板）

本人/所承诺提供的考核材料真实、完整，不伪造、虚报、瞒报相关事实和数据，按规定履行了律师协会会员义务，符合重庆市律师协会关于《重庆市律师执业年度考核实施细则(试行)》的规定。

律师事务所　　　　　　　　　　　　　　　　负责人或承诺人

盖章：　　　　　　　　　　　　　　　　　　签名：

　　　　　　　　　　　　　　　　　　　　　　　　年　月　日

附件4

重庆市律师执业年度考核结果汇总表

序号	区县	律师事务所	姓名	性别	执业证号	资格证号	身份证号	政治面貌	学历	专/兼职	职称	手机号码	开始执业时间	律所考核结果	律工委(分会)审核结果
1															
2															
3															
4															
5															
6															
7															
8															
9															
10															

附件5

未参加律师执业年度考核人员汇总表

（　　　　）区县

序号	姓名	性别	律师事务所	执业证号	资格证号	原因	手机号码
1							
2							
3							
4							
5							
6							
7							
8							
9							
10							

7

重庆市律师协会律师事务所文化建设指引

第一章 总 则

第一条 为加强和规范律师文化建设工作,提高我市各律师事务所的凝聚力和竞争力,丰富律师文化生活,促进律师行业健康发展,根据《中华人民共和国律师法》《重庆市律师协会章程》及有关规定,制定本指引。

第二条 律师事务所文化是最重要的精神财富与核心竞争力,是律师事务所办所理念、发展定位、管理制度、行为规范及律所形象等重要结构的表现形式。

律师事务所的文化建设包括党建文化建设、精神文化建设、物质文化建设、行为文化建设、制度文化建设、产品文化建设与其他文化建设等。

第二章 党建文化建设

第三条 律师事务所要坚持以习近平新时代中国特色社会主义思想为指导,深入贯彻落实习近平法治思想,拥护中国共产党领导,拥护社会主义法治,遵守宪法、法律、法规、规章和政策,增强"四个意识"、坚定"四个自信"、做到"两个维护",坚持把政治建设摆在首位,党组织战斗堡垒作用发挥凸显,党建工作与文化建设深度融合,党员队伍成为律师工作的先锋模范。

第四条 律师事务所党建工作应以标准化引领规范化,加强"五个"方面(组织设置、工作机制、组织生活、党员管理、领导体制)及"七有"标准规范(有场所、有设施、有标志、有党旗、有书报、有制度、有记录)

建设,建立健全党员教育制度,严格落实"三会一课"、组织生活会、民主评议党员、谈心谈话、主题党日等制度,确保党内民主氛围浓厚,党员义务履行良好,党组织充满活力和战斗力。

第五条 律师事务所党组织应当依照《律师事务所党组织工作规则(试行)》(渝律党委〔2018〕12号)开展党建工作,参照《重庆市律师行业党建标准化规范化建设工作手册》规范落实律师行业党建工作要求。

第三章 精神文化建设

第六条 精神文化是律师事务所在执业活动中形成的特有意识形态的集合,包括了发展战略、专业特色、价值观念,以执业理念、所训和服务宗旨等作为表现形式。

第七条 律师事务所精神文化建设应当坚守服务人民的宗旨,树立先进的理念,彰显积极向上的精神。

第八条 律师事务所应当根据其办所初衷、所在地域、自身规模、主要服务范围和未来发展目标,合理地提炼执业理念、所训和服务宗旨。

第九条 执业理念、所训和服务宗旨应当符合以下条件:

(一)所用文字简洁,图片、标识清晰,便于当事人识别,不宜使用文字深奥、音调艰涩、不易诵读和生僻的字或词,不应当使用有歧义的字或词;

(二)寓意积极向上,内容丰富,彰显律师事务所和律师积极、勤勉、敬业的精神,坚定实现社会公平和正义的信心,展现推动社会主义法治建设的决心;

(三)文字内容高雅,求真务实,易于当事人接受,不应当流于低俗,目标不宜过于远大。

第十条 律师事务所执业理念、所训和服务宗旨,不得有以下情形:

(一)有否定宪法确立的根本政治制度和基本原则的;

(二)有扰乱社会管理秩序的;

(三)声称或暗示与办案机关、政府部门及其工作人员有特殊关系的;

(四)故意夸大办案效果,具有误导性宣传的;

(五)使用"最优""最佳"等用语的;

(六)诋毁、贬损其他律师事务所、律师的。

第十一条 律师事务所应当审查有无执业理念、所训、服务宗旨以及远景规划。如果未制定,可以按《律师事务所管理办法》《律师执业管理办法》《律师执业行业规范》等规定,并依照本指引及时提炼总结。如果已有,还应当按前述规定对其合规性进行审查处理。

第十二条 律师事务所应当全面检查是否制作执业理念、所训、服务宗旨的文字、音频和视频资料,是否已在网站、合作媒体、微信公众号等上进行了宣传,是否在包装物、宣传册、纪念品、律师事务所刊物、信笺上印刷。如果未制作或未印刷,应当及时制作或印刷。

第十三条 律师事务所可以在日常会议和拓展训练中将执业理念、所训和服务宗旨制作成宣传口号、标语,增加律师事务所的凝聚力和律师的认同感。

第四章 物质文化建设

第十四条 律师事务所物质文化是律师事务所全体律师在事务所精神文化的指导下提供的有形服务,以及投入资金、物力、人力而形成的各种物质成果。物质文化建设是律师事务所文化建设的基础,为其他文化传播提供保证。立足于律所物质文化,打造律所品牌,以律所文化为切入点能够帮助律所在市场中树立具有个人特色的律所形象,从而使律所更加具有影响力及信赖度,同时律所品牌的打造也有利于律所文化的建设,使律所律师更加具有荣誉感及归属感。物质文化建设包括以下的内容。

第十五条 律师事务所的办公建筑、空间格局及环境装饰构成事务所整体空间环境,它彰显了事务所独特温馨的文化气息和规模实力。良好的办公环境可以内在地影响律师的行为,环境的熏陶有助于律师在工作中持有良好的态度。

第十六条 根据律师事务所实际和律师事务所文化建设发展需要,适时、适度加大律师事务所文化建设硬件投入,完善律师培训中心、传统教育基地、律师文化体育场所、图书馆室等律师事务所文化设施,为律师事务所文化建设的顺利推进提供强有力的设施保障。

第十七条 律所标识是律师事务所的徽标或商标,又称所徽或所标,通常是以分解所名来演绎图文标识。律所的文化与标识是密切相连的,标识可以反映出律所的文化特征,文化是标识的底蕴和内容。律所文化的精髓是通过律所标识简洁地表现出来的,律所标识清晰地反映出律所文化的导向和文化的重心。

第十八条 律所网站、微信公众号、官方微博等网络媒体宣传平台是律师事务所构建物质文化体系的重要平台,是律师事务所对外宣传的重要载体。

第十九条 律所所刊、所报、宣传册等平面媒体宣传资料由律师事务所自行编辑、印刷,以本所律师、业内同行以及客户为主要读者对象并能充分反映所风所貌的简报、期刊等。

第二十条 律师事务所的物质文化表达内容,还包括所旗、所服、所歌等,这些元素与上述元素共同实现律师事务所整体视觉系统的协调统一。对内征得全员的认同感、归属感,加强事务所的凝聚力;对外树立事务所的整体形象、资源整合,有控制地将事务所的信息传达给受众,通过视觉符码不断地强化受众的意识,从而使事务所的品牌和形象获得社会认同。

第五章 行为文化建设

第二十一条 律师事务所行为文化是律师事务所的全体律师、辅助人员在执业过程中形成的职业行为、工作态度、团队精神等行为状态。

律师事务所行为文化元素包括合伙人的行为、聘用律师的行为、律师助理的行为以及模范人物的行为。

第二十二条 出席正式商业场合等应着正装,男士着深色西服套装,女士着西装式套装。一般情况下,在工作场合内,周一至周五为职业化着装。

职业化着装要求:设计款式商务化,简洁得体,以西服套装为基础,男装还涵盖衬衣、有领T恤、商务夹克,女士亦包括衬衣、针织衫、中裙、连衣裙;色彩以单色、冷色调为主,如需搭配一件多色服装,色彩不应超过三种。

出席法院或仲裁机构的庭审活动时,应当着律师袍。

第二十三条 律师事务所的先进典型是律所的中坚力量,其行为在整个律所行为中占有重要地位。先进典型人物行为使律所的价值观"人格化"和"直观化",从而为律所的员工行为树立学习榜样,成为仿效的行为规范。

第二十四条 律师的职业特点决定了律师应有较强的社会责任感,律所可以组织律师积极参加本区(县)司法局的司法热线和信访接待工作,组织为弱势群体提供免费的法律咨询,参加社区普法和法律咨询等法律宣讲活动,积极接受法律援助案件,响应社会可靠团体自发的组织捐资助学献爱心等社会公益活动。

第二十五条 团队建设可以分为三个部分:团队组建、团队选择和团队运作。根据团队目标和实际情况组建团队,确定团队领导和队员。团队领导发现其他优秀的人才并加以培养,从而建设一个良好的领导班子,搭建出律师事务所框架,并通过提高专业素养提高服务质量,加快律所的标准化团队建设。

第二十六条 律所文体活动可以丰富律师的业余文化生活,提升律师积极向上的精神风貌,推进律师文化建设实践,全方位展示律师的才华,提高律师的综合素质。律所可以根据律师的个人爱好组成各种业余文体小组,定期进行文体活动和培训,也可以组织与其他律所的律师相互进行文体交流,甚至与其他行业人员进行交流。

第二十七条 墙面文化是律所精神文化形成过程中的重要体现,应包含律所内涵、律所形象、律师风采等内容。律所将文化以及成长的点滴表现在墙面文化上,可以更好地鼓励律所成员,增强团队凝聚力,让客户产生信任感。

第六章　制度文化建设

第二十八条　完善的制度是有效管理的基础,《中华人民共和国律师法》以法律形式明确规定"律师事务所应当建立健全执业管理、利益冲突审查、收费与财务管理、投诉查处、年度考核、档案管理等制度,对律师在执业活动中遵守职业道德、执业纪律的情况进行监督",这是律师事务所实现自律管理的基础,建立健全这六类制度必将对律师事务所规范化建设产生积极的推动作用。

第二十九条　律师事务所应当健全组织机构管理制度,主要包括:

(一)律师事务所章程;

(二)律师事务所合伙人会议议事规则;

(三)律师事务所合伙人协议。

第三十条　律师事务所应当健全业务管理制度,主要包括:

(一)律师执业利益冲突审查制度;

(二)律师事务所收案结案管理制度;

(三)律师事务所重大疑难案件集体讨论制度;

(四)律师事务所投标管理办法;

(五)律师和律师事务所重大事项报告制度;

(六)律师事务所业务档案管理制度;

(七)律师事务所业务操作规范。

第三十一条　律师事务所应当健全行政管理制度,主要包括:

(一)薪酬发放及分配制度;

(二)合伙人引进制度;

(三)律师事务所人力资源管理办法;

(四)律师事务所案件质量监督管理制度;

(五)律师事务所办公用品采购、保管、领用制度;

(六)律师事务所财务管理制度;

(七)律师事务所公章、公函管理制度;

(八)律师事务所信息化建设实施办法。

第三十二条　律师事务所应当健全维权惩戒制度,主要包括:

(一)律师事务所投诉处理办法;

(二)律师事务所保障律师执业权利实施办法。

第三十三条　律师事务所应当健全人力资源制度,主要包括:

(一)律师事务所教育培训和人才培养制度;

(二)律师参加业务培训、交流管理制度。

第三十四条 律师事务所应当健全对外宣传与公益制度,主要包括:

(一)律师事务所公益法律服务实施办法;

(二)律师事务所律师调解工作实施办法;

(三)律师事务所业务推广管理办法;

(四)律师事务所对外交流活动管理办法。

第七章 产品文化建设

第三十五条 律师事务所的产品,即法律服务,是律师事务所文化建设的最终成果,它们凝结着律师事务所的文化。

第三十六条 律师事务所应当积极开展法律服务产品的研发工作,以法律服务标准化、流程化为发展方向,根据不同法律领域的特点,结合律所特色、律师专长,研发既具有律所个性化标识又能满足大众普遍化需要的法律服务产品。法律服务产品研发可以从以下几个方面着手:

(一)建立专门的产品研发部门

调研客户、市场需要,总结办案经验、科研成果,建造律所法律服务产品体系。

(二)开展律所内部的教育培训

向律师宣讲和培训,使律师认同并熟悉掌握律所法律服务产品体系,以标准化、流程化的法律服务,提升律所整体法律服务品质。

(三)开展服务质量监督与考评

对律师提供法律服务的过程进行质量监督,对是否符合标准、流程进行考核、奖惩,并根据监督与考评情况适时调整服务标准、流程。

第三十七条 律师事务所应当积极开展法律领域科研工作。律师事务所根据自身人、财、物的情况,以基础知识、专业技能和办案经验为基础,可以从以下几个方面开展科研工作,进而形成律师专业智力研究成果:

(一)以举办法律论坛、专题讲座、学术交流会、业务交流会等形式,增强律所内部、律师同行及外部客户之间的相互交流、相互学习,披沙拣金、取精用宏;

(二)鼓励律师创作,以法律基础知识、执业办案经验、社会实时热点为依托,积极撰写散文随笔、论文专著等,温故知新、举一反三;

(三)建立专门的研究院或研究部门,针对律师行业、特定服务领域、对象或社会热点问题,制作"年度报告""研究报告"等。

第三十八条 律师事务所应当积极推进产品文化的建设：

(一)树立典型

建立律所内部的评优机制,定期开展优秀律师、优秀案例评选活动,树立先进典型、模范事例。

(二)参与评优

积极参加主管部门、律师协会、权威机构评优选优,通过律所、律师获得的荣誉和认可,展示服务产品和服务成果。

(三)文化传播

1.自媒体

律所官方网站作为律所的门面,律师事务所应当建立自有的网站和域名。

以微博、微信公众号、抖音号、视频号的流量媒体为平台,通过法律讲堂、以案说法、律所动态、荣誉展示等专栏,以文字、直播、短片、剧集等方式,对法律基础知识进行宣讲,对社会热点事件进行法律点评,对律所荣誉、律所动态进行新闻宣传。

2.书本刊物

以本所律师、业内同行、客户为主要读者对象,汇集、编撰律师散文随笔、论文专著等,印刷为简报、期刊或向出版社投稿、出品专著。

3.社会活动

律所积极主办、承办法律论坛、专题讲座、学术研讨,鼓励律师积极参加电视台、广播电台法制专栏节目,积极参加社会公益活动,积极参政议政。

第八章　其他文化建设

第三十九条 律师事务所应当积极参与社会、群团组织文化共建,主要包括以下几方面：

(一)积极参与律师行业组织的活动

1.律师事务所应当积极参与律师协会及区县律工委的交流活动,在业务、律师事务所建设等方面与其他律师事务所发展横向交流,共同探索律师事务所建设、律师人才培养和律师业务发展等课题。

2.律师事务所应当积极参与律师协会开展的业务学习培训、调研、课题研究活动,增强同行业之间的横向交流,互相学习,共同提高业务水平。

3.律师事务所积极参与律师协会及区县律工委和司法行政主管部门组织的创优评先活动,鼓励律师积极参与评比,为律师树立行业自豪感和集体荣誉感。

4.律师事务所和律师应当在律师协会和司法行政主管部门组织的社会实践、援疆、援藏、定点扶贫等活动中贡献自己的力量。培养律师的社会责任感,树立爱国主义思想和民族自豪感。

（二）与其他社会组织和群团组织开展共建活动

律师事务所应当与各级工会、妇联组织、青年联合会、知联会、商会、行业协会建立长效工作联系和互动机制,共同致力于律师特别是青年律师成长平台的搭建,优化资源共享对接,共同探索开展各类共建活动。

（三）与其他法律职业共同体在法律框架内协调合作、开展各项文化创建活动

律师协会及区县律工委可与各法律职业共同体、协会组织(如法官协会、检察官协会、法学会)开展文体创建、业务学习交流和各种专业技能竞赛等活动。开展类似活动,不得违反关于建立健全禁止法官、检察官与律师不正当接触交往的有关规定。

第九章 附 则

第四十条 本办法由会长办公会负责解释。

第四十一条 本办法自印发之日起实施。

8

重庆市律师协会关于推荐评优评先、职务安排及出具证明试行办法

(2022年5月12日重庆市律师协会第七届理事会第三十九次会长办公会研究,2022年6月27日重庆市律师协会第七届理事会第三十三次通讯表决通过)

第一章 总 则

第一条 为进一步规范重庆律师行业对外推荐荣誉表彰、职务安排等工作流程,进一步提升会员服务质效,提升律师行业影响力,特制定本办法。

第二条 本办法适用市律协对外推荐律师参加评优评先、职务安排,协助律师出具年度考核情况证明、无投诉证明、无行业处分情况证明等证明鉴定意见,以及协助律所出具类似证明或鉴定意见材料。

第三条 有关单位来函委托市律协推荐律师或律所,有特殊要求的按通知要求办理。

对外推荐评优评先、职务安排仅限于专职律师,除非推荐来函或文件中特别要求推荐兼职、公职、公司律师。

第四条 每批次推荐名额在30人以内的,每家律所最多推荐1人。推荐名额超过30人的,50人以内的律所原则上同一批次推荐不超过1人;50人以上的律所,因特殊情况同一批次推荐不超过2人,但需报行业党委会或会长办公会决定。

第五条 市律协对外推荐评优评先、职务安排要充分考虑各律所与律师合理均衡性,避免过度倾斜。一个自然年度内,合理控制及平衡对同一律所或同一律师的推荐及评优评先次数,避免资源过度集中。

第六条 市律协对外推荐评优评先、职务安排要充分考虑律师男女性别比例、党员律师与非党员律师比例、青年律师与资深律师比例、学历结构、执业年限等各类因素。与此同时,要充分考虑主城律所与区县律所比例、本地律所与外地驻渝分所比例等各类因素。

第七条　市律协出具年度考核情况证明、无投诉情况证明、无行业处分情况证明的，仅作形式审查；律师或律所通过各类渠道在外参加评选、推荐等社会活动，需要市律协出具鉴定意见的，市律协原则上进行形式审查，积极助推、扶持律所或律师在外参加各类社团、群团、党派、人大、政协等社会活动。

第八条　市律协对外推荐评优评先时，在同等条件下，优先考虑援藏律师等公益律师。

第二章　对外推荐种类及流程

第九条　市律协收到区县级推荐请求的，可由区县律工委/分会按程序推荐，或由市律协提出推荐名单，书面征求区县律工委/分会意见，经市律协秘书长审定后予以推荐。

第十条　市律协收到市级部门层面推荐请求的，按照相关流程报送市律协会长、市律师行业党委书记审定，必要时经行业党委会或会长办公会决议后予以推荐。

第十一条　市律协收到市级党委、政府、司法机关请求推荐律师的，如担任市级特邀监督员（监察员）、法律顾问、法官（检察官）遴选委员、法官（检察官）惩戒委员等，由秘书处按相关流程报经市律师行业党委或会长办公会审核通过后，按程序报市司法局审定。

第十二条　市律协推荐律师在国资委重点企业担任外部董事、外部监事的，根据相关单位来函要求提出推荐名单，依次报市律协秘书长、分管副会长、会长审查同意后予以推荐。

第十三条　市律协收到司法部或全国律协来文委托推荐律师或律所，上级部门来文有明确推荐流程的，根据要求按程序推荐，由秘书处按相关流程报经市律师行业党委或会长办公会审核通过后，按程序报市司法局审定。

第十四条　中共及各民主党派内部考核任职时，请求市律协协助对候选对象进行审查并出具鉴定意见的；市区（县）两级青联、妇联、新专联等人民团体委托提供律师鉴定意见的，由市律协秘书处对律师投诉查处情况、考核情况、行业表现等进行审查，报秘书长审签后予以报送。

第十五条　律师在各渠道被推荐担任党代表、人大代表、政协委员，需要市律协协助出具鉴定意见的，由秘书长审签后予以报送。

第十六条　律师在外参与各种评优评先，需要市律协协助出具年度考核情况证明、投诉查处情况证明等，由秘书处会员部对律师情况审查后，报分管副秘书长同意后出具证明。

第十七条　如有未完全列举的推荐情形，参照上述条款中类似情况执行。

第三章　附　则

第十八条　本规则自理事会通过之日起生效施行。

第十九条　本办法由会长办公会负责解释。

9

重庆市律师协会参加律所活动管理办法(试行)

第一条 为进一步加强"律师之家"建设,发挥律师协会桥梁纽带作用,参与支持各律所创业发展及重要研讨活动,提升团体会员质效,增强行业凝聚力,根据有关规定,结合行业实际,制定本办法。

第二条 邀请市律师协会参加律所开业或乔迁的,原则上由所在区县律工委负责人参加。市律师协会可根据需要安排副秘书长或联系指导所在区县律工委的副会长参加。经所在区县律工委主任同意后,以市律师协会的名义赠送费用不超过人民币500元的花篮或纪念品,并从所在区县律工委经费中列支。

第三条 邀请市律师协会参加律所主办或承办的论坛或沙龙,原则上由所在区县律工委负责人或市律师协会对口专门、专业委员会负责人参加。有一定规模或较高层次的论坛或沙龙,市律师协会可安排分管会长参加。

第四条 邀请市律师协会参加律所举办的培训活动或团建活动,原则上由对口专门、专业委员会或所在区县律工委派员参加。

第五条 邀请市司法局领导出席指导的律所重大活动或大型论坛的,可对应邀请市律师协会会长班子成员参加。

第六条 律所直接邀请市律师协会会长班子、监事长班子、秘书长班子成员参加相关活动的,应向市律师协会秘书处发送书面邀请函、议程安排和参加人员名单等,市律师协会秘书处按程序作出相应安排并及时回复律所。需要市律师协会致辞或作相关发言的,文稿原则上由邀请律所代拟或受邀人自行准备并提前送市律师协会审核。

第七条 会长班子、监事长班子、秘书长班子成员收到律所邀请参加有关活动,应告知市律师协会秘书处,秘书处按程序办理审批事项。未经市律师协会同意,受邀人不能以市律师协会名义参加律所有关活动,但可以个人名义参加。

第八条 律所邀请区县律工委参加相关活动,原则上直接向所在区县律工委主任发出邀请,由区县律工委主任统筹安排人员参加。律所邀请市律师协会专门委员会和专业委员会负责人参加相关活动,原则上向市律师协会秘书处发出邀请,由秘书处统筹安排人员参加。

第九条 受邀参加律所活动人员原则上应着正装,发言应使用普通话,树立良好形象。

第十条 受邀参加律所活动人员应遵守有关规定要求,谢绝律所的任何礼品或礼金。

第十一条 市律师协会宣传平台可根据需要对律所举办的相关活动进行适当报道。

第十二条 本办法由市律师协会会长办公会通过,自2021年8月25日起试行。

10

重庆市律师业务档案立卷归档指引

第一章 总 则

第一条 律师业务档案,是律师进行业务活动的真实记录,反映律师维护国家法律正确实施,体现律师勤勉尽责维护委托人合法权益。为加强对律师业务档案的规范管理,提高律师业务档案信息化建设水平,制定本指引。

第二条 律师业务档案是指律师在办理业务活动中直接形成的具有保存价值的各种证据、法律文书、图表、影像等不同形式的历史记录。

第三条 律师业务档案立卷归档坚持完整、规范反映业务活动全过程和履职尽责的原则。

第四条 律师承办业务形成的各项文件及证据材料,必须严格按照本指引规定的要求立卷归档。

立卷归档工作由承办律师负责。

第五条 律师业务档案分诉讼(含仲裁)、非诉讼两类。诉讼类包括刑事、民商事、行政诉讼代理和仲裁代理;非诉讼类包括法律顾问、咨询代书、并购等非诉讼业务。

第六条 律师业务档案按年度、一案一卷、一卷一号原则立卷。绝密案件单独编号。

代理集团诉讼案件或代理同一案件不同审理阶段的,可合并立卷。

律师承办跨年度的业务,应在办结当年立卷。

律师担任常年法律顾问,应按单位、合同年度立卷。

非诉或专项服务,按专(单)项立卷。

第七条 律师承办业务中使用的各种工作成果材料、往来公文、谈话笔录、调查记录、答辩状、代理词/辩护词等,一并归档。

第二章 案卷材料的收集、整理和排列顺序

第八条 律师接受委托承办法律事务时,应同步收集保存有关材料,着手立卷准备工作,并在承办过程中完善办案日志。

第九条 律师应在法律事务办理完毕之日起15日内,即全面整理、检查办理该项法律事务的全部文书及证据材料。

第十条 各方当事人提交给人民法院、仲裁机构或有关部门的证据材料、文书等的副本或复印件应当入卷归档。

第十一条 对不能附卷归档的实物证据,应将照片及证物的名称、数量、规格、保管处所等记载或留存附卷后,妥善保管。

第十二条 律师业务档案按照案卷封面、卷内目录、案卷材料、卷底的顺序排列。案卷材料按照诉讼/仲裁程序或非诉业务的客观进程或时间顺序排列。咨询代书卷分别按年度及时间顺序排列材料立卷归档。具体业务案卷参考相应卷内目录立卷归档。

(一)刑事案件卷内目录,按附件1执行;

(二)民商事案件卷内目录,按附件2执行;

(三)行政案件卷内目录,按附件3执行;

(四)仲裁案件卷内目录,按附件4执行;

(五)法律顾问卷内目录,按附件5执行;

(六)非诉案件目录,按附件6执行。

第十三条 终止委托的业务,承办律师仍应按上述各类业务排列顺序归档,承办律师应将委托人要求终止委托的书面材料或承办律师对终止委托原因的记录一并收入卷中。

第三章 立卷编目和装订

第十四条 律师业务档案一律使用数字逐页编号,两面有字的要两面编页号。页号位置正面在右上角,背面在左上角(无字页不编号)。

第十五条 有关卷内文书材料的说明材料,应依次填写在卷内目录中。

第十六条 承办案件日期以委托书签订日期或人民法院受理案件日期为准;结案日期以收到判决书(裁定书、调解书)之日为准;法律顾问业务的收结日期,以聘请法律顾问合同的签订与终止日期为准;其他非诉讼法律事务,以委托书签订日期为收案日,以委托事项办结之日为结案日。

第十七条 立卷人规范填写案卷封面、卷内目录,内容整齐。律师业务文书材料装订前要进一步整

理。卷内材料必须整理平整,不得有折叠的材料。

对破损的材料要修补或复制,复制件放在原件后面。

对字迹难以辨认的材料应当附上抄件。主要文字材料要翻译成中文附后。

卷面为 A4 纸大小页面,窄于或小于卷面的材料,要用纸张衬底;大于卷面的材料,要按卷面大小折叠或切割整齐。

需附卷的信封、特快专递详情单要打开平放,信封上的邮票不要揭掉。

正式对外出具的法律文件应当使用 A4 纸打(复)印件入卷归档。

第十八条　案卷装订应整洁美观。

第四章　归　档

第十九条　律师业务文书材料应在结案或事务办结之日起 15 日内整理立卷。案卷应实行分类编号,装订成册后由立卷人移交律师事务所档案管理人员对归档卷宗按类别统一分类编号、填写案卷名称、日期、保管期限后归入档案室,统一管理。

第二十条　档案管理人员接收档案时应进行严格审查,凡不符合立卷规定要求的,应退回立卷人重新整理,直至合格。

第二十一条　涉及国家机密和个人隐私的律师业务案卷均应列为密卷,在归档时应在档案封面右上角加盖密卷章。

第二十二条　随卷归档的录音、录像等声像档案,附在案卷最后。

第五章　电子档案

第二十三条　律师业务电子档案,是指律师在办理业务过程中形成具有保存价值且应归档保存的电子化证据及文件,以及案卷经数字化处理产生的纸质律师业务档案对应的电子版本。

电子化文件是指通过计算机等电子设备形成、办理、传输和存储的文字、图表、图像等电子文件,包括法律文书的电子文本、电子证据等。

第二十四条　纸质律师业务档案的电子版本制作应当符合下列要求:

(一)电子版本应当与原纸质律师业务档案保持一致。

(二)一般应当对纸质律师业务档案的材料从封面至封底进行完整数字化;确实不能数字化的材料可以不予数字化,但应当登记备查。

（三）对纸质律师业务档案数字化直接产生的图像文件应当采用未加密的TIFF或者JPEG格式，并且永久留存。提供查询应用时，可以转存为PDF等其他格式。

（四）纸质律师业务档案的数字化加工一般采用黑白二值模式进行扫描；对材料中有多色、红头、印章、插有照片图片、字迹清晰度较差、黑白扫描模式下无法辨识清晰的页面，应当采用彩色模式进行扫描。扫描分辨率不低于200dpi。

（五）在纸质律师业务档案的电子版本制作过程中，一般应当建立案卷级和卷内文件级目录数据。目录数据应当真实、准确、完整。

第二十五条 立卷人应当按己方当事人—对方当事人—第三人—案由—审级—案号（民商事、行政、执行、仲裁等），己方当事人—案由（项目）—案号（案卷编号）（刑事、非诉等）的要求命名，方便日后检索查阅。

第二十六条 立卷人完成上述操作后，应当对案卷中当事人信息做脱敏处理，形成二套版本，方便律所的知识管理。

第二十七条 电子档案原则上采用在线方式储存（数据库储存），并使用符合保管要求的存储服务器。

第二十八条 特殊案件电子档案可以采用离线方式存储。离线方式储存时，可以选择使用数据磁带、档案级光盘、固态硬盘、硬磁盘等耐久性好的载体。

第六章　附　则

第二十九条　档案借阅应进行登记，履行借用手续。

第三十条　本指引为全市律师业务档案立卷归档的操作指引，各律师事务所可据此进行细化。

第三十一条　本指引从2021年11月15日起执行。

附件 1

刑事案件卷内目录

编号	文书名称	页次	编号	文书名称	页次
1	收案表		15	检索报告	
2	法律事务委托合同		16	庭审提纲	
3	风险告知书		17	一审辩护词和证据材料	
4	收费凭证		18	附带民事诉讼的文件资料	
5	委托人身份证明		19	其他当事人的文件资料	
6	授权委托书		20	取保、出庭等程序性文件	
7	会见笔录		21	一审法院判决书、调解书	
8	撤案决定书及相关材料		22	二审文件资料(顺序同上)	
9	起诉意见书和指控犯罪材料		23	再审文件资料(顺序同上)	
10	审查起诉辩护词和证据材料		24	律师工作记录表/办案日志	
11	不起诉决定书及相关材料		25	办案小结	
12	起诉书或刑事自诉状		26	律师服务质量反馈意见卡	
13	指控犯罪的证据材料		27	其他证据	
14	阅卷光盘				
备考					

本卷宗连底带面共计　　页,附证物　　袋。

附件2

民商事案件卷内目录

编号	文书名称	页次	编号	文书名称	页次
1	收案表		12	庭审提纲	
2	法律事务委托合同		13	庭审笔录/庭审记录	
3	风险告知书		14	代理词	
4	委托人身份证明		15	裁判、调解等实体文书	
5	收费凭证		16	管辖权异议程序文件	
6	授权委托书		17	保全、先予执行程序文件	
7	起诉状、反诉状或答辩意见		18	开庭、举证等程序性文件	
8	证据目录和证据材料		19	同一案件二审、再审等再处理文件资料(顺序同上)	
9	对方当事人的文件资料		20	律师工作记录表/工作日志	
10	第三人或反诉的文件资料		21	办案小结	
11	检索报告		22	律师服务质量反馈意见卡	
备考					

本卷宗连底带面共计　　页,附证物　　袋。

附件3

行政案件卷内目录

编号	文书名称	页次	编号	文书名称	页次
1	收案表		13	庭审笔录/庭审记录	
2	法律事务委托合同		14	代理词	
3	风险告知书		15	裁判、调解等实体文书	
4	委托人身份证明		16	管辖权异议程序文件	
5	收费凭证		17	保全、先予执行程序文件	
6	授权委托书		18	开庭、举证等程序性文件	
7	起诉状、申请书或答辩意见		19	未提交但有用的文件资料	
8	证据目录和证据材料		20	同一案件二审、再审等再处理文件资料(顺序同上)	
9	检索报告		21	内部集体讨论记录文件	
10	庭审提纲		22	律师工作记录表/工作日志	
11	对方当事人的文件资料		23	工作小结	
12	第三人或抗诉的文件资料		24	律师服务质量反馈意见卡	
备考					

本卷宗连底带面共计　　　页,附证物　　　袋。

附件4

仲裁案件卷内目录

编号	文书名称	页次	编号	文书名称	页次
1	收案表		13	庭审笔录/庭审记录	
2	法律事务委托合同		14	代理词	
3	风险告知书		15	裁判、调解等实体文书	
4	委托人身份证明		16	管辖权异议程序文件	
5	收费凭证		17	保全、先予执行程序文件	
6	授权委托书		18	开庭、举证等程序性文件	
7	仲裁申请书或反请求申请书		19	未提交但有用的文件资料	
8	申请人或反请求证据材料		20	撤销仲裁裁决等再处理文件资料(顺序同上)	
9	答辩状		21	内部集体讨论记录文件	
10	被申请人证据材料		22	律师工作记录表/工作日志	
11	检索报告		23	办案小结	
12	庭审提纲		24	律师服务质量反馈意见卡	
备考					

本卷宗连底带面共计　　页,附证物　　袋。

附件5

法律顾问卷内目录

编号	文书名称	页次
1	收案表	
2	法律顾问合同	
3	收费凭证	
4	日常服务的文档资料（包括制度、合同、法律建议等）	
5	审查的合同等法律文本	
6	制作的合同法律文本	
7	专业咨询意见	
8	律师意见或法律意见书	
9	法律风险提示及其他有关文件资料	
10	律师工作记录表/办案日志	
11	法律顾问工作报告	
12	律师服务质量反馈意见卡	
备考		

本卷宗连底带面共计　　页，附证物　　袋。

附件6

非诉法律事务卷内目录

编号	文书名称	页次
1	收结案审批表	
2	委托合同	
3	收费凭证	
4	工作方案	
5	委托方的基本情况介绍	
6	与委托方的谈话记录	
7	委托人提供的证据材料	
8	律师收集调查的证据材料	
9	讨论记录/会谈纪要	
10	草拟的法律意见书或法律文本	
11	往来信函、传真	
12	律师工作日志	
备考		

本卷宗连底带面共计　　页,附证物　　袋。

11

律师事务所办公环境建设指南

第一条 为促进律师事务所提档升级,切实引导律师事务所办公环境合理布局、规范建设,彰显新时代律师事务所的精神风貌和律师事务所文化,根据《中华人民共和国律师法》《律师事务所管理办法》有关规定,结合实际,制定本指引。

第二条 本指引适用于重庆市律师事务所办公环境的新建和改造,各类建议指标主要参考国内外律师事务所通行的做法,实力雄厚的律师事务所可以进一步提高相关标准。

第三条 市律师协会行业发展指导委员会负责指导律师事务所办公环境建设,聘请专业人士适时开展专业指导、咨询建议及检查督促工作。

第四条 律师事务所应当优先选择有中央空调和良好物业管理的商务楼宇作为办公地点,鼓励规模律师事务所落户各城区核心商业中心甲级写字楼。

第五条 租赁或购买律师事务所办公楼宇时,优先选择办公空间装修完成后净空高度在2.9米以上。设计时,合理让室内空间更高,慎重采取大面积下压吊顶的方式减低办公空间,避免令人压抑。

第六条 律师事务所办公场所的新建和改造应当聘请擅长写字楼设计及装修的专业公司,合理满足接待、办公、休憩功能。格调和风格应当符合律师行业的特点和专业属性。

第七条 律师事务所办公场所设计与布局要点:

(一)律师事务所应拥有独立的场地,避免与其他公司、企业或机构混用。在接待大厅悬挂律师事务所招牌或Logo。设立党组织的,应当悬挂党组织牌匾。

(二)设计时,应选择适用国际通行并符合专业服务业特点的新中式风、意式现代极简风、极简科技风、现代混搭风等具有设计美感的办公风格。除非净空高度在5米以上,否则慎选Loft工业风。Loft风通常不适用于律师行业,空间高度不够高的办公空间更不宜轻易选用。

(三)办公与居家功能完全不同,尽量避免家居风。

（四）办公场所应规划合理的功能分区，包括但不限于前厅、会议室（接待室）、党员活动室、培训室、办公区、财务室、图书馆、休息区、视频室、档案室等。为了保护客户机密，接待区与办公区域应当尽量规划合理分隔，避免访客可以随意自由进出律师办公区。

（五）前厅开敞区使用面积在30平方米至80平方米之间，应尽量开阔、透光、明亮、大气。适当设置等候沙发区、触摸显示屏。

（六）接待室应环绕在律师事务所大厅开放区附近，会客室应合理配备投影、电子写字板等设备。

（七）律师事务所应当在网站或办公场所设置张贴栏，公示执业律师信息、律师服务收费办法、服务承诺、投诉监督电话等。

（八）设计时应考虑空间的灵动与舒适感，通常律师事务所人均办公建筑面积在15平方米/人至30平方米/人之间。其中，独立办公室的使用面积在10平方米至20平方米之间，办公桌在1.5米至2米之间；开敞区办公卡位桌长度通常在1.4米至1.8米之间；办公区公用通道宽度通常在1.2米至2米之间。

（九）合伙人独立办公室与律师及雇员开敞区办公卡位之间确保通透，避免开敞区员工看不见窗外，确保合伙人与律师之间可以随时看见对方，减少距离感。不宜采用家居布艺类窗帘。

（十）律师事务所应设计档案室并配备专用档案柜，室内保持清洁、整齐、通风。鼓励律师事务所建设电子档案系统。

（十一）律师事务所应配备足够且必要的办公设施，20名以上的律师事务所，应当合理配置模拟法庭、视频会议系统等。

（十二）照明设计：照度要充足、均匀，以暖白光为主，色温3000—4000K，避免眩光，尽量做到见光不见灯；在装修设计和照明设计时，充分考虑工位设置、灯位选择、照度计算、安装角度等综合因素；节能应用应合理选择LED芯片的线性灯、灯盆、嵌入式筒灯等产品，并结合智能化控制，降低能耗提升照明品质与舒适性。

（十三）律师事务所应加大律师办公智能化管理及智慧化的投入与建设，匹配重庆智慧之都的定位，实现与法院智慧系统对接。

（十四）强化消防安全意识，配备灭火器、防毒面具等必要的消防设施。

第八条 鼓励律师事务所注重文化建设，律师事务所根据实际情况综合考虑以下几个方面因素：

（一）律师事务所设计专业的VI，合理融合在办公环境中。

（二）选购办公家具品牌和款式时，应考虑商务、现代、简洁的特点，尽量避免家居风格。

（三）律师事务所应适当悬挂国画、书法、油画等艺术品真迹，并注重党建活动室（照片、制度墙）的装潢与布局风格相一致。确保画框与党建框的选材与装裱一脉相承，典雅有序。

（四）律师事务所适量摆放幸福树、发财树、蝴蝶兰、彩色多肉等适合写字楼的植物、鲜花，注重器皿的美观、整洁与绿植的养护。植物根部覆盖有泥土的，应用彩色琉璃球或浅色鹅卵石再次覆盖泥土表面。如植物使用易脏且不精致的塑料桶（盆）的，应另购美观的陶瓷桶（盆）或金属桶（盆）放置其中。

(五)律师事务所可在宽阔的空间处适当放置玄关,摆放雕塑、盆景等精美艺术品,增添雅趣。

第九条 办公室立面墙面简洁雅致,以环保墙布、墙纸为主,木墙面、石墙面、漆墙面为辅。办公室地面以地毯为主,石材、瓷砖、木地板为辅。其中前厅以石材为主。

第十条 办公家具的选购考虑人性化、智能、简约和可持续性发展的理念;尽量选择Knoll、Steelcase、励致、震旦等专业办公家具。电脑、电话机应选购商务办公款式。

第十一条 鼓励10名律师以上的律师事务所设置总机电话,配置专业的前台助理。必要时,配置专业的茶水员协助前台助理接待访客。

第十二条 公共卫生间应设置在办公区域外面。如果条件允许,应尽量设置独立的洗手化妆区域,以及残障设施。

第十三条 本指引由会长办公会于2020年7月10日审议通过,各律师事务所结合自身实际,与专业设计公司和装修公司交流沟通后参考执行。

12

重庆律师着装指南

第一条 每位律师都是重庆律师行业的形象大使，着装得体可以向客户展现令人信赖且专业博学的职业形象。执业时，多角度注重外在职业形象，着装及配饰保持专业，注意不同场合着装得体，并视情况作出合适的着装判断。

第二条 职业着装的意义。

（一）正装不仅代表着个人的形象，而且代表职业化及训练有素；

（二）律师衣着打扮展示的外在专业形象，外界通常与教育程度、生活背景及工作能力挂钩；

（三）着装得体可以降低认知成本。

第三条 律师出庭服装由律师袍和领巾组成。出席法院或仲裁机构的庭审活动时，应当着律师袍。

（一）律师出庭服装仅使用于法庭审理过程中，不在其他任何时间、场合穿着；

（二）律师出庭着装时：内着浅色衬衣，佩戴领巾，外着律师袍，律师袍上佩戴律师徽章。下着深色西装裤、深色皮鞋。女律师也可着深色西装套裙；

（三）保持律师出庭服装的洁净、平整；

（四）律师穿着律师出庭服装时，应表现严谨、庄重的精神风貌。

第四条 正式商业场合着装标准应为：男性律师为长袖衬衣、领带（领结）及深色西装；女性律师为上装外套配长裤、半裙或连衣裙，搭配优雅职业的配饰。

第五条 男性律师在律所工作或者与客户会面时，应着西服正装。在夏季6—8月期间，在办公室内可以不打领带，但务必常备领带，以备会见客户之需。

第六条 男性律师外在形象具体标准。

（一）发型：整洁的短发，定型水；

（二）配饰：胸花、腕表应简洁且职业；

(三)衬衫:白色或浅色为佳,熨烫整齐;

(四)领带:纯色或简洁设计为佳;

(五)皮鞋:黑色为主,确保光亮洁净;

(六)公文包:黑色等深色手提式长方形皮包。

第七条 女性律师工作时间的职业着装虽更具灵活性,但仍需持专业性,不宜宽松或家居休闲风。

第八条 女性律师外在形象具体标准。

(一)发型:长发梳理整齐,适当定型;

(二)配饰:丝巾、胸花、腕表应简洁雅致且职业;

(三)衬衫:浅色,熨烫整齐(也可着圆领衫,尽量避免高领毛衣);

(四)裙装:齐膝为佳;

(五)皮鞋:确保光亮洁净;

(六)公文包:手提式长方形皮包。

第九条 律师应避免下列情形的着装。

(一)不宜穿着短裤、牛仔裤、运动休闲服、运动鞋、凉鞋及休闲皮鞋;

(二)不宜穿着可能引起争议的服饰,避免衣物上有冒犯性的文字、信息或图案;

(三)不宜穿破洞、污浊或磨损的衣物;

(四)箱式、夹式、挎式、背式等皮包不宜作公文包用途;

(五)不宜有颜色艳丽的染发;

(六)女性律师避免过于暴露或艳丽的着装;

(七)女性律师避免尺寸过大或设计浮夸的珠宝配饰。

第十条 2020年8月13日本指南经第十六次会长办公会通过,供全市律师参考。

13

律师或律师事务所执业活动中违法违规信息上报暂行办法（试行）

第一条 为了进一步规范律师和律师事务所诚信信息管理，提高律师行业诚信水平，保障律师和律师事务所违法违规信息收集的工作规范。根据《中华人民共和国律师法》《中华全国律师协会章程》《重庆市律师协会章程》《重庆市律师行业规则制定程序规定》等规定，制定本办法。

第二条 本办法所称违法违规信息，是指律师或律师事务所因违反《中华人民共和国刑法》《中华人民共和国监察法》《中华人民共和国刑事诉讼法》《中华人民共和国行政诉讼法》《中华人民共和国民事诉讼法》《中华人民共和国治安管理处罚法》等法律、行政法规规定涉嫌违法犯罪，被限制自由超过30日、定罪，以及因执业行为或执业活动受到行政处罚的信息。

第三条 律师受到刑事处罚信息，不仅包括根据《中华人民共和国刑事诉讼法》被处以刑事强制措施信息，还包括根据《中华人民共和国刑法》被处以承担刑事责任的信息。

第四条 律师或律师事务所受到监察处罚信息，是指根据《中华人民共和国监察法》及相关规定，律师或律师事务所被处以监察强制措施的信息。

第五条 律师或律师事务所受到刑事处罚信息，是指根据《中华人民共和国刑事诉讼法》《中华人民共和国刑法》规定，律师或律师事务所被处以刑事强制措施或刑事处罚的信息。

第六条 律师或律师事务所因执业行为受到行政处罚信息，是指律师或律师事务所在执业活动中因违反法律或行政法规，被采取行政强制措施或者实施行政处罚的信息。

第七条 被处罚律师应当在收到被处罚法律文书之日起5个工作日内将被处罚情况向所在律师事务所报告，由所在律师事务所在收到报告后5个工作日内向市律师协会和所属区县司法局提交报告，内容包括案涉情况书面说明、被处罚法律文书复印件等材料。

被处罚律师因被采取强制措施无法及时向所在律师事务所报告,应当自强制措施解除之日起5个工作日内向所在律师事务所报告。

律师事务所在被处罚律师报告前知悉或应当知悉该律师被处罚信息,应当自知晓被处罚信息之日起5个工作日内按照前款要求提交报告。

律师事务所因执业活动违规受到处罚的,应当自被处罚之日起5个工作日内按照前款要求提交报告。

第八条 被处罚的公司律师、公职律师应当在收到被处罚法律文书之日起5个工作日内将被处罚情况向所在单位报告,所在单位在收到报告之日起5个工作日内向市律师协会提交报告,内容包括案涉情况书面说明、被处罚法律文书复印件等材料。

被处罚公司律师、公职律师因被采取强制措施无法及时向所在单位报告,应当自强制措施解除之日起5个工作日内向所在单位报告。

所在单位在被处罚公司律师、公职律师报告前知悉或应当知悉该律师被处罚信息,应当在知晓被处罚信息之日起5个工作日内按照前款要求提交备案材料。

第九条 市律师协会从其他途径获悉律师事务所或律师违法违规行为的,有权要求律师事务所或律师在30日内提交相关报告。

第十条 律师或律师事务所在提交材料过程中,违反本办法规定,有下列情形之一的,市律师协会有权责令其改正:

(一)未按照本办法提交报告及报送相关材料的;

(二)报送材料不完整或者虚假,经要求补正或更正后仍不及时更正的;

(三)违反本办法的其他行为。

第十一条 市律师协会收到上报后,如发现涉及律师合法执业权利受到侵害,应当及时采取必要的执业权利保障措施;如未涉及律师执业权利保障的,应当对案件进展保持关注,确保律师合法权益。

第十二条 本办法中的律师,包括专职律师、兼职律师、公司律师、公职律师、实习律师。

第十三条 本办法自重庆市律师协会理事会通过之日起生效。

第十四条 本办法由重庆市律师协会会长办公会负责解释。

14

重庆市律师和律师事务所违规行为行业处分信息通报暂行办法

(2013年4月18日重庆市律师协会第五届理事会第八次常务理事会通过，2022年6月27日重庆市律师协会第七届理事会三十四次通讯表决修订通过)

第一条 为进一步加强对律师及律师事务所执业活动监督管理，不断提高律师行业的诚信度和公信力，根据《中华人民共和国律师法》《律师和律师事务所诚信信息管理办法》《律师协会会员违规行为处分规则(试行)》有关规定，结合实际，制定本暂行办法。

第二条 重庆市辖区内的律师或律师事务所因违规行为受到训诫、警告、通报批评、公开谴责、中止会员权利一个月以上一年以下、取消会员资格等行业处分的，处分信息应当依据本办法公开。

第三条 律师或律师事务所受到训诫、警告行业处分的，通报其所在区县司法局和重庆市律师协会区县律工委(分会)。

律师或律师事务所受到通报批评行业处分的，向全市各区县司法局和重庆市律师协会各区县律工委(分会)通报。

律师或律师事务所受到公开谴责、中止会员权利一个月以上一年以下、取消会员资格行业处分的，通过重庆市律师协会官方网站、重庆市律师协会微信公众号等对外公开通报。

第四条 信息通报的内容包括：

(一)被处分律师的姓名、性别、律师违规行为发生时所在律师事务所、执业证号、被处分时间、处分事由、给予行业处分的种类及依据。

(二)被处分的律师事务所的名称、住所地、执业许可证号、负责人、批准设立时间、被处分时间、处分事由、给予行业处分的种类及依据。

第五条 律师协会应当在行业处分决定生效之日起七个工作日内按本办法主动通报,并按规定将公开谴责以上的行业处分信息完整录入至司法部全国律师诚信信息公示平台、12348重庆法网律师业务管理系统。

第六条 对律师或律师事务所作出公开谴责行业处分的,信息公开期限为自行业处分信息公开之日起二年,信息公开期满后撤回在重庆市律师协会官方网站、重庆市律师协会微信公众号上发布的处分信息。

第七条 对律师或律师事务所作出中止会员权利一个月以上一年以下、取消会员资格行业处分的,信息公开期限为自行业处分信息公开之日起三年,信息公开期满后撤回在重庆市律师协会官方网站、重庆市律师协会微信公众号上发布的处分信息。

第八条 律师或律师事务所认为通报的处分信息中有错误的,可向重庆市律师协会提出核查申请,经查证确属有误的,重庆市律师协会撤回或修改已公开的信息。

第九条 本办法由重庆市律师协会负责解释。

第十条 本办法自印发之日起施行,渝律发〔2013〕23号文件同时废止。

15

重庆市律师协会惩戒委员会议事规则(试行)

(2020年4月16日重庆市律师协会第七届理事会第九次通讯表决通过)

第一章 总 则

第一条 为规范惩戒工作程序,提高惩戒效率,保障律师执业纪律与职业道德规范的执行,保护律师、律师事务所、投诉人权益,根据《中华全国律师协会会员违规行为处分规则(试行)》《重庆市律师协会章程》《重庆市律师协会专门委员会工作规则》有关规定,结合重庆市律师行业惩戒工作实际,制定本规则。

第二条 惩戒委员会是重庆市律师协会惩戒工作实行集体领导的组织。

第三条 惩戒委员会由主任、副主任、若干委员组成。惩戒委员会人数必须是单数。

第四条 惩戒委员会要坚持党的领导,以习近平新时代中国特色社会主义思想为指导,增强"四个意识"、坚定"四个自信"、做到"两个维护",确保在政治立场、政治方向、政治原则、政治道路上同以习近平同志为核心的党中央保持高度一致,坚定不移走中国特色社会主义法治道路,健全公正高效权威的社会主义司法制度。

第五条 惩戒委员会实行民主集中制原则,惩戒委员会行使惩戒权时,按照少数服从多数的原则对审议事项作出决定。

第六条 惩戒委员会的日常事务、监督决议的执行以及有关日常工作由秘书处有关部门负责或由惩戒委员会主任授权惩戒委员负责。

第二章 惩戒委员会职责

第七条 惩戒委员会职责：

（一）对被投诉的律师和律师事务所进行调查；

（二）对违法违纪行为查实的律师和律师事务所作出行业处分；

（三）受司法行政机关委托，对律师和律师事务所的违法违纪行为进行调查，向司法行政机关提出处罚建议；

（四）惩戒规则培训；

（五）总结惩戒工作经验；

（六）其他需要提交惩戒委员会讨论、决定和执行的事项。

第八条 惩戒委员会讨论案件，实施集体负责制。

第三章 会议的召开

第九条 惩戒委员会召开会议时，应当有三分之二以上的委员出席方有效。惩戒委员会会议的形式由惩戒委员会主任决定，可以采用现场会议、视频会议、发表书面意见等方式进行。

第十条 惩戒委员会会议由主任主持。主任因故不能主持会议时，可以委托副主任主持。

第十一条 惩戒委员会会议一般每月召开一次，特殊情况需改期召开或临时召开的，由主任决定。

第十二条 惩戒委员会召开会议时，可以根据讨论事项的内容，通知有关人员列席。

第十三条 惩戒委员会秘书应当将会议讨论事项在会议召开2日前通知惩戒委员会委员和列席人员，临时召开的除外。

第四章 审议事项的提交

第十四条 对投诉是否立案有异议或完成调查报告后，需提交惩戒委员会作出决定的案件，由主办委员审核后通过惩戒委员会秘书提交惩戒委员会。

第十五条 提交惩戒委员会决定的事项，应当有书面报告。会议结束后，秘书应当及时回收书面报告并存档。

第五章　汇报、讨论、表决

第十六条　讨论案件先由主办委员汇报案情，其他委员作补充性发言。惩戒委员会审议事项时，出席委员和列席人员应当充分发表意见。发表意见的顺序，一般先由主办委员发表意见，其他委员自由发言，主任最后发表个人意见并进行归纳总结。与会委员对处理结果书面投票并签名，由会议秘书收票统计后，由会议主持人公布结果。

惩戒委员会应当充分、全面地对案件进行讨论。惩戒委员会委员应当客观、公正、独立、平等地发表意见，惩戒委员会委员就所讨论案件发表的意见不受追究。

第十七条　提交惩戒委员会讨论决定的案件，惩戒委员会委员有应当回避情形的，应当自行回避并报主任决定；主任的回避，由律师协会会长决定。

惩戒委员会委员的回避情形，适用有关法律关于审判人员回避情形的相关规定。

第十八条　惩戒委员会会议由秘书负责记录。会议记录应当做到客观、全面、准确无误。

第十九条　惩戒委员会认为提交的案件或事项不属于其权限范围的，可以不予讨论。

第六章　决议的执行

第二十条　惩戒委员会作出的决议，应当执行。确有必要改变的，应当按照本规则规定的程序提交惩戒委员会决定。

第七章　附　则

第二十一条　惩戒委员会讨论决定的案件，相关文书由惩戒委员会主任签发。

第二十二条　出席、列席惩戒委员会会议的所有人员，对惩戒委员会讨论内容应当保密。对泄露工作秘密的，依照行业管理有关规定追究责任。

第二十三条　惩戒委员会委员因正当事由不能参加惩戒委员会会议的，应当履行请假手续。

第二十四条　本规则由重庆市律师协会第七届理事会通过后施行。

第二十五条　本规则由重庆市律师协会理事会授权惩戒委员会负责解释。自2020年4月16日起施行。

16 重庆市律师协会会员违规行为处分听证程序规定

(2020年4月16日重庆市律师协会第七届理事会第九次通讯表决通过)

第一章 总则

第一条 为规范重庆市律师协会会员(以下简称"会员")处分听证活动,保障重庆市律师协会(以下简称"律师协会")依法依规对会员进行处分,维护会员的合法权益,根据中华全国律师协会《律师协会会员违规行为处分规则(试行)》、《重庆市律师协会章程》及《重庆市律师协会专门委员会工作规则》,制定本规定。

第二条 律师协会惩戒委员会依照《中华人民共和国律师法》、中华全国律师协会《律师协会会员违规行为处分规则(试行)》、《重庆市律师协会章程》、《重庆市律师协会专门委员会工作规则》规定,对会员作出处分之前,根据拟被处分会员申请,依照本规则进行听证。

第三条 听证由惩戒委员会主任或其授权的副主任召集、主持。

第四条 惩戒委员会举行听证,应当遵循公开、公正原则。但涉及国家秘密、商业秘密、个人隐私及投诉人、被投诉人不同意公开的除外。

第二章 听证主持人和听证参加人

第五条 听证应当组成听证委员会,除书记员外,听证委员会组成人员均为律协惩戒委员会委员。

听证委员会成员由惩戒委员会三至五名委员组成,包含听证主持人。听证委员会人数为单数。听证书记员由秘书处推荐。

第六条 听证委员会组成人员有下列情形之一的,应当自行回避,听证申请人有权以书面方式申请其回避:

(一)系案件投诉人或听证申请人的近亲属;

(二)与听证申请人在同一律师事务所执业或与案件有其他利害关系的;

(三)与案件投诉人、听证申请人有其他关系,可能影响听证公正进行的。

第七条 听证申请人提出回避申请,应当说明理由。听证主持人的回避,由惩戒委员会主任决定;主任担任主持人的,由律师协会会长决定。听证委员会其他组成人员的回避,由主持人决定。

第八条 听证主持人在听证活动中行使下列职权:

(一)决定听证的时间、地点和听证委员会人员组成名单;

(二)决定听证的延期、中止或者终结;

(三)询问听证参加人;

(四)接收听证各方提供的新证据;

(五)维持听证秩序,对违反听证秩序的人员进行警告,对情节严重者可以责令其退场。

参与听证的委员经主持人同意,行使上述第(三)、(四)项权利。

第九条 听证委员会委员在听证活动中依法承担下列义务:

(一)应当公开、公正地履行听证的职责,保障听证申请人行使陈述权、申辩权和质证权;

(二)保守听证案件涉及的国家秘密、商业秘密和个人隐私;

(三)不得徇私枉法,包庇纵容违规、违纪行为。

听证书记员应当认真、如实制作听证笔录,并承担本条第(二)项规定的义务。

第十条 听证申请人享有下列权利:

(一)依规申请听证委员会组成人员回避;

(二)就听证委员会委员提出的涉案件事实、证据和处分建议进行申辩;

(三)申请人可以向听证委员会提出证人出席听证会申请,是否准许由听证委员会决定;

(四)申请人有权进行陈述、申辩及最后陈述;

(五)核对听证笔录。

第十一条 听证申请人承担下列义务:

(一)按时参加听证;

(二)对自己的听证主张提供证据;

(三)如实回答听证主持人及主持人授权的委员的询问;

(四)签收、签署听证活动有关法律文书;

(五)遵守听证秩序;

(六)接受听证委员会对听证过程的同步录音录像。

第十二条 听证申请人如果是团体会员的,应当由负责人参加听证,确有正当理由不能参加的,可委托他人代理听证,并提交授权委托书。

授权委托书应当载明委托事项及权限、代理人的基本信息及联系方式,由委托人签名或者盖章。

第十三条 调查人员或承办委员可以向听证主持人提出听证申请人违规、违纪的事实、证据、处分建议及适用的法律、法规、规章和行业规则。

第三章 听证受理

第十四条 惩戒委员会在对被投诉会员作出处分决定之前,应当书面告知其有要求听证的权利。

第十五条 被投诉会员要求听证的,应当在惩戒委员会告知后的7个工作日内提出书面听证申请。

第十六条 被投诉会员因不可抗力或者其他正当理由无法在规定期限内提出听证申请的,在障碍消除后7个工作日内,可以说明理由并申请听证。惩戒委员会相关负责人或机构对其申请和事实审核无误后,应当批准其申请。

第四章 听证举行

第十七条 惩戒委员会应当在接到被投诉会员申请听证的材料之日起7个工作日内确定听证委员会组成人员,律师协会秘书处工作人员应当于举行听证会召开前7日前向听证参加人发出听证通知书,内容包括听证时间、地点、听证组成人员名单、申请回避的期限及举证期限。

秘书处工作人员在举行听证之日前3个工作日内将案卷移送给听证主持人。

第十八条 秘书处工作人员可以直接将听证通知书送达听证申请人,可以委托该申请人所在律师事务所代为送达,也可以留置送达。委托申请人所在律师事务所代为送达的,应将送达回证收回归档。

听证申请人认为需通知证人到场作证的,应在听证举行前7个工作日内以书面形式向听证主持人提出申请。

听证主持人同意申请的,秘书处工作人员应于听证举行前3个工作日内通知该证人参加听证。

第十九条 听证开始前,听证书记员应当查明听证参加人是否到场,并宣布以下听证纪律:

(一)未经听证主持人允许不得发言、提问;

(二)应将可以录制音频视频的电子设备交书记员统一保管;

(三)未经听证主持人允许,听证参加人不得退场;

(四)听证参加人不得大声喧哗,不得鼓掌、哄闹或者进行其他妨碍听证秩序的活动。

第二十条 听证主持人核对听证参加人身份,宣布听证主持人、听证书记员名单,告知听证参加人在听证中的权利义务。

第二十一条 听证按照下列程序进行:

(一)听证主持人宣布听证开始,宣布案由;

(二)听证委员会确定的具体承办人陈述听证申请人违规违纪的事实、证据、处分建议和适用的法律、法规、规范性文件和行业规则依据;

(三)听证申请人就案件具体承办人提出的违规、违纪的事实、证据和处分建议及依据进行申辩和质证,并可以出示无违规、违纪事实,违规、违纪事实较轻,或者减轻、免除处分的证据材料;

(四)听证委员会委员和听证申请人经听证主持人允许,可以就案件有关事实向各方进行询问;

(五)听证申请人作最后陈述;

(六)听证主持人宣布听证结束。

第二十二条 听证主持人根据下列情形,决定延期举行听证:

(一)听证申请人因不可抗拒的事由无法到场的;

(二)其他应当延期的情形。

第二十三条 听证主持人根据下列情形,可以中止听证:

(一)需要补充调查、通知新的证人到场作证或者需要鉴定或重新鉴定的;

(二)听证申请人因不可抗拒的事由,无法继续参加听证的;

(三)其他应当中止听证的情形。

第二十四条 延期、中止听证的情形消失后,由听证主持人决定恢复听证。

秘书处工作人员应在听证举行前3个工作日内将听证时间、地点通知听证参加人。

第二十五条 听证主持人根据下列情形,应当终结听证:

(一)听证申请人撤回听证要求的;

(二)听证申请人无正当理由不参加听证的,或者未经听证主持人允许中途退出听证会或故意扰乱听证秩序、拒不服从劝阻的;

(三)拟作出的处分决定改变,不需要举行听证的;

(四)其他应当终结听证的情形。

第二十六条 听证书记员应当将听证的全部活动记入笔录,由听证委员会组成人员和听证书记员签名。

听证笔录应当由听证申请人当场签名。听证申请人拒绝签名的,听证主持人在听证笔录上应当记明情况。

第二十七条 听证结束后,听证主持人应当对听证情况予以总结。总结应当包括涉案基本事实和适用的规则,并在充分征求委员意见后作出倾向性处理意见。

书记员应当将总结记录在案,并由听证委员会全体成员签字。

听证主持人作出的倾向性处理意见应当提交下一次惩戒委员会会议,由惩戒委员会会议集体研究。

第五章 附 则

第二十八条 重庆市律师协会复查委员会在复查案件过程中需要组织听证的,依据本规定执行。

第二十九条 本规定由重庆市律师协会第七届理事会通过后施行。

第三十条 本规定由重庆市律师协会理事会授权会长办公会负责解释。自2020年4月16日起施行。

17

重庆市律师协会调查员工作规则(试行)

(2013年3月30日第五届市律协第十八次会长办公会会议审议通过
2020年4月16日第七届理事会第九次通讯表决修订通过)

第一章 总 则

第一条 为保障公正、高效查处本会会员的违规行为,建立稳定、合格的调查员队伍,指导和规范调查员的调查工作,根据中华全国律师协会《律师协会会员违规行为处分规则(试行)》和《重庆市律师协会章程》有关规定,结合本会惩戒工作的实际情况,制定本规则。

第二条 本规则所称调查员,指由重庆市律师协会(以下简称"本会")在本会会员中选聘有义务接受本会指派、有权对本会会员违规行为进行调查并出具调查报告、连续执业满五年的执业律师。

第三条 本会惩戒委员会负责调查员选聘、指派和管理。

第四条 本会复查委员会对已作出处分决定的案件进行复议的,适用本规则相关规定。

第二章 调查员的选聘和指派

第五条 本会调查员的选聘,以自愿报名、择优录取为原则,指定为补充。选聘调查员应当考虑地域平衡。

拟聘用的调查员应当公示。公示期满后无有效异议的,聘用为调查员,列入调查员名册。

调查员任期以调查员聘书载明的聘用时间为准。

第六条 惩戒委员会立案调查的案件,由市律协投诉查处中心从调查员名册中指定两名调查员。

调查员没有正当理由不得拒绝指定。

第七条 调查员接受指定后,发现与该案投诉人、被投诉人及所在律师事务所存在可能影响案件公正调查的利害关系的,应主动申请回避。是否回避,由惩戒委员会主任决定。

利害关系界定,适用《中华人民共和国民事诉讼法》关于审判人员、书记员、鉴定人、翻译人员回避的相关规定。

第八条 调查员不得向惩戒委员会组成人员以外的第三人泄露投诉人的基本情况和投诉内容。基于调查必要确实需要告知被调查人、证据提供人相关内容的,应当避免提供投诉人基本身份信息。

调查员应当保守在调查案件中知悉的国家秘密、商业秘密和个人隐私。

未经惩戒委员会许可,调查员不得私自摘录、复制、保存或泄露案件材料和案情。

第三章 调查的基本方法和内容

第九条 调查员应当认真履行工作职责,全面、客观、公正地收集和审查会员违规证据和没有违规的证据。调查内容不以投诉内容为限。

第十条 调查员调查案件时,应当依据不同的调查事项及调查对象选择合理的调查方法,包括但不限于询问、书面审查、实地调查等。

第十一条 调查员在调查过程中就需要第三方确认相关事项的,可以通过约访、函告等方式进行。第三方接受约访但不愿出具书面确认文件的,或第三方不接受约访的,调查员应制作笔录或保存录音文件。

第十二条 调查证人证言时,应当制作调查笔录,并由调查员和被调查人签字确认。被调查人拒绝签字确认的,调查员应当在调查笔录上注明。

第十三条 被调查人在调查期限内提出新的证据或负责案件调查的本会惩戒委员认为需要补充调查的,调查员应当补充调查。

第十四条 调查员应当在接受指定后60天内完成调查及报告。

对疑难、复杂或有重大影响的案件,经惩戒委员会主任批准,可以适当延长调查期限,但延长期限不得超过30天。

第十五条 调查中出现中止调查事由的,经惩戒委员会主任同意,调查员可中止调查,中止期间不计入调查期限。中止事由消除后,应及时恢复调查。

第十六条 调查终结后,调查员应当将与本案有关的全部材料、初步调查意见提交负责查处该案的惩戒委员审查,并根据该惩戒委员的要求制作调查报告。

调查报告应当包含案件的来源、受理程序、投诉人基本情况、投诉内容、被投诉会员的答辩意见、调查查明的事实以及对被投诉会员的初步处理意见和处理依据。

第十七条 在惩戒委员会讨论被调查案件时,可以要求调查员参加会议并介绍案件的调查情况。

第十八条 被投诉会员提出听证的案件,调查员可以参加听证并陈述案件调查情况。

第四章 调查员的处罚和解聘

第十九条 调查员有下列行为之一的,由本会予以解聘并公示:

(一)无正当理由拒绝指派连续两次以上;

(二)在指定期限内,无正当理由不完成调查任务的;

(三)在调查中隐瞒事实、弄虚作假或使用非法手段调查的;

(四)接受投诉人或被投诉会员财物、有偿服务的;

(五)调查员被行业处分或被法律处罚的;

(六)其他有违勤勉尽责或不正当的行为。

第二十条 本规则由重庆市律师协会第七届理事会通过后施行。

第二十一条 本规则由重庆市律师协会理事会授权惩戒委员会负责解释。本规则自2020年4月16日起施行。

18

重庆市律师协会惩戒委员会工作规则(试行)

第一条 为了发挥行业自律作用,规范行业惩戒工作,根据中华全国律师协会《律师协会会员违规行为处分规则(试行)》《重庆市律师协会章程》等有关规定,制定本规则。

第二条 重庆市律师协会惩戒委员会(下称"惩戒委员会")根据中华全国律师协会《律师协会会员违规行为处分规则(试行)》的有关规定,负责对会员开展职业道德和执业纪律建设,规范律师和律师事务所执业行为,对会员违规违纪的行为作出纪律处分决定。

第三条 惩戒委员会下设立案组、调查组、审查听证组。立案组负责对投诉案件审查是否立案;调查组负责指导调查员对投诉案件进行调查或调解;审查听证组负责对调查组提交的案件进行书面审查、主持听证。

立案组由1名惩戒委员会副主任负责;调查组由3名副主任牵头负责开展工作;审查听证组由2名副主任牵头负责开展工作。

第四条 市律师协会秘书处投诉受理查处中心是惩戒委员会的日常工作机构。其主要职责是:

(一)接待投诉举报;

(二)对投诉举报进行有关人员及材料的初审;

(三)向惩戒委员会转交中华全国律师协会交办、督办的案件;

(四)联系立案组,对投诉案件是否立案进行审查;

(五)联系调查组,对投诉案件进行调查或调解;

(六)联系审查听证组,对调查组提交的案件进行书面审查、主持听证;

(七)惩戒委员会全体会议通知及会务筹备;

(八)送达各类文书;

(九)定期开展对投诉工作的汇总、归档、通报;

(十)与行业惩戒工作有关的其他事项。

第五条 投诉受理查处中心在收到秘书处对投诉案件批示的文件处理笺之日起3个工作日内,将是否立案的初审意见报分管立案组的副主任审查。

立案组在接到投诉之日起7个工作日内对案件作出是否立案的决定。

第六条 对于立案的,惩戒委员会立案组应当自立案之日起10个工作日内向投诉人、被调查会员发出书面立案通知。立案通知中应当载明立案的主要内容,有投诉人的,应当列明投诉人名称、投诉内容等事项;投诉人递交了书面投诉文件的,可以将投诉文件的副本与通知一并送达被调查会员;该通知应当要求被调查会员在10个工作日内作出书面答辩,并有义务在同一期限内提交业务档案等书面材料。

第七条 对不予立案的,惩戒委员会立案组应当在作出决定之日起7个工作日内向投诉人书面说明不予立案的理由,但匿名投诉的除外。

需由司法行政机关或者其他律师协会处理的投诉案件,律师协会应当制作移交处理书,随投诉资料移送有管辖权的部门,并告知投诉人。

第八条 投诉人不服不予立案决定的,在收到书面决定之日起15个工作日内可以申请复议,惩戒委员会主任3个工作日内进行复核作出决定。

第九条 惩戒委员会委员有下列情形之一的,应当自行回避,投诉人、被调查会员也有权申请其回避:

(一)被查处或者投诉对象是本人的;

(二)被调查会员是本所或者本所其他律师的;

(三)被调查会员是其近亲属的;

(四)投诉人是其当事人或者近亲属的;

(五)投诉人是其本所或者本所的其他律师的;

(六)其他可能影响案件公正处理的情形。

前款规定,也适用于调查员及投诉受理查处中心工作人员。

律师协会、惩戒委员会、投诉受理查处中心不属于被申请回避的主体,不适用回避。

第十条 惩戒委员会主任的回避由所在律师协会会长或者主管惩戒工作的副会长决定;副主任的回避由惩戒委员会主任决定。

惩戒委员会委员的回避,由惩戒委员会主任或者副主任决定。

第十一条 被调查会员提出回避申请的,应当说明理由,并在申辩期限内提出。

对提出的回避申请,律师协会或惩戒委员会应当在申请提出的3个工作日内,以口头或者书面形式作出决定,并记录在案,此决定为终局决定。

第十二条 惩戒委员会处理会员投诉案件,每起案件可以组成调查组进行调查。调查组由1名调查组的委员和两名调查员共同组成,调查员在委员的指导下开展调查工作。

第十三条 调查组可以根据调查案件的需要向有关会员发出通知,调取材料、核实和询问相关情况,以查清案件事实;接受通知的会员应当在规定的时间内如实提交材料或者回答询问。

第十四条 调查组自接受指定之日起30个工作日内完成调查并提交调查终结报告,报告应当载明会员行为是否构成违规,是否建议给予相应的纪律处分。若遇重大、疑难、复杂案件,经惩戒委员会主任批准,可以延长10个工作日。

调查员拟写调查终结报告基础事实部分,案件承办人在收到调查终结报告之日起15个工作日内基于查明事实出具处理意见,并对调查终结报告进行审查后,将处理意见建议报审查听证组审查。

第十五条 审查听证组自收到案件承办人处理意见报告之日起7个工作日内,提出如下审查意见:

(一)同意案件承办人意见的,提交惩戒委员会全体会议表决;

(二)认为应当补充调查的,发回重新调查,并指定不超过15个工作日内的合理时限完成;

(三)认为有必要组织双方调解或和解的,投诉受理查处中心安排调查员7个工作日内完成。

第十六条 审查听证组对调查组移交的案卷材料可书面审查。对同意案件承办人意见的案件,提交惩戒委员会全体会议表决。

第十七条 惩戒委员会在作出处分决定前,应当告知被调查会员有要求听证的权利。申请听证的拟处分会员,惩戒委员会指派听证组3名委员进行案件听证,并指定其中1名委员为听证主持人,调查组成员不得担任听证庭成员。

审查听证组根据听证会查明的事实,在充分考虑各方意见的基础上,拟定本案的听证组意见并报惩戒委员会。

第十八条 惩戒委员会应当在听取或者审阅听证组评议报告或者调查终结报告后集体作出决定。会议应当有三分之二以上的委员出席,决定由出席会议委员的二分之一以上多数通过,如评议出现三种以上意见,且均不过半数时,去掉得票数最低的意见,再次组织对其他两种意见投票,直至超过半数为止。承办人和应回避人员不参加表决,不计入出席会议委员基数。

第十九条 根据惩戒会议研究意见,对作出处分决定、不予处分或投诉不实决定的案件,由承办人根据查明的有关事实结合惩戒会议表决意见拟写相应决定书及投诉回复。

第二十条 出现下列情形的,惩戒委员会应当指派惩戒委员定期接访释疑:

(一)投诉人对处理意见不服,投诉受理查处中心工作人员接待其2次及以上仍不能结案了事,投诉人申请惩戒委员会接访释疑的;

(二)重大疑难投诉案件投诉人要求惩戒委员会接访释疑,且投诉受理查处中心依职权认为需要启动接访释疑的;

(三)其他由律师协会秘书长办公会议认为的情形。

第二十一条 在调查、听证、处分等各个阶段均可进行调解,双方书面申请调解的,调解期间不计入调查时限。

调解应当坚持合法、自愿的原则。

第二十二条 双方达成和解,或者违规行为受到投诉人谅解的,可以作为从轻、减轻或者免除处分的依据。

第二十三条 调解、和解或者撤回投诉不必然构成纪律处分程序的终结,仍需予以纪律处分的,应当转为调查程序。

第二十四条 投诉案件自批准立案之日起60个工作日内提交惩戒委员会全体会议表决。若遇重大、疑难复杂案件,经主任批准,可以延长30个工作日。

第二十五条 惩戒委员会的其他工作程序和要求,按中华全国律师协会的有关规定执行。

第二十六条 本规则由重庆市律师协会第七届理事会通过后施行。

第二十七条 本规则由重庆市律师协会理事会授权惩戒委员会负责解释。

19

重庆市律师协会复查委员会工作规则(试行)

第一条　为提高复查委员会工作效率,依据中华全国律师协会《律师协会会员违规行为处分规则(试行)》的相关规定,结合本会复查委员会工作的实际情况,制定本规则。

第二条　本复查委员会,负责受理复查申请和作出复查决定。

第三条　本案被调查会员对市律师协会惩戒委员会作出的处分决定不服的,可以在决定书送达之次日起十五个工作日内向复查委员会申请复查。

市律师协会秘书长办公会或者复查委员会主任、副主任集体认为本地区各律师协会惩戒委员会所作出的处分决定可能存在事实认定不清,或者适用法律、法规、规范错误,或调查、作出决定的程序不当的,有权在该处分决定作出后一年内提请复查委员会启动复查程序。

第四条　秘书处自收到复查申请之日起三个工作日内提交复查委员会主任或主任授权的副主任审查立案。

第五条　立案审查应在十个工作日内分别作出如下处理:

(一)对符合申请复查条件的,作出受理决定。

(二)下列情况不予受理复查:

1.不符合申请主体资格的;

2.申请复查已超过规定申请复查期限的;

3.申请复查的事项不属于原决定书的范围的;

4.申请复查的事实和理由不充分的。

第六条　秘书处在收到审查决定之日起五个工作日内将结果书面送达复查申请人,并说明理由。

第七条　复查申请人对不予立案的结果不服的,可在收到复查结果之日起三个工作日内申请复议。由复查委员会主任审查复议申请,并作出复议决定。秘书处在收到复议决定之日起三个工作日内将结果书面送达复查申请人。复议决定为最终结果。

第八条 决定复查立案的,应当自作出受理决定之日起三个工作日内,由主任指定一名委员为主审人与另四名委员组成复查庭进行书面审查。

第九条 复查委员会应当在复查庭组成之日起四个工作日内通知申请人,告知其有申请回避的权利,并将申请复查书的副本送达作出原决定的惩戒委员会。

申请人可以在接到复查庭组庭通知之日起十个工作日内对负责本案的复查人员提出回避申请,并应当说明理由。秘书处应当在收到回避申请之日起十个工作日内以口头或者书面形式作出决定,并记录在案。

第十条 复查庭人选确定后,秘书处应当在五个工作日内将复查案卷材料送至复查庭组成人员。

第十一条 复查庭对复查申请人主张的事实、理由、证据和要求,原处分决定所依据的事实、证据,给予纪律处分的理由和依据等进行书面审查。

复查庭认为必要时,可以通知申请人、作出原处分决定的惩戒委员会对申请人提交的新证据材料的可接受理由、真实性、关联性、证明内容等进行当面或者书面质证,听取申请人陈述申辩意见或者安排补充调查等。

第十二条 复查庭应于组庭之日起三十个工作日内,按照二分之一以上多数意见作出复查决定。

复查庭不能形成二分之一以上多数意见的,应当在十个工作日内提交并召开复查委员会全体会议讨论,复查庭按照复查委员会全体会议相对多数意见作出复查决定:

(一)复查庭认为原处分决定认定事实清楚,责任区分适当,适用依据正确,程序合法的,应当作出维持原处分决定;

(二)复查庭认为原处分决定认定事实清楚,调查、作出决定程序正当,但适用依据不当,作出的惩戒措施应予变更的,或者原处分决定存在明显笔误的,应当作出变更原处分决定;

(三)复查庭认为原处分决定事实认定不清,或者调查、作出决定的程序不当的,应当作出撤销原处分决定,并发回原惩戒委员会重新作出决定。

第十三条 复查庭主审人应于作出复查决定之日起十个工作日内拟写制作复查决定书,送复查委员会主任签发后生效。

第十四条 原则上复查案件自批准立案之日起两个月内办结,并将决定书书面送达申请人及各方当事人。重大、疑难复杂案件,经报复查委员会主任批准,可以延长一个月。

第十五条 复查程序中,复查庭不进行调解,但投诉人谅解违规会员的违规行为的,复查庭可以予以认可,并作为变更原处分决定,从轻、减轻或者免除处分的依据。

第十六条 本规则中未完全列明事项,按照中华全国律师协会《律师协会会员违规行为处分规则(试行)》的规定执行。

第十七条 本规则由理事会通过后,自2021年11月16日起试行。

第十八条 本规则由重庆市律师协会会长办公会负责解释。

20

重庆市律师协会惩戒委员会关于律师执业利益冲突认定和处理暂行规则

第一章 总 则

第一条 目的和依据

为规范重庆市律师协会(以下简称"本会")会员执业行为,防止会员在执业过程中,因涉及利益冲突损害当事人权益,保障当事人和本会会员的合法权益,根据《中华人民共和国律师法》、司法部《律师执业管理办法》、中华全国律师协会《律师执业行为规范(试行)》《律师协会会员违规行为处分规则(试行)》及《重庆市律师协会章程》等有关规定,结合本市实际,制定本规则。

第二条 适用范围

本规则适用于在本市依法设立的律师事务所或者分所以及在本市执业的律师涉及执业利益冲突的认定和处理。

涉及执业利益冲突时,以下主体之间属于本规则规范的"同一律师事务所":

(一)重庆市司法局登记及注册的律师事务所和律师;

(二)重庆市司法局登记的本地律师事务所和律师与该事务所的外地分所之间发生的本规则规定的利益冲突行为;

(三)外地律师事务所在重庆市司法局登记的分所和律师,与其总部和其他分所之间发生本规则规定的利益冲突行为。

第二章　利益冲突定义及类型

第三条　直接利益冲突及主要情形

直接利益冲突：律师与委托人或与对方当事人及其律师之间存在着直接的利害关系，使律师在提供法律服务的过程中必然损害一方当事人的权利。

主要情形参照中华全国律师协会《律师协会会员违规行为处分规则（试行）》第二十条的规定。

第四条　间接利益冲突及主要情形

间接利益冲突：律师与委托人、对方当事人及其律师之间存在一定的利害关系，使律师在提供法律服务过程中有可能损害一方当事人的权益。

主要情形参照中华全国律师协会《律师协会会员违规行为处分规则（试行）》第二十一条的规定。

第三章　利益冲突的处理

第五条　直接利益冲突的禁止和豁免

本规则第三条规定的直接利益冲突，除非诉讼业务中双方当事人共同委托外，不论当事人是否同意豁免，会员都不得接受委托；已经接受委托的，应当立即终止委托关系。

第六条　间接利益冲突的禁止和豁免

对于本规则规定的间接利益冲突，会员15日内将利益冲突的事实和可能产生的后果通知利益冲突的各方当事人，任何一方当事人以书面等形式给予反对，会员不可以接受委托。

会员在间接利益冲突发生时，已经完成了绝大部分委托业务，且终止委托关系将造成委托人重大损失的，应当在确保不损害当事人利益的前提下谨慎实施委托业务，并应得到利益冲突当事人的事后豁免确认。

豁免应当采取书面等有效形式。豁免应当表明已经知悉存在利益冲突的基本事实和可能产生的后果，以及同意律师事务所或者律师继续代理。

会员可以在合同中约定产生间接利益冲突时，予以一次性豁免的条款。

第七条　告知义务

会员发现利益冲突情形后，应立即告知密切相关的当事人相关事实和接受委托可能产生的影响，以及当事人是否同意豁免。

第八条　利益冲突发生时退出原则

发生利益冲突后，会员应当自行协调，及时消除利益冲突。除会员与有关当事人协商调整外，一般为已成立的委托优先于拟进行的委托，先成立的委托优先于后成立的委托。委托关系的成立时间，以会员和当事人签订委托合同的时间为准,或者虽未签订委托合同但当事人实际支付律师费用的时间,或者会员和当事人的函件足以证明委托关系依法成立的时间为准。

知道或应当知道发生利益冲突后,当事人在30日内未给予豁免,会员又不能自行调整消除利益冲突的,会员应当终止与当事人的委托关系,合规处理好相关事宜。

第四章　利益冲突审查

第九条　委托前审查

律师事务所应根据本所业务状况制定利益冲突审查流程或制度,指派专人负责利益冲突的查证与评估。对存在利益冲突的案件,及时通知有关人员。

会员就是否存在利益冲突进行了自行查证,但由于某种原因未审查出利益冲突情形的,不影响本会依据本规则对相关违规行为的立案、调查和处分。

第十条　法律顾问单位(含入围)的特别规定

律师事务所和委托人签署的法律顾问合同中,除非合同明确列明服务包括了公司及控股公司,则仅签约委托主体纳入利益冲突审查范围。

律师事务所仅入围某委托主体,没有收取任何固定律师费。入围期间,没有代理任何法律业务,或诉讼案件、仲裁案件已完成超过6个月的,不纳入利益冲突审查范围。

第十一条　集团类公司(包括银行与金融类机构或公司)的分公司、子公司及控股公司,或者实际控制人为同一人的特别规定

律师事务所和委托人签署的法律事务合同中,若委托合同中未将委托人的分公司、子公司(包括银行与金融类公司的分公司及平行分支机构)、控股公司,以及实际控制人为同一人等列为合同一方或明确列为冲突回避范围的,不纳入利益冲突审查范围。

第五章　附　则

第十二条　规则实施

本规则经本会第七届会长办公会审议通过之日生效,惩戒委员会在研判该类案件时参照适用。

第十三条　规则的解释

本规则由本会会长办公会授权惩戒委员会负责解释。

21

重庆市律师协会区县律工委专门委员会专业委员会考核暂行办法

第一章　总　则

第一条　为建立客观公正的考核评价机制,促进区县律工委、专门委员会和专业委员会(研究中心)认真履行职责,切实提高工作质效,充分发挥职能作用,根据《重庆市律师协会章程》《区县律师工作委员会工作规则》《专门委员会工作规则》《专业委员会工作规则》的有关规定,制定本办法。

第二条　本办法所称考核是指重庆市律师协会(以下简称"协会")对区县律工委、专门委员会和专业委员会(研究中心)的履职表现进行的年度综合考核评价。

第三条　考核工作应遵循独立、客观、公平、公正原则。邀请监事会对考核工作进行全程监督。

第四条　考核工作由协会考核领导小组负责组织实施。

考核领导小组是协会非常设机构,组成人员由秘书处提出建议名单,会长办公会决定。

第五条　考核领导小组成员担任区县律工委、专门委员会和专业委员会(研究中心)负责人的,考核应当回避。

第二章　考核内容

第六条　考核内容由考核领导小组根据《区县律师工作委员会工作规则》《专门委员会工作规则》《专

业委员会工作规则》明确的区县律工委、专门委员会和专业委员会（研究中心）职能定位、具体职责和协会安排工作任务及具体要求设定，包括但不限于：

（一）履行规定职责的综合情况；

（二）制定和执行年度工作计划情况；

（三）贯彻落实协会安排工作任务及工作要求情况；

（四）开展自身建设情况。

第七条 根据《区县律师工作委员会工作规则》规定的职责及有关要求，对区县律工委的具体考核项目如下：

（一）开展业务研讨活动情况；

（二）依法维护所在区县律师执业权利，协助维护其他律师在本区域内的执业权利情况；

（三）根据需要组织所在区县律师培训情况；

（四）组织所在区县律师进行文体福利活动情况；

（五）开展所在区县青年律师和女律师工作情况；

（六）开展与所在区县律师行业发展相关的活动情况；

（七）完成协会安排的各项工作任务及工作要求情况；

（八）开展自身建设情况；

（九）其他有关工作情况。

第八条 根据《专门委员会工作规则》规定的职责及有关要求，对专门委员会的具体考核项目如下：

（一）履行协会维护律师执业权益、教育培训、惩戒及考核规则制定等职责情况；

（二）贯彻落实理事会和会长办公会作出的决定或决议情况；

（三）研究拟定提交会长办公会和理事会决定的工作方案、议案和建议情况；

（四）制定协会各项专门工作计划，并组织实施情况；

（五）组织开展以协会名义进行的各项活动，提供会员服务，处理相关专门事务等情况；

（六）完成协会安排的其他工作任务及工作要求情况；

（七）开展自身建设情况；

（八）其他有关工作情况。

第九条 根据《专业委员会工作规则》规定的职责及有关要求，对专业委员会的具体考核项目如下：

（一）结合相应专业领域的律师业务实际，开展律师实务理论研究、信息交流、案例研讨等活动情况；

（二）推动全市律师行业在相应专业领域的律师业务拓展，与相关机关或社会团体联合举办专题研讨会、论坛、专题讲座、沙龙、报告会等专业交流活动情况（每年至少举行1次50人以上规模的专业论坛或专题研讨会）；

（三）制定相应专业领域的律师业务指引或规范，指导全市律师规范执业情况；

(四)收集相应专业领域的信息资讯,编写印发专业资料,编辑出版相关著作或业务案件文集情况(每届任期届满半年前至少出版一本专业书籍);

(五)研究论证有重大争论的疑难案件或带有共性的执业难点问题,对全市律师行业或相关律师事务所提出业务指导性意见或建议情况;

(六)围绕相应专业领域的法律法规实施情况开展调查研究,针对实施中的问题,向相关机关提供意见和建议情况;

(七)每季度定期召开全体委员会议,研究、部署相关工作,学习相关政策文件情况;

(八)举办其他有利于推动相应专业领域规范和拓展律师业务的活动情况;

(九)完成协会安排的其他工作任务及工作要求情况;

(十)开展自身建设情况;

(十一)其他有关工作情况。

第三章 考核方式及考核标准

第十条 考核实行积分制,采取主客观相结合的综合评分、累积得分的方式进行。

第十一条 考核结果分为优秀、良好、称职、不称职四个等次。其中,累计得分90分以上(含本数)为优秀;累计得分80分以上(含本数)不满90分为良好;累计得分60分以上(含本数)不满80分为称职;累计得分不满60分为不称职。

第十二条 在自身职责及考核内容范围内开展工作,考核计分标准如下:

(一)每季度通过线下及线上方式召开全体委员会议、主任工作会议,召开内部座谈、实务研究、业务研讨、案例研讨等会议或沙龙,每次会议计3分,累计不超过18分;

(二)主办或协办面向全体会员或社会开放的座谈会、研讨会、论坛、专题讲座、沙龙、行业培训、报告会、行业有关活动、公益课程及公益活动等线下及线上公开活动,参与人员50名以上,每次活动计5分,累计不超过20分;

(三)组织与公检法、政府有关部门、仲裁委、高校、法学会等外单位进行双向交流半天及以上时间的,每次会议或活动计3分,累计不超过12分;

(四)组织开展的活动新闻被市律师协会微信公众号采用,每件次加0.5分,累计不超过15分;

(五)参与起草立法修改建议,提交500字以上书面建议的,每件计2分,累计不超过20分;

(六)完成协会及有关部门交办的疑难案例或典型案例讨论,并提交1000字以上书面材料的,每次计3分,累计不超过20分;

(七)起草或修订可供本市全体律师共享或对行业发展有所助益的研究成果得到采用的,包括行业规

则、律师业务操作指引、调研报告、法律法规或规范性文件等,每件计5分,累计不超过30分;

(八)牵头出版专著、行业专业论文,并汇编成册的,每次计5分,累计不超过20分;

(九)完成其他市级层面的有关重要或主要的履职工作、事务或活动的,每次计5分,累计不超过15分。

跨年度工作活动,可选择计入其中一个年度的考核计分,但不得分年度重复计分。

第十三条 具有下列情形之一的,可以在本办法第十二条规定计分的基础上加分:

(一)邀请二级以上教授、院(系)主任及国内外著名学者、国务院政府特殊津贴获得者、全国性专业研究会及行业协会领导、政府相关对口职能部门具有正高级职称的专家或正厅(局)级以上领导主讲或出席重大活动的,每次加计5分;

(二)活动质量特别高、对行业具有较大积极影响的,得到全国主流媒体,如人民日报、新华网、中新网给予宣传推介的,每次加计5分;

(三)牵头完成国家社科基金课题、重庆社科基金课题或撰写的资政建议获得市(省部级)以上领导肯定性批示,或者专业成果优秀案例整理成书并出版发行的,或者专业性文章在CSSCI核心期刊发表的,每件加计10分;

(四)能够及时圆满完成书记、会长、监事长交办的单项工作,得到肯定性批示的,每次加计3分;

(五)因工作出色受到有关市级部门主要领导肯定性批示,受到单位公开表扬、表彰,或者对行业发展建设做出突出贡献的,每次加计5分;

(六)考核领导小组认为其他有突出贡献应该加分的事项。

第十四条 具有下列情形之一的,可以在本办法第十二条规定计分基础上扣减分:

(一)对外公开活动发布通知后,因组织实施不力等自身原因,发生时间变更、主讲人及嘉宾或主讲内容变更、活动取消等情形的,每次扣减3分,造成负面影响的每次扣减5分;

(二)没有年度工作计划、没有年度工作总结或者未能按照年度工作计划有效开展工作且完成率低于60%的,每件次扣5分;

(三)没有按期完成行业党委书记、会长、监事长,或党委会、会长会、监事会交办的工作任务,每次扣减3分;

(四)违反行业管理规则和纪律要求或不积极履行职责,受到有关主管部门领导或市、区相关部门公开批评或通报,每次扣减5分;

(五)考核领导小组认为其他应扣减分的事项。

第十五条 区县律工委、专门委员会、专业委员会联合举办会议或活动和共同完成的工作任务或成果,各自按本办法第十二条、第十三条、第十四条规定分别考核计分统计。

第十六条 出现以下情形之一的,直接按"不称职"确定年度考核结果:

(一)不遵守政治纪律,不坚持正确政治方向;

(二)未按司法行政机关、市律师行业党委等要求组织思想政治学习和政策宣传贯彻工作；

(三)不执行市司法局党委、市律师行业党委的决定、决议的；

(四)不执行律师代表大会、理事会、监事会、会长办公会决定、决议的；

(五)被监事会在年度监督考核评价意见中给予否定性总体评价意见的；

(六)未能正常开展工作的；

(七)其他造成严重负面影响或重大损失的。

第十七条 理事会对区县律工委、专门委员会、专业委员会履职表现的年度满意度测评结果,作为考核领导小组确定考核结果的重要参考。

第十八条 监事会对区县律工委、专门委员会、专业委员会出具的监督评价意见,作为考核领导小组考核评分的重要依据。

第十九条 区县律工委、专门委员会、专业委员会根据本办法规定自行记载工作开展情况,汇集相关资料并自评打分,按考核领导小组要求向协会执行机构(秘书处)申报考核。

第二十条 协会执行机构(秘书处)相关部门按工作分工,协助区县律工委、专门委员会、专业委员会做好工作记载、资料汇集、核实补强、统计通报等考核相关工作。

第四章 考核程序

第二十一条 考核工作每年末启动,原则上在每年一季度内完成。每年十二月前应完成考核领导小组组建、考核工作方案拟定、考核通知印发等相关考核准备工作。

第二十二条 区县律工委、专门委员会、专业委员会应按照本办法规定和考核领导小组要求,按时提交年度工作计划、年度工作总结(年度述职报告)、相关履职活动资料、统计自评情况等考核相关材料,接受年度考核。配合开展考核工作情况,作为考核领导小组考核评分的依据之一。拒不提供考核相关材料的,考核领导小组可直接对其作出"不称职"的考核结论。

第二十三条 考核领导小组采取审阅考核相关材料、听取年度述职、征询监事会、律师及有关部门意见等综合方式,提出初步考核评分(初评)意见,随后召开考核领导小组全体会议(三分之二以上成员出席方可举行)研究作出考核评分复核结论(终评)意见。

初评和终评得分均取考核领导小组参加人员评分的平均数。终评可以表决(以出席会议成员的过半数通过)确认初评方式和得分有效,并作出终评结论。

第二十四条 考核领导小组作出终评结论后,以适当方式向区县律工委、专门委员会、专业委员会反馈考核结果。

第二十五条 对考核结果有异议的区县律工委、专门委员会、专业委员会,可在收到考核结果后五个工作日内向考核领导小组提出书面申诉并说明理由,考核领导小组应在收到申诉之日起五个工作日内对原考核结果作出维持或者改变的书面决定,也可就考核过程中可能存在的问题向监事会反映或申请启动监督程序。

第五章　考核结果应用

第二十六条　考核结果由会长办公会向理事会、监事会通报,向市律师行业党委报告,必要时向律师代表大会报告,并向各区县律工委、专门委员会、专业委员会、律师事务所通报。

第二十七条　考核结果可作为有关选拔、任用、推荐、评优等重要依据。可视情况设置奖项,对考核优秀的区县律工委、专门委员会、专业委员会或成员进行表彰,颁发荣誉证书和适当物质奖励。

第二十八条　对考核结果为不称职的,可采取约谈或者诫勉谈话方式,敦促其认真履职,也可建议其负责人主动请辞,或者按照规定对相关负责人进行调整。

第二十九条　考核过程中的相关文件、资料、数据、评价等信息应严格保密,由协会执行机构(秘书处)存档,未经会长办公会同意不得对外提供。

第六章　附　则

第三十条　本办法由会长办公会负责解释。

第三十一条　本办法自印发之日起实施。

律师业务指引

1

重庆市律师协会关于印发《风险代理合同示范文本》《签订风险代理委托合同告知书》的通知

渝律发〔2022〕43号

各区县律工委（分会），各律师事务所：

　　为推动建立风险代理告知和提示机制，根据司法部、国家发改委、国家市场监督管理总局《关于进一步规范律师服务收费的意见》（司发通〔2021〕87号）文件要求，制定了《风险代理合同示范文本》《签订风险代理委托合同告知书》，已经重庆市律师协会第七届四十五次会长办公会审议通过，现印发你们，请结合自身实际参照执行。

重庆市律师协会

2022年12月5日

委托代理合同

(民商事诉讼风险代理)

案　　号：
甲　　方：
住所地：
电　　话：　　　　　　　传真：
法定代表人：　　　　电话：　　　　　邮箱：
指定联系人：　　　　电话：　　　　　微信：
邮　　箱：
纳税人识别号：
(备注:如系个人,请填写姓名、住所、身份证号、电话、电子邮箱、微信即可,其他内容删除)

乙　　方：律师事务所
住所地：
电　　话：　　　　　　　传真：
负责人：　　　　　　电话：　　　　　邮箱：
开户行：
账　　号：

甲方因与　　　　　　之间存在　　　　　争议或纠纷,有意委托乙方提供法律服务,乙方同意接受甲方的委托。现甲、乙双方依据《中华人民共和国民法典》《中华人民共和国律师法》等法律规定,秉承平等自愿、诚实信用的原则,经友好协商,约定如下：

一、委托事项及乙方律师

(一)双方确认委托事项：甲方起诉　　　　　关于　　　　　纠纷下列　　　　　程序。

1.一审程序；2.二审程序；3.执行程序；4.审判监督程序。

(二)乙方指派　　　　　律师办理委托事项,担任甲方代理人。

(三)征得甲方同意,或者基于正当理由,乙方可以指派其他专业律师参与办理委托事项。

(四)乙方律师联系方式。

1.
手机：　　　　　　　　邮箱：
传真：　　　　　　　　微信：

2.

手机：　　　　　　　　邮箱：

传真：　　　　　　　　微信：

二、委托权限

（一）乙方律师应当在受委托的权限内履职，维护甲方的合法权益。委托权限为（　　　　　）。甲方应当按实际需求及时签署不同程序的授权委托书给乙方，避免乙方无法履职。（备注：以下3种选项任选，不选的删除）

1.特别授权（诉讼）：代理人有权代为承认、变更、放弃诉讼请求，进行诉讼和解，提起反诉或上诉等。

2.特别授权（执行）：代理人有权代为承认、变更、放弃民事权利，进行执行和解或代为收取执行款项。

3.一般代理。

（二）乙方律师不得擅自超越委托权限。甲方决定给予乙方特别授权的，应当慎重并明确具体且有可操作性的权限。

三、甲方职责

甲方应当全面、客观、及时地向乙方介绍与委托法律事务相关的案情背景、法律事实，提供相关的证据材料和线索，以及其他履行代理行为的便利。

四、乙方职责

乙方应当恪守职责，勤勉尽责，依法追求甲方最大利益。

（一）认真听取甲方的案情介绍，提供法律建议；

（二）调查取证、收集证据；

（三）草拟诉讼法律文书；

（四）出庭应诉或参与庭外调解；

（五）及时向甲方通报案情，征求意见；

（六）办理其他与案件相关的法律事务。

五、律师费

根据律师收费相关规定，综合考量委托事项涉及的财产金额、难易程度、乙方律师的社会信誉和执业水平、需要耗费的工作时间等因素，经甲方要求并经双方充分协商，确定采取基本律师费加风险代理，亦即律师费由基本律师费和风险律师费两部分构成。

（一）本合同生效之日起3日内，甲方支付＿＿＿＿＿＿＿元（大写：人民币＿＿＿＿＿＿＿元整）给乙方。该基本律师费涵盖下列＿＿＿＿＿＿＿程序：

1.一审程序；2.二审程序；3.执行程序；4.审判监督程序。

或：基本律师费按程序分阶段收取，一审程序以及或有的二审程序、执行程序、审判监督程序等每一程序的基本律师费均为＿＿＿＿＿＿＿元（大写：人民币＿＿＿＿＿＿＿元整）。本合同生效之日起3日内，甲方支付一审程序基本律师费_____元(大写:人民币_____元整)给乙方。其他程序的基本律师费支付时间为_____之日起3日内。

1.提起上诉;2.申请执行;3.申请再审。

(二)风险律师费指乙方根据委托事项的办理结果,从甲方获得的财产等权益中按照约定的比例或金额计收的代理费。

风险律师费在基本律师费之外,另行支付,双方确认:

1.经过乙方代理,甲方收回现金的,每次自收到后3日内,按照收回现金的_____%支付乙方风险律师费。

2.甲方收回非现金财产的,每次自法院出具过户裁定之日或双方达成以物抵债协议之日起3日内,按照法院/仲裁机构确认金额或抵债双方协商确定的金额的_____%支付乙方风险律师费。

3.经过乙方代理,为甲方减少现金损失的,按照_____%支付乙方风险律师费。

4.乙方为甲方减少非现金财产损失的,按照_____%支付乙方风险律师费(或约定固定收取_____元)。

5.双方约定以诉讼/仲裁结果为考核付费标准的,则双方认可律师代理中通过法院判决/仲裁裁决、调解或和解达成如下目标:_____。若达成,甲方自获得法院/仲裁机构生效判决/裁定、调解或和解之日起3日内,按上述金额的_____%支付乙方风险律师费(或约定固定收取_____元)。

(备注:以上5种代理方式任选或全选,不选的删除)

6.不论通过调解、双方自行和解撤诉,或者法院/仲裁机构作出生效判决/裁决后,被告主动履行、法院强制执行等任何形式收回财产,甲方均按上述标准,向乙方支付风险律师费。

7.约定其他风险代理形式。(备注:主要适用于前述没有包括的情形或其他方式。如无,删除此条。)

_____

(三)"非现金财产"是指:甲方获得的包括但不限于以动产、不动产、股票、股份、股权、债券等任何形式体现的财产利益。

"甲方收回"是指:法院裁定资产转移文书生效之日,或甲方收到相关财产权益。

"法院/仲裁机构确认"是指:生效文书确定的财产权益。

"双方和解"是指:各方当事人在乙方律师接受委托后,达成庭上或庭下协议。

(四)鉴于本合同采用风险代理收费,甲方承诺行使撤诉、变更、放弃全部或部分诉讼请求、进行和解等将对风险律师费的计算产生重大影响的权利时,应当事先征求乙方的书面同意;此等情形导致无法就风险律师费达成一致的,则甲方按照已放弃财产权益部分的_____%,向乙方支付律师费。

甲方充分理解并确认本款约定并非乙方对甲方行使撤诉、放弃诉讼请求、和解等权利的限制或干涉。

(五)甲方应当将律师费支付至合同首页乙方银行账号内。

(六)乙方收取律师费应向甲方出具增值税普通发票或者专用发票。应甲方的要求,乙方可先行开具给甲方,甲方不得仅以该等票据主张已经支付律师费,也不得就该发票做账。

六、差旅费用(备注:任选1项,不选的删除)

甲方向乙方支付_____元(大写:人民币_____元整)本市市内或市外包干差旅费,包括乙方律师在市内外办理委托事项支出的交通、资料文印、通信、通讯等费用。包干差旅费与基本律师费同时支付。

差旅费由甲方实报实销,甲方预付_____元(大写:人民币_____元整)差旅费,多退少补。

七、甲方向第三方支付的费用

与委托事项有关的需要向第三方支付的,包括但不限于诉讼费用、鉴定费用、检验费用、评估费用、审计费用、公证费用、公告费用、翻译费用、查档等费用,不属于律师费,该等费用由甲方承担,甲方应按照进度要求及时缴纳或支付。

乙方律师为甲方垫付前述费用的,甲方应在3日内偿还。

八、拒绝代理

(一)乙方律师接受委托后,无正当理由的,不得拒绝代理。

(二)有下列情形之一的,乙方律师依照法律规定有权拒绝或暂停代理:

1.甲方利用乙方律师提供的服务,从事违法活动;

2.甲方故意隐瞒与委托事项有关的重要事实;

3.甲方超过约定付款期限10日,尚未向乙方支付应付律师费;

4.甲方存在其他违约行为,经乙方书面提醒后7日内仍未纠正;

5.其他依法可以拒绝代理的情形。

(三)出现本条第(二)款约定的情形时,乙方有权解除本合同,并有权要求甲方支付本合同约定的全部预期律师费。

九、乙方律师保密义务

乙方律师应当保守办理委托事项知悉的国家秘密、商业秘密,不得泄露甲方隐私,但是依照法律规定应当披露或者甲方同意披露的除外。

十、利益冲突

乙方及乙方律师应当恪守律师执业利益冲突相关规定。

十一、违约及赔偿责任

(一)乙方代理期间,若甲方单方解除合同,或者出现非因乙方原因而无法或无须继续履行的(包括但不限于:甲方与对方和解、撤诉、放弃执行、申请执行后撤回、执行过程中放弃权利、申请再审之后撤回等任一情形),甲方中止(终止)乙方代理,则:

1.若乙方未向甲方提供财产线索或者未申请查封、扣押、冻结财产,则甲方应当按本市司法行政机关出台的收费指导意见中制定的同类案件律师正常收费标准,根据代理的一审、二审、执行、再审等阶段或进度,分阶段合计向乙方支付律师费。

2.若乙方已向甲方提供财产线索,或者已申请查封、扣押、冻结财产,则甲方应当参照诉讼请求标的总额全部现金回收的标准支付风险律师费。

(二)甲方在委托乙方代理期间,非经乙方同意并达成相关代理协议,不得再委托第三方从事同一法律事务的代理,否则视同甲方单方中止(终止)本合同,并按本条第(一)款的约定向乙方支付律师费。

(三)乙方律师违法执业或者因过错给甲方造成损失的,由乙方或乙方的承保机构承担赔偿责任。

十二、管辖法律

本合同的订立、效力、解释、执行及争议的解决,适用中国法律(不含香港特别行政区、澳门特别行政区、台湾地区)。

十三、争议解决

凡因本合同引起的或与本合同有关的任何争议,双方友好协商解决。双方协商解决不成的,由乙方所在地有管辖权的人民法院管辖。

十四、送达条款

任何一方依据本合同的要求,发出的通知、信函、法律文书或其他通信,应以中文书写,以专人递交、公认的快递公司发送的挂号(预付邮资)信件或传真传输的方式,或电子邮件方式、微信、短信息发送到另一方的合同首页住所地地址,或另一方之后通知的其他地址以及另一方联系人的电子邮箱、微信号、手机号。通知视为有效送达的日期按以下方法确定:

(一)专人递交的通知,在专人递交之日视为有效送达;

(二)以挂号信(预付邮资)发出的通知,在寄出日(以邮戳为凭)后的第五日视为有效送达;

(三)以快递发送的通知,在发送日(以快递公司出具的收据为凭)视为有效送达;

(四)以传真方式发出的通知,在发送日后的第一个工作日视为有效送达;

(五)以电子邮件方式发出的通知,在发出之日起24小时内即视为有效送达;

(六)以微信、短信息发出的通知,成功发出之时为有效送达。

十五、合同生效

本合同一式两份,经双方签字或盖章生效。甲乙双方各执一份,具有同等法律效力。

甲方: 乙方:

代表: 代表:

签订日期: 签订日期:

签订风险代理委托合同告知书

（本告知书是风险代理合同的组成部分,请委托人在签订风险代理委托合同之前阅读）

委托人：

您即将签订的委托代理合同(以下称本合同)属于含有风险代理收费内容的委托合同,_____律师事务所特告知如下事项：

一、风险代理收费是指律师事务所在接受委托时先收取部分基础费用或者不收取基础费用,其余律师服务费由律师事务所与委托人就委托服务事项应实现的目标、效果和支付律师服务费的时间、比例、条件等先行约定,达到约定条件的,按约定支付风险费用；没有达到约定条件的,按约定不再支付相应风险费用。

二、委托服务事项属于下列情形之一的,不得实行或变相实行风险代理：

(一)刑事诉讼案件；

(二)行政诉讼案件；

(三)国家赔偿案件；

(四)群体性诉讼案件；

(五)婚姻继承案件；

(六)请求给予社会保险待遇、最低生活保障待遇、赡养费、抚养费、扶养费、抚恤金、救济金、工伤赔偿、劳动报酬的案件；

(七)征地拆迁群体案件；

(八)法律、行政法规、地方性法规、规章等规定的其他不得风险代理收费的法律事务。

三、律师事务所提供了合同约定的法律服务,且合同约定的委托目标或者效果已经达到时,委托人与律师事务所应根据委托目标或者效果达成情况和本合同约定进行风险代理律师服务费结算。

四、所有委托办理的法律服务事项均存在法律风险。诉讼或者仲裁请求及抗辩理由均存在部分、全部被驳回或者不被支持的可能,非诉讼法律服务事项也存在不能达到委托人所期望目标的可能,律师事务所也将因此并根据委托合同的约定无权收取风险代理的全部或者部分律师服务费。

五、承办律师不得向委托人明示或者暗示与司法机关、仲裁机构及其工作人员有特殊关系,更不得以向司法人员、仲裁员疏通关系等为由收取所谓的"办案费""顾问费"等任何其他费用。

六、律师服务费和办案费由律师事务所统一收取,律师个人不得向委托人收取任何费用。委托人向律师事务所支付律师服务费后,律师事务所应当向委托人出具合法票据。

委托人委托律师事务所或者承办律师代付的诉讼费、仲裁费、鉴定费等相关第三方费用,或者由委托人据实承担的异地办案差旅费等,律师事务所或者承办律师应当主动提供有效凭证。

请委托人在确定已充分了解上述内容后签订委托代理合同,否则委托人有权拒绝签订委托代理合同。

委托人确认:<u>承办律师已告知我方上述事项,我方已充分了解告知书中所告知、提示的全部内容。</u>

委托人签名或者盖章:

日期:

2

重庆市律师协会律师办理行政诉讼案件指引

第一章 总 则

第一条 为了规范律师承办行政诉讼案件的执业行为,根据《中华人民共和国行政诉讼法》《中华人民共和国律师法》及其他相关规定,结合律师办理行政诉讼案件的实践经验,制定本操作指引。

第二条 律师承办行政诉讼案件,必须遵守法律,以事实为根据,以法律为准绳,恪守律师职业道德和执业纪律,并接受国家、社会和当事人的监督及司法行政部门的指导。

第三条 律师承办行政诉讼案件,应当诚实守信、勤勉尽责,依据事实和法律,维护当事人的合法权益,维护法律正确实施,维护社会公平正义。

第四条 律师承办行政诉讼案件,应当保守在执业活动中知悉的国家秘密、商业秘密,不得泄露当事人的隐私。

第五条 律师承办行政诉讼案件,依法独立执业,不受行政机关、其他组织和个人的非法干涉。

第二章 接受委托

第一节 一般规定

第六条 律师承办行政诉讼案件,应当由律师事务所统一接受委托,律师事务所应当与公民、法人或者其他组织签订书面委托合同,办理委托手续,明确委托代理事项及委托权限。律师不得私自接受委托。

第七条 律师事务所应当指派执业律师承办案件,不得指派无执业资格的人员承办,也不得指派实习律师单独承办案件。

第八条　律师事务所接受委托后,承办律师无正当理由,不得拒绝代理。但承办律师发现委托事项违法、委托人隐瞒事实或者委托人提出不合理要求,致使律师无法正常履行代理职责的除外。

第九条　律师事务所接受委托后,承办律师不履行或者因特殊情况不能履行代理义务的,律师事务所应及时告知委托人并征得委托人同意后,更换承办律师。

承办律师发生变更时,应当办理变更委托手续。

第十条　未经委托人同意,律师事务所不得将案件转委托给他所。

第十一条　律师应当在委托人的授权范围内行使代理权。

第二节　接受原告委托

第十二条　公民、法人或其他组织拟提起行政诉讼的,或者对人民法院已经受理立案的行政诉讼案件,可接受该案原告的委托,担任行政诉讼案件的代理人。

第十三条　律师在接受委托之前,对下列事项进行审查:

(一)是否属于人民法院受案范围和受诉人民法院管辖;

(二)当事人是否具有原告的诉讼主体资格;

(三)有无明确的被告;

(四)当事人有无具体的诉讼请求和事实根据;

(五)涉案行政行为是否经过或者必须先经行政复议;

(六)当事人是否要求附带审查规范性文件;

(七)当事人是否申请先予执行;

(八)起诉是否超过法定起诉期限;

(九)其他应进一步审查的事项。

第十四条　公民、法人或其他组织认为行政机关和行政机关工作人员的行政行为侵犯其合法权益,有权依法向人民法院提起行政诉讼,并提供初步证据证明其起诉符合《中华人民共和国行政诉讼法》第十二条规定的行政诉讼受案范围。

前款所称行政行为,包括法律、法规、规章授权的组织作出的行政行为。

第十五条　公民、法人或者其他组织对下列事项或行为拟提起行政诉讼的,应告知其不属于人民法院行政诉讼的受案范围:

(一)国防、外交等国家行为;

(二)行政法规、规章或者行政机关制定、发布的具有普遍约束力的决定、命令;

(三)行政机关对行政机关工作人员的奖惩、任免等决定;

(四)法律规定由行政机关最终裁决的行政行为;

(五)公安、国家安全等机关依照刑事诉讼法的明确授权实施的行为；

(六)调解行为及法律规定的仲裁行为；

(七)行政指导行为；

(八)驳回当事人对行政行为提起申诉的重复处理行为；

(九)行政机关作出的不产生外部法律效力的行为；

(十)行政机关为作出行政行为而实施的准备、论证、研究、层报、咨询等过程性行为；

(十一)行政机关根据人民法院的生效裁判、协助执行通知书作出的执行行为,但行政机关扩大执行范围或者采取违法方式实施的除外；

(十二)上级行政机关基于内部层级监督关系对下级行政机关作出的听取报告、执法检查、督促履责等行为；

(十三)行政机关针对信访事项作出的登记、受理、交办、转送、复查、复核意见等行为；

(十四)对公民、法人或者其他组织权利义务不产生实际影响的行为。

第十六条 申请人已经申请行政复议,并且行政复议机关已经依法受理的,律师应当告知委托人,在法定行政复议期限内不得就同一争议事项再向人民法院提起行政诉讼。

第十七条 律师应审查案件是否依法必须先行复议。对于依法必须先行复议的案件,律师应告知委托人先进行行政复议,如复议机关不受理复议申请或者在法定期限内不作答复的,可告知委托人依法向人民法院提起行政诉讼。

第十八条 行政行为的相对人以及其他与行政行为有利害关系的公民、法人或者其他组织,具有原告的诉讼主体资格。

有下列情形之一的,拟提起行政诉讼的公民、法人或者其他组织,也具有原告的诉讼主体资格：

(一)被诉的行政行为涉及其相邻权或者公平竞争权的；

(二)在行政复议等程序中被追加为第三人的；

(三)要求行政机关依法追究加害人法律责任的；

(四)撤销或者变更行政行为涉及其合法权益的；

(五)为维护自身合法权益向行政机关投诉,具有处理投诉职责的行政机关作出或者未作出处理的；

(六)其他与行政行为有利害关系的情形。

第十九条 有权提起行政诉讼的公民死亡,其近亲属可以作为原告委托律师。

有权提起诉讼的法人或者其他组织终止,承受其权利的法人或者其他组织可以作为原告委托律师。

第二十条 公民因被限制人身自由而不能提起诉讼和办理委托律师手续,其近亲属依其口头或书面委托以该公民的名义提起诉讼的,律师事务所可以与受托的近亲属办理委托手续。

前款和第十九条第一款所称的近亲属,包括当事人的配偶、父母、子女、兄弟姐妹、祖父母、外祖父母、孙子女、外孙子女和其他具有扶养、赡养关系的亲属。

第二十一条　同案原告为十人以上的,律师事务所宜告知同案原告应当推选二至五名诉讼代表人参加诉讼,代表人可以委托一至二人作为诉讼代理人。

第三节　接受其他当事人委托

第二十二条　接受被告或第三人的委托,应在人民法院向被告或第三人送达起诉状副本后,或者第三人申请以及被追加参加行政诉讼时办理委托手续。

第二十三条　两个以上行政机关因共同作出同一行政行为被人民法院列为共同被告的,共同被告聘请同一律师或同一个律师事务所的不同的律师,应与各被告分别办理委托手续。

作出原行政行为的行政机关和复议机关被列为共同被告的,同一个律师事务所不宜同时接受该共同被告的委托,以接受其中一个被告的委托为宜。

第二十四条　接受被告的委托时,可以指派一至二名律师作为该行政机关的诉讼代理人,并提醒行政机关负责人应当出庭应诉;行政机关负责人不能出庭的,应当委托行政机关相应的工作人员出庭,不得仅委托律师出庭。

第二十五条　有下列情形之一的,属于《中华人民共和国行政诉讼法》第三条第二款规定的行政机关负责人不能出庭的情形:

(一)不可抗力;

(二)意外事件;

(三)需要履行他人不能代替的公务;

(四)无法出庭的其他正当事由。

行政机关负责人有正当理由不能出庭应诉的,应当向人民法院提交相应证明材料,并加盖行政机关印章或者由该机关主要负责人签字认可。

第二十六条　行政机关以第三人身份参加诉讼的,接受其委托时,参照本指引第二十三条、第二十四条的规定办理。

第三章 证 据

第一节 一般规定

第二十七条 证据包括：

(一)书证；

(二)物证；

(三)视听资料；

(四)数据；

(五)证人证言；

(六)当事人的陈述；

(七)鉴定意见；

(八)勘验笔录、现场笔录。

以上证据经法庭审查属实，才能作为认定案件事实的根据。

第二十八条 律师应根据案件需要协助委托人依法调查、收集证据材料。

第二十九条 下列证据不能作为认定案件事实的根据：

(一)严重违反法定程序收集的证据材料；

(二)以违反法律禁止性规定或者侵犯他人合法权益的方法取得的证据；

(三)以利诱、欺诈、胁迫、暴力等手段获取的证据材料；

(四)以偷拍、偷录、窃听等手段获取侵害他人合法权益的证据材料；

(五)无正当事由超出举证期限提供的证据材料；

(六)在中华人民共和国领域以外或者在中华人民共和国香港特别行政区、澳门特别行政区和台湾地区形成的未办理法定证明手续的证据材料；

(七)无正当理由拒不提供原件、原物，又无其他证据印证，且对方当事人不予认可的证据的复制件或者复制品；

(八)经技术处理而无法辨明真伪的证据材料；

(九)不能正确表达意志的证人提供的证言；

(十)不具备合法性和真实性的其他证据材料。

第三十条 律师不得伪造或授意委托人伪造证据、捏造事实。

第三十一条 与案件有关的下列证据，委托人和律师无法自行收集的，可以申请人民法院收集和调取：

(一)由国家机关保存而须由人民法院调取的证据；

(二)涉及国家秘密、商业秘密和个人隐私的证据；

(三)确因客观原因不能自行收集的其他证据。

律师应注意，申请调查收集与待证事实无关联、对证明待证事实无意义或者其他无调查收集必要的证据，人民法院将不予准许。

第三十二条 律师可以代理委托人向人民法院申请勘验现场。

第三十三条 需要申请人民法院调取证据的，律师应当在举证期限内提交调取证据申请书，并应当写明下列内容：

(一)证据持有人的姓名或者名称、住址等基本情况；

(二)拟调取证据的内容；

(三)申请调取证据的原因及其要证明的案件事实。

第三十四条 需要申请证人出庭作证的，律师应在举证期限届满前向法院提出书面申请。

第三十五条 律师代理委托人向人民法院申请保全证据的，应当在举证期限届满前以书面形式提出，并说明证据的名称和地点、保全的内容和范围、申请保全的理由等事项。

第三十六条 原告或者第三人如有证据或者正当理由表明被告据以认定案件事实的鉴定结论有错误，律师可以代理委托人在举证期限内书面申请重新鉴定。

第三十七条 在诉讼过程中，被告及其代理律师不得自行向原告、第三人和证人收集证据。

第三十八条 律师对涉及国家秘密、商业秘密和个人隐私的证据应当依照法律规定保密，不得在公开开庭时出示。

第二节 向委托人收集证据

第三十九条 律师接受原告委托，应要求委托人提供其所知道的案件的相关事实，并提供以下证据：

(一)证明起诉符合法定条件的证据以及被诉行政行为存在的依据；

(二)依法应经复议才能起诉的，应提供已经过复议程序的证据；

(三)在起诉被告不履行法定职责的案件中，原告应当提供其向被告提出申请的证据，但被告应当依职权主动履行法定职责的、原告因被告受理申请的登记制度不完备等正当事由不能提供相关证据材料并能够作出合理说明的除外；

(四)在行政赔偿、补偿诉讼中，提供因受被诉行政行为造成损害的证据，因被告的原因导致原告无法举证的除外；

(五)对被诉行政行为提出抗辩理由的相关证据。

在起诉被告不履行法定职责的案件中，原告应当提供其向被告提出申请的证据。但有下列情形之一的除外：

(一)被告应当依职权主动履行法定职责的;

(二)原告因正当理由不能提供证据的。

第四十条 原告可以提供证明被诉行政行为违法的证据。但是,原告提供的证据不成立的,并不免除被告对被诉行政行为合法性的举证责任。

第四十一条 被告对作出的行政行为负有举证责任,律师接受被告委托,应提示委托人提供其作出行政行为的证据和所依据的规范性文件,包括下列证据和材料:

(一)被告有权作出被诉行政行为的职权依据;

(二)被告作出行政行为所认定的事实依据;

(三)被告作出行政行为所遵循的法定程序依据;

(四)被告作出行政行为内容合法、适当的依据;

(五)被告作出行政行为正确适用法律、法规、规章和其他规范性文件的依据;

(六)复议前置案件原告应复议而未申请复议或起诉超过起诉期限以及不符合法定起诉条件的相关证据;

(七)在被告不履行法定职责的案件中,主张非被告法定职责、被告已经履行法定职责、原告未提出申请等原告诉讼请求不能成立的事实依据和法律依据;

(八)在行政赔偿、补偿的案件中,因被告的原因导致原告无法对行政行为造成的损害举证的;

(九)其他相关证据和材料。

第四十二条 律师向委托人收集证据材料,一般保存与原件核对无误的复印件,原件由委托人自行保管。律师确需暂时保管证据材料原件的,必须妥善保管,不得遗失或毁损,使用完毕应及时归还委托人,并应由委托人签收。

第四十三条 对委托人陈述的案件事实,律师可制作谈话笔录,并由陈述人签名。

第四十四条 委托人能够提供证据及证据线索而不提供的,律师应制作谈话笔录,告知其不提供证据及证据线索将会产生的法律后果,并由委托人签名。

第三节 向证人调查和收集证据

第四十五条 担任原告代理人的律师,可以向证人调查、收集证据,但法律另有规定的除外。

第四十六条 担任被告代理人的律师,在诉讼过程中,有下列情形之一的,可以补充证据:

(一)原告或者第三人提出了其在行政处理程序中没有提出的理由或者证据的,经人民法院准许,被告可以补充证据;

(二)人民法院要求提供或者补充证据。

第四十七条 律师调查、收集证人证言,应当以证人签名、盖章或按指纹等方式确认。证人证言应注明姓名、年龄、性别、职业、住址等基本情况,并注明出具证言的日期,附上证人身份证复印件等证明证人身份的文件。

有关单位提供的证明材料,应当由单位负责人及制作证明材料的人员签名或者盖章,并加盖单位印章。

第四十八条 律师调查、收集与本案有关的材料,可以采用制作调查笔录及法律规定的其他方式。

调查笔录应载明调查人、被调查人及其基本身份情况、被调查人与本案当事人的关系、调查时间、调查地点、调查内容、调查笔录制作人等基本情况;还宜载明律师要求被调查人实事求是作证等内容,以及调查事项发生的时间、地点、人物、经过、结果等与本案有关的情况。

第四十九条 律师制作调查笔录,应全面、准确地记录调查内容,并交由被调查人阅读或向其宣读。如有修改补充,应由被调查人在修改、补充处签名或加盖印章或其他方式确认。经确认无误后,由调查人、被调查人、记录人签名、盖章或其他方式确认,并署上日期。

第五十条 律师在向证人调查、收集证据时,如需录音、录像,应征得证人的明确同意。

第五十一条 律师向对方当事人或第三人调查、收集证据,应遵守本节的有关规定。

第四节 申请人民法院调取证据

第五十二条 因客观原因无法收集证据的,应当在举证期限内向人民法院申请调查令或依法申请人民法院调取。

第五十三条 与案件有关的下列证据,原告及其代理律师或者第三人及其代理律师不能自行收集的,可以申请人民法院调取:

(一)由国家机关保存而须由人民法院调取的证据;

(二)涉及国家秘密、商业秘密和个人隐私的证据;

(三)确因客观原因不能自行收集的其他证据。

律师申请人民法院调取证据,应在举证期限内向人民法院递交书面申请,并向人民法院提供证据线索。申请书应写明证据持有人的姓名或名称、住址等基本情况,拟调取证据的内容,申请调取证据的原因及其要证明的案件事实。

律师可提示当事人,人民法院不得为证明被诉具体行政行为的合法性,调取被告在作出具体行政行为时未收集的证据。

第五十四条 人民法院认为不符合调取证据条件,作出不予调取通知的,律师可代理当事人在收到通知书之日起三日内向受理申请的人民法院书面申请复议一次。

第五十五条 担任原告或者第三人诉讼代理人的律师,根据案情需要或者委托人提出需要勘验现场、重新勘验现场的,或者需要对专门性问题进行鉴定、重新鉴定的,应依授权及时代理委托人向人民法院书面提出勘验申请或者鉴定申请,并说明申请的理由。但再审案件再审申请人不得向人民法院申请委托鉴定、勘验。

第五节 证据保全

第五十六条 律师代理委托人向人民法院申请保全证据的,应当在举证期限届满前以书面形式提出,并说明证据的名称和地点、保全的内容和范围、申请保全的理由等事项。

第五十七条 律师代理委托人向人民法院申请保全证据,人民法院要求提供相应的担保的,律师应当告知当事人提供担保。

第六节 证据的审查、整理和提交

第五十八条 律师应当根据案件的具体情况,从以下方面审查证据的真实性、合法性和关联性:

(一)证据形成的原因;

(二)发现证据时的客观环境;

(三)证据是否为原件、原物,复制件、复制品与原件、原物是否相符;

(四)提供证据的人或者证人与当事人是否具有利害关系;

(五)证据是否符合法定形式;

(六)证据的取得是否符合法律、法规、司法解释和规章的要求;

(七)证据是否属于以违反法律禁止性规定或者侵犯他人合法权益的方法取得的证据;

(八)证据的内容是否清楚而无歧义,能否证明与案件有关的事实;

(九)各个证据间是否相互印证,有无彼此矛盾之处;

(十)是否有影响证据效力的其他违法情形。

第五十九条 对收集的证据,律师应进行整理,将拟提交的证据材料分类编号、标注页码,并编制证据目录。

证据目录应包括证据编号和页码、证据名称、证据来源、证明目的等内容,并由当事人签名或盖章,注明提交日期。

第六十条 原告或第三人的代理律师应当在开庭审理前或者人民法院指定的交换证据之日,向人民法院提供证据。因正当事由申请延期提供证据的,经人民法院准许,可以在法庭调查中提供。逾期提供证据的,视为放弃举证权利。

因客观原因不能在前款规定期限内提交证据的,律师应代理当事人向人民法院说明情况并书面申请延期提交证据。

第六十一条 原告或者第三人在第一审程序中无正当事由未提供而在第二审程序中提供的证据,人民法院不予接纳。

第六十二条 原告或者第三人确有证据证明被告持有的证据对原告或者第三人有利的,当事人或代理律师可以在开庭审理前书面申请人民法院责令行政机关提交。

第六十三条 被告的代理律师,应在被告收到起诉状副本之日起十五日内向人民法院提交作出行政行为的证据和所依据的规范性文件。

被告因不可抗力或者客观上不能控制的其他正当事由,不能在规定的期限内提供证据的,被告的代理律师应当在被告收到起诉状副本之日起十五日内向人民法院提出延期提供证据的书面申请。人民法院准许延期提供的,被告应当在正当事由消除后十五日内提供证据。逾期提供的,视为被诉具体行政行为没有相应的证据。

第六十四条 被告在作出具体行政行为时已经收集证据,但因不可抗力等正当事由不能提供的,经人民法院准许可以补充相关的证据。人民法院准许被告补充相关证据的,应在人民法院规定期限内提交。

第六十五条 被告有证据证明其在行政程序中依照法定程序要求原告或者第三人提供证据,原告或者第三人依法应当提供而没有提供,在诉讼程序中提供的证据,人民法院一般不予采纳。

第四章 起诉和应诉

第一节 准备起诉材料

第六十六条 起诉材料主要包括起诉状和证明起诉符合法定条件的相关证据材料。

第六十七条 起诉材料包含下列材料:

(一)起诉书正、副本;

(二)当事人主体资格证明材料。原告为自然人的,应提交身份证明资料;原告为法人或其他组织的,应提交主体登记资料,同时还应提交法定代表人身份证明书或主要负责人证明书;

(三)当事人委托律师代为诉讼的,应递交委托人签名或盖章的授权委托书,授权委托书须载明委托事项和权限,同时提供律师执业证复印件及律师事务所致法院所函;

(四)证明行政行为存在的材料,如行政机关的处理决定书、处罚决定书、经行政复议机关复议的复议决定书及上述决定书的送达证明材料;

(五)法律、法规规定应当先向行政机关申请复议的,应当提交复议机关的决定或复议机关逾期不作决定的证据材料;

(六)在起诉被告不作为的案件中,原告应当提供其在行政程序中曾经提出申请的证据材料或者不作为存在的材料;

(七)在行政赔偿诉讼中,原告应提供被诉具体行政行为造成损害事实的证据材料;

(八)原告与被诉行政行为具有利害关系的材料;

(九)人民法院认为应当提交的其他证据材料。

第六十八条 原告的代理律师应以事实为根据、法律为准绳的原则,代理原告撰写起诉状并在法定起诉期限内向法院提起诉讼。

第六十九条 起诉状的内容和结构由首部、正文和尾部组成,包括标题、原告和被告基本情况、第三人基本情况、请求事项、事实与理由、受诉法院、具状人等。

(一)首部

1.标题文书上部正中写"行政起诉状";

2.当事人基本情况。

(二)正文

1.请求事项,诉讼请求应当明确、具体;

2.事实与理由,提出诉讼请求的事实根据和法律依据。事实是人民法院审理案件的依据,起诉状须写明被告侵犯当事人合法权益的事实经过、原因及造成的结果,指出行政争议的焦点。若是经过行政复议后不服提起诉讼的,还应写清楚复议行政机关作出复议决定过程和结果。理由是在叙述事实的基础上,依据法律法规进行分析,论证诉讼请求合理合法。

(三)尾部

1.受诉法院,在正文之后另起一行写明致送机关(受诉法院);

2.具状人,在受诉法院之后右下方,由具状人签名或盖章,并注明具状的年月日。

第二节 确定管辖

第七十条 律师应当依法认真审查确定案件的管辖法院。

第七十一条 律师经审查认为法院管辖不当时,应告知委托人可以在接到人民法院起诉状副本之日起十五日内以书面形式向法院提出管辖异议。

第七十二条 各级人民法院行政审判庭审理行政案件和审查行政机关申请执行其行政行为的案件。

专门人民法院、人民法庭不审理行政案件,也不审查和执行行政机关申请执行其行政行为的案件。但经最高人民法院批准,高级人民法院可以根据审判工作的实际情况,可以确定包括铁路运输法院等专门人民法院在内的若干人民法院跨行政区域管辖行政案件。

第七十三条 行政案件由最初作出行政行为的行政机关所在地人民法院管辖。经复议的案件,也可以由复议机关所在地人民法院管辖。

作出原行政行为的行政机关和复议机关为共同被告的,由作出原行政行为的行政机关确定案件的级别管辖。

第七十四条 下列一审行政诉讼案件,应当向中级人民法院提起诉讼:

(一)对国务院部门或者县级以上地方人民政府所作的行政行为提起诉讼的案件;

(二)海关处理的案件;

(三)本辖区内重大、复杂的案件;

(四)其他法律规定由中级人民法院管辖的案件。

有下列情形之一的,属于上述规定的"本辖区内重大、复杂的案件":

(一)社会影响重大的共同诉讼案件;

(二)涉外或者涉及香港特别行政区、澳门特别行政区、台湾地区的案件;

(三)其他重大、复杂的案件。

第七十五条 下列一审行政诉讼案件,应当向被告所在地高级人民法院指定的中级人民法院或者被告所在地高级人民法院提起诉讼:

(一)反倾销行政诉讼案件;

(二)反补贴行政诉讼案件。

第七十六条 对限制人身自由的行政强制措施不服,应当向被告所在地或者原告所在地人民法院提起行政诉讼。

前款所称的原告所在地,包括原告的户籍所在地、经常居住地和被限制人身自由地。

对行政机关基于同一事实,既采取限制公民人身自由的行政强制措施,又采取其他行政强制措施或者行政处罚不服的,由被告所在地或者原告所在地的人民法院管辖。

第七十七条 因不动产提起的行政诉讼,应当向不动产所在地人民法院起诉。

第七十八条 两个以上人民法院都有管辖权的案件,可以选择其中一个人民法院提起诉讼。如果向两个以上有管辖权的人民法院提起诉讼的,由最先立案的人民法院管辖。

第七十九条 根据行政诉讼法的有关规定,经最高人民法院批准,高级人民法院根据审判工作的实际情况,确定并公布相关人民法院跨行政区域管辖行政案件的,律师应按人民法院的相关规定办理。

第三节 起诉和法院立案

第八十条 律师应当根据不同情况,分别在下列起诉期限内及时向人民法院递交起诉状:

(一)经过行政复议的,应当在收到复议决定书之日起十五日内向人民法院提起诉讼,法律另有规定的除外;

(二)复议机关逾期不作决定的,应当在复议期满之日起十五日内向人民法院提起诉讼,法律另有规定的除外;

(三)原告直接向人民法院起诉的,应当自知道或者应当知道作出行政行为之日起六个月内提出起诉,未告知起诉期限的,起诉期限从原告知道或者应当知道起诉期限之日起计算,但从知道或者应当知道行政行为内容之日起最长不得超过一年;

(四)当事人申请行政机关履行法定职责,行政机关应当在接到申请之日起两个月内履行,法律、法规对行政机关履行职责的期限另有规定的,从其规定。对行政机关不履行法定职责提起诉讼的,应当在行政机关履行法定职责期限届满之日起六个月内提出。公民、法人或者其他组织在紧急情况下请求行政机关履行保护其人身权、财产权等合法权益的法定职责,行政机关不履行的,提起诉讼不受上述规定期限的限制;

(五)当事人不知道行政机关作出行政行为的,因不动产提起诉讼的案件自行政行为作出之日起不得超过二十年,其他案件自行政行为作出之日起不得超过五年;

(六)当事人因不可抗力或者其他不属于其自身的原因耽误起诉期限的,被耽误的时间不计算在起诉期限内。当事人因其他特殊情况耽误起诉期限的,在障碍消除后十日内,可以申请延长期限,是否准许由人民法院决定。

第八十一条　人民法院认为起诉状内容或材料有欠缺或者有其他错误,并告知当事人需要补正内容的,律师应当及时指导、协助当事人进行修正或补充。

第八十二条　向人民法院递交起诉状,或者经人民法院告知需要补正后递交起诉状、补正材料时,人民法院当场登记立案的,可向人民法院索取立案通知书等受理立案文书;人民法院当场不能判断是否符合起诉条件的,可要求人民法院接受起诉状,并出具注明收到日期的书面凭证。

第八十三条　对于人民法院不接收起诉状、接收起诉状后不出具书面凭证,以及不一次性告知当事人需要补正的起诉状内容的,律师可以告知当事人有权向上级人民法院投诉。

第八十四条　当事人或律师接到人民法院的立案通知书后,律师应当立即提醒或通知当事人在规定的期限内及时交纳诉讼费。当事人交纳诉讼费确有困难的,律师可以代理当事人向人民法院申请缓交、减交或者免交诉讼费。

第八十五条　人民法院既不立案,又不作出不予立案裁定的,律师应当告知当事人可以向上一级人民法院起诉,也可依据当事人的委托,代理当事人向上一级人民法院起诉。

第四节　代理被告应诉

第八十六条　人民法院送达的起诉状副本,律师应重点审查下列事项:

(一)原告的起诉是否属于行政诉讼的受案范围;

(二)原告的主体资格是否适格;

（三）被诉行政机关是否适格；

（四）原告的诉讼请求是否明确、具体；

（五）原告与被诉具体行政行为有无法律上的利害关系；

（六）被诉具体行政行为是否对原告产生了实际影响；

（七）原告的起诉是否超过起诉期限；

（八）是否遗漏诉讼当事人；

（九）受诉人民法院有无管辖权。

第八十七条 律师应告知被告其应当在收到起诉状副本之日起十五日内向人民法院提交作出行政行为的证据和所依据的规范性文件，并提交答辩状。对于简易程序审理的案件，律师应注意人民法院确定的举证期限。

第八十八条 被告委托律师答辩的，律师应结合事实与证据认真分析案情，审查行政行为的性质，提出抗辩思路，在与被告充分沟通后拟定答辩状，并在规定期限内向人民法院提交。

第八十九条 律师应当协助被告，将被告作出行政行为的证据和所依据的规范性文件等有关材料进行整理，制作证据目录，按对方当事人人数提出副本，并在规定期限内向人民法院提交。

第九十条 律师若发现案件不属于受诉人民法院管辖，应及时告知被告，并可建议或根据被告的要求，在被告收到起诉状副本之日起十五日内以书面形式向人民法院提出管辖权异议。

第五章 一审程序中的律师代理

第一节 一般规定

第九十一条 在庭审开始前，律师可根据案件是否涉及国家机密、商业秘密、个人隐私以及法律有无特别规定等情况，与委托人协商，是否申请不公开审理。

第九十二条 有下列情形之一的，律师可以代理委托人向法院申请延期开庭审理：

（一）应当到庭的当事人和其他诉讼参与人有正当理由没有到庭的；

（二）当事人临时提出回避申请且无法及时作出决定的；

（三）需要通知新的证人到庭，调取新的证据，重新鉴定、勘验，或者需要补充调查的；

（四）其他应当延期的情形。

第九十三条 律师应按照人民法院通知的开庭时间，准时出庭；如无法准时出庭，应当及时与法院联系，申请延期开庭并说明理由；律师申请延期开庭，未获批准，又确实不能出庭的，应通知委托人变更承办律师。

第九十四条 律师出席庭审,应当遵守法庭规则和法庭秩序,遵守司法礼仪。律师应当尊重法官,不得藐视法庭和诽谤法官,不做有损人民法院威信的行为。

第九十五条 律师应在委托人的授权范围内,代理委托人行使诉讼权利。若因越权代理致使委托人遭受损失,律师事务所和承办律师应承担相应的赔偿责任。

第九十六条 律师在庭审中享有以下权利:

(一)可以对本案审判人员、书记员、鉴定人员和翻译人员提出回避申请;

(二)陈述案件事实;

(三)出示、宣读本方证据材料;

(四)申请法庭通知本方证人出庭作证;

(五)经法庭许可,向对方当事人、证人、鉴定人发问;

(六)就对方证据提出异议;

(七)就对方代理人的不当发问提出异议;

(八)发表代理意见;

(九)依法享有的其他权利。

第九十七条 律师出席庭审,应当围绕证据的真实性、关联性和合法性,针对证据有无证明效力以及证明效力大小,进行质证。

第九十八条 律师应当注意,人民法院审理行政案件,不适用调解。但是,行政赔偿、补偿以及行政机关行使法律、法规规定的自由裁量权的案件可以调解。调解应当遵循自愿、合法原则,不得损害国家利益、社会公共利益和他人合法权益。

第九十九条 在行政诉讼期间,被诉行政行为原则上不停止执行。但有下列情形之一的,律师可代理当事人向人民法院申请停止执行:

(一)被告认为需要停止执行的;

(二)原告或者利害关系人认为该行政行为的执行会造成难以弥补的损失,并且停止执行不损害国家利益、社会公共利益的;

(三)该行政行为的执行会给国家利益、社会公共利益造成重大损害的;

(四)法律、法规规定停止执行的。

当事人对停止执行或者不停止执行的裁定不服的,律师可以代理当事人申请复议一次。

第二节 财产保全和先予执行的代理

第一百条 对于因一方当事人的行为或者其他原因,可能使行政行为或者人民法院生效裁判不能或者难以执行的案件,律师作为代理人,可以根据当事人的要求代其向人民法院提出财产保全的申请。

律师代理行政行为确定的权利人提出财产保全申请的,应当告知申请人提供相应的财产担保,并告知申请不当和不提供担保的法律后果。律师和律师事务所不宜为当事人提供担保。

第一百零一条 财产保全被申请人的代理律师,应询问被申请人是否愿意提供担保并申请人民法院解除保全,被申请人愿意并能提供切实担保的,律师可代其书写解除财产保全申请书,经被申请人签署后提交人民法院。

第一百零二条 原告起诉行政机关没有依法支付抚恤金、最低生活保障金和工伤、医疗社会保险金的案件,权利义务关系明确、不先予执行将严重影响原告生活的,律师应告知原告其有权申请先予执行,并可以根据原告的要求代其向人民法院提出先予执行的申请。

第一百零三条 财产保全或先予执行中被申请人或被执行人的代理律师,应询问当事人是否要求复议,并可根据当事人的要求代其书写复议申请书,经当事人签署后向人民法院申请复议一次。

第三节 出庭准备

第一百零四条 原告代理律师应在被告提交证据的法定期限届满之日起及时到人民法院阅卷,复制或摘抄被告提交的作出行政行为的全部证据、依据,以及其他有关案卷材料。

被告代理律师应在开庭前到人民法院阅卷,复制或摘抄原告反驳行政行为的证据以及其他有关案卷材料。

第一百零五条 在开庭审理前,代理律师应当研究当事人提供的材料和阅卷获得的材料,根据有关法律法规、判例,拟定代理方案,准备事实陈述提纲、举证提纲、质证提纲、发问提纲、辩论提纲等。

第一百零六条 需要通知证人出庭作证的,律师应在举证期限届满前向人民法院提交通知证人出庭作证的书面申请,并写明证人的姓名、身份、工作单位或住址、联系电话及拟证明的事实等。

第一百零七条 在开庭前,律师宜向当事人介绍其诉讼权利和诉讼义务,征求当事人对合议庭组成人员是否申请回避的意见。

第四节 参加法庭调查

第一百零八条 法庭在核对当事人及其代理人身份时,律师有权对对方当事人、第三人及其代理人的身份提出异议。

第一百零九条 法庭宣布案件受理、起诉状副本送达、被告提交证据材料和答辩状等程序性情况后,律师有权对其中不符合事实或法律规定之处提出异议。

第一百一十条 法庭调查开始后,原告代理律师可代为宣读起诉或者口头陈述诉讼请求、事实和理由。

根据法庭询问,原告代理律师可代为陈述被诉行政行为作出和有关行政法律文书送达时间、申请复议的时间和内容、复议决定的内容和送达时间、提起诉讼的时间等。

第一百一十一条 被告代理律师可代为宣读答辩状或口头陈述答辩意见。

第一百一十二条 被告代理律师应根据法庭的询问,就被告作出的被诉行政行为,分别陈述下列内容:

(一)被告的职权依据;

(二)行政行为的名称、文号、内容、作出的行政机关、作出的时间及有关送达情况;

(三)行政行为遵循法定程序及依据;

(四)被告所认定的事实;

(五)行政行为所适用的法律;

(六)法庭认为与被诉行政行为有关的其他问题或事实。

第一百一十三条 在法庭调查过程中,律师宜认真记录,做好质证、发问的准备,完善庭前准备的各项工作。

第一百一十四条 在举证过程中,被告代理律师应就本指引第四十一条述及的内容,分别逐一或归类出示证据材料或依据,并说明该证据的名称、证据来源及证明的目的等。

被告或被告代理律师出庭时应当携带上述证据的原件,供原告、第三人和法庭进行核对。

第一百一十五条 对物证,律师可以但不限于从以下方面进行质证:

(一)物证是否原物,它被搜集的方式、来源、保存方式;

(二)物证与本案的关系,是否与案件事实有联系;

(三)物证与其他证据的关系,有无其他证据予以佐证;

(四)取得该物证的程序是否合法。

第一百一十六条 对书证,律师可以但不限于从以下方面进行质证:

(一)书证是否伪造或变造,即对真伪进行争议,是否是原本、正本、副本或者节录本;

(二)书证与本案的关系,是否与案件事实有联系;

(三)书证的获取渠道是否合法;

(四)书证与其他证据的矛盾。

第一百一十七条 对证人证言,律师可以但不限于从以下方面进行质证:

(一)证人证言的来源及合法性;

(二)证人与双方当事人和本案有无利害关系;

(三)证人对客观事物的感受如何表达,陈述是否确切、感受是否深,记忆时间长短,语言表达能力强弱,感受事物时精神状态如何,感受事物时客观环境如何;

(四)证人证言的内容及要证明的事实;

(五)证人的年龄、智力状况、行为能力等自然情况；

(六)证人的证言与其他证据的矛盾。

第一百一十八条 对视听资料,律师可以但不限于从以下方面进行质证：

(一)取得和形成的时间、地点和周围的环境；

(二)是否伪造、变造、剪辑过,是否完整,有无鉴定；

(三)收集的过程及其合法性；

(四)所要证明的事实与案件的联系。

第一百一十九条 对鉴定人和鉴定意见,律师可以但不限于从以下方面进行质证：

(一)鉴定人资格问题,委托是否合法,鉴定中是否受外界影响和掺杂个人因素；

(二)鉴定人与双方当事人的关系；

(三)鉴定所依据的检材是否充分、可靠；

(四)鉴定使用的设备是否完善,采用的方法和操作程序是否科学；

(五)论证是否充分,鉴定意见是否具有科学性。

鉴定意见不能成立或者不明确的,可以申请重新鉴定。

第一百二十条 经法庭许可,律师可以向证人、鉴定人及其他诉讼参与人发问。发问受到法庭制止时,律师应尊重法庭的决定,调整所提的问题或者发问方式,或表明发问的必要性和关联性。

第一百二十一条 在法庭调查及质证过程中才发现的证据疑问,律师可以申请重新鉴定、勘验,要求补充证据,必要时可以申请中止或延期审理。但被告代理律师对被告提供的证据除外。

第五节 参与法庭辩论

第一百二十二条 律师发表辩论意见,应围绕法庭归纳的争议焦点以及被诉行政行为是否合法进行,从事实、证据、程序、法律适用等不同方面进行分析,阐明观点,陈述理由。

第一百二十三条 律师发表代理意见应当重事实、重证据、讲法理,有良好的文化修养和风度,尊重对方的人格。

第一百二十四条 在法庭辩论过程中,律师发现案件某些事实未查清的,可以申请恢复法庭调查。

在庭审过程中,发现审判程序违法,律师可向法庭提出并要求立即纠正,以维护当事人的诉讼权利和合法权益。

第六节 休庭后的工作

第一百二十五条 律师应详细阅读法庭笔录,如有遗漏或者差错,应立即申请法庭予以补正、纠正。

第一百二十六条　庭审后,律师可以向人民法院提交书面代理意见。法庭要求或允许补充证据或其他相关材料的,律师应在法庭指定的期限内提交。

第一百二十七条　被告代理律师根据庭审的具体情况,可以征求被告是否对被诉行政行为作变更、撤销或部分撤销的意见。被告要求或者愿意对被诉行政行为作变更、撤销或部分撤销的,律师应及时告知法庭,并附上被告变更、撤销或部分撤销被诉行政行为的书面决定或意见。

第一百二十八条　人民法院对行政诉讼案件宣告判决或者裁定前,被告作出改变被诉行政行为的书面决定或意见后,原告代理律师应及时告知原告,并征求原告是否撤诉的意见。原告要求撤诉的,律师可以根据原告的书面请求代其向人民法院申请撤诉。

第六章　二审程序中的律师代理

第一百二十九条　当事人对于一审判决、裁定不服的,律师可以代理其在法定期限内提起上诉。

第一百三十条　律师代为书写上诉状的,应当依据当事人的要求,明确上诉请求以及所依据的事实与理由;律师代为书写答辩状的,应当明确阐述不同意上诉人上诉请求的具体意见。

第一百三十一条　受委托担任二审代理人的律师,应当及时与二审人民法院取得联系,提交委托手续,及时参与二审诉讼活动。

第一百三十二条　未参加一审诉讼的律师担任二审代理人的,应当及时向当事人全面了解案件情况。当事人要求或律师认为必要时,及时到人民法院查阅、复制或摘录一审案卷材料。

第一百三十三条　律师查阅、审核一审案卷时,应当从以下几方面进行:

(一)案件是否属于人民法院的受案范围;

(二)一审人民法院所列当事人是否适格,有无遗漏;

(三)一审人民法院的审判程序是否合法;

(四)一审裁判认定的事实是否清楚、完整,有无前后矛盾;

(五)一审裁判的证据是否充分、确凿,有无未经质证的证据作为判决或裁定的依据,有无应当采信的证据未采信,有无不应当采信的证据被采信,证据相互之间有无矛盾;

(六)一审认定的事实与判决或裁定的结果是否具备合理的逻辑联系;

(七)一审适用法律、法规是否正确;

(八)其他与本案有关的事项。

第一百三十四条　律师应及时征询当事人是否有新的证据提供,并向当事人释明二审程序中新的证据是指以下证据:

(一)在一审程序中应当准予延期提供而未获准许的证据;

(二)当事人在一审程序中依法申请调取而未获准许或者未取得,人民法院在第二审程序中调取的证据;

(三)原告或者第三人提供的在举证期限届满后发现的证据。

当事人有新的证据需向二审人民法院提供的,律师应按本操作指引有关证据收集、审查、整理、提交的相关规定办理。

第一百三十五条　律师应当注意,人民法院审理二审行政诉讼案件,可以采取书面审理的方式。律师代理上诉时,应审查案件是否适合书面审理。对于不适合书面审理的案件,应当建议合议庭开庭审理。

二审案件不开庭审理的,律师应当及时提交书面代理意见。

第一百三十六条　律师得知二审案件宣判结果的,应当立即将二审的判决或裁定结果告知当事人。律师收到二审判决或裁定文书的,应立即将该法律文书转交给当事人。

第七章　审判监督程序中的律师代理

第一百三十七条　当事人不服已经发生法律效力的判决、裁定,律师可以接受当事人的委托,代理其向上一级人民法院申请再审。

第一百三十八条　符合下列情形之一的,人民法院应当再审:

(一)不予立案或者驳回起诉确有错误的;

(二)有新的证据,足以推翻原判决、裁定的;

(三)原判决、裁定认定事实的主要证据不足、未经质证或者系伪造的;

(四)原判决、裁定适用法律、法规确有错误的;

(五)违反法律规定的诉讼程序,可能影响公正审判的;

(六)原判决、裁定遗漏诉讼请求的;

(七)据以作出原判决、裁定的法律文书被撤销或者变更的;

(八)审判人员在审理该案件时有贪污受贿、徇私舞弊、枉法裁判行为的。

律师应注意,当事人申请再审,应当在判决、裁定或者调解书发生法律效力后六个月内提出。但有前款第(二)(七)(八)规定情形之一或原判决、裁定认定事实的主要证据是伪造的,自知道或者应当知道之日起六个月内提出。

第一百三十九条　当事人不服已经发生法律效力的判决、裁定,并且符合下列情形之一的,律师可以接受当事人的委托,代理其向有管辖权的人民检察院申请抗诉或者检察建议:

(一)人民法院驳回再审申请或者逾期未对再审申请作出裁定,当事人对已经发生法律效力的行政判决、裁定、调解书,认为确有错误的;

(二)认为再审行政判决、裁定确有错误的;

(三)认为行政审判程序中审判人员存在违法行为的;

(四)认为人民法院行政案件执行活动存在违法情形的。

人民法院基于抗诉或者检察建议作出再审判决、裁定后,当事人申请再审的,人民法院不予立案。

第一百四十条 依照本指引第一百三十九条第(一)(二)项规定向人民检察院申请监督,应当在人民法院送达驳回再审申请裁定之日或者再审判决、裁定发生法律效力之日起六个月内提出;对人民法院逾期未对再审申请作出裁定的,应当在再审申请审查期限届满之日起六个月内提出。但具有下列情形之一的,应当在知道或者应当知道之日起六个月内提出:

(一)有新的证据,足以推翻原生效判决、裁定的;

(二)原生效判决、裁定认定事实的主要证据系伪造的;

(三)据以作出原生效判决、裁定的法律文书被撤销或者变更的;

(四)审判人员在审理该案件时有贪污受贿、徇私舞弊、枉法裁判行为的。

依照本指引第一百三十九条第(三)(四)项规定向人民检察院申请监督,应当在知道或者应当知道审判人员违法行为或者执行活动违法情形发生之日起六个月内提出。

第一百四十一条 律师可以根据当事人的委托,代其书写再审申请书或申诉状,并由当事人亲自签署后向有管辖权的人民法院或人民检察院递交。

第一百四十二条 申请再审和申诉的范围包括已经生效的判决书、行政赔偿调解书、不予受理和驳回起诉的裁定书。

第一百四十三条 按照审判监督程序决定再审的案件,律师可以代理当事人提出中止原判决、裁定、调解书的执行,但支付抚恤金、最低生活保障费或者社会保险待遇的案件,人民法院可以裁定不中止执行。

第一百四十四条 人民检察院认为申诉理由成立,向人民法院提出抗诉的,在人民检察院派员出席法庭审理的情况下,律师仍可担任再审案件当事人的诉讼代理人出庭代理。

第一百四十五条 人民法院审理再审案件,按一审程序进行的,律师从事诉讼代理的规范与一审规定相同;按二审程序进行的,则与二审规定相同。

第八章 相关民事争议一并审理程序中的律师代理

第一百四十六条 律师代理原告在涉及行政许可、登记、征收、征用和行政机关对民事争议所作的裁决的行政诉讼中,向人民法院请求一并审理相关民事争议的,应当在第一审开庭审理前提出;有正当理由的,也可以在法庭调查中提出。

人民法院准许一并审理的,由受理行政案件的人民法院管辖。

就民事争议另行提起民事诉讼并已立案的,人民法院应当中止行政诉讼的审理,民事争议处理期间不计算在行政诉讼审理期限内。

第一百四十七条 有下列情形之一的,人民法院将作出不予准许一并审理民事争议的决定,律师可告知当事人依法通过其他渠道主张权利:

(一)法律规定应当由行政机关先行处理的;

(二)违反民事诉讼法专属管辖规定或者协议管辖约定的;

(三)约定仲裁或者已经提起民事诉讼的;

(四)其他不宜一并审理民事争议的情形。

委托人对不予准许的决定,律师可以代理其申请复议一次。

第一百四十八条 律师应提示委托人,人民法院一并审理相关民事争议,按行政案件、民事案件的标准分别收取诉讼费用。

第九章 规范性文件的一并审查

第一百四十九条 律师代理原告提起诉讼时,认为有下列情形之一的,可以一并请求对所依据的规范性文件审查,由行政行为案件管辖法院一并审查:

(一)超越制定机关的法定职权或者超越法律、法规、规章的授权范围的;

(二)与法律、法规、规章等上位法的规定相抵触的;

(三)没有法律、法规、规章依据,违法增加公民、法人和其他组织义务或者减损公民、法人和其他组织合法权益的;

(四)未履行法定批准程序、公开发布程序,严重违反制定程序的;

(五)其他违反法律、法规以及规章规定的情形。

第一百五十条 律师代为请求人民法院一并审查行政行为所依据的国务院部门和地方人民政府及其部门制定的规范性文件,应当在第一审开庭审理前提出;有正当理由的,也可以在法庭调查中提出。

前款所述规范性文件不含规章。

第一百五十一条 代理律师对已经发生法律效力的判决、裁定,发现规范性文件合法性认定错误的,可以向作出判决、裁定的人民法院院长反映情况、请求再审,也可以请求上级人民法院提审或者指令下级人民法院再审。

第十章　执行程序中的律师代理

第一百五十二条　对发生法律效力的行政判决书、行政裁定书、行政调解书,负有义务的一方当事人拒绝履行的,对方当事人或者第三人可以委托律师代理其向第一审人民法院申请强制执行。

人民法院判决行政机关履行行政赔偿、行政补偿或者其他行政给付义务,行政机关拒不履行的,对方当事人可以委托律师代理其依法向法院申请强制执行。

第一百五十三条　律师应当注意申请执行生效的行政判决书、行政裁定书、行政赔偿调解书的期限,按照行政诉讼法的规定向人民法院提起执行申请,行政诉讼法没有规定的按照民事诉讼法关于执行的规定向人民法院提起执行申请。

律师应告知委托人,对于逾期申请执行,除有正当理由外,人民法院不予受理。

第一百五十四条　行政机关依法作出具体行政行为后,相对人在法定期限内不起诉又不履行的,律师可以代理行政机关向人民法院申请强制执行。申请执行时,律师应审查是否符合以下条件:

(一)据以申请法院强制执行的行政判决书、裁定书或者行政赔偿调解书等法律文书是否已经发生法律效力;

(二)是否在申请强制执行的法定期限之内;

(三)执行事项是否具有可执行性;

(四)是否属于受理申请执行的人民法院管辖;

(五)行政机关申请执行的具体行政行为是否可以由人民法院执行;

(六)行政机关申请执行的具体行政行为是否已经生效,并具有可执行内容;

(七)申请执行具体行政行为的行政机关是否为作出该具体行政行为的行政机关或者法律、法规、规章授权的组织;

(八)对于行政机关申请执行具体的行政行为,应审查法律、法规是否赋予该行政机关强制执行申请权,以及被申请人是否为该具体行政行为所确定的义务人;

(九)被申请人在行政行为确定的期限内或者行政机关另行指定的期限内未履行义务;

(十)申请人已经对义务人作出催告,并且义务人在催告书送达十日后仍没有履行义务;

(十一)申请人在行政行为当事人有权提起行政复议或行政诉讼的法定期限届满之日起三个月内提出申请。

律师代理申请人民法院强制执行非诉具体行政行为,应向申请人所在地的基层人民法院提出;执行对象为不动产的,向不动产所在地的基层人民法院提出。

第一百五十五条　律师代理行政机关申请人民法院强制执行其非诉行政行为,应当提供下列材料:

(一)强制执行申请书;

(二)行政决定书及作出决定的事实、理由和依据;

(三)当事人的意见及行政机关催告情况；

(四)申请强制执行标的情况；

(五)法律、行政法规规定的其他材料。

强制执行申请书应当由行政机关负责人签名,加盖行政机关的印章,并注明日期。

对前款行政机关强制执行的申请,人民法院作出不予受理或者不予执行的裁定的,律师可以代理申请人自收到裁定之日起十五日内向上一级人民法院申请复议。

第一百五十六条　行政机关申请人民法院强制执行前,有充分理由认为被执行人可能逃避执行的,代理律师可以根据申请人的要求代其申请人民法院采取财产保全措施。

第一百五十七条　律师应对人民法院裁定执行中止的事实与理由进行审查,确定是否提出执行中止的异议,协助委托人做好执行程序的恢复准备工作。

第一百五十八条　律师应严格审查人民法院终结执行是否符合法律规定。对于不符合条件的终结执行,律师应代理委托人及时提出异议。

第一百五十九条　律师可根据案件的性质及被执行人的执行能力等情况,提请委托人注意是否申请延期执行。

第一百六十条　可执行回转的案件,律师可代理委托人提出执行回转申请,协助委托人提出有利于回转执行的措施。

第十一章　涉外行政案件中的律师代理

第一百六十一条　律师可以接受委托,担任涉外行政案件的代理人。

第一百六十二条　律师接受委托,承办涉外行政案件,应当依法办理委托手续。

律师应当注意,在我国领域内没有住所的外国人、无国籍人、外国企业和组织从我国领域外寄交或者托交的授权委托书,应当经所在国公证机关证明,并经我国驻该国使领馆认证,或者履行我国与该所在国订立的有关条约中规定的证明手续后,才具有委托效力。

第一百六十三条　律师承办涉外行政诉讼案件,应注意依法确定案件的管辖法院。

第一百六十四条　律师承办涉外行政诉讼案件,应注意等同原则和对等原则的适用。

第一百六十五条　律师承办涉外行政诉讼案件,应注意法律及司法解释有关国际条约的适用,对中华人民共和国领域内没有住所的当事人的送达、期间等相关特别规定。

第一百六十六条　承办涉外行政诉讼案件的律师应当注意,对于在我国领域外形成的证据,应当说明来源,经所在国公证机关证明,并经中华人民共和国驻该国使领馆认证,或者履行中华人民共和国与证据所在国订立的有关条约中规定的证明手续。当事人提供的在中华人民共和国香港特别行政区、澳门特别行政区和台湾地区内形成的证据,应当具有按照有关规定办理的证明手续。向人民法院提供外文书证或者外国语视听资料的,应当附有由具有翻译资质的机构翻译的或者其他翻译准确的中文译本,由翻译机构盖章或者翻译人员签名。

第十二章　行政赔偿案件中的律师代理

第一百六十七条　律师可以接受委托,担任行政赔偿案件的代理人。

第一百六十八条　律师接受委托时,应注意审查下列内容:

(一)对于单独提起的行政赔偿案件,应审查赔偿请求人是否已向行政赔偿机关提出赔偿请求;

(二)是否可以在申请行政复议或者提起行政诉讼时一并提出;

(三)是否超过法定起诉期限。

第一百六十九条　律师承办单独提起的行政赔偿案件,应注意以下起诉期限的规定:

(一)赔偿义务机关在规定期限内未作出是否赔偿的决定,赔偿请求人可以自期限届满之日起三个月内,向人民法院提起诉讼;

(二)赔偿请求人对赔偿的方式、项目、数额有异议的,或者赔偿义务机关作出不予赔偿决定的,赔偿请求人可以自赔偿义务机关作出赔偿或者不予赔偿决定之日起三个月内,向人民法院提起诉讼。

第一百七十条　律师承办在申请行政复议或者提起行政诉讼时一并提出赔偿请求的案件,应注意行政复议法、行政诉讼法有关复议和起诉期限的规定。

第一百七十一条　原告的代理律师应协助原告按下列不同情形审查确定适格的赔偿义务机关:

(一)行政机关及其工作人员行使行政职权侵犯公民、法人和其他组织的合法权益造成损害的,该行政机关为赔偿义务机关;

(二)两个以上的行政机关共同行使行政职权时侵犯公民、法人和其他组织的合法权益造成损害的,共同行使行政职权的行政机关为共同赔偿义务机关;

(三)法律、法规授权的组织在行使授予的行政权力时侵犯公民、法人和其他组织的合法权益造成损害的,被授权的组织为赔偿义务机关;

(四)受行政机关委托的组织或者个人在行使受委托的行政权力时侵犯公民、法人和其他组织的合法权益造成损害的,委托的行政机关为赔偿义务机关;

(五)赔偿义务机关被撤销的,继续行使其职权的行政机关为赔偿义务机关;没有继续行使其职权的行政机关,撤销该赔偿义务机关的行政机关为赔偿义务机关;

(六)经复议机关复议的,由最初造成侵权行为的行政机关为赔偿义务机关,但复议机关经复议决定加重损害的,复议机关对加重的部分履行赔偿义务。

第一百七十二条 律师应指导、协助委托人就被诉行政行为造成原告人身、财产损害的事实收集、调取证据。

第一百七十三条 对人身受到损害的行政赔偿案件，原告的代理律师应指导当事人根据事实提出以下诉讼请求：

（一）原告身体受到伤害的，可以主张支付医疗费、护理费，以及赔偿因误工减少的收入；

（二）原告部分或者全部丧失劳动能力的，可以主张支付医疗费、护理费、残疾生活辅助具费、康复费等因残疾而增加的必要支出和继续治疗所必需的费用，以及残疾赔偿金，造成全部丧失劳动能力的，还可主张对其扶养的无劳动能力的人支付生活费；

（三）受害人死亡的，可以主张支付死亡赔偿金、丧葬费，以及对死者生前扶养的无劳动能力的人支付生活费；

（四）行政侵权行为致原告精神损害，造成严重后果的，还可以主张支付相应的精神损害抚慰金。

第一百七十四条 对财产受到损害的行政赔偿案件，原告的代理律师应指导当事人根据不同情形，提出返还财产，解除对财产的查封、扣押、冻结，恢复原状，给付拍卖或者变卖所得的价款，给付赔偿金等诉讼请求。

第一百七十五条 被告的代理律师可代理被告书写答辩状，协助被告收集、整理、提交证明行政行为合法，未侵犯原告人身、财产合法权益，原告所受损害并非行政行为造成等事实的证据、依据。

第一百七十六条 律师在庭审中的权利、义务及参加法庭调查、法庭辩论、进行调解等参照第五章的相关规定办理。

第一百七十七条 当事人对一审判决、裁定不服的，律师可协助或代理其在法定期限内提起上诉。

第一百七十八条 对于不履行生效的人民法院判决、裁定、调解的，律师可以代理享有权利的当事人向人民法院申请强制执行。

第十三章 附 则

第一百七十九条 律师代理行政诉讼案件，应根据《中华人民共和国行政诉讼法》《最高人民法院关于适用〈中华人民共和国行政诉讼法〉的解释》等规定，并参考本指引办理。

第一百八十条 本指引为律师办理行政诉讼案件提供借鉴、经验和指导，并非强制性或规范性规定，供律师在实际业务中参考。对本指引理解与适用有争议的，由重庆市律师协会负责解释。

第一百八十一条 本指引经重庆市律师协会第七届第四十四次会长办公会审议通过，自印发之日起施行。本指引如与新的法律、法规、规章及司法解释相抵触的，应以新颁布的法律、法规、规章及司法解释为准。

3

重庆市律师协会律师办理刑事案件指引

第一章 基本原则

第一条 为保障和指导律师在参与刑事案件活动时依法履行职责,规范全市律师办理刑事案件行为,维护当事人合法权益,保障案件办理质量,根据《中华人民共和国刑事诉讼法》(以下简称《刑事诉讼法》)、《中华人民共和国律师法》(以下简称《律师法》)等相关法律、法规、司法解释、部门规章制定本指引。

第二条 律师办理刑事案件,应当坚持依法维护当事人的合法权益、维护法律的正确实施、维护社会公平和正义的原则,忠于职守,认真负责。

第三条 律师办理刑事案件,依法履行辩护与代理职责,人身权利和执业权利不受侵犯。

律师参与刑事诉讼在法庭上发表的辩护、代理意见不受法律追究。但是,发表危害国家安全、恶意诽谤他人、严重扰乱法庭秩序的言论除外。

第四条 律师办理刑事案件,应当遵守法律、法规,恪守律师职业道德和执业纪律。

第五条 律师担任辩护人,应当依法独立履行辩护职责。

辩护人的责任是根据事实和法律,提出犯罪嫌疑人、被告人无罪、罪轻或者减轻、免除其刑事责任的材料和意见,维护犯罪嫌疑人、被告人的诉讼权利和其他合法权益。

律师在辩护活动中,应当在法律和事实的基础上尊重当事人意见,按照有利于当事人的原则开展工作,不得违背当事人的意愿提出不利于当事人的辩护意见。

第六条 辩护律师对在执业活动中知悉的委托人的有关情况和信息,对任何单位和个人有权予以保密。但是,委托人或者其他人准备或者正在实施危害国家安全、公共安全以及严重危害他人人身安全的犯罪事实和信息除外。

第七条 律师办理刑事案件,不得帮助犯罪嫌疑人、被告人隐匿、毁灭、伪造证据或者串供,不得威胁、引诱证人作伪证以及进行其他干扰司法机关诉讼活动的行为。

办案机关违反《刑事诉讼法》的有关规定追究律师刑事责任的,律师有权依法向有关机关申诉、控告。

第二章　一般规定

第一节　收案和结案

第八条　律师办理刑事案件,可以从事下列业务:

(一)接受犯罪嫌疑人、被告人、被告单位的委托,担任辩护人。犯罪嫌疑人、被告人的近亲属、其他亲友或其所在单位代为委托的,须经犯罪嫌疑人、被告人确认;

(二)接受涉嫌犯罪的未成年人或精神病人的监护人、近亲属的委托,担任辩护人;

(三)接受犯罪嫌疑人、被告人、被告单位,被害人及其法定代理人、近亲属,以及其他诉讼参与人的委托,代理申诉、控告;

(四)接受公诉案件的被害人及其法定代理人或者近亲属的委托,接受自诉案件的自诉人、其法定代理人的委托,接受刑事附带民事诉讼的当事人、其法定代理人的委托,担任诉讼代理人;

(五)接受刑事案件当事人及其法定代理人、近亲属的委托,接受被刑事判决或裁定侵犯合法权益的案外人的委托,担任申诉案件的代理人;

(六)接受被不起诉人及其法定代理人、近亲属的委托,代为申诉、控告;

(七)在公安机关、人民检察院作出不立案或撤销案件或不起诉的决定后,接受被害人及其法定代理人、近亲属的委托,代为申请复议或起诉;

(八)在违法所得没收程序中,接受犯罪嫌疑人、被告人及其近亲属或其他利害关系人的委托,担任诉讼代理人;

(九)在强制医疗程序中,接受被申请人或被告人的委托,担任诉讼代理人;在复议程序中,接受被决定强制医疗的人、被害人及其法定代理人、近亲属的委托,担任诉讼代理人;

(十)在减刑、假释程序中,接受服刑人员或者其监护人、近亲属的委托,为服刑人员提供法律服务;

(十一)在刑事执行程序中,接受被执行人或者其他权利人的委托,在刑事执行案件的财产处理中提供法律服务;

(十二)依法接受法律援助部门指定参与刑事诉讼;

(十三)接受有关部门指派参与认罪认罚、到有关部门值班;

(十四)代理企业刑事合规业务;

(十五)接受被告单位的委托,担任其诉讼代表人;

(十六)其他与刑事相关的业务。

第九条 律师可以接待犯罪嫌疑人、被告人、被害人、控告人,刑事附带民事诉讼原告人、被告人、申诉人,被刑事追诉人等及其亲友的咨询和解答,解答内容包括但不限于以下内容:

(一)犯罪嫌疑人、被告人的权利和义务;

(二)涉案法律法规、司法解释及司法政策等;

(三)采取强制措施的相关法律规定;

(四)根据咨询人介绍的案件情况,进行法律和事实分析;

(五)提供法律服务的工作方案和内容;

(六)律师事务所的收案程序和收费标准。

第十条 律师接待咨询,可根据有关规定,与当事人协商收费。

第十一条 咨询人确定委托后,应当提供下列资料:

(一)身份证明;

(二)代为委托的,应提供系犯罪嫌疑人、被告人的监护人或近亲属的证明文件,系被害人的法定代理人、近亲属的证明文件;

(三)犯罪嫌疑人、被告人被采取强制措施通知书。

第十二条 律师接受委托,由律师事务所办理以下手续:

(一)律师事务所与委托人签署《委托协议》;

(二)委托人签署委托书;

(三)委托人签署风险告知书;

(四)同一律师事务所在接受两名或两名以上的同案犯罪嫌疑人、被告人的委托,分别指派不同的律师担任辩护人的,须告知委托人并经其同意。

上述手续,由委托人签名并按捺手印,律师事务所留存原件或存根备查。

第十三条 律师接受委托办理刑事案件,可以在侦查、审查起诉、一审、二审、死刑复核、申诉、再审等各诉讼阶段由律师事务所分别办理委托手续,也可以一次性办理。

第十四条 律师事务所接受委托后,应办理收案登记;黑恶势力犯罪案件、群体性案件等应当依法依规向司法行政机关、律师协会报备的案件,应当在收案后在规定的时间内报备。

第十五条 委托手续办理完成后,委托方应当介绍、提供包括但不限于下列基本案件信息:

(一)当事人基本情况(姓名、曾用名、别名、性别、出生时间、出生地、民族、居住地、文化程度、前科劣迹、有无精神病史和身体健康情况、家庭成员姓名及身体健康情况,是否怀孕、哺乳、唯一抚养人等);

(二)案件承办单位、承办人员姓名、联系方式;

(三)到案经过、强制措施时间、种类、被羁押或指定监视居住的场所情况。

第十六条 对于需要提供法律援助的当事人,律师事务所应告知向有关部门申请。

第十七条 律师办理刑事案件,应按有关规定进行利益冲突审查:

(一)律师不得接受与其本人及其近亲属有利益冲突的刑事法律事务;

(二)曾经办理过某一事项或者案件的监察机关、审判机关、检察机关、行政机关、仲裁机构的相关工作人员,从事律师工作后,不得办理该事项或者案件;

(三)同一名律师接受犯罪嫌疑人、被告人委托后,不得接受同一案件其他犯罪嫌疑人、被告人的委托担任辩护人,也不得接受未同案处理但实施的犯罪存在关联的其他犯罪嫌疑人、被告人的委托担任辩护人。"未同案处理但实施的犯罪存在关联的"是指:

1.共同犯罪的犯罪嫌疑人、被告人被分案处理的;

2.上下游犯罪的犯罪嫌疑人、被告人被分案处理的;

3.对合犯罪的犯罪嫌疑人、被告人被分案处理的。

(四)在告知委托人并经其同意后,律师事务所可以接受同案或未同案处理但实施的犯罪存在关联的犯罪嫌疑人、被告人委托,指派不同律师担任辩护人。

第十八条 律师及律师事务所已经进行了必要的利益冲突审查,事后因为双方当事人或律师、律师事务所发现仍可能存在利益冲突的,律师事务所应当按照"后进退出"的原则作出处理。包括但不限于以下情形:

(一)犯罪嫌疑人、被告人人数众多;

(二)被害人人数众多;

(三)不容易被发现的其他情形。

第十九条 各级人民法院、人民检察院离任人员在离任后二年内,不得以律师身份担任诉讼代理人或者辩护人。各级人民法院、人民检察院离任人员终身不得担任原任职人民法院、人民检察院办理案件的诉讼代理人或者辩护人,但是作为当事人的监护人或者近亲属代理诉讼或者进行辩护的除外。

审判人员和人民法院其他工作人员的配偶、子女或者父母不得担任其任职法院所审理案件的辩护人,但系被告人的监护人、近亲属的除外。

第二十条 律师接受委托或者指派后,应当及时与办案机关联系,出示律师执业证书,提交委托书和律师事务所证明或者法律援助公函。

第二十一条 律师办理刑事案件,无正当理由,不得拒绝辩护或者代理。但委托事项违法、委托人利用律师提供的服务从事违法活动,或者委托人故意隐瞒与案件有关的重要事实的,或者委托人提出违法、违规要求,致使律师无法正常履行职责或者继续履行职责可能涉及违法违规的,律师有权拒绝辩护或者代理,也有权在拒绝其违法违规要求的情形下继续依法代理。

律师与当事人或者委托人就辩护或代理方案产生严重分歧,不能达成一致的,可以代表律师事务所与委托人协商解除委托关系。

解除委托关系后,律师应当及时告知办案机关。

第二十二条 法律援助机构指派了律师为犯罪嫌疑人、被告人提供辩护,犯罪嫌疑人、被告人的监护人、近亲属又代为委托辩护人的,应当听取犯罪嫌疑人、被告人本人的意见,由其确定辩护人。

第二十三条 律师办理刑事案件,可以会同异地律师协助调查、收集证据和会见,经当事人书面同意,可以为协同工作的律师办理授权委托手续。在侦查、审查起诉、一审、二审、死刑复核、申诉、再审案件中,当事人变更或增加律师的,后程序或同一程序中后接受委托的律师,可持委托书、律师证、介绍信向在前程序或先接受委托的律师、律师事务所查阅、摘抄、复制案卷材料,在前程序或先接受委托的律师、律师事务所应如实、全面提供。

第二十四条 律师办理刑事案件结案后,应当撰写办案总结,与辩护词或代理词、法律文书以及摘抄、复制的案卷材料、收集的证据等一并归档保存。

第二十五条 提前解除委托关系的,律师应当在办案总结中说明原因,并附相关手续,整理案卷归档。

第二节 会见和通信

第二十六条 辩护律师会见在押犯罪嫌疑人、被告人,应当向看守所出示律师执业证书、委托书和律师事务所证明或者法律援助公函。

辩护律师到看守所会见在押的犯罪嫌疑人、被告人,可以要求看守所在查验律师执业证书、律师事务所证明和委托书或者法律援助公函后,当时安排会见;不能当时安排的,辩护律师可以要求看守所向其说明原因,并要求看守所在四十八小时内安排会见到在押的犯罪嫌疑人、被告人。

看守所安排会见附加其他条件或者变相要求辩护律师提交法律规定以外的其他文件、材料的,或以未收到办案机关通知为由拒绝安排辩护律师会见的,辩护律师有权拒绝并向有关部门提出控告。

第二十七条 辩护律师可以会见被监视居住和取保候审的犯罪嫌疑人、被告人。

第二十八条 律师持律师执业证书、律师事务所证明和罪犯本人或者其监护人、近亲属的委托书或者法律援助公函或者另案调查取证的相关证明文件,可以到监狱依法会见服刑罪犯。

其他案件的代理律师,需要向监狱在押罪犯调查取证的,可以会见在押罪犯。

第二十九条 犯罪嫌疑人、被告人委托两名律师担任辩护人的,两名律师可以共同会见,也可以单独会见。辩护律师可以带一名律师助理协助会见。助理人员随同辩护律师参加会见的,应当出示律师事务所证明和律师执业证书或申请律师执业人员实习证。

第三十条 辩护律师办理危害国家安全犯罪、恐怖活动犯罪案件,犯罪嫌疑人在押或者被监视居住的,在侦查阶段会见时应当向侦查机关提出申请,必要时应当采用书面形式申请。侦查机关不许可会见的,辩护律师可以要求其出具书面决定,并说明理由。

看守所或监视居住执行机关以犯罪嫌疑人涉嫌危害国家安全犯罪、恐怖活动犯罪要求辩护律师经侦查机关许可后会见的,辩护律师可以要求看守所或监视居住执行机关出示办案部门提供的书面通知,并允许辩护律师复制。

第三十一条 辩护律师申请会见涉嫌非危害国家安全犯罪、非恐怖活动犯罪的临时寄押人员的,辩护律师可以要求看守所及时安排;对于涉嫌犯罪不明的,辩护律师可以要求看守所及时向办案单位核实后,及时安排会见。

第三十二条 辩护律师会见在押的犯罪嫌疑人、被告人需要翻译人员随同参加的,应当提前向办案机关提出申请,并提交翻译人员身份证明及其所在单位出具的证明。

翻译人员应当持办案机关许可决定文书和本人身份证明,随同辩护律师参加会见。

第三十三条 辩护律师可以按照监管部门的要求通过网络、微信、电话预约等方式向看守所预约会见,也可以未经预约直接办理会见。如果看守所以未预约为由拒绝安排律师会见,辩护律师可以向监管部门投诉和控告,也可通过市律师协会维权。

第三十四条 辩护律师可以携带笔记本电脑进入看守所会见,但应当关闭上网、即时通信等功能,不得使用电脑录音、录像和拍照。

第三十五条 辩护律师可以要求看守所按照受理时间顺序依次安排会见、提讯、提解犯罪嫌疑人、被告人。看守所有违反顺序提人的,辩护律师有权向监管部门投诉和控告,也可通过市律师协会维权。

第三十六条 在律师会见室不足的情况下,辩护律师可以向看守所提出在讯问室会见,但应当要求看守所关闭录音、监听设备。

在正常工作时间内无法满足律师会见需求的,辩护律师可以向看守所提出将会见结束时间延长至下班后一个小时内;经看守所领导批准,辩护律师可利用公休日会见。

第三十七条 辩护律师要求当面向犯罪嫌疑人、被告人确认提出解除委托关系情况的,可以要求看守所安排会见;但犯罪嫌疑人、被告人书面拒绝会见的,可以要求看守所将有关书面材料转交辩护律师。

第三十八条 辩护律师会见犯罪嫌疑人、被告人时,应当事先准备会见提纲,认真听取犯罪嫌疑人、被告人的陈述和辩解,发现、核实案件事实和证据材料中的矛盾和疑点。

辩护律师会见犯罪嫌疑人、被告人时,应当制作会见笔录。会见笔录交由犯罪嫌疑人、被告人签名确认。确因特殊原因,被告人无法签字或者拒绝签字的,应当在笔录中注明。

辩护律师第一次会见犯罪嫌疑人、被告人时,应当征求犯罪嫌疑人、被告人的委托同意,并在会见笔录里注明。

辩护律师不得将会见笔录给近亲属以及其他亲友查阅和复制。

第三十九条 辩护律师会见犯罪嫌疑人、被告人时,应当重点向其了解下列情况:

(一)犯罪嫌疑人、被告人的个人信息等基本情况;

(二)犯罪嫌疑人、被告人是否实施或参与所涉嫌的犯罪;

(三)犯罪嫌疑人、被告人对侦查机关侦查的事实和罪名是否有异议,对起诉意见书、起诉书认定其涉嫌或指控的事实和罪名是否有异议；

（四）犯罪嫌疑人、被告人无罪、罪轻的辩解；

（五）犯罪嫌疑人、被告人有无自首、立功、退赃、赔偿等从轻、减轻或免予处罚的量刑情节；

（六）犯罪嫌疑人、被告人有无犯罪预备、犯罪中止、犯罪未遂等犯罪形态；

（七）立案、管辖是否符合法律规定；

（八）采取强制措施的法律手续是否完备、程序是否合法；

（九）是否存在刑讯逼供等非法取证的情况，以及其他侵犯人身权利和诉讼权利的情况；人民检察院是否进行重大案件侦查终结前讯问合法性核查；

（十）犯罪嫌疑人、被告人及其亲属的财物被查封、扣押、冻结的情况；

（十一）侦查机关收集的供述和辩解与律师会见时的陈述是否一致，有无反复以及出现反复的原因；

（十二）认罪认罚情况；

（十三）其他需要了解的与案件有关的情况。

第四十条 辩护律师会见时，应当向犯罪嫌疑人、被告人介绍刑事诉讼程序；告知其在刑事诉讼程序中的权利、义务；告知犯罪嫌疑人、被告人权利行使方式及放弃权利和违反法定义务可能产生的后果。

第四十一条 辩护律师会见犯罪嫌疑人、被告人，可以根据案件具体情况提供以下法律咨询，告知其权利义务：

（一）有关强制措施的条件、期限、适用程序、申请变更的法律规定；

（二）有关申请调查人员、侦查人员、检察人员及审判人员回避的法律规定；

（三）犯罪嫌疑人对侦查人员的讯问有如实回答的义务，对与本案无关的问题有拒绝回答的权利；

（四）犯罪嫌疑人有自书供述的权利，对侦查人员制作的讯问笔录有核对、补充、更正、附加说明的权利，对没有错误的笔录负有签名确认及捺手指印的义务；

（五）对侦查机关作为定案证据使用的鉴定意见，犯罪嫌疑人享有知情权、申请补充鉴定或重新鉴定的权利；

（六）犯罪嫌疑人享有辩护权的内容；

（七）犯罪嫌疑人享有申诉、控告的权利；

（八）犯罪嫌疑人所涉嫌罪名的构成要件、量刑幅度；

（九）认罪认罚、自首、立功及其他量刑情节的法律规定；

（十）刑事案件诉讼程序、管辖的法律规定；

（十一）认罪认罚、速裁程序的程序以及后果；

（十二）其他有关法律问题。

第四十二条 辩护律师会见时应当与犯罪嫌疑人、被告人就相应阶段的辩护方案、辩护意见进行沟通。

第四十三条 自案件移送审查起诉之日起,辩护律师可以向犯罪嫌疑人、被告人核实有关证据。

第四十四条 辩护律师会见在押犯罪嫌疑人、被告人应当遵守看守所依法作出的有关规定。未经允许,不得直接向犯罪嫌疑人、被告人传递药品、财物、食物等物品,不得将通信工具提供给犯罪嫌疑人、被告人使用,不得携犯罪嫌疑人、被告人亲友会见。

辩护律师可以接受犯罪嫌疑人、被告人提交的与辩护有关的书面材料,也可以向犯罪嫌疑人、被告人提供与辩护有关的文件、意见与材料。

第四十五条 辩护律师会见时,应保护自身安全,在犯罪嫌疑人、被告人脱逃、自伤、自残、自杀的情况下,应及时向看守所工作人员报告。

会见结束后,应当及时告知羁押场所民警,民警将犯罪嫌疑人、被告人接收后,方可离开会见场所。

第四十六条 辩护律师可以根据案件情况,合理确定会见犯罪嫌疑人、被告人的时间、次数。

第四十七条 辩护律师可以根据办理案件需要与在押犯罪嫌疑人、被告人通信。需要许可才能会见的在押犯罪嫌疑人、被告人,辩护律师在未取得侦查机关许可前,可与犯罪嫌疑人、被告人进行通信联系。

辩护律师与犯罪嫌疑人、被告人通信应当注明律师身份、通信地址。

辩护律师与在押犯罪嫌疑人、被告人通信时,应当保留信函副本及犯罪嫌疑人、被告人的来信原件并附卷备查。

第四十八条 辩护律师的会见、通信权利受到侵犯时,可向有关机关申诉、控告,或者向市律师协会反映。

辩护律师在看守所执业时受到侮辱、人身伤害等不法侵害的,看守所没有尽到保护义务,辩护律师可以向相关部门投诉。

第四十九条 辩护律师同被监视居住的犯罪嫌疑人、被告人会见、通信,适用本节有关规定。

第三节　查阅、摘抄、复制案卷材料

第五十条 自案件移送审查起诉之日或人民法院立案之日起,辩护律师、代理律师应当及时与人民检察院、人民法院联系,持律师执业证书、律师事务所证明和委托书或者法律援助公函,办理查阅、摘抄、复制案卷材料等事宜。律师可以要求办案机关当时安排阅卷,无法当时安排的,可以要求办案机关安排其在三个工作日以内阅卷,并不得限制律师阅卷的次数和时间。

第五十一条 律师可以申请查阅人民法院录制的庭审过程的录音、录像。

律师办理申诉、抗诉案件,人民检察院、人民法院审查决定立案后,可以持律师执业证书、律师事务所证明和委托书或者法律援助公函到案卷档案管理部门、持有案卷档案的办案部门查阅、摘抄、复制已经审理终结案件的案卷材料。

第五十二条 律师可以在检察机关的阅卷预约平台预约阅卷。

律师可以向开通互联网阅卷的检察机关申请网上阅卷,也可以申请异地阅卷。

第五十三条 案卷材料包括案件的诉讼文书和证据材料。根据相关法律的规定,对讯问过程应当进行同步录音录像的,辩护律师、代理律师可以根据案件需要依法要求查阅、复制。

对讯问过程应当进行同步录音录像的,相关录音录像没有移送的,律师可以申请法院要求检察院在指定时间内移送。

对作为证据材料向人民法院移送的讯问录音录像,律师可以向人民法院申请查阅。

第五十四条 复制案卷材料可以采用复印、拍照、扫描、光盘刻录、电子数据拷贝等方式。摘抄、复制时应当保证其准确性、完整性。

律师可以根据需要带律师助理协助阅卷。

第五十五条 对于以下案卷材料,辩护律师、代理律师应当及时查阅、复制:

(一)侦查机关、检察机关补充侦查的证据材料;

(二)人民检察院、人民法院根据犯罪嫌疑人、被告人、律师的申请,向侦查机关、公诉机关调取在侦查、审查起诉期间已收集的有关犯罪嫌疑人、被告人无罪、罪轻的证据材料;

(三)人民法院根据被告人、律师的申请调取的检察机关未移送的证据材料以及有关被告人自首、坦白、立功等量刑情节的材料;

(四)提讯记录、监视居住签到表等程序性材料。

第五十六条 辩护律师应当认真研读全部案卷材料,根据案情需要制作阅卷笔录或案卷摘要。阅卷时应当重点了解以下事项:

(一)犯罪嫌疑人、被告人的个人信息等基本情况;

(二)犯罪嫌疑人、被告人被认定涉嫌或被指控犯罪的时间、地点、动机、目的、手段、后果及其他可能影响定罪量刑的法定、酌定情节等;

(三)犯罪嫌疑人、被告人无罪、罪轻的事实和材料;

(四)证人、鉴定人、勘验检查笔录制作人的身份、资质或资格等相关情况;

(五)被害人的个人信息等基本情况;

(六)侦查、审查起诉期间的法律手续和诉讼文书是否合法、齐备;

(七)鉴定材料的来源、鉴定意见及理由、鉴定机构是否具有鉴定资格等;

(八)同案犯罪嫌疑人、被告人的有关情况;

(九)证据的真实性、合法性和关联性,证据之间的矛盾与疑点;

(十)证据能否证明起诉意见书、起诉书所认定涉嫌或指控的犯罪事实;

(十一)是否存在非法取证的情况;

(十二)未成年人刑事案件,在被讯问时法定代理人或合适成年人是否在场;

(十三)涉案财物查封、扣押、冻结和移送的情况;

(十四)认罪认罚情况;

(十五)其他与案件有关的情况。

第五十七条 律师参与刑事诉讼获取的案卷材料,不得向犯罪嫌疑人、被告人的亲友以及其他单位和个人提供,不得擅自向媒体或社会公众披露。

查阅、摘抄、复制案卷材料,涉及国家秘密、商业秘密、个人隐私的,应当保密;对不公开审理案件的信息、材料,或者在办案过程中获悉的案件重要信息、证据材料,不得违反规定泄露、披露,不得用于办案以外的用途。

因案件需要做专家论证、鉴定、评估、审计等向有关人员提供的,律师应当要求相关人员签署保密承诺,并附卷。

第四节 调查取证

第五十八条 辩护律师向办案机关提交有关证据材料的,应当在工作时间和办公场所进行,可以要求办案机关出具回执。

辩护律师提交证据材料应当提交原件;提交原件确有困难的,经办案机关准许,也可以提交复印件,经与原件核对无误后由律师签名确认。

辩护律师可以通过服务平台网上提交相关材料。

第五十九条 辩护律师经证人或者其他有关单位和个人同意,可以向他们收集与案件有关的证据材料;被调查人不同意的,可以申请人民检察院、人民法院收集、调取相关证据,或者申请人民法院通知该证人出庭作证。

辩护律师经人民检察院或者人民法院许可,并且经被害人或者其近亲属、被害人提供的证人同意,可以向他们收集与案件有关的证据材料。人民检察院或者人民法院不许可的,辩护律师可以要求书面说明理由。

第六十条 辩护律师申请向正在服刑的罪犯收集与案件有关材料的,应当向监管机关提供律师执业证书、律师事务所证明和委托书或法律援助公函,可以要求监管机关及时安排并提供合适的场所和便利,并不得派员在场,不得进行监听、监视、录音录像。

正在服刑的罪犯属于律师承办案件的被害人或者其近亲属、被害人提供的证人的,应当经人民检察院或者人民法院许可。

第六十一条 辩护律师根据案件需要向已经在侦查机关、检察机关做过证的证人了解案件情况、调查取证、核实证据,一般应当通过申请人民法院通知该证人到庭,以当庭接受讯问的方式进行。如证人不能出庭作证的,辩护律师直接向证人调查取证时,应当严格依法进行,并可以对取证过程进行录音或录像,也可以调取证人自书证言。

辩护律师调取自书证言的,应当注明调取时间、地点、调取人、证人姓名和联系方式,便于司法机关核实。

第六十二条 辩护律师调查、收集与案件有关的证据材料,应当持律师事务所证明,出示律师执业证书,一般由二人进行。

第六十三条 辩护律师调查、收集证据材料时,为保证证据材料的真实性,可以根据案情需要邀请与案件无关的人员在场见证,或进行全程同步录音录像。

第六十四条 辩护律师对证人进行调查,应当制作调查笔录。调查笔录应当载明调查人、被调查人、记录人的姓名,调查的时间、地点,被调查人的身份信息,证人如实作证的要求,作伪证或隐匿罪证应当负法律责任的说明以及被调查事项等。

第六十五条 辩护律师制作调查笔录,应当客观、准确地记录调查内容,并经被调查人核对。被调查人如有修改、补充,应当在修改处签字、盖章或者捺指印确认。调查笔录经被调查人核对后,应当由其在笔录上逐页签名并在末页签署记录无误的意见。

第六十六条 辩护律师制作调查笔录不得误导、引诱证人。不得事先书写笔录内容;不得先行向证人宣读犯罪嫌疑人、被告人或其他证人的笔录;不得替证人代书证言;不得擅自更改、添加笔录内容;向不同的证人调查取证时,应当分别进行;调查取证时,犯罪嫌疑人、被告人的亲友不得在场。

第六十七条 辩护律师收集物证、书证和视听资料时,应当尽可能提取原件;无法提取原件的,可以复制、拍照或者录像,并记录原件存放地点和持有人的信息。

第六十八条 辩护律师可以申请人民检察院、人民法院收集、调取与案件有关的电子数据。

辩护律师可以采取复制、打印、截屏、拍照或者录像等方式,收集、固定电子邮件、电子数据交换、网上聊天记录、博客、微博客、微信、手机短信、电子签名、域名、短视频、自媒体、通话记录等电子数据,并记录复制、打印、截屏、拍照、录像的时间、地点、原始储存介质存放地点、电子数据来源、持有人等信息,必要时可以委托公证机构对上述过程进行公证。

对于存在于存储介质中的电子数据,应当尽可能收集原始存储介质。对于存在于网络空间中的电子数据,可以通过有权方提取或通过公证形式予以固定。

辩护律师可以依据当事人及其亲友提供的线索,依法依规收集、固定电子数据,但是不得故意破坏、毁损、修改、删除电子数据。

第六十九条 辩护律师在调查、收集、固定证据材料时,可以录音、录像,必要时邀请公证员参与。

第七十条 辩护律师认为在调查、侦查、审查起诉期间监察机关、公安机关、人民检察院收集的证明犯罪嫌疑人、被告人无罪或者罪轻的证据材料未随案移送的,可以书面申请人民检察院、人民法院调取,并提供相关线索或者材料。

辩护律师自身无法收集到的证明被告人无罪或者罪轻的证据材料,可以向人民检察院、人民法院申请调取,但是应当提供证据名称、证据内容、存放地点等。

第七十一条 人民检察院、人民法院根据申请收集、调取证据时,辩护律师可以在场。

第七十二条 辩护律师收集的有关犯罪嫌疑人、被告人不在犯罪现场、未达到刑事责任年龄、属于依法不负刑事责任的精神病人的证据,应当及时告知办案机关。辩护律师可以要求收取证据的办案机关出具回执。

第五节 申请变更、解除强制措施

第七十三条 辩护律师认为被羁押的犯罪嫌疑人、被告人符合下列取保候审的条件,应当为其申请取保候审:

(一)可能判处管制、拘役或者独立适用附加刑的;

(二)可能判处有期徒刑以上刑罚,采取取保候审措施不致发生社会危险性的;

(三)犯罪嫌疑人、被告人患有严重疾病、生活不能自理,采取取保候审措施不致发生社会危险性的;

(四)犯罪嫌疑人、被告人正在怀孕或者哺乳自己的婴儿,采取取保候审措施不致发生社会危险性的;

(五)羁押期限届满,案件尚未办结,需要采取取保候审措施的。

第七十四条 犯罪嫌疑人、被告人符合逮捕条件,但具备下列条件之一,辩护律师可以为其申请监视居住:

(一)患有严重疾病、生活不能自理的;

(二)怀孕或者正在哺乳自己婴儿的妇女;

(三)系生活不能自理的人的唯一抚养人;

(四)因为案件的特殊情况或者办理案件的需要,采取监视居住措施更为适宜的;

(五)羁押期限届满,案件尚未办结,需要采取监视居住措施的。

第七十五条 犯罪嫌疑人、被告人符合取保候审条件,但不能提出保证人也不缴纳保证金的,辩护律师可以为其申请监视居住。

第七十六条 犯罪嫌疑人、被告人被羁押的案件,办案机关在《刑事诉讼法》规定的羁押期限内未能办结的,辩护律师可以要求释放犯罪嫌疑人、被告人,或者要求变更强制措施。

对被采取取保候审、监视居住措施的犯罪嫌疑人、被告人,办案机关在《刑事诉讼法》规定的强制措施期限内未能办结的,辩护律师可以要求解除强制措施。

第七十七条 犯罪嫌疑人因涉嫌危害国家安全犯罪、恐怖活动犯罪在侦查期间被指定居所监视居住的,在有碍侦查的情形消失后,辩护律师可以为其申请在居所监视居住或者取保候审。

第七十八条 犯罪嫌疑人、被告人及其法定代理人、近亲属要求辩护律师申请变更、解除强制措施或释放犯罪嫌疑人、被告人,辩护律师认为符合条件的,可以自行申请,也可以协助其向办案机关申请。

第七十九条 辩护律师向办案机关书面申请变更、解除强制措施或者释放犯罪嫌疑人、被告人的,应当写明律师事务所名称、律师姓名、通信地址及联系方式、犯罪嫌疑人姓名、被告人姓名和所涉嫌或指控的罪名、申请事实及理由、保证方式等。

辩护律师不宜为犯罪嫌疑人、被告人担任保证人。

第八十条 辩护律师申请变更、解除强制措施或释放犯罪嫌疑人、被告人的,可以要求办案机关在三日内作出同意或者不同意的答复。对于不同意的,辩护律师可以要求其说明不同意的理由。

第八十一条 辩护律师认为犯罪嫌疑人、被告人罪行较轻且认罪认罚,采用非羁押性强制措施足以防止发生《刑事诉讼法》第八十一条第一款规定的社会危险性的犯罪嫌疑人、被告人,依法向办案机关提出可不适用羁押性强制措施的申请。

第八十二条 犯罪嫌疑人被逮捕后,辩护律师可以向检察机关提出羁押必要性审查的意见。

第八十三条 人民检察院直接受理的案件,检察机关为侦查机关,辩护律师在侦查、审查起诉期间提出变更强制措施的,均应向检察机关提出。

第六节 涉案财物处置的辩护与代理工作

第八十四条 辩护律师应当依法审查涉案财物的处理是否符合法律规定,并向办案单位提出意见。

第八十五条 办案机关对查封、扣押、冻结的犯罪嫌疑人、被告人的财物及其孳息,存在保管不当、清单不全、实物与清单不符、实物移送不全、违法挪用或自行处理等违反《刑事诉讼法》第二百四十五条情形的,辩护律师有权提出异议并要求办案机关予以补正,或采取相应补救措施。

第八十六条 被害人代理律师有权要求办案机关及时返还被害人的合法财产,对违法不予返还或拖延返还的行为提出申诉、控告。

第八十七条 辩护律师可就查封、扣押、冻结的犯罪嫌疑人、被告人财物是否属于赃款赃物及其孳息,向办案机关提出意见。对于不属于赃款赃物及其孳息的,可要求办案机关解除查封、扣押、冻结,依法退还。

第八十八条 人民检察院决定不起诉的案件,辩护律师可依法要求检察机关对侦查中查封、扣押、冻结的财物解除查封、扣押、冻结。人民检察院提出对被不起诉人给予没收其违法所得的检察意见并移送有关主管机关处理的,辩护律师有权提出异议。

第八十九条 生效判决确定被告人无罪的案件,辩护律师可对查封、扣押、冻结的该无罪人员的财物进行核实,对于不属于赃款赃物及其孳息的,有权要求有关机关解除查封、扣押、冻结。

第九十条 辩护律师对于司法机关及其工作人员有下列行为之一的,有权向该机关申诉或者控告:

(一)应当退还取保候审保证金未退还的;

(二)对与案件无关的财物采取查封、扣押、冻结措施的;

(三)应当解除查封、扣押、冻结未解除的;

(四)贪污、挪用、私分、调换、违反规定使用查封、扣押、冻结的财物的。辩护律师对处理不服的,可以向同级人民检察院申诉;人民检察院直接受理的案件,可以向上一级人民检察院申诉。

第七节　类案检索

第九十一条　律师在办理刑事案件的过程中,为支持其主张,可以向司法机关提交检索的类案以及类案检索报告。

类案,是指与所办理案件在基本事实、争议焦点、法律适用问题等方面具有相似性,且已经司法机关裁判、决定生效的案件。

类案检索报告,是指对经检索收集的类案进行汇总,归纳后形成的书面法律报告文书。

第九十二条　律师进行类案检索可以采用关键词、法条关联案件、案例关联等检索方法。

第九十三条　类案检索范围一般包括:

(一)最高人民法院、最高人民检察院发布的指导性案例;

(二)最高人民法院、最高人民检察院发布的典型案例及裁判、决定生效的案件;

(三)省级(自治区、直辖市)高级人民法院、人民检察院发布的参考性案例及裁判、决定生效的案件;

(四)其他经司法机关裁判、决定生效的案件。

第九十四条　律师向司法机关提交类案以及类案检索报告作为法律意见的,可以围绕下列事项作出书面说明:

(一)检索时间、检索方法、检索来源;

(二)案例文号、作出生效决定、裁决的机关;

(三)相关文书发生法律效力的时间;

(四)是否指导性案例,指导性案例发布的时间、批次及其编号;

(五)提出作为类案参照或参考适用的要旨及适用的法律;

(六)与所办理案件或其中某一争议焦点的相似性及其理由;

(七)其他需要说明的情况。

第三章　侦查期间的辩护工作

第九十五条　侦查期间,辩护律师接受委托后,自犯罪嫌疑人被第一次讯问或者采取强制措施之日起,可以向侦查机关了解案件情况,包括但不限于犯罪嫌疑人涉嫌的罪名、已查明的主要事实、犯罪嫌疑人被采取、变更、解除强制措施、延长侦查羁押期限、移送情况等程序的信息。

第九十六条 辩护律师为犯罪嫌疑人提供法律咨询,应当告知其基本诉讼权利,主要包括以下内容:

(一)犯罪嫌疑人有不被强迫证实自己有罪的权利;

(二)认罪认罚的法律规定和后果;

(三)犯罪嫌疑人有对办案机关非法取证、程序违法提出申诉和控告的权利;

(四)犯罪嫌疑人有申请侦查人员回避的权利;

(五)犯罪嫌疑人有知悉鉴定意见和提出异议、申请重新鉴定、补充鉴定的权利;

(六)犯罪嫌疑人有对刑事案件管辖提出异议的权利;

(七)有关刑事和解的权利。

第九十七条 辩护律师为犯罪嫌疑人提供关于强制措施的法律咨询,主要包括以下内容:

(一)强制措施的种类;

(二)强制措施的条件、适用程序的法律规定;

(三)强制措施期限的法律规定;

(四)申请变更强制措施的权利及条件。

第九十八条 辩护律师为犯罪嫌疑人提供关于侦查机关讯问方面的法律咨询,主要包括以下内容:

(一)犯罪嫌疑人对侦查人员的讯问有如实回答的义务,对与本案无关的问题有拒绝回答的权利;

(二)犯罪嫌疑人对侦查人员制作的讯问笔录有核对、补充、更正的权利,以及在确认笔录没有错误后应当签名的义务;

(三)犯罪嫌疑人有要求自行书写供述和辩解的权利;

(四)犯罪嫌疑人有如实供述犯罪事实可以获得从宽处罚的权利;

(五)犯罪嫌疑人有适用认罪认罚程序获得从宽处罚的权利;

(六)犯罪嫌疑人在接受讯问时有被保证必要休息、饮食的权利。

第九十九条 辩护律师为犯罪嫌疑人提供关于犯罪构成与证据方面的法律咨询,主要包括以下内容:

(一)刑法及相关司法解释关于犯罪嫌疑人所涉嫌罪名的相关规定;

(二)刑法及相关司法解释关于从重、从轻、减轻以及免予处罚的相关规定;

(三)关于刑事案件的举证责任的相关规定;

(四)关于证据的含义、种类及收集、使用的相关规定;

(五)关于非法证据排除的相关规定;

(六)指导案例或者类案裁判规则、生效裁判的裁判规则;

(七)与实体法有关的权利;

(八)提供和刑法有关的法律法规及司法解释的规定。

第一百条 值班律师可以会见犯罪嫌疑人。侦查阶段值班律师会见涉嫌危害国家安全犯罪、恐怖活动犯罪案件犯罪嫌疑人的,应当经侦查机关许可。

值班律师应当维护犯罪嫌疑人的合法权益,确保犯罪嫌疑人充分了解认罪认罚性质和法律后果。值班律师为认罪认罚的犯罪嫌疑人提供下列法律帮助:

(一)提供法律咨询,包括告知涉嫌或指控的罪名、相关法律规定、认罪认罚的性质和法律后果等;

(二)帮助申请变更强制措施;

(三)就案件处理,向公安机关提出意见;

(四)引导、帮助犯罪嫌疑人及其近亲属申请法律援助;

(五)法律法规规定的其他事项。

第一百零一条 侦查期间,辩护律师收集到有关犯罪嫌疑人不在犯罪现场、未达到刑事责任年龄、属于依法不负刑事责任的精神病人的证据材料时,应当及时向侦查机关提出无罪或不予追究刑事责任的辩护意见,并同时要求侦查机关释放犯罪嫌疑人或对其变更强制措施。

第一百零二条 在案件侦查期间和侦查终结前,辩护律师向侦查机关就实体和程序问题提出辩护意见的,可以口头或书面的方式提出。

辩护律师发现侦查人员非法取证的,可以提出排除非法证据的意见。

第一百零三条 辩护律师应当对案件管辖合法性进行审查,发现侦查机关管辖违反法律规定的,应当以书面方式向侦查机关提出异议或向检察机关申请监督。

第一百零四条 在审查批捕过程中,辩护律师认为具备下列情形的,可以向检察机关提出不批准逮捕或不予逮捕的意见:

(一)犯罪嫌疑人不构成犯罪;

(二)可能被判处一年有期徒刑以下刑罚的;

(三)无社会危险性;

(四)不适宜羁押;

(五)犯罪嫌疑人认罪认罚,且情节较轻;

(六)犯罪嫌疑人系符合条件的民营市场主体;

(七)取得被害人谅解;

(八)其他依法可以不批捕的情形。

第一百零五条 在押的犯罪嫌疑人或其监护人、近亲属要求辩护律师为犯罪嫌疑人申请变更强制措施,辩护律师经初步审查认为符合《刑事诉讼法》规定的,可以为犯罪嫌疑人申请变更强制措施。

辩护律师也可以根据案情主动为犯罪嫌疑人申请变更强制措施。

第一百零六条 辩护律师为犯罪嫌疑人申请变更强制措施的,应向办案机关提交变更强制措施申请书。申请书应写明律师事务所名称、律师姓名、通信地址及联系方式、申请的事实及理由,如申请取保候审,还应注明保证方式。

辩护律师应及时将办案机关的决定告知犯罪嫌疑人或其监护人、近亲属,并记录在卷。

第一百零七条 在押的犯罪嫌疑人符合下述条件的,辩护律师可以为其申请取保候审:

(一)犯罪嫌疑人所涉案情符合取保候审的规定;

(二)犯罪嫌疑人患有严重疾病,生活不能自理,采取取保候审不致发生社会危险性的;

(三)犯罪嫌疑人怀孕或者正在哺乳自己的婴儿,采取取保候审不致发生社会危险性的;

(四)羁押期限届满,案件尚未办结,需要继续侦查的;

(五)对被刑事拘留的犯罪嫌疑人,有证据证明不符合逮捕条件,以及提请逮捕后,人民检察院不批准逮捕,需要继续侦查,并且符合取保候审条件的。

辩护律师应向犯罪嫌疑人或其监护人、近亲属解释并告知保证金的提交方式或担任保证人的条件,以及保证人的权利义务。

第一百零八条 在押的犯罪嫌疑人符合下述条件的,辩护律师可以为其申请监视居住:

(一)患有严重疾病、生活不能自理的;

(二)怀孕或者正在哺乳自己婴儿的妇女;

(三)系生活不能自理的人的唯一扶养人或者赡养人;

(四)因为案件的特殊情况或者办理案件的需要,采取监视居住措施更为适宜的;

(五)羁押期限届满,案件尚未办结,需要采取监视居住措施的;

(六)人民检察院决定不批准逮捕的犯罪嫌疑人,需要继续侦查,并且符合监视居住条件的;

(七)符合取保候审条件,但犯罪嫌疑人不能提出保证人,也不能交纳保证金的。

第一百零九条 在人民检察院审查逮捕过程中,辩护律师可以向案件承办人提出辩护意见。

第一百一十条 辩护律师在审查逮捕阶段,可以围绕犯罪嫌疑人是否具有社会危险性,从以下几个方面提交法律意见,申请人民检察院作出不批准逮捕的决定:

犯罪嫌疑人没有下列情形之一,依法不能认定"可能实施新的犯罪":

(一)案发前或者案发后正在策划、组织或者预备实施新的犯罪的;

(二)扬言实施新的犯罪的;

(三)多次作案、连续作案、流窜作案的;

(四)一年内曾因故意实施同类违法行为受到行政处罚的;

(五)以犯罪所得为主要生活来源的;

(六)有吸毒、赌博等恶习的;

(七)其他可能实施新的犯罪的情形。

犯罪嫌疑人没有下列情形之一,依法不能认定"有危害国家安全、公共安全或者社会秩序的现实危险":

(一)案发前或者案发后正在积极策划、组织或者预备实施危害国家安全、公共安全或者社会秩序的重大违法犯罪行为的;

(二)曾因危害国家安全、公共安全或者社会秩序受到刑事处罚或者行政处罚的;

(三)在危害国家安全、黑恶势力、恐怖活动、毒品犯罪中起组织、策划、指挥作用或者积极参加的;

(四)其他有危害国家安全、公共安全或者社会秩序的现实危险的情形。

犯罪嫌疑人没有下列情形之一,依法不能认定"可能毁灭、伪造证据,干扰证人作证或者串供":

(一)曾经或者企图毁灭、伪造、隐匿、转移证据的;

(二)曾经或者企图威逼、恐吓、利诱、收买证人,干扰证人作证的;

(三)有同案犯罪嫌疑人或者与其在事实上存在密切关联犯罪的犯罪嫌疑人在逃,重要证据尚未收集到位的;

(四)其他可能毁灭、伪造证据,干扰证人作证或者串供的情形。

犯罪嫌疑人没有下列情形之一,依法不能认定"可能对被害人、举报人、控告人实施打击报复":

(一)扬言或者准备、策划对被害人、举报人、控告人实施打击报复的;

(二)曾经对被害人、举报人、控告人实施打击、要挟、迫害等行为的;

(三)采取其他方式滋扰被害人、举报人、控告人的正常生活、工作的;

(四)其他可能对被害人、举报人、控告人实施打击报复的情形。

犯罪嫌疑人没有下列情形之一,依法不能认定"企图自杀或者逃跑":

(一)着手准备自杀、自残或者逃跑的;

(二)曾经自杀、自残或者逃跑的;

(三)有自杀、自残或者逃跑的意思表示的;

(四)曾经以暴力、威胁手段抗拒抓捕的;

(五)其他企图自杀或者逃跑的情形。

第一百一十一条 犯罪嫌疑人被逮捕后,辩护律师经初步审查认为犯罪嫌疑人具有下列情形之一的,可以向人民检察院申请对羁押必要性进行审查,申请检察院向办案机关提出释放或者变更强制措施的建议:

(一)案件证据发生重大变化,没有证据证明有犯罪事实或者犯罪行为系犯罪嫌疑人、被告人所为的;

(二)案件事实或者情节发生变化,犯罪嫌疑人、被告人可能被判处拘役、管制、独立适用附加刑、免予刑事处罚或者判决无罪的;

(三)继续羁押犯罪嫌疑人、被告人,羁押期限将超过依法可能判处的刑期的;

(四)案件事实基本查清,证据已经收集固定,符合取保候审或者监视居住条件的。

第一百一十二条 犯罪嫌疑人、被告人具有下列情形之一,且具有悔罪表现,不予羁押不致发生社会危险性的,辩护律师可以申请检察院向办案机关提出释放或者变更强制措施的建议:

(一)预备犯或者中止犯;

(二)共同犯罪中的从犯或者胁从犯;

(三)过失犯罪的;

(四)防卫过当或者避险过当的;

(五)主观恶性较小的初犯;

(六)系未成年人或者年满七十五周岁的人;

(七)与被害方依法自愿达成和解协议,且已经履行或者提供担保的;

(八)患有严重疾病、生活不能自理的;

(九)系怀孕或者正在哺乳自己婴儿的妇女;

(十)系生活不能自理的人的唯一扶养人;

(十一)可能被判处一年以下有期徒刑或者宣告缓刑的;

(十二)其他不需要继续羁押犯罪嫌疑人、被告人的情形。

第一百一十三条　侦查机关对被采取强制措施法定期限届满的犯罪嫌疑人没有予以释放、解除取保候审、监视居住或者依法变更强制措施的,辩护律师有权要求侦查机关解除强制措施。

第一百一十四条　辩护律师对于侦查机关及其工作人员有下列行为的,可以向该机关或上级机关、人民检察院申诉或者控告:

(一)采取强制措施法定期限届满,不予以解除、变更强制措施或者释放犯罪嫌疑人的;

(二)应当退还取保候审保证金不予退还的;

(三)对与案件无关的财物采取查封、扣押、冻结措施的;

(四)应当解除查封、扣押、冻结不予解除的;

(五)贪污、挪用、私分、调换或其他违反规定使用查封、扣押、冻结财物的;

(六)办案人员有非法取证行为的;

(七)侵犯律师的会见权及其他诉讼权利的;

(八)其他侵犯公民合法权益的行为。

辩护律师可以要求受理申诉或者控告的侦查机关及时处理,对不及时处理或对处理结果不服的,可以向同级人民检察院申诉;人民检察院直接受理的案件,可以向上一级人民检察院申诉。

第四章　审查起诉期间的辩护工作

第一百一十五条　审查起诉期间,辩护律师应当及时查阅、摘抄、复制案卷材料,并根据案件情况会见犯罪嫌疑人核实证据。

第一百一十六条　辩护律师在侦查期间未能会见犯罪嫌疑人的,在审查起诉期间会见犯罪嫌疑人的适用本指引相关规定。

第一百一十七条　审查起诉期间,辩护律师可以从程序、实体等方面向检察机关提出口头或书面辩护意见。

对于以非法方法收集的证据,辩护律师应当及时向检察机关提出对该证据予以排除的意见。

第一百一十八条　审查起诉期间,辩护律师收集到有关犯罪嫌疑人不在犯罪现场、未达到刑事责任年龄、属于依法不负刑事责任的精神病人的证据材料时,应当及时向检察机关提出无罪或不予追究刑事责任的辩护意见,并同时要求检察机关释放犯罪嫌疑人或对其变更强制措施。

第一百一十九条　审查起诉期间,辩护律师认为犯罪嫌疑人没有犯罪事实,或者符合《刑事诉讼法》第十六条规定的情形之一的,应当向检察机关提出不起诉的意见。

第一百二十条　审查起诉期间,辩护律师认为犯罪嫌疑人犯罪情节轻微,依照刑法规定不需要判处刑罚或者免除刑罚的,应当向检察机关提出不起诉的意见。

第一百二十一条　审查起诉期间,对于经一次或二次补充侦查的案件,辩护律师认为证据不足,不符合起诉条件的,应当向检察机关提出不起诉的意见。

第一百二十二条　犯罪嫌疑人自愿认罪,同意量刑建议和程序适用的,辩护律师应当履行职责,针对检察机关提出的量刑建议提出意见。

第一百二十三条　检察机关通知律师参与认罪认罚的,辩护律师可以建议公诉人提前告知量刑建议基本情况。

第一百二十四条　犯罪嫌疑人认罪认罚,可适用单处罚金、缓刑或者管制的,辩护律师可以向检察机关提出建议。

第一百二十五条　值班律师可以会见犯罪嫌疑人,自人民检察院对案件审查起诉之日起,值班律师可以查阅案卷材料、了解案情。

第一百二十六条　值班律师应当维护犯罪嫌疑人的合法权益,确保犯罪嫌疑人在充分了解认罪认罚性质和法律后果的情况下,自愿认罪认罚。值班律师为认罪认罚的犯罪嫌疑人提供下列法律帮助:

(一)提供法律咨询,包括告知涉嫌或指控的罪名、相关法律规定,认罪认罚的性质和法律后果等;

(二)提出程序适用的建议;

(三)帮助申请变更强制措施;

(四)对人民检察院认定罪名、量刑建议提出意见;

(五)就案件处理,向人民检察院提出意见;

(六)引导、帮助犯罪嫌疑人及其近亲属申请法律援助;

(七)法律法规规定的其他事项。

第五章　公诉一审案件的辩护工作

第一节　庭前会议

第一百二十七条　在开庭审理前,辩护律师应当研究证据材料、有关法律、判例,熟悉案件涉及的专业知识,拟定辩护方案,准备发问提纲、质证提纲、举证提纲、辩护提纲等。

对分案起诉的共同犯罪或者关联犯罪案件,辩护律师认为合并审理更有利于查明案件事实、保障诉讼权利、准确定罪量刑的,可以向人民法院申请并案审理。

第一百二十八条　人民法院召集庭前会议的,辩护律师应当参加,并可以就下列事项提出意见或申请:

(一)案件管辖异议;

(二)申请回避;

(三)申请调取证据;

(四)是否适用简易程序;

(五)是否公开审理;

(六)开庭时间;

(七)申请通知证人出庭作证;

(八)申请鉴定人出庭作证;

(九)申请具有专门知识的人员出庭;

(十)申请侦查人员、调查人员出庭;

(十一)是否延长审限;

(十二)申请查看讯问过程的同步录音、录像;

(十三)申请非法证据排除;

(十四)举证、质证方式的磋商;

(十五)参与附带民事诉讼的调解;

(十六)被告人是否到庭;

(十七)律师助理是否参与诉讼;

(十八)对涉案财物的权属和人民检察院的处理建议有无异议;

(十九)其他与审理相关的事项。

第一百二十九条　人民法院未召开庭前会议,辩护律师认为有上述相关事由的,可以申请人民法院召开庭前会议。

第一百三十条　人民法院没有通知被告人参加庭前会议,但庭前会议的内容和决定影响被告人行使诉讼权利的,辩护律师应当申请人民法院通知被告人参加庭前会议。

被告人未参加庭前会议的,辩护律师未经特别授权不得代表被告人对实体、证据和程序性问题发表意见。

人民法院未通知被告人参加庭前会议的,辩护律师应当在庭前会议之前会见被告人,听取被告人对庭前会议的相关意见。

庭前会议中进行附带民事调解的,辩护律师可以申请人民法院通知附带民事诉讼当事人到场。

第一百三十一条 召开庭前会议前,被告人及其律师应当将收集的有关被告人不在犯罪现场、未达到刑事责任年龄、属于依法不负刑事责任的精神病人等证明被告人无罪或者依法不负刑事责任的全部证据材料提交人民法院。

第一百三十二条 具有下列情形之一的,辩护律师经被告人同意,可以向法院申请非法证据排除:

(一)采用殴打、违法使用戒具等暴力方法或者变相肉刑的恶劣手段,使被告人遭受难以忍受的痛苦而违背意愿作出的供述;

(二)采用以暴力或者严重损害本人及其近亲属合法权益等进行威胁的方法,使被告人遭受难以忍受的痛苦而违背意愿作出的供述;

(三)采用非法拘禁等非法限制人身自由的方法收集的被告人供述;

(四)采用刑讯逼供方法使被告人作出供述,之后被告人受该刑讯逼供行为影响而作出的与该供述相同的重复性供述;

(五)采用暴力、威胁以及非法限制人身自由等非法方法收集的证人证言、被害人陈述;

(六)采用非法搜查、扣押等违反法定程序的方法收集物证、书证,可能严重影响司法公正的,不能补正或者作出合理解释的。

第一百三十三条 辩护律师申请排除非法证据,应当向人民法院提交书面申请,提供相关线索或者材料。

"线索"是指内容具体、指向明确的涉嫌非法取证的人员、时间、地点、方式等;"材料"是指能够反映非法取证的伤情照片、体检记录、医院病历、讯问笔录、讯问录音录像或者同监室人员的证言等。

第一百三十四条 辩护律师经被告人同意,可以撤回排除非法证据的申请。

第一百三十五条 对于可能判处无期徒刑、死刑或者黑社会性质组织犯罪、严重毒品犯罪等重大案件,被告人在驻看守所检察人员对讯问的合法性进行核查询问时,明确表示侦查阶段没有刑讯逼供等非法取证情形,辩护律师在审判阶段又提出排除非法证据申请的,应当说明理由。

第一百三十六条 辩护律师可以出示相关线索或者材料,并申请法庭播放特定讯问时段的讯问录音录像;申请调取侦查机关、人民检察院收集但未提交的讯问录音录像、体检记录等证据材料;申请人民法院通知调查人员、侦查人员或者其他人员出庭说明情况。

第一百三十七条 辩护律师申请人民法院通知证人、鉴定人、有专门知识的人、侦查人员、调查人员等出庭的,应当提供前述人员名单。

第一百三十八条 辩护律师拟当庭宣读、出示、播放的证据,可以制作目录并说明所要证明的事实,在开庭前提交人民法院。

第一百三十九条 辩护律师接到出庭通知书后应当按时出庭,因下列正当理由不能出庭的,应当提前向人民法院提出并说明理由,申请调整开庭日期:

(一)律师收到两个以上出庭通知,只能按时参加其中之一的;

(二)庭审前发现新的证据线索,需进一步调查取证或拟出庭的有专门知识的人、证人因故不能出庭的;

(三)因其他正当理由无法按时出庭的。

律师申请调整开庭日期,未获准许又确实不能出庭的,应当与委托人协商,妥善解决。

第一百四十条 适用普通程序审理的案件中,辩护律师收到起诉书副本距开庭时间不满十日、出庭通知书距开庭时间不满三日的,可以建议人民法院更改开庭日期。

在简易程序、速裁程序中,辩护律师需要必要的辩护准备时间的,可以向法院申请更改开庭时间。

第一百四十一条 辩护律师有权了解公诉人、审判委员会组成人员、合议庭组成人员、法官助理、书记员、鉴定人和翻译人员等情况,协助被告人确定有无申请回避的事由及是否提出回避的申请。

第二节 参加法庭调查

第一百四十二条 辩护律师参加有两名以上被告人案件的审理,应当按起诉书指控被告人的顺序依次就座。

辩护律师可以根据需要,向人民法院申请带律师助理参加庭审。律师助理参加庭审仅能从事相关辅助工作,不得发表辩护、代理意见。

第一百四十三条 合议庭组成人员、法官助理、书记员、公诉人、鉴定人和翻译人员具有法定回避情形的,在审判长宣布被告人的诉讼权利后,辩护律师可以根据情况提出,并说明理由。

第一百四十四条 法庭核对被告人年龄、身份、有无前科劣迹等情况有误,可能影响案件审理的,辩护律师应当认真记录,在法庭调查时予以澄清。

第一百四十五条 辩护律师在公诉人、被害人及其代理律师发问后,经审判长许可,有权向被告人发问。涉及共同犯罪有其他被告人的,在该被告人律师发问后,经审判长许可,辩护律师有权向其他被告人发问。必要时,可以申请传唤同案被告人、分案审理的共同犯罪或者关联犯罪案件的被告人等到庭对质。

第一百四十六条 在法庭调查过程中,经审判长许可,辩护律师有权对证人、鉴定人、被害人、有专门知识的人、侦查人员、调查人员发问。

必要时,辩护律师可以申请法庭安排被告人与证人、被害人依照有关规定进行对质。

第一百四十七条 公诉人、其他辩护人、诉讼代理人、审判人员以威胁、诱导或其他不当方式发问的,或发问问题与本案无关、损害被告人人格尊严的,辩护律师可以提出异议并申请审判长予以制止。

根据案件情况,辩护律师就证据问题对被告人的发问可以在举证、质证环节进行。

第一百四十八条 辩护律师发问应当简洁、清楚,重点围绕与定罪量刑相关的事实进行发问。

第一百四十九条 对出庭的证人、鉴定人等,辩护律师应当按照法庭安排发问。发问内容应当重点针对定罪量刑相关的问题进行。

第一百五十条 公诉人对辩护律师的发问提出反对或异议的,辩护律师可以进行反驳。法庭作出决定的,辩护律师应当服从。

第一百五十一条 辩护律师可以就举证质证方式与公诉人、审判人员进行协商,根据案件不同情况既可以对单个证据发表质证意见,也可以就一组证据、一类证据,或涉及某一待证事实的多份证据发表综合质证意见。

辩护律师应当围绕证据的真实性、合法性、关联性,就证据资格、证明力以及证明目的、证明标准、证明体系等发表质证意见。

辩护律师可以向法庭申请借助多媒体设备等方式质证。

对公诉人及其他诉讼参与人发表的不同的质证意见,辩护律师可以进行辩论。

第一百五十二条 依法应当对讯问过程录音录像的案件,相关录音录像未随案移送的,辩护律师可以申请人民法院通知人民检察院在指定时间内移送。

人民检察院未移送,导致不能排除属于《刑事诉讼法》第五十六条规定的以非法方法收集证据情形的,辩护律师可以申请人民法院对有关证据依法排除;导致有关证据的真实性无法确认的,辩护律师可以申请人民法院对有关证据不予采信。

第一百五十三条 对行政机关移送的证据,应当重点从以下方面进行质证:

(一)是否是行政机关或根据法律、行政法规规定行使国家行政管理职权的组织,在行政执法和查办案件过程中收集的物证、书证、视听资料、电子数据等证据材料;

(二)收集程序是否符合有关法律、行政法规规定;

(三)是否经过当庭举证和质证。

第一百五十四条 对监察机关收集、移送的证据材料,应当参照刑事审判关于证据的要求和标准进行质证和辩论。

第一百五十五条 对来自境外的证据材料,应当重点核实材料来源和真实性,是否附有有关材料的来源、提供人、提取人、提取时间等说明,相关证据材料是否能够证明案件事实且符合《刑事诉讼法》的有关规定。

提供人或者我国与有关国家签订的双边条约对材料的使用范围有明确限制的,辩护律师可以向人民法院提出不得作为定案根据。

当事人及其辩护人、诉讼代理人提供来自境外的证据材料的,辩护律师还应核实该证据材料是否经所在国公证机关证明,所在国中央外交主管机关或者其授权机关认证,是否经中华人民共和国驻该国使领馆认证,或者履行中华人民共和国与该所在国订立的有关条约中规定的证明手续。

第一百五十六条 检察机关提供的证据材料涉及外国语言、文字,但没有附中文译本的,辩护律师可以申请人民法院要求人民检察院提供中文译本。

辩护律师提供证据材料涉及外国语言、文字的,应当附中文译本。

第一百五十七条 人民法院依照《刑事诉讼法》第一百九十六条的规定调查核实证据,辩护律师认为有必要的,可以申请到场,并申请人民法院记录在案。

人民法院调查核实证据时,对定罪量刑有重大影响的新的证据材料的,辩护律师可以申请查阅、摘抄、复制。

第一百五十八条 辩护律师应当重点审查见证人资格,具有下列情形之一的,可以向法院提出不得担任见证人的意见:

(一)生理上、精神上有缺陷或者年幼,不具有相应辨别能力或者不能正确表达的人;

(二)与案件有利害关系,可能影响案件公正处理的人;

(三)行使勘验、检查、搜查、扣押、组织辨认等监察调查、刑事诉讼职权的监察、公安、司法机关的工作人员或者其聘用的人员。

长期在同一办案机关办理的多起案件中担任见证人的,辩护律师可以申请人民法院对见证人身份重点审查。

对见证人是否属于前款规定的人员,辩护律师可以通过相关笔录载明的见证人的姓名、身份证件种类及号码、联系方式以及常住人口信息登记表等材料进行审查、质证。

依法应当有见证人见证,但没有见证人的,辩护律师可以审查是否在笔录材料中注明情况,是否对相关活动进行全程录音录像。

第一百五十九条 公开审理案件时,辩护律师发现公诉人、诉讼参与人提出涉及国家秘密、商业秘密或者个人隐私的证据的,可以申请法庭予以制止。辩护律师在征求当事人、委托人的意见后,申请人民法院决定将案件转为不公开审理,或者对相关证据的法庭调查不公开进行。

第一百六十条 对证人证言,应当重点从以下方面进行质证:

(一)证言的内容是否为证人直接感知;

(二)证人作证时的年龄、认知、记忆和表达能力、生理和精神状态是否影响作证;

(三)证人与案件当事人、案件处理结果有无利害关系;

(四)询问证人是否个别进行;

(五)询问笔录的制作、修改是否符合法律、有关规定,是否注明询问的起止时间和地点,首次询问时是否告知证人有关权利义务和法律责任,证人对讯问笔录是否核对确认;

(六)询问未成年证人时,是否通知其法定代理人或者《刑事诉讼法》第二百八十一条第一款规定的合

适成年人到场,有关人员是否到场;

(七)有无以暴力、威胁等非法方法收集证人证言的情形;

(八)证人作证是否受到外界的干扰或影响;

(九)证言之间以及与其他证据之间能否相互印证,有无矛盾;存在矛盾的,能否得到合理解释;

(十)证人不能出庭作证的原因及对本案的影响;

(十一)需要质证的其他情形。

第一百六十一条 处于明显醉酒、中毒或者麻醉等状态,不能正常感知或者正确表达的证人所提供的证言,辩护律师可以提出不得作为证据使用。

证人的猜测性、评论性、推断性的证言,辩护律师可以提出不得作为证据使用,但根据一般生活经验判断符合事实的除外。

第一百六十二条 证人证言具有下列情形之一的,辩护律师可以提出不得作为定案的根据:

(一)讯问证人没有个别进行的;

(二)书面证言没有经证人核对确认的;

(三)讯问聋、哑人,应当提供通晓聋、哑手势的人员而未提供的;

(四)讯问不通晓当地通用语言、文字的证人,应当提供翻译人员而未提供的。

第一百六十三条 证人证言的收集程序、方式有下列瑕疵,不能补正或者作出合理解释的,辩护律师可以提出不得作为定案根据的意见:

(一)讯问笔录没有填写询问人、记录人、法定代理人姓名以及询问的起止时间、地点的;

(二)讯问地点不符合规定的;

(三)讯问笔录没有记录告知证人有关权利义务和法律责任的;

(四)讯问笔录反映出在同一时段,同一询问人员询问不同证人的;

(五)讯问未成年人,其法定代理人或者合适成年人不在场的。

第一百六十四条 被告人、辩护律师对证人证言有异议,且该证人证言对案件定罪量刑有重大影响,辩护律师除了依照法律、法规、司法解释等规定申请法庭通知证人出庭外,还可以依照《重庆市高级人民法院关于刑事公诉案件证人出庭作证的若干规定(试行)》的下列规定申请法庭通知证人出庭作证。

"对证人证言有异议",指对证人证言所证明主要事实的真实性及证人证言取证合法性有异议。

"证人证言对案件定罪量刑有重大影响",包含以下情形:

(一)影响犯罪事实是否发生的认定;

(二)影响犯罪事实是否被告人所为的认定;

(三)影响被告人是否承担刑事责任的认定;

(四)影响被告人承担刑事责任大小的认定;

(五)其他对案件定罪量刑有重大影响的情形。

"人民法院认为证人有必要出庭作证的",包含以下情形:

(一)证人的庭前证言前后矛盾,证人不能作出合理解释;

(二)证人的庭前证言与其他证据间存在难以排除的较大矛盾;

(三)证人的庭前证言涉及部分待证事实,但不完整,需要进一步予以说明;

(四)被告人、辩护律师提供可能证明被告人无罪、罪轻的新的证人,被告人、辩护律师能说明证人证明的事实及相关理由,并提供具体联系方式;

(五)对证人证言的取证合法性有疑问的;

(六)对证人的作证能力有疑问的;

(七)法庭认为有必要出庭作证的其他情形。

第一百六十五条 辩护律师提交的证人出庭作证申请书应载明出庭作证的人员名单、基本身份情况及详细通信信息,同时说明拟要证明的事实及申请出庭作证的理由。

辩护律师申请未成年人出庭作证的,还应当提供其法定代理人的姓名和联系方式。

辩护律师申请聋哑人和不通晓当地通用的语言文字的人出庭作证,应明确注明并申请人民法院为其提供翻译。

第一百六十六条 辩护律师向证人发问应当遵循以下规则:

(一)发问内容应当与案件事实有关;

(二)不得采用诱导方式发问;

(三)不得威胁或者误导证人;

(四)不得损害证人人格尊严;

(五)不得违规泄露证人个人隐私;

(六)不得以推测性、评论性、推断性方式发问;

(七)不得以其他违反法律规定的方式发问。

辩护律师认为公诉方发问方式不当或者内容与案件事实无关,违反有关发问规则的,可以提出反对或者异议。

第一百六十七条 经人民法院通知,证人没有正当理由拒绝出庭或者出庭后拒绝作证,辩护律师认为其证言的真实性无法确认的,可以提出该证人证言不得作为定案的根据。

第一百六十八条 公诉人提出在案证据材料中证人名单以外的证人出庭作证的,辩护律师可以要求公诉人说明理由、提出异议;法庭依法同意证人出庭作证的,辩护律师可以要求法庭延期审理。

第一百六十九条 对被害人陈述的质证,参照适用对证人证言质证的有关规范。

第一百七十条 证人、鉴定人、被害人因出庭作证,本人或者其近亲属的人身安全面临危险的,人民法院采取不公开其真实姓名、住址和工作单位等个人信息,或者不暴露其外貌、真实声音等保护措施的,辩护律师可以向法庭申请查阅对证人、鉴定人、被害人使用化名的情况,法院要求签署保密承诺的,可以依法签署保密承诺书。

第一百七十一条 对被告人供述和辩解,应当重点从以下方面质证:

(一)讯问的时间、地点,讯问人的身份、人数以及讯问方式等是否符合法律、有关规定;

(二)讯问笔录的制作、修改是否符合法律、有关规定,是否注明讯问的具体起止时间和地点,首次讯问时是否告知被告人有关权利和法律规定,被告人是否核对确认;

(三)讯问未成年被告人时,是否通知其法定代理人或者合适成年人到场,有关人员是否到场;

(四)讯问女性未成年被告人时,是否有女性工作人员在场;

(五)有无以刑讯逼供等非法方法收集被告人供述的情形;

(六)被告人的供述是否前后一致,有无反复以及出现反复的原因;

(七)被告人的供述和辩解是否全部随案移送;

(八)被告人的辩解内容是否符合案情和常理,有无矛盾;

(九)被告人的供述和辩解与同案被告人的供述和辩解以及其他证据能否相互印证,有无矛盾;存在矛盾的,能否得到合理解释;

(十)需要质证的其他情形。

辩护律师还可以结合现场执法音视频记录、讯问录音录像、被告人进出看守所的健康检查记录、笔录等,对被告人的供述和辩解进行质证。

第一百七十二条 被告人供述具有下列情形之一的,辩护律师可以提出不得作为定案的根据:

(一)讯问笔录没有经被告人核对确认的;

(二)讯问聋、哑人,应当提供通晓聋、哑手势的人员而未提供的;

(三)讯问不通晓当地通用语言、文字的被告人,应当提供翻译人员而未提供的;

(四)讯问未成年人,其法定代理人或者合适成年人不在场的。

第一百七十三条 讯问笔录有下列瑕疵,不能补正或者作出合理解释的,辩护律师可以提出不得作为定案根据的意见:

(一)讯问笔录填写的讯问时间、讯问地点、讯问人、记录人、法定代理人等有误或者存在矛盾的;

(二)讯问人没有签名的;

(三)首次讯问笔录没有记录告知被讯问人有关权利和法律规定的。

第一百七十四条 对鉴定意见,应当重点从以下方面质证:

(一)鉴定机构和鉴定人是否具有法定资质;

(二)鉴定人是否存在应当回避的情形;

(三)检材的来源、取得、保管、送检是否符合法律、有关规定,与相关提取笔录、扣押清单等记载的内容是否相符,检材是否可靠;

(四)鉴定意见的形式要件是否完备,是否注明提起鉴定的事由、鉴定委托人、鉴定机构、鉴定要求、鉴

定过程、鉴定方法、鉴定日期等相关内容,是否由鉴定机构盖章并由鉴定人签名;

(五)鉴定程序是否符合法律、有关规定;

(六)鉴定的过程和方法是否符合相关专业的规范要求;

(七)鉴定意见是否明确;

(八)鉴定意见与案件事实有无关联;

(九)鉴定意见与其他证据之间有无矛盾;

(十)鉴定意见与勘验、检查笔录及相关照片等其他证据是否矛盾;存在矛盾的,能否得到合理解释;

(十一)鉴定意见是否依法及时告知相关人员,当事人对鉴定意见有无异议;

(十二)需要质证的其他情形。

第一百七十五条 鉴定意见具有下列情形之一的,辩护律师可以提出不得作为定案根据的意见:

(一)鉴定机构不具备法定资质,或者鉴定事项超出该鉴定机构业务范围、技术条件的;

(二)鉴定人不具备法定资质,不具有相关专业技术或者职称,或者违反回避规定的;

(三)送检材料、样本来源不明,或者因污染不具备鉴定条件的;

(四)鉴定对象与送检材料、样本不一致的;

(五)鉴定程序违反规定的;

(六)鉴定过程和方法不符合相关专业的规范要求的;

(七)鉴定文书缺少签名、盖章的;

(八)鉴定意见与案件事实没有关联的;

(九)违反有关规定的其他情形。

第一百七十六条 辩护律师可以向法庭申请有专门知识的人出庭协助质证,对鉴定意见提出意见。

第一百七十七条 辩护律师对鉴定意见有异议,且该鉴定意见对被告人定罪量刑有影响的,可以申请人民法院通知鉴定人出庭作证。

鉴定人由于不能抗拒的原因或者有其他正当理由无法出庭的,辩护律师可以申请人民法院延期审理或者重新鉴定。

经人民法院通知,鉴定人拒不出庭的,辩护律师可以提出鉴定意见不得作为定案根据的意见。

第一百七十八条 对有专门知识的人就案件的专门性问题出具报告的质证,参照对鉴定意见质证的有关规定。

经人民法院通知,出具报告的人拒不出庭的,辩护律师可以提出有关报告不作为定案根据的意见。

第一百七十九条 有关部门对事故进行调查形成的报告中涉及专门性问题的意见,调查程序不符合法律、有关规定或者无法核实真实性的,辩护律师可以提出不作为定案根据的意见。

第一百八十条 对物证,应当重点从以下方面质证:

(一)物证是否为原物,是否经过辨认、鉴定;物证的照片、录像、复制品是否与原物相符,是否由二人

以上制作,有无制作人关于制作过程以及原物存放于何处的文字说明和签名;

(二)物证的收集程序、方式是否符合法律、有关规定;经勘验、检查、搜查提取、扣押的物证,是否附有相关笔录、清单,笔录、清单是否经调查人员或者侦查人员、物品持有人、见证人签名,没有签名的,是否注明原因;物品的名称、特征、数量、质量等是否注明清楚;

(三)物证在收集、保管、鉴定过程中是否受损或者改变;

(四)物证与案件事实有无关联;对现场遗留与犯罪有关的具备鉴定条件的血迹、体液、毛发、指纹等生物样本、痕迹、物品,是否已作DNA鉴定、指纹鉴定等,并与被告人或者被害人的相应生物特征、物品等比对;

(五)物证与其他证据之间能否相互印证,有无矛盾;

(六)与案件事实有关联的物证是否全面收集;

(七)需要质证的其他情形。

第一百八十一条 原物不便搬运、不易保存、依法返还或者由有关部门保管、处理的,公诉机关移送了物证照片、录像、复制品,辩护律师认为有必要核实的,可以申请前往保管场所查看原物。

物证的照片、录像、复制品,不能反映原物的外形和特征的,辩护律师可以提出不得作为定案的根据。

第一百八十二条 在勘验、检查、搜查过程中提取、扣押的物证,未附笔录或者清单,不能证明物证来源的,辩护律师可以提出不得作为定案的根据。

物证的收集程序、方式有下列瑕疵,无法补正或作出合理解释的,律师可以提出不得作为定案的根据。

(一)勘验、检查、搜查、提取笔录或者扣押清单上没有调查人员或者侦查人员、物品持有人、见证人签名,或者对物品的名称、特征、数量、质量等注明不详的;

(二)物证的照片、录像、复制品未注明与原件核对无异,无复制时间,或者无被收集、调取人签名的;

(三)物证的照片、录像、复制品没有制作人关于制作过程和原物、原件存放地点的说明,或者说明中无签名的;

(四)有其他瑕疵的。

第一百八十三条 对书证,应当重点从以下方面质证:

(一)书证是否为原件,是否经过辨认、鉴定;书证的副本、复制件是否与原件相符,是否由二人以上制作,有无制作人关于制作过程以及原件存放于何处的文字说明和签名;

(二)书证的收集程序、方式是否符合法律、有关规定;经勘验、检查、搜查提取、扣押的书证,是否附有相关笔录、清单,笔录、清单是否经调查人员或者侦查人员、持有人、见证人签名,没有签名的,是否注明原因;书证的名称、特征、数量、质量等是否注明清楚;

(三)书证在收集、保管、鉴定过程中是否受损或者改变;

(四)书证与案件事实有无关联;

(五)与案件事实有关联的书证是否全面收集；

(六)书证与其他证据之间能否相互印证,有无矛盾；

(七)需要质证的其他情形。

第一百八十四条 对书证的更改或者更改迹象不能作出合理解释,或者书证的副本、复制件不能反映原件及其内容的,辩护律师可以提出不得作为定案的根据。

第一百八十五条 在勘验、检查、搜查过程中提取、扣押的书证,未附笔录或者清单,不能证明书证来源的,辩护律师可以提出不得作为定案的根据。

书证的收集程序、方式有下列瑕疵,无法补正或作出合理解释的,辩护律师可以提出不得作为定案的根据：

(一)勘验、检查、搜查、提取笔录或者扣押清单上没有调查人员或者侦查人员、书证持有人、见证人签名,或者对书证的名称、特征、数量、质量等注明不详的；

(二)书证的副本、复制件未注明与原件核对无异,无复制时间,或者无被收集、调取人签名的；

(三)书证的副本、复制件没有制作人关于制作过程和原件存放地点的说明,或者说明中无签名的；

(四)有其他瑕疵的。

第一百八十六条 对勘验、检查笔录,应当重点从以下方面质证：

(一)勘验、检查是否依法进行,笔录制作是否符合法律、有关规定,勘验、检查人员和见证人是否签名或者盖章；

(二)勘验、检查笔录是否记录了提起勘验、检查的事由,勘验、检查的时间、地点,在场人员、现场方位、周围环境等,现场的物品、人身、尸体等的位置、特征等情况,以及勘验、检查的过程；文字记录与实物或者绘图、照片、录像是否相符；现场、物品、痕迹等是否伪造、有无破坏；人身特征、伤害情况、生理状态有无伪装或者变化等；

(三)补充进行勘验、检查的,是否说明了再次勘验、检查的缘由,前后勘验、检查的情况是否矛盾；

(四)勘验、检查笔录中记载的情况与其他证据能否印证,有无矛盾；

(五)需要质证的其他情形。

第一百八十七条 勘验、检查笔录存在明显不符合法律、有关规定的情形,不能作出合理解释的,辩护律师可以提出不得作为定案的根据。

第一百八十八条 对辨认笔录应当着重从辨认的过程、方法,以及辨认笔录的制作是否符合有关规定质证。

辨认笔录具有下列情形之一的,辩护律师可以提出不得作为定案的根据：

(一)辨认不是在调查人员、侦查人员主持下进行的；

(二)辨认前使辨认人见到辨认对象的；

(三)辨认活动没有个别进行的；

（四）辨认对象没有混杂在具有类似特征的其他对象中,或者供辨认的对象数量不符合规定的;

（五）辨认中给辨认人明显暗示或者明显有指认嫌疑的;

（六）违反有关规定,不能确定辨认笔录真实性的其他情形;

（七）需要质证的其他情形。

第一百八十九条 对侦查实验笔录应当着重从实验的过程、方法,以及笔录的制作是否符合有关规定质证。

侦查实验的条件与事件发生时的条件有明显差异,或者存在影响实验结论科学性的其他情形的,辩护律师可以提出侦查实验笔录不得作为定案的根据。

第一百九十条 对视听资料,应当重点从以下方面质证:

（一）是否附有提取过程的说明,来源是否合法;

（二）是否为原件,有无复制及复制份数;是复制件的,是否附有无法调取原件的原因、复制件制作过程和原件存放地点的说明,制作人、原视听资料持有人是否签名;

（三）制作过程中是否存在威胁、引诱当事人等违反法律、有关规定的情形;

（四）是否写明制作人、持有人的身份,制作的时间、地点、条件和方法;

（五）播放视听资料的设备是否影响播放效果等;

（六）内容和制作过程是否真实,有无剪辑、增加、删改等情形;

（七）内容与案件事实有无关联,与其他证据能否印证,有无矛盾;

（八）需要质证的其他情形。

辩护律师对视听资料有疑问的,可以申请法院进行鉴定。

第一百九十一条 视听资料具有下列情形之一的,辩护律师可以提出不得作为定案的根据:

（一）系篡改、伪造或者无法确定真伪的;

（二）制作、取得的时间、地点、方式等有疑问,不能作出合理解释的。

第一百九十二条 人民检察院移送视听资料时,没有移送文字抄清材料以及对绰号、暗语、俗语、方言等不易理解内容的说明的,辩护律师可以申请人民法院要求人民检察院移送。

第一百九十三条 对电子数据,应当着重从以下内容质证:

（一）是否移送原始存储介质;在原始存储介质无法封存、不便移动时,有无说明原因,并注明收集、提取过程及原始存储介质的存放地点或者电子数据的来源等情况;

（二）是否具有数字签名、数字证书等特殊标识;

（三）收集、提取的过程是否可以重现;

（四）如有增加、删除、修改等情形的,是否附有说明;

（五）电子数据与其他证据能否印证,有无矛盾;

（六）需要质证的其他情形。

第一百九十四条　对电子数据是否完整,应当根据保护电子数据完整性的相应方法,从以下方面进行质证:

(一)审查原始存储介质的扣押、封存状态;

(二)审查电子数据的收集、提取过程,查看录像;

(三)比对电子数据完整性校验值;

(四)与备份的电子数据进行比较;

(五)审查冻结后的访问操作日志;

(六)需要质证的其他情形。

第一百九十五条　对收集、提取电子数据是否合法,应当着重从以下内容质证:

(一)收集、提取电子数据是否由二名以上调查人员、侦查人员进行,取证方法是否符合相关技术标准;

(二)收集、提取电子数据,是否附有笔录、清单,并经调查人员、侦查人员、电子数据持有人、提供人、见证人签名或者盖章;没有签名或者盖章的,是否注明原因;对电子数据的类别、文件格式等是否注明清楚;

(三)是否依照有关规定由符合条件的人员担任见证人,是否对相关活动进行录像;

(四)采用技术调查、侦查措施收集、提取电子数据的,是否依法经过严格的批准手续;

(五)进行电子数据检查的,检查程序是否符合有关规定。

第一百九十六条　电子数据的收集、提取程序有下列瑕疵,不能补正或者作出合理解释的,辩护律师可以提出不得作为定案的根据:

(一)未以封存状态移送的;

(二)笔录或者清单上没有调查人员或者侦查人员、电子数据持有人、提供人、见证人签名或者盖章的;

(三)对电子数据的名称、类别、格式等注明不清的;

(四)有其他瑕疵的。

第一百九十七条　电子数据具有下列情形之一的,辩护律师可以提出不得作为定案的根据:

(一)系篡改、伪造或者无法确定真伪的;

(二)有增加、删除、修改等情形,影响电子数据真实性的;

(三)其他无法保证电子数据真实性的情形。

第一百九十八条　人民检察院移送电子数据时,没有移送文字抄清材料以及对绰号、暗语、俗语、方言等不易理解内容的说明的,辩护律师可以申请人民法院要求人民检察院移送。

第一百九十九条　对勘验、检查笔录、辨认笔录、侦查实验笔录、视听资料及电子证据有疑问的,辩护律师可以申请人民法院通知勘验、检查等相关人员出庭作证。

第二百条　对采取技术调查、侦查措施收集的证据材料,辩护律师应根据相关证据材料所属的证据

种类,依照本指引的相应规定进行质证。此外,还应当着重从以下内容质证:

(一)技术调查、侦查措施所针对的案件是否符合法律规定;

(二)技术调查措施是否经过严格的批准手续,按照规定交有关机关执行;技术侦查措施是否在刑事立案后,经过严格的批准手续;

(三)采取技术调查、侦查措施的种类、适用对象和期限是否按照批准决定载明的内容执行;

(四)采取技术调查、侦查措施收集的证据材料与其他证据是否矛盾;存在矛盾的,能否得到合理解释。

第二百零一条 人民检察院移送技术调查、侦查证据材料时,没有附采取技术调查、侦查措施的法律文书、技术调查、侦查证据材料清单和有关说明材料的,辩护律师可以提出不得作为定案根据的意见。

第二百零二条 公诉人出示庭前未提交证据的,辩护律师可以申请法庭休庭或延期审理。

第二百零三条 法庭进行庭外调查并通知控辩双方到场的,辩护律师应当到场。

第二百零四条 在公诉人举证完毕后,辩护律师有权向法庭举证,也可以申请法庭通知证人出庭作证。辩护律师向法庭出示的证据,可以是自行依法收集的证据,也可以是检察机关向法院移送但没有在法庭上出示的证据。

辩护律师认为公诉人出示的有关证据对本方诉讼主张有利的,可以在发表质证意见时予以认可,或者在发表辩护意见时直接援引有关证据。

第二百零五条 辩护律师举证时,应当向法庭说明证据的名称、内容、来源以及拟证明的事实。非言词证据应当出示原件、原物,不能出示原件、原物的应当说明理由。

物证、书证、视听资料、电子数据等证据,应当出示原物、原件。取得原物、原件确有困难的,可以出示照片、录像、副本、复制件等足以反映原物、原件外形和特征以及真实内容的材料,并说明理由。

第二百零六条 辩护律师质证和出示证据时,可以向法庭申请借助多媒体设备等方式质证、出示、播放或者演示证据内容。

第二百零七条 法庭审理过程中,辩护律师申请通知新的证人到庭,调取新的证据,申请重新鉴定或者勘验的,应当提供证人的基本信息、证据的存放地点,说明拟证明的案件事实、要求重新鉴定或者勘验的理由。

第二百零八条 被告人当庭不认罪或者辩护律师作无罪辩护的,辩护律师可以对与量刑有关的事实、证据当庭发表质证意见,出示证明被告人罪轻或者无罪的证据。

第三节 参加法庭辩论

第二百零九条 辩护律师应当根据法庭对案件事实调查的情况,针对公诉人及其他诉讼参与人发表的辩论意见,结合案件争议事实就定罪、量刑、涉案财物处理、法律适用等进行法庭辩论。

第二百一十条 辩护律师对于起诉书指控犯罪持有异议,提出无罪辩护或者依法不应当追究刑事责任的辩护,可以从以下方面发表辩论意见:

(一)被告人没有犯罪事实的意见;

(二)指控的事实不清,证据不足的意见;

(三)指控被告人的行为依法不构成犯罪的意见;

(四)被告人未达到法定刑事责任年龄的意见;

(五)被告人属于依法不负刑事责任的精神病人的意见;

(六)具有《刑事诉讼法》第十六条规定的情形,不应当追究刑事责任的意见:情节显著轻微、危害不大,不认为是犯罪的;犯罪已过追诉时效期限的;经特赦令免除刑罚的;依照刑法告诉才处理的犯罪,没有告诉或者撤回告诉的;犯罪嫌疑人、被告人死亡的;其他法律规定免予追究刑事责任的;

(七)其他有关辩论意见。

第二百一十一条 辩护律师对于起诉书指控的罪名不持异议,可以从以下方面发表辩论意见:

(一)自首、立功、从犯、被告人认罪、坦白、悔罪表现、被害人有无过错、退赃、退赔、是否赔偿被害人、被害人是否表示谅解等法定、酌定从轻或者减轻处罚的量刑意见;

(二)被告人有《刑事诉讼法》第二百六十五条适用暂予监外执行情形的,应提出适用暂予监外执行的意见和申请;

(三)对涉案的财物处理、附加刑、财产刑处理的意见;

(四)其他有关辩论意见。

第二百一十二条 辩护律师作无罪辩护的,法庭辩论时,辩护律师可以先就定罪问题发表辩论意见,然后就量刑问题发表意见。

认罪认罚案件,辩护律师可就认罪认罚的具体量刑建议发表辩护意见。

被告人在侦查、审查起诉阶段没有认罪认罚,但当庭认罪,愿意接受处罚的,辩护律师可以建议法院适用认罪认罚程序。

第二百一十三条 辩护律师认为起诉书指控的犯罪罪名不成立,但指控的犯罪事实构成其他处罚较轻的罪名,在事先征得被告人同意的情况下,可以提出改变罪名的辩护意见。

第二百一十四条 辩护律师认为案件诉讼程序存在违法情形对定罪量刑有影响或具有依法应当排除的非法证据,可以在法庭辩论时发表意见。

第二百一十五条 辩护律师发表辩护意见所依据的证据、引用的法律要清楚、准确。

第二百一十六条 辩护律师的辩护意见应当观点明确,重点突出,论据充分,论证有力,逻辑严谨,用词准确,语言简洁。

第二百一十七条 辩护律师在与公诉人相互辩论中,重点针对控诉方的新问题、新观点,结合案件争议焦点发表意见。

第二百一十八条 一审宣判前,辩护律师发现有新的或遗漏的事实、证据需要查证的,可以申请恢复法庭调查。

第二百一十九条 在法庭审理过程中,被告人当庭拒绝辩护或提出更换律师的,辩护律师应当建议休庭,与当事人协商妥善处理。

在法庭审理过程中,出现本指引第二十一条事由的,律师可以请求法庭休庭,与当事人协商妥善处理。

第四节 庭后工作

第二百二十条 休庭后,辩护律师应当就当庭出示、宣读的证据及时与法庭办理交接手续;及时阅读庭审笔录,认为记录有遗漏或差错的,应当要求书记员补充或者改正,确认无误后签名。

第二百二十一条 休庭后,辩护律师应当尽快整理书面辩护意见,提交法庭。

庭审结束后、判决宣告前当事人另行委托的律师,辩护律师可以向人民法院申请查阅案卷材料、重新开庭。人民法院决定不重新开庭的,辩护律师可以提交书面辩护意见。

第二百二十二条 人民法院作出裁判后,辩护律师应当及时收取裁判文书并向委托人或被告人的近亲属转达裁判结果,告知被告人的近亲属可以向法院申请获取裁判文书。

辩护律师可以向被告人的近亲属提供裁判文书,但涉及国家秘密、商业秘密、个人隐私、未成年人刑事案件、近亲属是同案犯及其他辩护律师认为不宜提供的情形除外。

第二百二十三条 在上诉期间,一审律师、拟担任二审辩护人的律师可以会见被告人,听取其对判决书的意见及是否上诉的意见并提出建议。在取得被告人同意的情况下,可以为其代写书面上诉状,由其签字确认后交人民法院,上诉状可以邮寄,也可以当面递交;当面递交的,可以请求人民法院出具接收回执。

第六章 公诉二审案件的辩护工作

第二百二十四条 一审辩护律师以及其他律师在上诉期内受被告人、被告人的近亲属的委托担任二审辩护律师的,应当协助被告人提出上诉,包括协助确定上诉的请求和理由,代写上诉状等。

被告人的辩护律师经被告人同意,也可以提出上诉。

受委托担任二审辩护人的律师,应当及时与二审人民法院取得联系,提交委托手续,及时参与二审诉讼活动。

第二百二十五条 二审程序启动后,辩护律师应当及时到法院查阅案卷材料,会见上诉人、原审被告人,必要时调查收集相关证据材料。确因客观原因无法自行收集、调取的证据材料,可以向法院提出调取申请。

辩护律师认为有必要的,可以向法院申请查阅一审过程中录制的庭审过程录音、录像。

第二百二十六条 被告人及其辩护律师在第一审程序中未提出排除非法证据的申请,有下列情形之一的,辩护律师可以在二审程序中提出排除非法证据申请:

(一)第一审人民法院没有依法告知被告人申请排除非法证据的权利的;

(二)被告人及其辩护律师在第一审庭审后发现涉嫌非法取证的相关线索或者材料的。

第二百二十七条 经过阅卷、会见上诉人、调查收集相关证据材料,二审案件具有下列情形之一的,辩护律师应当以书面形式向人民法院提出开庭审理的意见并说明具体理由:

(一)上诉人、上诉人的法定代理人对一审认定的事实、证据提出异议,可能影响定罪量刑的;

(二)辩护律师认为一审认定的事实、证据存在错误,可能影响定罪量刑的;

(三)人民检察院或者上诉人及其辩护律师提交新证据的;

(四)辩护律师提出排除非法证据申请的;

(五)其他应当开庭审理的情形。

辩护律师可以在开庭审理意见书中注明:本意见不代表最终辩护意见。

第二百二十八条 人民法院决定开庭审理的二审案件,包括一般上诉案件,被告人被判处死刑的上诉案件,人民检察院抗诉的案件以及其他法院决定开庭的案件,辩护律师应当在开庭前认真做好相关准备工作。

第二百二十九条 辩护律师出席二审案件开庭审理活动,应当根据引起二审程序的诉由确定辩护思路和重点,展开辩护:

(一)对上诉案件,应当重点围绕上诉所涉及的事实、证据、程序及法律适用问题展开辩护活动,请求二审人民法院撤销原判,进行改判;对于事实不清、证据不足的,可以请求二审人民法院发回原审法院重新审判;已经发回重审过一次的案件,应当直接要求人民法院按疑罪从无原则宣告被告人无罪;

(二)对抗诉案件,应当根据抗诉对原审被告人产生的影响确定辩护思路和意见。对不利原审被告人的抗诉,应当维护原审判决,请求二审人民法院驳回抗诉,维持原判;对有利原审被告人的抗诉,应当支持抗诉,以期二审人民法院撤销原判,作出对被告人有利的改判;

(三)对既有上诉又有抗诉的案件,应当重点围绕上诉请求和理由展开辩护活动,同时兼顾抗诉请求和理由,分别不同情况,支持有利上诉人、原审被告人的抗诉,反对不利上诉人、原审被告人的抗诉。

第二百三十条 人民法院决定不开庭审理的二审案件,辩护律师应当及时向人民法院提交书面辩护意见。

辩护律师对不开庭有异议的,可以向人民法院提出开庭申请并说明理由。人民法院仍决定不开庭审理的,辩护律师应当及时向人民法院提交书面辩护意见。

必要时可以提出向办案法官当面陈述辩护意见的要求。

第二百三十一条 在二审程序中,辩护律师发现一审人民法院的审理存在下列违反法定诉讼程序的情形之一,并且经上诉人、原审被告人同意,可以向二审人民法院提出撤销原判,发回重审的意见:

(一)违反《刑事诉讼法》有关公开审判的规定的;

(二)违反回避制度的;

(三)剥夺或限制当事人的法定诉讼权利,可能影响公正审判的;

(四)审判组织的组成不合法的;

(五)第一审判决未对随案移送的涉案财物及其孳息作出处理,或者处理错误的;

(六)上诉人、原审被告人可能符合强制医疗条件的;

(七)其他违反法定诉讼程序,可能影响公正审判的。

上诉人、原审被告人不同意发回重审的,辩护律师可依法发表辩护意见。

第二百三十二条 被告人在一审程序中未认罪认罚,自愿在二审程序中认罪认罚的,辩护律师可以向二审法院建议适用认罪认罚程序。

第七章 公诉案件的诉讼代理工作

第二百三十三条 律师可以接受公诉案件被害人、已死亡被害人的近亲属、无行为能力或限制行为能力被害人的法定代理人的委托,担任刑事案件的诉讼代理人。

律师可以担任刑事附带民事诉讼案件原告人或被告人的诉讼代理人。

第二百三十四条 律师接受委托后,应当向委托人提供法律咨询和其他法律帮助,及时与承办检察院、法院取得联系、提交委托手续,并及时向检察院、法院申请查阅、摘抄、复制全案证据材料。

第二百三十五条 公诉案件被害人的代理律师收到出庭通知距开庭时间不满三日的,可以要求人民法院更改开庭日期;如在法定期间内收到出庭通知的,应当按时出庭;如因正当理由不能出庭,可以要求人民法院更改开庭日期。

人民法院已决定开庭而不通知被害人及其代理律师出庭的,代理律师可以要求人民法院依法通知,保证被害人及其代理律师出庭参加庭审的权利。

第二百三十六条 代理律师可以在开庭前向人民法院了解案件是否公开审理。如果案件涉及被害人隐私、商业秘密的,应当要求人民法院不公开审理。

对公开审理的案件,代理律师发现公诉人、辩护人、诉讼参与人提出涉及被害人商业秘密或者个人隐私的证据的,可以请求人民法院制止。根据具体情况可以申请人民法院转为不公开审理或者对相关证据的法庭调查不公开进行。

第二百三十七条 代理律师应当告知被害人有权对合议庭组成人员、法官助理、书记员、公诉人、鉴定人和翻译人员申请回避,并协助被害人行使权利。

第二百三十八条 在法庭审理过程中,代理律师应当依法指导、协助或代理委托人行使以下诉讼权利:

(一)申请召集、参加庭前会议;

(二)陈述案件事实;

(三)出示、宣读有关证据;

(四)请求法庭通知未到庭证人、鉴定人和勘验检查笔录制作人出庭作证;

(五)经审判长许可,向被告人、证人、鉴定人、勘验检查笔录制作人发问;

(六)对向己方当事人提出的威胁性、诱导性、有损人格或与本案无关的发问提出异议;

(七)对各项证据发表质证意见;

(八)发表辩论意见;

(九)申请通知新的证人到庭、调取新的证据、申请重新鉴定或者勘验;

(十)申请法庭通知有专门知识的人出庭,就鉴定人作出的鉴定意见提出意见;

(十一)必要时,请求法庭延期审理;

(十二)申请人民法院对以非法方法收集的证据依法予以排除等。

第二百三十九条 在法庭审理中,代理律师可以与被告人及其辩护律师展开辩论。代理律师意见与公诉人意见不一致的,代理律师应当从维护己方当事人的合法权益出发,独立发表代理意见。

第二百四十条 代理律师认为被害人或代理律师的诉讼权利受到侵犯的,可以依据《刑事诉讼法》相关规定,向人民检察院提出申诉或者控告。

第二百四十一条 代理律师应当告知当事人核对庭审笔录,补充遗漏或修改差错,确认无误后签名。

代理律师应当就当庭出示、宣读的证据及时与法庭办理交接手续;及时阅读庭审笔录,认为记录有遗漏或差错的,可以请求补充或者改正,确认无误后应当签名。

第二百四十二条 人民法院宣告判决后,代理律师应当及时收取判决书,并告知当事人判决结果。

被害人及其法定代理人不服一审判决的,代理律师可以协助或代理其在收到判决书后五日内,请求人民检察院抗诉。

第二百四十三条 公诉案件进入二审程序后,律师的代理工作参照本指引一审相关规定进行。

第八章 自诉案件的代理和辩护工作

第一节 自诉案件的代理工作

第二百四十四条 律师可以接受自诉人(代为告诉人)及其法定代理人的委托,担任其诉讼代理人。

接受委托前,律师应当审查案件是否符合法定自诉案件范围和立案条件。对于公诉转自诉类案件,还应当审查相关司法机关是否曾经作出过处理。接受代为告诉人委托的,还应当审查代为告诉人与被害人的关系以及被害人不能亲自告诉的原因。

第二百四十五条 代理律师应当帮助自诉人分析案情,确定被告人和管辖法院,调查、了解有关事实和证据,代写刑事自诉状。自诉状应当包括以下内容:

(一)自诉人(代为告诉人)、被告人的姓名、性别、年龄、民族、出生地、文化程度、职业、工作单位、住址、联系方式;

(二)被告人实施犯罪的时间、地点、手段、情节和危害后果等;

(三)被告人涉嫌的罪名,具体的诉讼请求;

(四)致送的人民法院和具状时间;

(五)证据的名称、来源等;

(六)证人的姓名、住址、联系方式等。

对两名以上被告人提出告诉的,应当按照被告人的人数提供自诉状副本。

第二百四十六条 自诉人同时要求民事赔偿的,代理律师可以协助其制作刑事附带民事自诉状,写明被告人犯罪行为所造成的损害、具体赔偿请求及计算依据。

第二百四十七条 律师代理提起自诉时,应当准备下列材料和文件:

(一)自诉人身份证明文件;

(二)刑事自诉状;

(三)证据材料及目录;

(四)委托书;

(五)律师事务所证明;

(六)律师执业证书等。

同时提起刑事附带民事诉讼的,应当提交刑事附带民事自诉状。

第二百四十八条 人民法院对自诉案件进行审查后,要求自诉人补充证据或撤回自诉的,代理律师应当协助自诉人作好补充证据工作或与自诉人协商是否撤回自诉。代理律师对人民法院要求撤回起诉有异议的,可以向人民法院提交书面法律意见。

对于有共同侵害人,但自诉人只对部分侵害人起诉的,以及有共同被害人,只有部分自诉人提起诉讼的,应当向自诉人提供法律咨询、解释法律规定,告知法律风险及后果。

第二百四十九条 对于人民法院作出的不予受理或者驳回起诉的裁定不服的,协助自诉人提起上诉。

第二百五十条 人民法院决定开庭前,代理律师应当作好开庭前准备工作。对于因客观原因无法取得的证据,可以申请人民法院依法调查取证,但应当说明理由并提供相关的线索或者材料。

第二百五十一条 刑事自诉案件,被告人提起反诉的,代理律师可以接受反诉被告人的委托,可以同时担任其辩护律师。

第二百五十二条　代理律师应当向自诉人告知有关自诉案件开庭的法律规定,避免因自诉人拒不到庭或擅自中途退庭导致人民法院按自动撤诉处理的法律后果。自诉人不到庭的,代理律师仍应按时出庭履行职责;但自诉人明确撤回起诉的除外。

第二百五十三条　自诉案件开庭审理时,代理律师应当协助自诉人充分行使控诉职能,运用证据证明自诉人的指控事实成立,且案件属于自诉案件范围,被告人依法应承担刑事责任。

第二百五十四条　自诉案件依法可以适用简易程序的,代理律师可以代理自诉人要求人民法院适用简易程序。自诉案件依法不应当适用简易程序的,代理律师可以代理自诉人对于法院适用简易程序的决定提出异议。

第二百五十五条　对于自诉案件,代理律师可以根据委托人授权参加法庭调解。

第二百五十六条　代理律师应当协助自诉人在法院宣告判决前决定是否与被告人和解或者撤回自诉。在和解过程中,代理律师应当充分尊重自诉人本人意愿。

第二节　自诉案件的辩护工作

第二百五十七条　律师可以接受自诉案件被告人及其法定代理人或者近亲属的委托担任被告人的辩护律师。接受被告人的其他亲友或其所在单位代为委托担任辩护人的,须经被告人确认。

第二百五十八条　担任自诉案件被告人的辩护律师,应当适用公诉案件辩护律师的工作规范,并注意以下事项:

(一)自诉案件被告人(或者其法定代理人)有权提起反诉;

(二)自诉人经两次合法传唤无正当理由不到庭或者未经法庭许可中途退庭的,按撤诉处理;

(三)自诉案件可以调解;

(四)自诉人可以同被告人自行和解,或者撤回自诉。

第二百五十九条　对于被羁押的自诉案件被告人,辩护律师应当会见,并为其申请变更强制措施。

第九章　单位犯罪、企业合规的辩护代理工作

第一节　单位犯罪的辩护

第二百六十条　涉嫌犯罪单位、被告单位委托辩护人的,参照适用本指引的有关规定。

第二百六十一条　律师可以依法担任被告单位的诉讼代表人,但担任被告单位或者被指控为单位犯罪直接责任人员的有关人员的辩护人,不得同时担任诉讼代表人。

第二百六十二条 律师接受涉嫌犯罪单位、被告单位的委托担任辩护人,提供以下法律服务,包括但不限于:

(一)告知涉案单位的诉讼代表人享有刑事诉讼法规定的有关被告人的诉讼权利,以及诉讼代表人不出庭的法律后果;

(二)告知涉案单位关于企业合规改革依法从宽处理的性质、政策和权利义务,及时听取涉案单位的意见;

(三)进行法律分析,提供法律意见和建议;

(四)告知可能的刑罚后果;

(五)提出涉案单位无罪、罪轻或者减轻、免除处罚的辩护意见;

(六)申请人民检察院适用企业合规改革和涉案企业合规第三方监督评估机制;

(七)其他维护涉案单位合法权益的辩护工作。

第二百六十三条 辩护律师应当审查办案机关采取的查封、扣押、冻结等措施是否严格依照法定程序进行,最大限度降低对涉案单位正常生产经营活动的影响。

第二节 企业合规程序的辩护代理工作

第二百六十四条 对于同时符合下列条件的案件,律师可以申请人民检察院适用企业合规改革和涉案企业合规第三方监督评估机制:

(一)公司、企业等市场主体在生产经营活动中涉及的经济犯罪、职务犯罪等案件,既包括公司、企业等实施的单位犯罪案件,也包括公司、企业实际控制人、经营管理人员、关键技术人员等实施的与生产经营活动密切相关的犯罪案件;

(二)涉案企业、个人认罪认罚的;

(三)涉案企业能够正常生产经营,承诺建立或者完善企业合规制度,具备启动第三方机制的基本条件的;

(四)涉案企业自愿适用第三方机制的。

第二百六十五条 律师提出适用企业合规改革以及第三方机制申请的,一般应采用书面形式,充分说明理由和依据,并提交企业经营状况、纳税就业、技术创新、社会贡献度等相关情况的证明材料。

第二百六十六条 律师可以提出适用企业合规改革和涉案企业合规第三方监督评估机制的法律意见,申请有关机关移送案件时提出适用建议。

第二百六十七条 第三方组织组成人员存在下列情形之一的,律师可以向第三方机制管委会或者人民检察院申请回避:

(一)是案件的当事人或者当事人的近亲属的;

(二)本人或者他的近亲属与案件有利害关系的;

(三)与案件有其他关系可能影响公正开展监督评估工作的。

第二百六十八条 律师可以协助涉案企业制定并提交涉案企业合规计划,明确合规计划的承诺完成期限。企业合规计划主要围绕与企业涉嫌犯罪有密切联系的企业内部治理结构、规章制度、人员管理等方面存在的问题,制定可行的合规管理规范,构建有效的合规组织体系,健全合规风险防范报告机制,弥补企业制度建设和监督管理漏洞,防止再次发生相同或者类似的违法犯罪。

第二百六十九条 在适用企业合规考察期内,律师可以指导涉案企业履行企业合规计划。

第二百七十条 律师在办理单位犯罪案件且适用企业合规程序过程中,可以结合第三方组织合规考察书面报告、涉案企业合规计划、定期书面报告等合规材料,提出不起诉或者从轻处罚的辩护意见。

第二百七十一条 律师拟提出不起诉法律意见的单位犯罪案件,可以申请人民检察院召开听证会。

第二百七十二条 涉案企业或律师认为第三方组织或其组成人员对检查、评估行为不当或者涉嫌违法犯罪的,可以向负责选任第三方组织的第三方机制管委会反映或者提出异议,或者向负责办理案件的人民检察院提出申诉、控告。

第二百七十三条 对涉案企业规模较小、合规问题明确、监督评估专业性要求较为简单的案件,律师可以申请人民检察院商请第三方机制管委会实行简式合规。

第十章 刑事附带民事诉讼的代理工作

第一节 刑事附带民事诉讼原告人的代理工作

第二百七十四条 律师可以接受符合法定条件的刑事附带民事诉讼原告人的委托,在一审、二审程序中,担任刑事附带民事诉讼的诉讼代理人参与附带民事部分的审判活动。在办理委托手续时,应当明确代理权限。

第二百七十五条 律师接受委托时,应当审查下列可以作为附带民事诉讼审理的事项是否存在:

(一)作为刑事附带民事诉讼前提的刑事诉讼是否存在;

(二)刑事附带民事诉讼的原告人及被告人是否符合法定条件;

(三)被害人的物质损失是否与被告人的行为存在因果关系;

(四)刑事附带民事诉讼提起的时间是否在刑事案件立案之后第一审判决宣告之前;

(五)是否符合法定的刑事附带民事诉讼的范围。

第二百七十六条 律师接受委托后,应当代理委托人撰写附带民事起诉状,内容包括:

(一)刑事附带民事诉讼原告人、被告人的基本情况;

(二)具体诉讼请求；

(三)事实和理由；

(四)致送人民法院的名称和具状时间；

(五)相关的证据材料等。

第二百七十七条 对人民法院决定不予立案的刑事附带民事诉讼,可以根据具体情况建议委托人另行提起民事诉讼,或者要求办案机关追缴或采取其他救济措施。

第二百七十八条 代理律师根据案件情况,可以自行或协助委托人依法收集证据,展开调查,申请鉴定。

第二百七十九条 在提起刑事附带民事诉讼时,代理律师可以建议或协助委托人申请人民法院对被告人的财产采取查封、扣押或冻结等保全措施。

在提起附带民事诉讼前,因情况紧急不立即申请保全将会使委托人合法权益受到难以弥补的损害的,可以建议或者协助委托人向被保全财产所在地、被申请人居住地或者对案件有管辖权的人民法院申请采取保全措施,并告知委托人在人民法院受理刑事案件后十五日以内未提起附带民事诉讼的,人民法院将解除该保全措施的法律后果。

第二百八十条 律师担任刑事附带民事诉讼当事人的诉讼代理人,应当告知委托人可能导致按自动撤诉处理的下列法定事项:

(一)刑事附带民事诉讼原告人经人民法院传唤无正当理由拒不到庭的;

(二)刑事附带民事诉讼原告人未经法庭许可中途退庭的。

第二百八十一条 代理律师在庭审过程中,可以根据案件情况从事下列工作:

(一)经委托人授权可以对本案合议庭组成人员、法官助理、书记员、公诉人、鉴定人和翻译人员提出回避申请;

(二)陈述案件事实;

(三)出示、宣读本方证据;

(四)申请法庭通知本方证人出庭作证;

(五)经审判长许可,对被告人、证人、鉴定人发问;

(六)对刑事附带民事诉讼被告方的证据提出质证意见;

(七)对刑事附带民事诉讼被告方的不当发问提出异议;

(八)发表代理意见;

(九)经委托人授权,可以与被告方和解等。

第二百八十二条 委托人参加诉讼的,并且有调解意愿的,代理律师应当指导委托人参加调解,准备调解方案。

第二百八十三条 原告人对于一审判决、裁定中刑事附带民事诉讼部分不服的,代理律师应当根据委托协助其提起上诉。

第二节 刑事附带民事诉讼被告人的代理工作

第二百八十四条 律师可以接受刑事附带民事诉讼的被告人及其法定代理人或者近亲属的委托,在一审、二审程序中,担任诉讼代理人。在办理委托手续时应当明确代理权限。

刑事附带民事诉讼被告人是法人或其他组织的,代理律师除向法庭出示律师执业证书,提交律师事务所证明、委托书外,还需提交法定代表人身份证明等单位负责人身份证明、营业执照等证明单位存续的文书复印件。

第二百八十五条 刑事诉讼被告人的辩护律师可以接受委托,同时担任刑事附带民事诉讼被告人的诉讼代理人,但应当办理相应的委托手续。

第二百八十六条 代理律师根据案件情况,可以进行调查取证、申请鉴定;应当撰写答辩状,参加庭审,举证质证,进行辩论,发表代理意见;经被告人同意,提出反诉以及与对方和解。

第二百八十七条 刑事附带民事诉讼被告人对于一审判决刑事附带民事诉讼部分不服的,代理律师根据委托可以协助其提起上诉。

第十一章 简易程序的辩护工作

第二百八十八条 律师可以接受当事人、近亲属或其法定代理人的委托,担任辩护人,参与人民法院适用简易程序审理的案件。

第二百八十九条 辩护律师应当及时向被告人释明关于适用简易程序的法律规定及法律后果。对符合条件的案件,辩护律师经被告人同意,可以建议办案机关适用简易程序审理。

第二百九十条 辩护律师应当依据《刑事诉讼法》第二百一十四条、第二百一十五条的规定,审查适用简易程序是否符合法律规定。认为不应当适用简易程序的,应当及时提出异议,请求人民法院依法适用普通程序。

第二百九十一条 辩护律师办理适用简易程序审理的案件,在审判期间发现以下情形时,应当建议法庭转为普通程序审理:

(一)被告人或者同案其他被告人对适用简易程序有异议的;

(二)被告人的行为可能不构成犯罪的;

(三)辩护律师做无罪辩护的;

(四)案件事实不清、证据不足的;

(五)被告人可能不负刑事责任的;

(六)被告人是盲、聋、哑人,或者是尚未完全丧失辨认或者控制自己行为能力的精神病人的;

(七)被告人当庭对起诉书指控的犯罪事实予以否认的；

(八)共同犯罪案件中部分被告人不认罪的；

(九)有重大社会影响的；

(十)其他不应当适用简易程序的。

第二百九十二条 适用简易程序审理的公诉案件,辩护律师可以对有异议的证据进行质证;经审判人员许可,辩护律师可以同公诉人、诉讼代理人互相辩论。辩护律师可以主要围绕量刑以及其他有争议的问题进行法庭调查和法庭辩论。

第十二章 速裁程序的辩护工作

第二百九十三条 适用刑事速裁程序的案件,辩护律师应当在接受委托或指派之日起三个工作日内会见犯罪嫌疑人、被告人;审查起诉、审判期间,辩护律师应当在接受委托或指派之日起三个工作日内完成阅卷。

第二百九十四条 辩护律师认为案件符合刑事速裁程序适用条件时,经犯罪嫌疑人、被告人同意,可以建议人民检察院、人民法院按刑事速裁程序办理。

第二百九十五条 辩护律师在会见犯罪嫌疑人、被告人时,应当告知犯罪嫌疑人、被告人刑事速裁程序的内容和要求,选择刑事速裁程序对其诉讼权利及实体权益带来的后果,包括承认指控的犯罪事实、同意人民检察院的量刑建议、签署具结书、起诉书简化、由审判员一人独任审判、开庭时一般不进行法庭调查和法庭辩论、审理期限及送达期限等缩短、开庭时被告人有最后陈述的权利,速裁程序案件将当庭宣判等。

辩护律师应当全面了解犯罪嫌疑人、被告人的意愿,确保其真实、自愿认罪并选择速裁程序。

第二百九十六条 犯罪嫌疑人、被告人自愿认罪,同意适用刑事速裁程序,且辩护律师经全面审查后也同意适用刑事速裁程序时,辩护律师则不再做无罪辩护。

辩护律师认为犯罪嫌疑人、被告人无罪、不构成犯罪、不应当追究刑事责任或发现犯罪嫌疑人、被告人认罪认罚系因受到暴力、威胁、引诱、欺骗等非法原因而违背意愿形成的,或在认知能力和精神状态不正常时形成的,应当对刑事速裁程序提出异议,并提交书面意见和相关的证据材料。

第二百九十七条 辩护律师办理适用速裁程序审理的案件,在审判期间发现以下情形时,应当建议不适用速裁程序:

(一)被告人是盲、聋、哑人,或者是尚未完全丧失辨认或者控制自己行为能力的精神病人的；

(二)被告人是未成年人的；

(三)案件有重大社会影响的；

(四)共同犯罪案件中部分被告人对指控的犯罪事实、罪名、量刑建议或者适用速裁程序有异议的;

(五)被告人与被害人或者其法定代理人没有就附带民事诉讼赔偿等事项达成调解或者和解协议的;

(六)辩护律师拟做无罪辩护的;

(七)其他不宜适用速裁程序办理的案件。

第二百九十八条 辩护律师办理适用刑事速裁程序案件时,应当积极为犯罪嫌疑人、被告人申请取保候审、监视居住,参与犯罪嫌疑人签署具结书的过程,根据授权参与同被害人及其亲属的和解过程。

第二百九十九条 适用速裁程序审理的公诉案件,法官决定不进行法庭调查、法庭辩论的,辩护律师仍然应当庭发表意见。

第十三章 认罪认罚案件的辩护工作

第三百条 认罪认罚案件犯罪嫌疑人、被告人委托律师或者法律援助机构指派律师为其辩护的,辩护律师在侦查、审查起诉和审判阶段,应当与犯罪嫌疑人、被告人就是否认罪认罚进行沟通,提供法律咨询和帮助,并就定罪量刑、诉讼程序适用等向办案机关提出意见。

辩护律师应当向犯罪嫌疑人、被告人具体介绍认罪认罚的法律规定,重点包括以下内容:

(一)"认罪",是指犯罪嫌疑人、被告人自愿如实供述自己的罪行,对指控的犯罪事实没有异议;

(二)"认罚",是指犯罪嫌疑人、被告人真诚悔罪,愿意接受处罚;

(三)被告人认罪认罚的,可以依照《刑事诉讼法》第十五条的规定,在程序上从简、实体上从宽处理。犯罪嫌疑人、被告人认罪认罚后是否从宽,由司法机关根据案件具体情况决定;

(四)认罪认罚案件适用于刑事速裁程序、简易程序及普通程序;

(五)犯罪嫌疑人、被告人有程序选择权及选择不同程序相应的法律权利及后果;

(六)犯罪嫌疑人、被告人依法享有辩护权和其他诉讼权利,有权获得有效法律帮助;

(七)法律规定不适用认罪认罚程序的情形。

犯罪嫌疑人、被告人是未成年人或者不能完全辨认自己行为能力的精神病人的,辩护律师还应当向其法定代理人、监护人介绍认罪认罚有关程序和法律规定。

第三百零一条 适用认罪认罚的案件,辩护律师应当全面阅卷,了解案情,认真审核犯罪嫌疑人、被告人被指控的事实是否构成犯罪,是否需要追究刑事责任,以及犯罪嫌疑人、被告人认罪认罚是否出于自愿,有无受到暴力、威胁、引诱等非法取证等情况,其认罪认罚意愿是否在认知能力和精神状态正常时形成,及时为犯罪嫌疑人、被告人提供法律咨询和建议。

第三百零二条 在侦查过程中,辩护律师可以与侦查机关商讨犯罪嫌疑人认罪认罚问题。犯罪嫌疑人自愿认罪认罚的,辩护律师应当及时告知侦查机关。辩护律师应当提示侦查机关在移送审查起诉意见书中写明犯罪嫌疑人自愿认罪认罚的情况。

第三百零三条 在审查起诉过程中,辩护律师应当积极参与犯罪嫌疑人与检察机关的认罪认罚协商、诉讼程序的选择、量刑建议以及具结书的签署等活动,提示检察机关在起诉书中写明被告人认罪认罚的情况、量刑建议,并移送具结书等相关材料。

辩护律师应当核实检察机关对认罪认罚听取意见过程、签署具结书等诉讼活动是否进行同步录音录像。辩护律师对认罪认罚自愿性、真实性、合法性提出异议或者有疑问的,可以依法向人民检察院申请出示或者向人民法院申请调阅该同步录音录像。

第三百零四条 在审判期间,辩护律师应当重点开展以下辩护工作:

(一)核实被告人认罪认罚的自愿性和认罪认罚具结书的合法性,并向人民法院提出意见;

(二)核实案件是否依法应当适用速裁程序或简易程序,并提出意见;对于不应当适用速裁程序或简易程序审理的,应及时向人民法院提出变更程序;

(三)通过核实犯罪事实、当事人认罪认罚的具体情况,结合相关犯罪的法定刑、类似案件的刑罚适用等情况,认为人民检察院量刑过高的,可以向人民法院提出量刑意见并提请人民法院建议人民检察院调整量刑建议,最大限度地为被告人争取减轻、从轻处罚,包括主刑和附加刑;

(四)从有利于被告人角度向人民法院提出涉案财物的处理意见。

第三百零五条 在办理认罪认罚案件中,辩护律师如发现存在刑讯逼供、暴力取证或者徇私枉法等情况的,应当及时告知办案机关,终止认罪认罚程序。

第三百零六条 在认罪认罚案件中,辩护律师应当特别重视关于强制措施的辩护工作。对被羁押的犯罪嫌疑人、被告人在侦查期间、审查起诉期间、审判期间,均应当积极提出没有社会危险性,应当准予取保候审或者监视居住的意见。积极向人民检察院提出羁押必要性审查申请,促使办案机关依法对当事人改变强制措施。

第三百零七条 在办理认罪认罚案件中,辩护律师可积极建议和参与同被害人及其家属的和解协商,争取被害人方面的谅解,同时告知当事人可能存在的法律风险。犯罪嫌疑人、被告人已与被害方达成和解协议、调解协议或者赔偿被害方损失,取得被害方谅解,辩护律师应当及时提交相关材料,申请变更强制措施、提交不予起诉的法律意见。

对符合当事人和解程序适用条件的认罪认罚案件,辩护律师应当建议办案机关积极促进当事人自愿达成和解。对其他认罪认罚案件,辩护律师可以建议办案机关促进犯罪嫌疑人、被告人通过向被害方赔偿损失、赔礼道歉等方式获得谅解。

第三百零八条 在办理认罪认罚案件中,辩护律师应当关注犯罪嫌疑人、被告人财产被查封、扣押、冻结的情况。对于查封、扣押、冻结措施不当的,应当及时向办案机关提出,要求纠正。

第三百零九条 犯罪嫌疑人、被告人认罪认罚后又表示反悔的,辩护律师应当及时了解情况并告知办案机关。并应当将有关法律后果告知犯罪嫌疑人、被告人及其委托人,可以制作笔录予以载明。

第三百一十条 值班律师应当维护犯罪嫌疑人、被告人的合法权益,确保犯罪嫌疑人、被告人在充分了解认罪认罚性质和法律后果的情况下,自愿认罪认罚。

第三百一十一条 值班律师应当为认罪认罚的犯罪嫌疑人、被告人提供下列法律帮助:

(一)提供法律咨询,包括告知涉嫌或指控的罪名、相关法律规定,认罪认罚的性质和法律后果等;

(二)提出程序适用的建议;

(三)帮助申请变更强制措施;

(四)对人民检察院认定罪名、量刑建议提出意见;

(五)就案件处理,向人民法院、人民检察院、公安机关提出意见;

(六)引导、帮助犯罪嫌疑人、被告人及其近亲属申请法律援助;

(七)法律法规规定的其他事项。

第十四章 死刑复核案件的辩护工作

第三百一十二条 律师可以接受案件当事人及其近亲属的委托、法律援助机构的指派,担任死刑立即执行案件和死刑缓期执行案件的被告人的辩护律师。

第三百一十三条 辩护律师办理死刑复核案件,可以约见被告人的近亲属及其他人了解案件情况,可以要求被告人的近亲属提供相关的案件材料,可以到人民法院复制案卷材料,也可以向原承办律师请求提供案卷材料等,案件原承办律师应当给予工作上的便利和必要的协助。必要时,可以依法收集和调取新的证据。

第三百一十四条 辩护律师办理死刑复核案件,应当按照下列情形分别开展工作:

(一)中级人民法院判处死刑缓期执行的第一审案件,被告人未上诉、人民检察院未抗诉的,辩护律师应当在上诉、抗诉期满后,高级人民法院核准期间内,向高级人民法院提交委托手续和书面辩护意见;

(二)中级人民法院判处死刑立即执行的第一审案件,被告人未上诉、人民检察院未抗诉的,辩护律师应当在上诉、抗诉期满后,高级人民法院复核期间内,向高级人民法院提交委托手续和书面辩护意见。高级人民法院同意判处死刑立即执行的,辩护律师应当在其作出裁定后,最高人民法院复核期间内,向最高人民法院提交委托手续和书面辩护意见;

(三)中级人民法院判处死刑立即执行的第一审案件,被告人上诉或者人民检察院抗诉,高级人民法院裁定维持的,辩护律师应当在收到裁定后、最高人民法院复核期间内,向最高人民法院提交委托手续和书面辩护意见;

(四)高级人民法院判处死刑立即执行的第一审案件,被告人未上诉、人民检察院未抗诉的,辩护律师应当在上诉、抗诉期满后,向最高人民法院提交委托手续和书面辩护意见;

(五)对最高人民法院的复核死刑案件,接受指派的律师应当在接受指派之日起十日内,通过传真或寄送等方式,将法律援助手续提交最高人民法院。并在接受指派后,尽快提交书面辩护意见或者当面反映辩护意见。

第三百一十五条 辩护律师办理死刑复核案件,应当认真查阅案卷材料,重点审查以下内容并提出相应的辩护意见:

(一)被告人涉嫌犯罪时的年龄、被告人有无刑事责任能力、审判时是否系怀孕的妇女、审判时是否年满七十五周岁;

(二)原判认定的事实是否清楚,证据是否确实、充分,是否已经排除合理怀疑;原判适用法律有无错误,量刑是否过重;

(三)犯罪情节、后果及危害程度;

(四)复核期间是否出现新的影响定罪量刑的事实、证据;

(五)原判适用法律是否正确,是否必须判处死刑立即执行;

(六)有无法定、酌定从轻或者减轻处罚的情节,包括自首、立功、从犯、被告人认罪悔罪表现、被害人有无过错、是否赔偿被害人、被害人是否表示谅解等;

(七)诉讼程序是否合法,有无影响公正审判的情形;

(八)其他应当审查的情况。

第三百一十六条 在死刑复核期间,辩护律师除应当向合议庭提交书面辩护意见外,还可以依法约见合议庭成员当面陈述辩护意见。

第三百一十七条 在死刑复核期间,辩护律师会见被告人时,除与被告人核实相关事实、证据外,还应当告知其如有检举、揭发重大案件等立功表现的,可以从轻或减轻处罚;辩护律师知悉被告人有检举、揭发的情形,应当及时形成书面材料,报请原审人民法院或复核人民法院调查核实。

第三百一十八条 在死刑复核期间,辩护律师发现新的或者遗漏可能导致无罪、罪轻、从轻、减轻、免除处罚的事实或证据,应当及时形成书面材料,连同该证据向原审人民法院或复核人民法院提供并请求调查核实。

第十五章 未成年人案件的辩护和代理工作

第三百一十九条 律师可以接受未成年当事人及其法定代理人、近亲属的委托或接受法律援助机构的指派,担任未成年人的辩护律师。

第三百二十条 辩护律师办理未成年人案件,应当充分注意未成年人的身心特点及应当与成年人分别关押、分别管理、分别教育,未成年人慎用逮捕措施等依法享有的特殊权利。

第三百二十一条　辩护律师应当对涉案未成年人的资料予以保密,不得以任何方式公开或者传播,包括涉案未成年人的姓名、住所、照片、图像及可能推断出该未成年人身份的其他资料等。

第三百二十二条　律师担任未成年人的辩护人,应当重点审查以下内容并提出相应的辩护意见:

(一)未成年人实施被指控的犯罪行为时是否已满十二周岁、十四周岁、十六周岁、十八周岁;

(二)讯问和开庭时,是否通知未成年人的法定代理人到场;法定代理人因无法通知或其他情况不能到场的,是否有合适成年人到场;

(三)讯问女性未成年人,是否有女性工作人员在场;

(四)是否具备不逮捕条件,包括罪行较轻,具备有效监护条件或者社会帮教措施,没有社会危险性或者社会危险性较小,不逮捕不致妨害诉讼正常进行;

(五)人民法院决定逮捕,是否依法讯问了未成年被告人,是否听取辩护律师的意见;对被逮捕且没有完成义务教育的未成年被告人,人民法院是否制定了保证其接受义务教育的措施;

(六)人民法院决定适用简易程序审理的,是否征求了未成年被告人及其法定代理人和律师的意见;

(七)在法庭上,是否存在未成年被告人人身危险性不大,不可能妨碍庭审活动而被使用械具的情况;

(八)在讯问和法庭审理过程中,是否保护了未成年人的人格尊严,是否对未成年被告人诱供、训斥、讽刺或者威胁等情形;

(九)被告人是否属于被指控的犯罪发生时不满十八周岁、人民法院立案时不满二十周岁等应当由少年法庭审理的情形等。

第三百二十三条　辩护律师根据案件需要,可以对未成年人的性格特点、家庭情况、社会交往、成长经历、犯罪原因、犯罪前后的表现、监护教育等情况,依法进行调查并制作调查报告提交办案机关。

辩护律师根据案件需要,也可以申请司法机关对未成年人进行社会调查并制作调查报告。

第三百二十四条　未成年犯罪嫌疑人具备有效监护条件或者社会帮教措施,具有下列情形之一,不逮捕不致妨害诉讼正常进行的,辩护律师应当向人民检察院、人民法院提出不予批准逮捕或不予逮捕的意见:

(一)初次犯罪、过失犯罪的;

(二)犯罪预备、中止、未遂的;

(三)防卫过当、避险过当的;

(四)有自首或者立功表现的;

(五)犯罪后如实交代罪行,真诚悔罪,积极退赃,尽力减少和赔偿损失,被害人谅解的;

(六)不属于共同犯罪的主犯或者集团犯罪中的首要分子的;

(七)属于已满十二周岁不满十六周岁的未成年人或者系在校学生的;

(八)其他可以不批准逮捕的情形。

第三百二十五条　未成年人被逮捕后,辩护律师应当根据案件情况,依据《刑事诉讼法》第九十五条的规定,及时向人民检察院提出羁押必要性审查的申请。

第三百二十六条　辩护律师办理未成年人案件过程中,发现采取强制措施不当的,应当依据《刑事诉讼法》第九十六条的规定,及时向办案机关提出变更或撤销强制措施的申请。

第三百二十七条　在审查起诉期间,辩护律师可以向人民检察院提出辩护意见。

辩护律师认为未成年犯罪嫌疑人符合《刑事诉讼法》第二百八十二条第一款规定条件的,应当向人民检察院建议作出附条件不起诉的决定。

未成年犯罪嫌疑人及其法定代理人对人民检察院决定附条件不起诉有异议的,辩护律师应当依据《刑事诉讼法》第二百八十二条第三款的规定,协助其及时提出异议。

附条件不起诉考验期满后,辩护律师应当申请人民检察院作出不起诉决定。

第三百二十八条　审查起诉期间,辩护律师认为未成年犯罪嫌疑人具有下列情形之一的,应当向检察机关提出不起诉的意见:

(一)未成年犯罪嫌疑人没有犯罪事实;

(二)未成年犯罪嫌疑人符合《刑事诉讼法》第十六条规定的情形之一;

(三)未成年犯罪嫌疑人犯罪情节轻微,依照刑法规定不需要判处刑罚或者免除刑罚的;

(四)经一次或二次补充侦查的未成年人犯罪案件,仍然证据不足,不符合起诉条件的。

第三百二十九条　辩护律师可以根据案件情况,向法庭提供有关未成年被告人能够获得监护、帮教以及对所居住社区无重大不良影响的书面材料,提出对未成年被告人判处管制、缓刑等量刑建议。

第三百三十条　开庭前和休庭时,辩护律师可以建议法庭安排未成年被告人与其法定代理人或者《刑事诉讼法》第二百八十一条规定的其他成年亲属、代表会见。

第三百三十一条　符合《刑事诉讼法》第二百八十六条规定的案件,辩护律师应当要求司法机关对相关犯罪记录予以封存。辩护律师复制的档案也应当封存。

第三百三十二条　办理未成年人刑事案件,除本节特别规定的以外,适用本指引的有关规定。

第三百三十三条　被害人是未成年人的刑事案件,适用本章的有关规定。

第十六章　当事人和解的公诉案件的辩护和代理工作

第三百三十四条　律师办理符合《刑事诉讼法》第二百八十八条规定的公诉案件,可以建议当事人自行和解或向办案机关提出和解申请。

第三百三十五条　律师可以参与促成双方当事人和解,并告知当事人。

双方当事人自行和解的,可以协助其制作书面文件提交办案机关审查,或者提请办案机关主持制作和解协议书。

第三百三十六条　律师应当告知当事人,公诉案件的和解可以作为从宽处理的依据。

双方当事人在侦查、审查起诉期间达成和解的,律师可以提请办案机关向下一诉讼程序办案机关出具从宽处理建议书。

对于犯罪情节轻微的,不需要判处刑罚的,辩护律师可以提请人民检察院作出不起诉决定。已经起诉的,可以建议人民法院免予刑事处罚。

第三百三十七条　律师参与当事人和解的公诉案件,对和解协议中的赔偿损失内容,双方当事人要求保密的,不得以任何方式公开。

第十七章　缺席审判案件的辩护工作

第三百三十八条　人民法院缺席审判案件,律师可以接受被告人及其近亲属委托,或接受法律援助机构指派,担任辩护人。在境外委托的,应依照有关规定对授权委托进行公证、认证。

第三百三十九条　辩护律师应审查案件是否符合《刑事诉讼法》第二百九十一条、第二百九十六条的规定,对于不属于法律规定的缺席审判情形的,可依法提出异议。

第三百四十条　辩护律师应审查案件的管辖是否符合《刑事诉讼法》第二百九十一条之规定,对于审理法院不符合规定的,可依法提出管辖异议。

第三百四十一条　辩护律师应审查人民法院是否在开庭前通过有关国际条约规定的或者外交途径提出的司法协助方式,或者被告人所在地法律允许的其他方式,将传票和人民检察院的起诉书副本送达被告人,如果未送达的,可依法提出异议。对未向被告人近亲属送达起诉书副本的,也可依法提出异议。

第十八章　违法所得没收程序的代理工作

第三百四十二条　在犯罪嫌疑人、被告人逃匿、死亡案件违法所得的没收程序中,律师可以接受犯罪嫌疑人、被告人的近亲属或犯罪嫌疑人、被告人的近亲属以外的、对申请没收的财产主张权利的自然人和单位等其他利害关系人的委托担任诉讼代理人。

当事人在境外委托的,应依照有关规定对授权委托进行公证、认证。

第三百四十三条　律师接受犯罪嫌疑人、被告人的近亲属委托的,应当协助其收集、整理、提交与犯罪嫌疑人、被告人关系的证明材料。

律师接受利害关系人委托的,应当协助其收集、整理、提交其对申请没收的财产有权利进行主张的证据材料。

委托人在公告期满后申请参加诉讼的,律师应当协助其说明合理原因。

第三百四十四条 律师接受委托后,应当重点审查以下内容并提出相应的代理意见:

(一)犯罪嫌疑人、被告人是否实施了贪污贿赂犯罪、恐怖活动犯罪等重大犯罪后逃匿且在通缉一年后不能到案;没收违法所得申请是否符合"有证据证明有犯罪事实"标准;

(二)犯罪嫌疑人、被告人是否死亡;

(三)是否属于依法应当追缴的违法所得及其他涉案财产;

(四)是否符合法律关于管辖的规定;

(五)违法所得及其他涉案财产的种类、数量、所在地及相关证据材料;

(六)查封、扣押、冻结违法所得及其他涉案财产的清单和相关法律手续;

(七)委托人是否在六个月公告期内提出申请等。

第三百四十五条 律师接受利害关系人委托的,可以依照《刑事诉讼法》第二百九十九条第三款的规定,要求人民法院开庭审理;律师接受犯罪嫌疑人、被告人近亲属委托的,可以申请人民法院开庭审理。

第三百四十六条 律师作为诉讼代理人参加申请没收违法所得案件的开庭审理,在法庭主持下,按照下列程序进行:

(一)在检察员宣读申请书后,发表意见;

(二)对检察员出示的有关证据,发表质证意见,并可以出示相关证据;

(三)法庭辩论期间,在检察员发言后,发表代理意见并进行辩论。

第三百四十七条 对没收违法所得的裁定,律师可以接受犯罪嫌疑人、被告人的近亲属和其他利害关系人的委托,提出上诉。

第十九章 强制医疗程序的代理工作

第三百四十八条 强制医疗案件,律师可以接受被申请人、被告人及其法定代理人、近亲属的委托担任诉讼代理人或接受法律援助机构的指派担任诉讼代理人。

第三百四十九条 律师接受委托后,应当重点审查以下内容并提出相应的代理意见:

(一)被申请人或者被告人是否实施了暴力行为,是否危害公共安全或者严重危害公民人身安全,社会危害性是否已经达到犯罪程度;

(二)被申请人或者被告人是否属于经法定程序鉴定依法不负刑事责任的精神病人;

(三)被申请人或者被告人是否有继续危害社会的可能等。

第三百五十条 律师参加强制医疗案件的开庭审理,在法庭主持下,按照下列程序进行:

(一)在检察员宣读申请书后,发表意见;

(二)对检察员出示的有关证据,发表质证意见,并可以出示相关证据,必要时,可以申请法庭通知鉴定人出庭对鉴定意见作出说明;

(三)法庭辩论期间,在检察员发言后,发表代理意见并进行辩论。

第三百五十一条 被决定强制医疗的人、被害人及其法定代理人、近亲属对强制医疗决定不服的,律师可以接受其委托,自收到决定书第二日起五日内向上一级人民法院申请复议。

第三百五十二条 律师可以接受被强制医疗的人及其近亲属的委托,协助其向决定强制医疗的人民法院提出申请解除强制医疗。

提出申请的,应当提交对被强制医疗的人的诊断评估报告或申请人民法院调取。必要时,可以申请人民法院委托鉴定机构对被强制医疗的人进行鉴定。

第二十章 申诉案件的代理工作

第三百五十三条 当事人及其法定代理人、近亲属对已经发生法律效力的判决、裁定不服的,律师可以接受委托代理其向人民法院或者人民检察院提出申诉。

律师代理刑事申诉案件,罪犯仍在监狱服刑的,律师可根据司法部关于会见在押罪犯管理规定的程序和所需手续向监狱机关提出会见在押罪犯的请求,会见过程中听取其对生效判决、裁定的意见,也可以与在押罪犯通信。

第三百五十四条 律师认为申诉符合下列情形之一的,可以申请人民法院提起再审程序,也可以提请人民检察院抗诉:

(一)有新的证据证明原判决、裁定认定的事实确有错误,可能影响定罪量刑的;

(二)据以定罪量刑的证据不确实、不充分、依法应当排除的;

(三)证明案件事实的主要证据之间存在矛盾的;

(四)主要事实依据被依法变更或者撤销的;

(五)认定罪名错误的;

(六)量刑明显不当的;

(七)对违法所得或者其他涉案财物的处理确有明显错误的;

(八)违反法律关于溯及力规定及其他适用法律错误的;

(九)违反法律规定的诉讼程序,可能影响公正裁判的;

（十）审判人员在审理该案件时有贪污受贿、徇私舞弊、枉法裁判行为的。

第三百五十五条 律师代理申诉案件,应当向原审终审人民法院提出申诉;

案件疑难、复杂、重大的,可以向终审人民法院的上一级人民法院提出申诉。

第三百五十六条 人民法院决定再审复查的,律师可以申请异地复查、查阅案卷、召开听证会,及时提出律师意见。

第三百五十七条 律师办理再审案件,应当按照本指引相关程序的规定进行辩护或代理,但应当另行办理委托手续。

第二十一章 减刑、假释案件的代理工作

第三百五十八条 正在服刑的罪犯自判决执行之日起,有权委托律师为其在减刑、假释程序中提供法律帮助。罪犯在押的,也可以由其监护人、近亲属代为委托。

第三百五十九条 律师在减刑、假释案件的办理过程中,需要根据事实和法律,提出罪犯减刑、假释方面的材料和意见,维护当事人的合法权益。

第三百六十条 律师在办理减刑、假释案件过程中,可以调取或向有关单位申请调取与罪犯减刑、假释有关的证据和材料;可以向刑罚执行机关申请同在押的罪犯会见和通信。

第三百六十一条 律师在办理减刑、假释案件时,对符合条件的罪犯,可以主动向刑罚执行机关提请减刑、假释的意见,或向人民检察院提出与罪犯减刑、假释相关的法律意见。

人民法院审理减刑、假释案件,律师可以申请参与,提出相应的法律意见。

第二十二章 权利救济与执业纪律

第一节 权利救济

第三百六十二条 律师参与刑事诉讼,依照《刑事诉讼法》及《律师法》的规定,在职责范围内依法享有知情权、申请权、申诉权,以及会见、阅卷、收集证据和发问、质证、辩论等方面的执业权利。任何机关不得阻碍律师依法履行辩护、代理职责,不得侵害律师合法权利。

第三百六十三条 律师认为办案机关及其工作人员有下列阻碍其依法行使执业权利、诉讼权利行为之一的,可以向同级或者上一级人民检察院申诉或者控告:

(一)对律师提出的回避要求不予受理或者对不予回避决定不服的复议申请不予受理的;

(二)未依法告知犯罪嫌疑人、被告人有权委托辩护律师的;

(三)未转达在押的或者被监视居住的犯罪嫌疑人、被告人委托辩护律师的要求的;

(四)应当通知而不通知法律援助机构为符合条件的犯罪嫌疑人、被告人或者被申请强制医疗的人指派律师提供辩护或者法律援助的;

(五)在规定时间内不受理、不答复辩护律师提出的变更强制措施申请或者解除强制措施要求的;

(六)未依法告知辩护律师犯罪嫌疑人涉嫌的罪名和案件有关情况的;

(七)违法限制辩护律师同在押、被监视居住的犯罪嫌疑人、被告人会见和通信的;

(八)违法不允许辩护律师查阅、摘抄、复制本案的案卷材料的;

(九)违法限制辩护律师收集、核实有关证据材料的;

(十)没有正当理由不同意辩护律师提出的收集、调取证据或者通知证人出庭作证的申请,或者不答复、不说明理由的;

(十一)未依法提交证明犯罪嫌疑人、被告人无罪或者罪轻的证据材料的;

(十二)未依法听取律师的意见的;

(十三)未依法将开庭的时间、地点及时通知律师的;

(十四)未依法向律师及时送达案件的法律文书或者及时告知案件移送情况的;

(十五)阻碍辩护人、诉讼代理人在法庭审理过程中依法行使诉讼权利的;

(十六)其他阻碍律师依法行使诉讼权利的行为等。

第三百六十四条 庭审参加人员侵犯被告人的权利的,审判人员未按法律规定的程序、方式进行审理的,律师可以向法庭指出并要求予以纠正,也可以向同级或者上一级人民检察院申诉、控告。

第三百六十五条 律师可以在庭审中对程序性问题提出意见或异议。法庭决定驳回的,律师可以当庭提出复议。经复议后,律师应当尊重法庭决定。律师坚持认为法庭决定不当的,可以提请法庭将其意见详细记入法庭笔录,作为上诉理由。休庭后,律师可以视违法情形向同级或者上一级人民检察院申诉、控告。

第三百六十六条 律师认为被训诫、被带出法庭理由不当的,可以向上级人民法院申诉,也可以向人民检察院控告。

第三百六十七条 律师向人民检察院提出申诉或者控告后,可以要求人民检察院在十日以内将处理情况作出书面答复。逾期不答复的,可以向上级人民检察院申诉或者控告。

第三百六十八条 律师认为办案机关及其工作人员阻碍其依法行使执业权利的,可以向有关司法行政机关、律师协会申请维护执业权利。情况紧急的,可以向事发地的司法行政机关、律师协会申请维护执业权利。

第三百六十九条 律师在执业过程中遇有以下情形,认为其执业权利受到侵犯的,可以向相关律师协会申请维护执业权利:

（一）知情权、申请权、申诉权、控告权，以及会见、通信、阅卷、收集证据和发问、质证、辩论、提出法律意见等合法执业权利受到限制、阻碍、侵害、剥夺的；

（二）受到侮辱、诽谤、威胁、报复、人身伤害的；

（三）在法庭审理过程中，被违反规定打断或者制止按程序发言的；

（四）法庭审理过程中，警告或者训诫违法或者违反规定的；

（五）被违反规定责令退出法庭或者强行带出法庭的；

（六）被非法关押、扣留、拘禁或者以其他方式限制人身自由的；

（七）其他妨碍依法履行辩护、代理职责，侵犯执业权利的。

第三百七十条 律师认为办案机关及其工作人员违反法律规定，阻碍律师依法履行辩护、代理职责，侵犯律师执业权利的，可以向办案机关或者其上一级机关投诉；向同级或者上一级人民检察院申诉、控告；向相关司法行政机关、律师协会申请维护执业权利；也可以向事发地司法行政机关、律师协会提出申请维护执业权利。

第二节 执业纪律

第三百七十一条 律师办理刑事案件，尽量着正装，维护刑事律师的职业形象。

律师以辩护人、诉讼代理人身份参与刑事庭审，应着律师袍和领巾。确因客观原因无法着律师袍的，应向法庭说明情况。

第三百七十二条 律师与办案机关及其工作人员接触交往，应当遵守法律及相关规定。

不得违反规定会见办案机关工作人员，向其行贿、许诺提供利益、介绍贿赂，指使、诱导当事人行贿，或者向其打探办案机关内部对案件的办理意见，承办其介绍的案件，利用与其的特殊关系，影响依法办理案件。

第三百七十三条 律师承办业务，应当引导当事人通过合法的途径、方式解决争议。

不得采取煽动、教唆和组织当事人或者其他人员到司法机关或者其他国家机关静坐、举牌、打横幅、喊口号、声援、围观等扰乱公共秩序、危害公共安全的非法手段，聚众滋事，制造影响，向有关部门施加压力。

第三百七十四条 律师应当依照法定程序履行职责，不得以下列不正当方式影响依法办理案件：

（一）未经当事人委托或者法律援助机构指派，以律师名义为当事人提供法律服务、介入案件，干扰依法办理案件；

（二）对本人或者其他律师正在办理的案件进行歪曲、有误导性的宣传和评论，恶意炒作案件；

（三）以串联组团、联署签名、发表公开信、组织网上聚集、声援等方式或者借个案研讨之名，制造舆论压力，攻击、诋毁司法机关和司法制度；

(四)违反规定披露、散布不公开审理案件的信息、材料,或者本人、其他律师在办案过程中获悉的有关案件重要信息、证据材料。

第三百七十五条 律师参与诉讼活动,应当遵守法庭纪律和相关规定,不得有下列妨碍、干扰诉讼活动正常进行的行为:

(一)无正当理由,拒不按照人民法院通知出庭参与诉讼,或者违反法庭规则,擅自退庭;

(二)聚众哄闹、冲击法庭,侮辱、诽谤、威胁、殴打司法工作人员或者诉讼参与人,或者有其他严重扰乱法庭秩序的行为;

(三)故意向司法机关提供虚假证据或者威胁、利诱他人提供虚假证据,妨碍对方当事人合法取得证据;

(四)法律规定的妨碍、干扰诉讼活动正常进行的其他行为。

第三百七十六条 律师应当按照有关规定接受业务,不得为争揽业务哄骗、唆使当事人提起诉讼,制造、扩大矛盾,影响社会稳定。

第三百七十七条 律师应当尊重同行,公平竞争。不得在司法机关、监管场所周边违规设立办公场所、张贴广告、散发广告、举牌等不正当手段承揽业务。

第三百七十八条 律师对在执业活动中知悉的委托人和其他人不愿泄露的有关情况和信息,应当予以保密。

第三百七十九条 律师当庭陈述意见应当尊重法庭,以理服人,尊重其他诉讼参与人。不得侮辱、诽谤、威胁他人,不得发表与案件无关的意见,不得发表危害国家安全、恶意诽谤他人、严重扰乱法庭秩序的言论。

第三百八十条 律师对案件公开发表言论,应当依法、客观、公正、审慎。

第三百八十一条 律师办理刑事案件应当遵守相关规定,违反执业纪律的相关内容,将由司法行政机关或律师协会按《律师法》《律师执业管理办法》及《律师协会会员违规行为处分规则(试行)》《律师和律师事务所违法行为处罚办法》进行行政处罚或行业处分。

第二十三章 附 则

第三百八十二条 本指引适用于重庆市律师承办刑事业务。对本指引理解与适用有争议的,由重庆市律师协会负责解释。

第三百八十三条 本指引参照中华全国律师协会《律师办理刑事案件规范》,结合本市实际制定,经重庆市律师协会第七届第四十一次会长办公会审议通过,自印发之日起施行。

4

立案实务指引[①]

第一部分 民事一审案件立案实务指南

一、起诉条件

根据《中华人民共和国民事诉讼法》第一百一十九条规定,起诉应当符合以下条件:

1. 提起诉讼的人,即原告是与本案有直接利害关系的公民、法人和其他组织[②];

2. 有明确的被告;

3. 有具体的诉讼请求和事实、理由,事实是指发生纠纷的简要过程,理由是指支持诉讼请求的事实和法律依据;

4. 案件属于人民法院受理民事诉讼的范围和受诉人民法院管辖。

二、确定管辖

民事一审案件确定是否属于本院管辖的一般步骤为:

1. 确定是否属于人民法院主管范围;

2. 确定是否属于受诉人民法院级别管辖;

3. 确定是否存在专门管辖或者集中管辖的情形;

4. 确定是否属于受诉人民法院地域管辖。确定地域管辖的优先级顺序是专属管辖>协议管辖>特殊地域管辖>一般地域管辖。

关于重庆各级人民法院第一审民商事案件管辖标准的相关规定,详见《民商事案件管辖指引》。

[①] 该指引发布于2021年11月。
[②] 法律有特别规定的除外。

三、材料清单

当事人提起民事一审诉讼的,应提交以下材料:

1. 起诉状正本和与被告及其他当事人人数相符的副本;

2. 证明原告主体资格的材料;

3. 具体明确的足以使被告与他人相区别的姓名或者名称、住所等信息;

4. 与诉讼请求相关的证据或者证明材料;

5. 委托起诉的,还应提交授权委托书、代理人身份证明等相关材料;

6. 送达地址确认书。

四、要点提示

1. 起诉状要点提示

(1)原告为自然人的,起诉状应载明姓名、性别、出生日期、民族、职业、工作单位、住所、联系方式、公民身份号码;

(2)原告为法人或者其他组织的,起诉状应载明法人或者其他组织的名称、住所地,法定代表人或者主要负责人的姓名、职务、联系方式;

(3)被告、第三人为自然人的,起诉状应载明姓名、性别、工作单位、住所等信息;

(4)被告、第三人为法人或者其他组织的,起诉状应载明法人或者其他组织的名称、住所地等信息;

(5)起诉状应有明确具体的诉讼请求,诉讼标的不明确、诉讼标的额无法确定的,视为诉讼请求不够具体;诉讼请求中主张财产性诉求的,应明确诉求金额。如主张利息的,应明确计算利息的本金金额、利息计算方法、利息计算期间、利息总金额;

(6)起诉状应有具体事实与理由,不得出现违反法律和政策的内容或者含有谩骂和人身攻击的言辞;

(7)起诉状落款处应有原告签章,原告为自然人的,应由原告本人签名(不会手写签名的可按捺指印代替),原告为法人或者其他组织的,应加盖公章;

(8)起诉状应注明起诉日期,该起诉日期与实际起诉日期不一致的,以接收起诉材料凭证上的签收日期为起诉日期。

2. 诉讼主体资格材料要点提示

(1)原告应提交与本案有直接利害关系的证明材料;

(2)原告为自然人的,应提交居民身份证复印件,并出示居民身份证原件以供核对,原告委托律师作为诉讼代理人代为立案的,诉讼代理人仅提交原告居民身份证复印件即可,无需提交原告居民身份证原件;

(3)原告为法人或者其他组织的,应提交加盖有公章的下列材料:营业执照复印件或者组织机构代码证复印件、法定代表人或者主要负责人身份证明书、法定代表人或者主要负责人居民身份证复印件;

(4)被告为自然人的,原告应提交其身份证明材料或者身份信息,可为居民身份证、驾驶证、军官证、护照、港澳通行证等复印件,并尽可能提供被告联系方式;难以提供上述材料或者信息的,通过其他证据

足以使被告区别于他人的,亦可视为有"明确的被告";

(5)被告为法人或者其他组织的,原告应提交其工商登记材料。

3.委托手续要点提示

原告委托诉讼代理人代为立案的,应提交授权委托书,并根据不同情况提交下列相关材料及复印件:

(1)律师应提交律师执业证、律师事务所证明材料;

(2)基层法律服务工作者应提交法律服务工作者执业证、基层法律服务所出具的介绍信以及当事人一方位于重庆市行政区划辖区内的证明材料①;

(3)当事人的近亲属应提交身份证件和与委托人有近亲属关系的证明材料,同时提交原告身份证原件以供核对;

(4)当事人的工作人员应提交身份证件和与当事人有合法劳动人事关系的证明材料,该证明材料可为劳动合同复印件、用人单位为其交纳社会保险费用手续或者其他能证明劳动人事关系的证明材料;

(5)当事人所在社区、单位推荐的公民应提交身份证件、推荐材料以及当事人和被推荐人均属于该社区、单位的证明材料;

(6)有关社会团体推荐的公民应提交身份证件和符合民事诉讼法司法解释第八十七条规定条件的证明材料。

授权委托书必须载明委托事项和委托权限。委托人对诉讼代理人的授权分为一般授权和特别授权。代理权限为特别授权的,应注明"代为承认、放弃、变更诉讼请求,进行和解,提出反诉或者提起上诉"等内容。仅写明"特别授权"但未注明上述内容的,告知当事人予以补正,当事人拒绝补正的,视为当事人对诉讼代理人的授权为一般授权。

法律、司法解释或上级法院对诉讼代理人资格有特别规定、特别要求的,按规定和要求执行。

4.证据材料要点提示

原告可仅提交证据复印件,必要时如在立案环节发现可能存在虚假诉讼、恶意诉讼的,应按照法院要求提交原件以供核对。

第二部分　行政一审案件立案实务指南

一、起诉条件

当事人提起行政一审诉讼的,应当符合以下条件:

---

① 《重庆市司法局关于调整基层法律服务工作者代理参加民事诉讼和行政诉讼活动辖区范围的通知》对我市基层法律服务工作者代理参加民事诉讼、行政诉讼活动的行政区划辖区范围进行了调整,其范围调整为:至少有一方当事人的住所(包括自然人户籍地、经常居所,法人、非法人组织主要办事机构所在地)位于重庆市行政区划辖区内。

1.提起诉讼的人,即原告是符合《中华人民共和国行政诉讼法》第二十五条规定的公民、法人或者其他组织;

2.有明确的被告;

3.有具体的诉讼请求和事实、理由,事实是指发生纠纷的简要过程,理由是指支持诉讼请求的事实和法律依据;

4.案件属于人民法院行政诉讼的受案范围和受诉人民法院管辖。

二、确定管辖

行政一审案件确定管辖的一般步骤为:

1.确定是否属于人民法院行政诉讼的受案范围

人民法院行政诉讼的受案范围是指人民法院受理行政案件、解决行政争议的案件范围。公民、法人或者其他组织对行政机关及其工作人员的行政行为不服,依法提起诉讼的,属于人民法院行政诉讼的受案范围,下列行为除外[①]:

(1)国防、外交等国家行为;

(2)行政法规、规章或者行政机关制定、发布的具有普遍约束力的决定、命令;

(3)行政机关对行政机关工作人员的奖惩、任免等决定;

(4)法律规定由行政机关最终裁决的行政行为;

(5)公安、国家安全等机关依照刑事诉讼法的明确授权实施的行为;

(6)调解行为以及法律规定的仲裁行为;

(7)行政指导行为;

(8)驳回当事人对行政行为提起申诉的重复处理行为;

(9)行政机关作出的不产生外部法律效力的行为;

(10)行政机关为作出行政行为而实施的准备、论证、研究、层报、咨询等过程性行为;

(11)行政机关根据人民法院的生效裁判、协助执行通知书作出的执行行为,但行政机关扩大执行范围或者采取违法方式实施的除外;

(12)上级行政机关基于内部层级监督关系对下级行政机关作出的听取报告、执法检查、督促履责等行为;

(13)行政机关针对信访事项作出的登记、受理、交办、转送、复查、复核意见等行为;

(14)对公民、法人或者其他组织权利义务不产生实际影响的行为。

2.确定是否属于受诉人民法院级别管辖

基层人民法院管辖第一审行政案件。

中级人民法院管辖下列第一审行政案件:

[①]《中华人民共和国行政诉讼法(2017修正)》第十三条、《最高人民法院关于适用〈中华人民共和国行政诉讼法〉的解释》第一条。

(1)对国务院部门或者县级以上地方人民政府所作的行政行为提起诉讼的案件;根据最高人民法院关于印发《关于完善四级法院审级职能定位改革试点的实施办法》的通知确定由基层人民法院管辖的以县级、地市级人民政府为被告的第一审行政案件[①](政府信息公开案件;不履行法定职责的案件;行政复议机关不予受理或者程序性驳回复议申请的案件;土地、山林等自然资源权属争议行政裁决案件)除外;

(2)海关处理的案件;

(3)本辖区内重大、复杂的案件;

(4)其他法律规定由中级人民法院管辖的案件。

高级人民法院管辖本辖区内重大、复杂的第一审行政案件。

最高人民法院管辖全国范围内重大、复杂的第一审行政案件。

3.确定是否存在跨行政区域集中管辖[②]的情形

根据《中华人民共和国行政诉讼法》第十八条第二款的规定,经最高人民法院批准,重庆市高级人民法院确定重庆市第三中级人民法院开展跨行政区域集中管辖行政案件改革,对重庆市第三中级人民法院辖区基层人民法院管辖的行政诉讼案件(环境资源类行政案件除外)的管辖法院予以调整:

(1)自2015年9月1日起,重庆市涪陵区人民法院跨行政区域管辖原由重庆市南川区人民法院、垫江县人民法院、丰都县人民法院管辖的行政诉讼案件;重庆市南川区人民法院跨行政区域管辖原由重庆市涪陵区人民法院、武隆县人民法院管辖的行政诉讼案件。非诉行政执行案件仍按现行方式管辖不变。

(2)自2015年9月1日起,垫江县人民法院、武隆县人民法院、丰都县人民法院不再受理行政诉讼案件。之前已立案但尚未审结的,继续审理;当事人已提交起诉材料但尚未立案的,继续审查、立案并审理。

4.确定是否属于受诉人民法院地域管辖

(1)行政案件由最初作出行政行为的行政机关所在地人民法院管辖。经复议的案件,也可以由复议机关所在地人民法院管辖;

(2)作出原行政行为的行政机关和复议机关为共同被告的,以作出原行政行为的行政机关确定案件的级别管辖;

(3)对限制人身自由的行政强制措施不服提起的诉讼,由被告所在地或者原告所在地人民法院管辖;

(4)因不动产提起的行政诉讼,由不动产所在地人民法院管辖。

三、材料清单

当事人提起行政一审诉讼的,应提交以下材料:

1.起诉状正本和与被告及其他当事人人数相符的副本;

2.证明原告主体资格的材料,原告应为行政行为的相对人以及其他与行政行为有利害关系的公民、法人或者其他组织;

---

① 依据:最高人民法院关于印发《关于完善四级法院审级职能定位改革试点的实施办法》的通知第二条。
② 《重庆市第三中级人民法院关于实施跨行政区域集中管辖行政案件的公告》。

3.具体明确的足以使被告与他人相区别的姓名或者名称、住所等信息;

4.与诉讼请求相关的证据或者证明材料;

5.委托起诉的,还应提交授权委托书、诉讼代理人身份证明等相关材料;

6.有证人的,载明证人的姓名、住所、联系方式等;

7.送达地址确认书。

四、要点提示

1.起诉状要点提示

参照民事一审起诉状要点提示。

2.原告资格要点提示

(1)提起行政诉讼的原告,应当是行政行为的相对人,或者与该行政行为有法律上利害关系的公民、法人和其他组织;

(2)有权提起诉讼的公民死亡,其近亲属可以提起诉讼;

(3)有权提起诉讼的法人或者其他组织终止,承受其权利的法人或者其他组织可以提起诉讼;

(4)原告为自然人的,应提交居民身份证件复印件,如果原告委托律师作为诉讼代理人代为立案的,仅提交原告居民身份证复印件即可,无须提交原告居民身份证原件;

(5)原告为法人或者其他组织的,应提交加盖公章的下列材料:营业执照复印件或者组织机构代码证复印件、法定代表人或者主要负责人身份证明书、法定代表人或者主要负责人居民身份证复印件。

3.被告主体资格要点提示

(1)作出行政行为的行政机关是被告;

(2)经复议的案件,复议机关决定维持原行政行为的,作出原行政行为的行政机关和复议机关是共同被告;复议机关改变原行政行为的,复议机关是被告;

(3)复议机关在法定期限内未作出复议决定,公民、法人或者其他组织起诉原行政行为的,作出原行政行为的行政机关是被告;起诉复议机关不作为的,复议机关是被告;

(4)两个以上行政机关作出同一行政行为的,共同作出行政行为的行政机关是共同被告;

(5)行政机关委托的组织所作的行政行为,委托的行政机关是被告;

(6)行政机关被撤销或者职能变更的,继续行使其职权的行政机关是被告。

4.县级以上地方人民政府的行政诉讼被告资格认定要点提示[①]

(1)法律、法规、规章规定属于县级以上地方人民政府职能部门的行政职权,县级以上地方人民政府通过听取报告、召开会议、组织研究、下发文件等方式进行指导,公民、法人或者其他组织不服县级以上地方人民政府的指导行为提起诉讼的,人民法院应当释明,告知其以具体实施行政行为的职能部门为被告;

(2)县级以上地方人民政府根据城乡规划法的规定,责成有关职能部门对违法建筑实施强制拆除,公

[①] 依据:《最高人民法院关于正确确定县级以上地方人民政府行政诉讼被告资格若干问题的规定》。

民、法人或者其他组织不服强制拆除行为提起诉讼,人民法院应当根据行政诉讼法第二十六条第一款的规定,以作出强制拆除决定的行政机关为被告;没有强制拆除决定书的,以具体实施强制拆除行为的职能部门为被告;

(3)公民、法人或者其他组织对集体土地征收中强制拆除房屋等行为不服提起诉讼的,除有证据证明系县级以上地方人民政府具体实施外,人民法院应当根据行政诉讼法第二十六条第一款的规定,以作出强制拆除决定的行政机关为被告;没有强制拆除决定书的,以具体实施强制拆除等行为的行政机关为被告;

县级以上地方人民政府已经作出国有土地上房屋征收与补偿决定,公民、法人或者其他组织不服具体实施房屋征收与补偿工作中的强制拆除房屋等行为提起诉讼的,人民法院应当根据行政诉讼法第二十六条第一款的规定,以作出强制拆除决定的行政机关为被告;没有强制拆除决定书的,以县级以上地方人民政府确定的房屋征收部门为被告;

(4)公民、法人或者其他组织向县级以上地方人民政府申请履行法定职责或者给付义务,法律、法规、规章规定该职责或者义务属于下级人民政府或者相应职能部门的行政职权,县级以上地方人民政府已经转送下级人民政府或者相应职能部门处理并告知申请人,申请人起诉要求履行法定职责或者给付义务的,以下级人民政府或者相应职能部门为被告;

(5)县级以上地方人民政府确定的不动产登记机构或者其他实际履行该职责的职能部门按照《不动产登记暂行条例》的规定办理不动产登记,公民、法人或者其他组织不服提起诉讼的,以不动产登记机构或者实际履行该职责的职能部门为被告;

公民、法人或者其他组织对《不动产登记暂行条例》实施之前由县级以上地方人民政府作出的不动产登记行为不服提起诉讼的,以继续行使其职权的不动产登记机构或者实际履行该职责的职能部门为被告;

(6)县级以上地方人民政府根据《中华人民共和国政府信息公开条例》的规定,指定具体机构负责政府信息公开日常工作,公民、法人或者其他组织对该指定机构以自己名义所作的政府信息公开行为不服提起诉讼的,以该指定机构为被告。

5.起诉期限要点提示

(1)当事人直接向人民法院提起诉讼的,应当自知道或者应当知道作出行政行为之日起六个月内提出。因不动产提起诉讼的案件自行政行为作出之日起超过二十年,其他案件自行政行为作出之日起超过五年提起诉讼的,人民法院不予受理;

当事人不知道行政机关作出的行政行为内容的,其起诉期限从知道或者应当知道该行政行为内容之日起计算,但最长不得超过前款规定的起诉期限;

(2)当事人申请行政机关履行保护其人身权、财产权等合法权益的法定职责,行政机关在接到申请之日起两个月内不履行的,公民、法人或者其他组织可以向人民法院提起诉讼,但应当在行政机关履行法定职责期限届满之日起六个月内提出；

公民、法人或者其他组织在紧急情况下请求行政机关履行保护其人身权、财产权等合法权益的法定职责，行政机关不履行的，提起诉讼不受前款规定的两个月期间的限制；

(3)行政机关作出行政行为时，没有制作或者没有送达法律文书，当事人只要能证明行政行为存在，并在法定期限内起诉的，人民法院应当依法立案；

行政机关作出行政行为时，未告知当事人起诉期限的，起诉期限从当事人知道或者应当知道起诉期限之日起计算，但从知道或者应当知道行政行为内容之日起最长不得超过一年；

复议决定未告知当事人起诉期限的，适用前款规定。

(4)公民、法人或者其他组织因不可抗力或者其他不属于其自身的原因耽误起诉期限的，被耽误的时间不计算在起诉期限内；

公民、法人或者其他组织因前款规定以外的其他特殊情况耽误起诉期限的，在障碍消除后十日内，可以申请延长期限，是否准许由人民法院决定。

5.委托手续要点提示

参照民事一审案件委托手续要点提示。

6.证据材料要点提示

原告应提交被诉行政行为存在或者被告未履行法定职责的材料。原告可仅提交证据复印件，必要时如在立案环节发现可能存在虚假诉讼、恶意诉讼的，应按照法院要求提交原件以供核对。

第三部分　刑事自诉案件立案实务指南

一、受理范围

人民法院刑事自诉案件的受理范围[①]：

1.告诉才处理的案件：

(1)侮辱、诽谤案(刑法第二百四十六条规定的，但严重危害社会秩序和国家利益的除外)；

(2)暴力干涉婚姻自由案(刑法第二百五十七条第一款规定的)；

(3)虐待案(刑法第二百六十条第一款规定的，但被害人没有能力告诉或者因受到强制、威吓无法告诉的除外)；

(4)侵占案(刑法第二百七十条规定的)。

2.人民检察院没有提起公诉，被害人有证据证明的轻微刑事案件：

[①] 依据：《中华人民共和国刑事诉讼法(2018修正)》第二百一十条、《最高人民法院关于适用〈中华人民共和国刑事诉讼法〉的解释(2021)》第一条规定。

(1)故意伤害案(刑法第二百三十四条第一款规定的);

(2)非法侵入住宅案(刑法第二百四十五条规定的);

(3)侵犯通信自由案(刑法第二百五十二条规定的);

(4)重婚案(刑法第二百五十八条规定的);

(5)遗弃案(刑法第二百六十一条规定的);

(6)生产、销售伪劣商品案(刑法分则第三章第一节规定的,但严重危害社会秩序和国家利益的除外);

(7)侵犯知识产权案(刑法分则第三章第七节规定的,但严重危害社会秩序和国家利益的除外);

(8)刑法分则第四章、第五章规定的,可能判处三年有期徒刑以下刑罚的案件。

本项规定的案件,被害人直接向人民法院起诉的,人民法院应当依法受理。对其中证据不足,可以由公安机关受理的,或者认为对被告人可能判处三年有期徒刑以上刑罚的,应当告知被害人向公安机关报案,或者移送公安机关立案侦查。

3.被害人有证据证明对被告人侵犯自己人身、财产权利的行为应当依法追究刑事责任,且有证据证明曾经提出控告,而公安机关或者人民检察院不予追究被告人刑事责任的案件。

二、受理条件

人民法院受理自诉案件必须符合下列条件[①]:

1.被害人告诉或代为告诉:

刑事自诉案件的自诉人应当是本案的被害人。如果被害人死亡、丧失行为能力或者因受强制、威吓等无法告诉,或者是限制行为能力人以及因年老、患病、盲、聋、哑等不能亲自告诉,其法定代理人、近亲属告诉或者代为告诉的,人民法院应当依法受理。

被害人的法定代理人、近亲属告诉或者代为告诉,应当提供与被害人关系的证明和被害人不能亲自告诉的原因的证明。

2.有明确的被告人、具体的诉讼请求和证明被告人犯罪事实的证据;

3.符合人民法院受理刑事自诉案件的范围;

4.属于受诉人民法院管辖。

三、确定管辖

刑事自诉案件的管辖适用刑事诉讼法及其司法解释中关于公诉案件管辖问题的规定。

刑事案件由犯罪地的人民法院管辖。如果由被告人居住地的人民法院审判更为适宜的,可以由被告人居住地的人民法院管辖。

犯罪地包括犯罪行为地和犯罪结果地。

被告人为自然人的,被告人的户籍地为其居住地。经常居住地与户籍地不一致的,经常居住地为其

[①] 参考:《最高人民法院关于适用〈中华人民共和国刑事诉讼法〉的解释(2021)》第二百五十九条规定。

居住地。经常居住地为被告人被追诉前已连续居住一年以上的地方,但住院就医的除外。

被告人为单位的,被告单位登记的住所地为其居住地。主要营业地或者主要办事机构所在地与登记的住所地不一致的,主要营业地或者主要办事机构所在地为其居住地。

几个同级人民法院都有权管辖的案件,由最初受理的人民法院审判。在必要的时候,可以移送主要犯罪地的人民法院审判。

四、材料清单

当事人提起刑事自诉的,应提交以下材料:

1. 刑事自诉状正本和与被告人人数相符的副本;

2. 刑事自诉人(或代为告诉人)、被告人身份证明材料;

3. 证明被告人犯罪事实及犯罪后果的相关证据;

4. 委托刑事自诉的,还应提交授权委托书、代理人身份证明等相关材料;

5. 刑事自诉人根据刑事诉讼法第二百零四条第(三)项规定提起刑事自诉的,应当提交其曾提出控告、公安机关或者检察机关不予追究被告人刑事责任的证明材料;

6. 送达地址确认书。

五、要点提示

1. 刑事自诉状要点提示

刑事自诉状应载明以下内容:

(1)刑事自诉人(或代为告诉人)、被告人的姓名、性别、出生日期、民族、文化程度、职业、工作单位、住址、联系方式、公民身份号码;

(2)被告人犯罪事实,包括被告人实施犯罪的时间、地点、手段、情节、危害后果等;

(3)具体的诉讼请求;

(4)致送法院的名称、自诉人签名或者捺印以及具状时间;

(5)证据的名称、来源等;

(6)有证人的,载明证人的姓名、住址、联系方式等。

自诉状一式两份,自诉人书写的自诉状需有亲笔签名或捺印,每增加一名被告人需再提供自诉状副本一份。

2. 自诉人身份材料要点提示

自诉人提交的身份材料,应符合法律规定,具体要求如下:

(1)自诉人是自然人的,提交身份证明原件及复印件。经法院核对,复印件和原件内容无误的,应当收取复印件,将原件退还自诉人。

自诉人本人无法到场,委托他人代为起诉的,委托代理人应提交代理人的身份证明材料原件及复印件,同时提交自诉人的身份证明材料复印件。法官结合案件情况认为自诉人主体资格需要进一步核实的,可以要求代理人提交自诉人的身份证明材料原件予以核对。原件经与复印件核对无误后退还诉讼代理人。

(2)自诉人是法人或者其他组织的,应当向法院提交统一社会信用代码证书等证明该组织有效成立的法律文件原件及复印件、法定代表人或主要负责人的身份证明书原件及居民身份证复印件。统一社会信用代码证书复印件需加盖公司(或单位)公章,经核对无误后,应当收取复印件,将原件退还自诉人。

3.委托手续要点提示

参照民事一审委托手续要点提示。

4.证据材料要点提示

自诉人应提交证明被告人犯罪事实及犯罪后果的相关证据材料。自诉人可仅提交证据复印件,必要时应按照法院要求提交原件以供核对。

第四部分　申请执行案件立案实务指南

一、可以向人民法院申请执行的法律文书范围

人民法院据以执行的法律文书应当是已经发生法律效力、具有给付内容的下列文书:

1.人民法院依法作出的具有可执行内容的法律文书:

(1)民事判决(裁定、调解)书;

(2)行政判决(裁定)书、行政赔偿判决(调解)书;

(3)刑事附带民事判决(裁定、调解)书;

(4)民事制裁决定;

(5)支付令;

2.我国仲裁机构作出的仲裁裁决和调解书;

3.公证机关依法赋予强制执行效力的关于追偿债款、物品的债权文书;

4.经人民法院依法审查并作出确认裁定的人民调解协议;

5.经人民法院裁定承认其效力的外国法院以及台湾法院作出的判决、裁定,以及国外仲裁机构作出的仲裁裁决;

6.法律规定由人民法院执行的其他法律文书。

二、受理条件

申请执行人向本院申请执行生效法律文书,应当符合下列条件:

1.据以申请执行的法律文书已经发生法律效力;

2.权利义务主体明确;

3.给付内容明确;

4.法律文书规定的履行义务期限已经届满,义务人仍未履行义务;

5.属于受理执行申请的人民法院管辖。

三、确定管辖

1.发生法律效力的民事判决、裁定,以及刑事判决、裁定中的财产部分,由第一审人民法院或者与第一审人民法院同级的被执行的财产所在地人民法院执行;

2.发生法律效力的实现担保物权裁定、确认调解协议裁定、支付令,由作出裁定、支付令的人民法院或者与其同级的被执行财产所在地的人民法院执行;

3.法律规定由人民法院执行的其他法律文书,由被执行人住所地或者被执行的财产所在地人民法院执行。

四、材料清单

当事人申请强制执行的,应提交以下材料:

1.强制执行申请书;

2.当事人身份证明材料;

3.经与原件核对一致的生效法律文书复印件;

4.执行依据生效信息;

5.委托代理人代为申请执行的,应当向人民法院提交授权委托手续;

6.送达地址确认书。

五、要点提示

1.申请执行案件裁判文书生效证明要点提示

申请执行生效的裁判文书的,需审核确认该裁判文书已经生效。根据重庆市高级人民法院《关于申请执行和申请再审案件立案环节不再提交生效证明的通知》[①],对于我市法院作出的裁判文书,当事人申请向我市法院强制执行的,不再提交该裁判文书已经生效的书面证明,当事人只需提供人民法院通过12368短信服务平台、重庆公众服务网、重庆移动微法院等渠道推送的该裁判文书的生效信息,由人民法院工作人员在案件管理系统核查并确认该裁判文书是否生效。

2.强制执行申请书要点提示

(1)申请执行人与被执行人为自然人的,强制执行申请书应载明申请执行人与被执行人姓名、性别、出生日期、民族、住所、公民身份号码、联系方式;

(2)申请执行人与被执行人为法人或者其他组织的,强制执行申请书应载明法人或者其他组织的名称、住所地,法定代表人或者主要负责人的姓名、职务、联系方式;

(3)强制执行申请书应载明请求执行的生效法律文书案号、请求具体事项及事实理由;

---

① 该通知于2021年9月17日出台。

(4)强制执行申请书要求执行金钱债权的,应明确债权金额;

(5)强制执行申请书要求执行相应期限内利息的,应明确该期限内利息的具体数额。

3.诉讼主体资格要点提示

(1)申请人为自然人的,应提交居民身份证复印件,并出示居民身份证原件以供核对,申请人委托律师作为诉讼代理人代为立案的,诉讼代理人仅提交原告居民身份证复印件即可,无须提交申请人居民身份证原件;

(2)申请人为法人或者其他组织的,应提交营业执照复印件、组织机构代码证复印件、法定代表人或者主要负责人身份证明书、法定代表人或者主要负责人居民身份证复印件;

(3)因公司合并、名称变更等原因,申请执行人与法律文书当事人不一致的,申请执行人应提交主体变更的相关证明材料;

(4)继承人或者权利承受人申请执行的,应提交继承或者承受权利的证明材料;

(5)法律文书生效后当事人转让权利,受让人申请执行的,应提交权利转让的证明材料。

4.委托手续要点提示

参照民事一审案件委托手续要点提示。

5.申请执行期限要点提示

申请执行的期限为两年,从法律文书规定的履行期限最后一日起计算,没有履行期限的,从该文书生效之日起计算。在审核过程中,发现申请人超过申请执行时效期间的,应予受理,并移交执行部门作出处理。

6.其他提示

生效法律文书确定的民事义务是否能够全面履行,其重要因素在于被申请执行人有无可供执行的财产。在执行过程中,申请执行人应主动向人民法院提供所了解的被申请执行人的财产状况或财产线索。

第五部分 国家赔偿案件立案实务指南

一、案件范围

最高人民法院《关于国家赔偿案件立案工作的规定》第一条 本规定所称国家赔偿案件,是指国家赔偿法第十七条、第十八条、第二十一条、第三十八条规定的下列案件:

1.违反刑事诉讼法的规定对公民采取拘留措施的,或者依照刑事诉讼法规定的条件和程序对公民采取拘留措施,但是拘留时间超过刑事诉讼法规定的时限,其后决定撤销案件、不起诉或者判决宣告无罪终止追究刑事责任的;

2.对公民采取逮捕措施后,决定撤销案件、不起诉或者判决宣告无罪终止追究刑事责任的;

3.二审改判无罪,以及二审发回重审后作无罪处理的;

4.依照审判监督程序再审改判无罪,原判刑罚已经执行的;

5.刑讯逼供或者以殴打、虐待等行为或者唆使、放纵他人以殴打、虐待等行为造成公民身体伤害或者死亡的;

6.违法使用武器、警械造成公民身体伤害或者死亡的;

7.在刑事诉讼过程中违法对财产采取查封、扣押、冻结、追缴等措施的;

8.依照审判监督程序再审改判无罪,原判罚金、没收财产已经执行的;

9.在民事诉讼、行政诉讼过程中,违法采取对妨害诉讼的强制措施、保全措施或者对判决、裁定及其他生效法律文书执行错误,造成损害的。

二、受理条件

1.赔偿请求人向作为赔偿义务机关的人民法院提出赔偿申请

赔偿请求人向作为赔偿义务机关的人民法院提出赔偿申请①,应符合下列条件:

(1)赔偿请求人具备法律规定的主体资格;

(2)本院是赔偿义务机关;

(3)有具体的申请事项和理由;

(4)属于最高人民法院《关于国家赔偿案件立案工作的规定》第一条规定的情形。

2.赔偿请求人对作为赔偿义务机关的人民法院逾期未作出是否赔偿的决定或者对已作出的是否赔偿的决定不服提出赔偿申请

赔偿请求人对作为赔偿义务机关的人民法院作出的是否赔偿的决定不服,依照国家赔偿法第二十四条的规定向其上一级人民法院赔偿委员会提出赔偿申请②,应当符合以下条件:

(1)有赔偿义务机关作出的是否赔偿的决定书;

(2)符合法律规定的请求期间,因不可抗力或者其他障碍未能在法定期间行使请求权的情形除外。

作为赔偿义务机关的人民法院逾期未作出是否赔偿的决定,赔偿请求人依照国家赔偿法第二十四条的规定向其上一级人民法院赔偿委员会提出赔偿申请③,应当符合以下条件:

(1)赔偿请求人具备法律规定的主体资格;

(2)被申请的赔偿义务机关是法律规定的赔偿义务机关;

(3)有具体的申请事项和理由;

(4)属于本规定第一条规定的情形;

(5)有赔偿义务机关已经收到赔偿申请的收讫凭证或者相应证据;

(6)符合法律规定的请求期间,因不可抗力或者其他障碍未能在法定期间行使请求权的情形除外。

---

① 依据:《最高人民法院关于国家赔偿案件立案工作的规定》第四条。
② 依据:《最高人民法院关于国家赔偿案件立案工作的规定》第五条。
③ 依据:《最高人民法院关于国家赔偿案件立案工作的规定》第六条。

3.赔偿请求人向复议机关所在地的同级人民法院赔偿委员会提出赔偿申请

赔偿请求人对行使侦查、检察职权的机关以及看守所、监狱管理机关作出的决定不服,经向其上一级机关申请复议,对复议机关的复议决定仍不服,依照国家赔偿法第二十五条的规定向复议机关所在地的同级人民法院赔偿委员会提出赔偿申请①,应当符合以下条件:

(1)有复议机关的复议决定书;

(2)符合法律规定的请求期间,因不可抗力或者其他障碍未能在法定期间行使请求权的情形除外。

4.复议机关逾期未作出复议决定,赔偿请求人向复议机关所在地的同级人民法院赔偿委员会提出赔偿申请

复议机关逾期未作出复议决定,赔偿请求人依照国家赔偿法第二十五条的规定向复议机关所在地的同级人民法院赔偿委员会提出赔偿申请②,应当符合以下条件:

(1)赔偿请求人具备法律规定的主体资格;

(2)被申请的赔偿义务机关、复议机关是法律规定的赔偿义务机关、复议机关;

(3)有具体的申请事项和理由;

(4)属于本规定第一条规定的情形;

(5)有赔偿义务机关、复议机关已经收到赔偿申请的收讫凭证或者相应证据;

(6)符合法律规定的请求期间,因不可抗力或者其他障碍未能在法定期间行使请求权的情形除外。

三、管辖法院

1.赔偿请求人将人民法院作为赔偿义务机关申请赔偿的,向作为赔偿义务机关的人民法院提出赔偿申请;

2.赔偿请求人对作为赔偿义务机关的人民法院逾期未作出是否赔偿的决定或者对作为赔偿义务机关的人民法院作出的是否赔偿的决定不服,赔偿请求人依照国家赔偿法第二十四条的规定,向其上一级人民法院赔偿委员会提出赔偿申请;

3.赔偿请求人对行使侦查、检察职权的机关以及看守所、监狱管理机关作出的决定不服,经向其上一级机关申请复议,对复议机关的复议决定仍不服,依照国家赔偿法第二十五条的规定,向复议机关所在地的同级人民法院赔偿委员会提出赔偿申请;

4.复议机关逾期未作出复议决定,赔偿请求人依照国家赔偿法第二十五条的规定,向复议机关所在地的同级人民法院赔偿委员会提出赔偿申请。

四、中级法院国家赔偿委赔案件集中管辖③

根据最高人民法院关于推动国家赔偿委赔案件在中级法院集中管辖的精神,经最高人民法院赔偿委

---

①依据:《最高人民法院关于国家赔偿案件立案工作的规定》第七条。
②依据:《最高人民法院关于国家赔偿案件立案工作的规定》第八条。
③依据:《重庆市高级人民法院关于在重庆市第一中级人民法院实施中级法院国家赔偿委赔案件集中管辖的通知》。

员会办公室同意,重庆市第一中级人民法院作为我市中级法院国家赔偿委赔案件的集中管辖法院。自2021年4月1日起,涉及重庆各中级法院的国家赔偿委赔案件由重庆市第一中级人民法院集中管辖,其他中院不再管辖涉及中级法院的国家赔偿委赔案件。

五、材料清单

赔偿请求人提出国家赔偿申请,需提交下列材料:

1.国家赔偿申请书;

2.身份证明及授权文书;

3.相关证据材料,赔偿义务机关职权行为侵犯赔偿请求人合法权益造成损害的证明材料;

4.赔偿请求人不服赔偿义务机关、复议机关等作出的法律文书,向上一级人民法院提出赔偿申请的,应提交相应的法律文书;

5.送达地址确认书。

六、要点提示

1.国家赔偿申请书要点提示

国家赔偿申请书应载明下列事项:

(1)赔偿请求人的姓名、性别、出生时间、民族、工作单位、住所、联系方式,法人或者其他组织的名称、住所和法定代表人或者主要负责人的姓名、职务、联系方式;

(2)申请的法定事由以及具体的请求、事实和理由;

(3)申请的具体时间;

(4)赔偿请求人应在申请书上签名或盖章;法人或者其他组织应由法定代表人签名并加盖公章。

2.当事人身份证明材料要点提示

(1)赔偿请求人(申诉人)不是受害人本人的,应当提交与受害人的关系的相应证明。

(2)申请人为自然人的,应提交居民身份证复印件,并出示居民身份证原件以供核对,申请人委托律师作为诉讼代理人代为立案的,诉讼代理人仅提交原告居民身份证复印件即可,无需提交申请人居民身份证原件;

(3)申请人为法人或者其他组织的,应提交营业执照复印件、组织机构代码证复印件、法定代表人或者主要负责人身份证明书、法定代表人或者主要负责人居民身份证复印件。

3.委托手续要点提示

参照民事一审案件委托手续要点提示。

第六部分　民事申请再审案件立案实务指南

一、可以申请再审的法律文书范围

1.对已经发生法律效力的一审、二审民事判决、裁定、调解书,当事人认为有错误的,可以申请再审。

2.可以申请再审的裁定范围。当事人可以对下列裁定申请再审:

(1)不予受理的裁定;

(2)驳回起诉的裁定。

3.下列情形不得申请再审:

(1)已经发生法律效力的解除婚姻关系的判决、调解;

(2)当事人将生效判决、调解书确认的债权转让,债权受让人对该判决、调解书不服申请再审的案件;

(3)适用特别程序、督促程序、公示催告程序、破产程序等非诉程序审理的案件;

(4)再审申请被驳回的案件;

(5)再审判决、裁定;

(6)人民检察院对当事人的申请作出不予提出再审检察建议或者抗诉决定的案件。

二、确定管辖

1.当事人对已经发生法律效力的一审、二审民事判决、裁定、调解书不服,认为确有错误的,可以向上一级人民法院申请再审;当事人一方人数众多(十人以上)或者当事人双方为公民的案件,也可以向原审人民法院申请再审。

2.当事人对已经发生法律效力的小额诉讼案件的判决、裁定不服,以民事诉讼法第二百条规定的事由向原审人民法院申请再审的,人民法院应当受理①。

3.自2021年10月1日起,当事人对重庆市高级人民法院作出的已经发生法律效力的民事调解书申请再审的,应当向重庆市高级人民法院提出。

4.自2021年10月1日起,当事人对重庆市高级人民法院作出的已经发生法律效力的民事判决、裁定,认为有错误的,应当向重庆市高级人民法院申请再审;符合下列情形之一的,可以向最高人民法院申请再审:

(1)再审申请人对原判决、裁定认定的基本事实、主要证据和诉讼程序无异议,但认为适用法律有错误的;

(2)原判决、裁定经重庆市高级人民法院审判委员会讨论决定的。

注:上述"重庆市高级人民法院作出的已经发生法律效力的民事判决、裁定"是指重庆市高级人民法院作出的已经发生法律效力的民事终审判决裁定,包括一审生效的判决裁定、二审生效的判决裁定,并不

---

①《最高人民法院关于适用〈中华人民共和国民事诉讼法〉的解释(2020修正)》第四百二十六条规定,对小额诉讼案件的判决、裁定,当事人以民事诉讼法第二百条规定的事由向原审人民法院申请再审的,人民法院应当受理。

包括重庆市高级人民法院作出的再审审查裁定以及再审裁判。

三、材料清单

再审申请人向人民法院申请再审,应当提交以下材料:

1. 再审申请书正本和与被申请人及其他当事人人数相符的副本;

2. 证明再审申请人主体资格的材料;

3. 申请再审的判决、裁定、调解书经核对无误的复印件,判决、裁定、调解书系二审裁判的,应同时提交一审裁判文书经核对无误的复印件;

4. 支持申请再审所依据的法定情形和再审请求的证据材料;

5. 再审申请人有新证据的,应按照被申请人及原审其他当事人人数提交相应份数的新证据;

6. 委托代理人代为申请再审的,还应提交授权委托书、代理人身份证明等相关材料;

7. 送达地址确认书。

四、要点提示

1. 再审申请书要点提示

再审申请人提交再审申请书应当载明下列事项:

(1)再审申请人、被申请人及原审其他当事人的基本情况。当事人是自然人的,应列明姓名、性别、出生日期、民族、职业(或工作单位及职务)、住所及有效联系电话、邮寄地址;当事人是法人或者其他组织的,应列明名称、住所和法定代表人或者主要负责人的姓名、职务及有效联系电话、邮寄地址;

(2)作出判决、裁定、调解书的人民法院名称,判决、裁定、调解文书案号;

(3)具体的再审请求;

(4)申请再审所依据的法定情形(须列明所依据的民事诉讼法的具体条、款、项)及具体事实、理由;

(5)向受诉人民法院申请再审的明确表述;

(6)再审申请人的签名或者盖章。

2. 再审申请法定期限要点提示

当事人提出再审申请,应当在判决、裁定或者调解书发生法律效力后六个月内提出。

有下列情形之一的,自知道或者应当知道之日起六个月内提出:

(1)有新的证据,足以推翻原判决、裁定的;

(2)原判决、裁定认定事实的主要证据是伪造的;

(3)据以作出原判决、裁定的法律文书被撤销或者变更的;

(4)审判人员审理该案件时有贪污受贿、徇私舞弊、枉法裁判行为的。

申请再审期间为自裁判文书生效之日至再审申请人向上一级人民法院或原审人民法院申请再审之日止。

申请再审期间为不变期间,不适用中止、中断、延长的规定。

3.当事人主体资格要点提示

(1)再审申请人应当符合下列情形之一:①判决、裁定、调解书列明的当事人;②认为原判决、裁定、调解书损害其民事权益,所提出的执行异议被裁定驳回的案外人;③上述当事人或案外人死亡或者终止的,其权利义务继承者;

(2)再审申请人是自然人的,应提交居民身份证复印件,并出示居民身份证原件以供核对,原告委托律师作为诉讼代理人代为立案的,诉讼代理人仅提交原告居民身份证复印件即可,无须提交原告居民身份证原件;

(3)再审申请人是法人或者其他组织的,应提交加盖公章的下列材料:营业执照复印件或者组织机构代码证复印件、法定代表人或者主要负责人身份证明书、法定代表人或者主要负责人居民身份证复印件。

4.委托手续要点提示

参照民事一审委托手续要点提示。

5.证据材料要点提示

再审申请人可仅提交证据复印件,必要时应按照法院要求提交原件以供核对。

6.再审条件要点提示

当事人的申请符合下列情形之一的,人民法院应当再审:

(1)有新的证据,足以推翻原判决、裁定的;

(2)原判决、裁定认定的基本事实缺乏证据证明的;

(3)原判决、裁定认定事实的主要证据是伪造的;

(4)原判决、裁定认定事实的主要证据未经质证的;

(5)对审理案件需要的主要证据,当事人因客观原因不能自行收集,书面申请人民法院调查收集,人民法院未调查收集的;

(6)原判决、裁定适用法律确有错误的;

(7)审判组织的组成不合法或者依法应当回避的审判人员没有回避的;

(8)无诉讼行为能力人未经法定代理人代为诉讼,或者应当参加诉讼的当事人因不能归责于本人或者其诉讼代理人的事由,未参加诉讼的;

(9)违反法律规定,剥夺当事人辩论权利的;

(10)未经传票传唤,缺席判决的;

(11)原判决、裁定遗漏或者超出诉讼请求的;

(12)据以作出原判决、裁定的法律文书被撤销或者变更的;

(13)审判人员审理该案件时有贪污受贿、徇私舞弊、枉法裁判行为的。

7.可向人民检察院申请检察监督要点提示

符合以下情形,当事人可向人民检察院申请检察建议或者抗诉:

(1)人民法院驳回再审申请的；

(2)人民法院逾期未对再审申请作出裁定的；

(3)再审判决、裁定有明显错误的。

第七部分　行政申请再审案件立案实务指南

一、申请条件

当事人不服人民法院作出的发生法律效力的行政判决、裁定、调解书申请再审的，应当符合以下条件：

1.再审申请人是生效裁判文书列明的当事人，或者其他因不能归责于本人的事由未被裁判文书列为当事人，但与行政行为有利害关系的公民、法人或者其他组织；

2.受理再审申请的法院是作出生效裁判的上一级人民法院，最高人民法院《关于完善四级法院审级职能定位改革试点的实施办法》规定应当向原审高级人民法院申请再审的情形除外；

3.申请再审的裁判属于行政诉讼法九十条规定的生效裁判；

4.申请再审的事由属于行政诉讼法第九十一条规定的情形。

二、管辖法院

1.当事人对已经发生法律效力的一审、二审行政判决、裁定、调解书不服，认为确有错误的，可以向上一级人民法院申请再审。

2.自2021年10月1日起，当事人对重庆市高级人民法院作出的已经发生法律效力的行政调解书申请再审的，应当向重庆市高级人民法院提出①。

3.自2021年10月1日起，当事人对重庆市高级人民法院作出的已经发生法律效力的行政判决、裁定，认为有错误的，应当向重庆市高级人民法院申请再审；符合下列情形之一的，可以向最高人民法院申请再审②：

(1)再审申请人对原判决、裁定认定的基本事实、主要证据和诉讼程序无异议，但认为适用法律有错误的；

(2)原判决、裁定经重庆市高级人民法院审判委员会讨论决定的。

注：上述"重庆市高级人民法院作出的已经发生法律效力的行政判决、裁定"是指重庆市高级人民法院作出的已经发生法律效力的行政终审判决裁定，包括一审生效的判决裁定、二审生效的判决裁定，并不包括重庆市高级人民法院作出的再审审查裁定以及再审裁判。

---

①依据：最高人民法院关于印发《关于完善四级法院审级职能定位改革试点的实施办法》的通知第十一条。

②依据：最高人民法院关于印发《关于完善四级法院审级职能定位改革试点的实施办法》的通知第十一条。

三、材料清单

再审申请人向人民法院申请再审,应当提交以下材料:

1.再审申请书正本和与被申请人及其他当事人人数相符的副本;

2.证明再审申请人主体资格的材料;

3.申请再审的判决、裁定、调解书经核对无误的复印件;判决、裁定、调解书系二审裁判的,应同时提交一审裁判文书经核对无误的复印件;

4.支持申请再审所依据的法定情形和再审请求的证据材料;

5.再审申请人有新证据的,应按照被申请人及原审其他当事人人数提交相应份数的新证据;

6.委托申请再审的,还应提交授权委托书、代理人身份证明等相关材料;

7.送达地址确认书。

四、要点提示

1.再审申请书要点提示

再审申请人提交再审申请书应当载明下列事项:

(1)再审申请人、被申请人及原审其他当事人的基本情况。当事人是自然人的,应列明姓名、性别、出生日期、民族、职业(或工作单位及职务)、住所及有效联系电话、邮寄地址;当事人是法人或者其他组织的,应列明名称、住所和法定代表人或者主要负责人的姓名、职务及有效联系电话、邮寄地址;

(2)作出判决、裁定、调解书的人民法院名称,判决、裁定、调解文书案号;

(3)具体的再审请求;

(4)申请再审所依据的法定情形(须列明所依据的行政诉讼法的具体条、款、项)及具体事实、理由;

(5)向受诉人民法院申请再审的明确表述;

(6)再审申请人的签名或者盖章。

2.再审申请法定期限要点提示

当事人提出再审申请,应当在判决、裁定或者调解书发生法律效力后六个月内提出。

有下列情形之一的,自知道或者应当知道之日起六个月内提出:

(1)有新的证据,足以推翻原判决、裁定的;

(2)原判决、裁定认定事实的主要证据是伪造的;

(3)据以作出原判决、裁定的法律文书被撤销或者变更的;

(4)审判人员审理该案件时有贪污受贿、徇私舞弊、枉法裁判行为的。

申请再审期间为自裁判文书生效之日至再审申请人向上一级人民法院或原审人民法院申请再审之日止。

申请再审期间为不变期间,不适用中止、中断、延长的规定。

再审申请人对2015年5月1日行政诉讼法实施前已经发生法律效力的判决、裁定、调解书申请再审的,人民法院依据《最高人民法院关于执行〈中华人民共和国行政诉讼法〉若干问题的解释》第七十三条规定的两年确定申请再审的期间,但该期间在2015年10月31日尚未届满的,截止至2015年10月31日。

3.当事人主体资格要点提示

(1)再审申请人是自然人的,应提交居民身份证复印件,并出示居民身份证原件以供核对;原告委托律师作为诉讼代理人代为立案的,诉讼代理人仅提交原告居民身份证复印件即可,无需提交原告居民身份证原件;

(2)再审申请人是法人或者其他组织的,应提交加盖公章的下列材料:营业执照复印件或者组织机构代码证复印件、法定代表人或者主要负责人身份证明书、法定代表人或者主要负责人居民身份证复印件。

4.委托手续要点提示

见民事一审案件委托手续要点提示。

5.证据材料要点提示

再审申请人可仅提交证据复印件,必要时应按照法院要求提交原件以供核对。

第八部分　刑事申诉案件立案实务指南

一、申诉主体

对于已经发生法律效力的刑事判决、裁定提出申诉,申诉人应是原审当事人,当事人的法定代理人、近亲属。案外人认为已经发生法律效力的判决、裁定侵害其合法权益,可以提出申诉[①]。

申诉可以委托律师代为进行。

人民法院对不符合法定主体资格的申诉,不予受理。

二、申诉事由

发生法律效力的刑事裁判,具有下列情形之一的,可以申诉:

(1)有新的证据证明原判决、裁定认定的事实确有错误,可能影响定罪量刑的;

(2)据以定罪量刑的证据不确实、不充分、依法应当排除的;

(3)证明案件事实的主要证据之间存在矛盾的;

(4)主要事实依据被依法变更或者撤销的;

(5)认定罪名错误的;

(6)量刑明显不当的;

(7)违反法律关于溯及力规定的;

---

① 《中华人民共和国刑事诉讼法(2018修正)》第二百二十五条、《最高人民法院关于适用〈中华人民共和国刑事诉讼法〉的解释(2021)》第三百七十一条第二款。

(8)违反法律规定的诉讼程序,可能影响公正裁判的;

(9)审判人员在审理该案件时有贪污受贿、徇私舞弊、枉法裁判行为的。

三、确定管辖

申诉由终审人民法院审查处理。申诉人对已生效的刑事判决、裁定提出申诉,应当首先向作出生效裁判的人民法院提出。申诉被驳回后,可以向上一级人民法院提出申诉。

第二审人民法院裁定准许撤回上诉的案件,申诉人对第一审判决提出申诉的,可以由第一审人民法院审查处理。

四、材料清单

申诉人对已经发生法律效力的判决、裁定,向人民法院提出申诉,应当提交以下材料:

1.刑事申诉状;

2.证明申诉人主体资格的材料;

3.与原件核对无误的原一、二审判决书、裁定书等法律文书复印件。经过人民法院复查或者再审的,应当附有与原件核对无误的驳回通知书、再审决定书、再审判决书、裁定书复印件;

4.支持申诉所依据的法定情形和申诉请求的证据材料;

5.其他相关材料。以有新的证据证明原判决、裁定认定的事实确有错误为由申诉的,应当同时附有相关证据材料;申请人民法院调查取证的,应当附有相关线索或者材料。

6.委托申诉的,还应提交授权委托书、代理人身份证明等相关材料;

7.送达地址确认书。

五、要点提示

1.申诉情形要点提示

(1)人民法院对刑事附带民事案件中仅就民事部分提出申诉的,一般不予受理。但有证据证明民事部分明显失当且原审被告人有赔偿能力的除外。

(2)上级人民法院对经终审法院的上一级人民法院依照审判监督程序审理后维持原判或者经两级人民法院依照审判监督程序复查均驳回的申诉案件,一般不予受理。但申诉人提出新的理由,且符合《中华人民共和国刑事诉讼法》第二百四十二条规定以及原审被告人可能被宣告无罪的除外。

(3)最高人民法院再审裁判或者复查驳回的案件,申诉人仍不服提出申诉的,不予受理。

2.申诉期限要点提示

申诉人向人民法院提出申诉的,应当在刑罚执行完毕后两年内提出,超过两年提出申诉,具有下列情形之一的,人民法院应当受理:

(1)可能对原审被告人宣告无罪的;

(2)原审被告人在本条规定的期限内向人民法院提出申诉,人民法院未受理的;

(3)属于疑难、复杂、重大案件的。

3.当事人主体资格要点提示

(1)申诉人是自然人的,应提交居民身份证复印件,并出示居民身份证原件以供核对,原告委托律师作为诉讼代理人代为立案的,诉讼代理人仅提交原告居民身份证复印件即可,无须提交原告居民身份证原件;

(2)申诉人是法人或者其他组织的,应提交加盖公章的下列材料:营业执照复印件或者组织机构代码证复印件、法定代表人或者主要负责人身份证明书、法定代表人或者主要负责人居民身份证复印件。

4.委托手续要点提示

参照民事一审案件委托手续要点提示。

5.证据材料要点提示

申诉人可仅提交证据复印件,必要时应按照法院要求提交原件以供核对。

5

民商事案件管辖指引（试行）[①]

第一部分　第一审普通民商事案件级别管辖规定[②]

该部分仅指第一审普通民商事案件，不涉及知识产权案件、海事海商案件以及涉外涉港澳台民商事案件等。

一、重庆市高级人民法院管辖范围

据以确定管辖的地点在重庆市辖区内：

1. 诉讼标的额50亿元以上的第一审民商事案件；

2. 其他在本辖区有重大影响的第一审民商事案件[③]。

二、重庆市各中级人民法院管辖范围

据以确定管辖的地点在该中级法院辖区内：

1. 当事人住所地均在或者均不在重庆辖区，诉讼标的额在5亿元以上50亿元以下的第一审民商事案件；

2. 当事人一方住所地不在重庆辖区，诉讼标的额在1亿元以上50亿元以下的第一审民商事案件[④]。

[①] 该指引发布于2021年11月。

[②] 涉及第一审民商事案件级别管辖的规定主要有：a.《中华人民共和国民事诉讼法（2017修正）》；b.《最高人民法院关于调整高级人民法院和中级人民法院管辖第一审民商事案件标准的通知》；c.《最高人民法院关于调整高级人民法院和中级人民法院管辖第一审民事案件标准的通知》；d.《最高人民法院关于调整中级人民法院管辖第一审民事案件标准的通知》。

[③] 依据：《最高人民法院关于调整高级人民法院和中级人民法院管辖第一审民事案件标准的通知》。

[④] 依据：《最高人民法院关于调整中级人民法院管辖第一审民事案件标准的通知》《最高人民法院关于调整高级人民法院和中级人民法院管辖第一审民事案件标准的通知》《最高人民法院关于调整高级人民法院和中级人民法院管辖第一审民商事案件标准的通知》。

三、重庆市各基层人民法院管辖范围

据以确定管辖的地点在该基层法院辖区内：

1. 当事人住所地均在或者均不在重庆辖区诉讼标的额在5亿元以下的第一审民商事案件；

2. 当事人一方住所地不在重庆辖区诉讼标的额在1亿元以下的第一审民商事案件；

3. 婚姻、继承、家庭、物业服务、人身损害赔偿、名誉权、交通事故、劳动争议等案件，以及群体性纠纷案件，一般由基层人民法院管辖①。

· 要点提示

1. 关于第一审民商事案件级别管辖中关于"诉讼标的额"的表述，"以上"均包括本数，"以下"均不包括本数；

2. "当事人住所地均在或者均不在重庆辖区"指的是原告和被告均在或者均不在重庆辖区，不包括第三人。因第三人是参加他人之间的诉讼，故无论是有独立请求权的第三人还是无独立请求权的第三人，其住所地是否在重庆辖区不影响案件的管辖②。

第二部分　第一审涉外民商事案件级别管辖规定③

一、重庆市高级人民法院管辖范围

据以确定管辖的地点在重庆市辖区内：

1. 诉讼标的额50亿元以上的第一审涉外民商事案件；

2. 其他在本辖区有重大影响的第一审涉外民商事案件。

二、重庆市各中级人民法院管辖范围

据以确定管辖的地点在该中级法院辖区内：

1. 根据《最高人民法院关于涉外民商事案件诉讼管辖若干问题的规定》第一条、第三条规定，由中级

---

① 依据：《最高人民法院关于调整高级人民法院和中级人民法院管辖第一审民商事案件标准的通知》，该文件关于基层法院管辖的特定案件类型的规定仍然有效。

② 依据：《最高人民法院公报》2010年第7期公布(2010)民一终字第17号指导案例。

③ 涉及第一审涉外民商事案件级别管辖的规定主要有：a.《中华人民共和国民事诉讼法(2017修正)》第十八条规定，中级人民法院管辖下列第一审民事案件：(一)重大涉外案件……(三)最高人民法院确定由中级人民法院管辖的案件；b.《最高人民法院关于适用〈中华人民共和国民事诉讼法〉的解释(2020修正)》第一条规定，民事诉讼法第十八条第一项规定的重大涉外案件，包括争议标的额大的案件、案情复杂的案件，或者一方当事人人数众多等具有重大影响的案件；c.《最高人民法院关于涉外民商事案件诉讼管辖若干问题的规定(2020修正)》；d.《最高人民法院关于明确第一审涉外民商事案件级别管辖标准以及归口办理有关问题的通知》；e.《最高人民法院关于调整高级人民法院和中级人民法院管辖第一审民事案件标准的通知》；f.最高人民法院民事审判第四庭关于贯彻执行《最高人民法院关于明确第一审涉外民商事案件级别管辖标准以及归口办理有关问题的通知》应当注意的几个问题。

人民法院集中管辖的诉讼标的额在50亿元①以下的下列第一审涉外民商事案件②：(1)涉外合同和侵权纠纷案件；(2)信用证纠纷案件；(3)申请撤销、承认与强制执行国际仲裁裁决的案件；(4)审查有关涉外民商事仲裁条款效力的案件；(5)申请承认和强制执行外国法院民商事判决、裁定的案件。

2.除上述案件外，重庆市各中级人民法院管辖诉讼标的额1000万元③以上50亿元④以下的第一审涉外民商事案件。

三、重庆市各基层人民法院管辖范围

重庆两江新区人民法院(重庆自由贸易试验区人民法院)管辖⑤：据以确定管辖的地点位于重庆市辖区内，诉讼标的额1000万元以下的第一审涉外商事案件。

其他基层人民法院管辖：据以确定管辖的地点在该基层法院辖区内，诉讼标的额1000万元以下的依法可由基层人民法院管辖的第一审涉外民事案件。

·要点提示

1.涉外民商事案件的认定规则⑥。根据《最高人民法院关于适用〈中华人民共和国民事诉讼法〉的解释》第五百二十二条规定，有下列情形之一，人民法院可以认定为涉外民事案件：(1)当事人一方或者双方是外国人、无国籍人、外国企业或者组织的；(2)当事人一方或者双方的经常居所地在中华人民共和国领域外的；(3)标的物在中华人民共和国领域外的；(4)产生、变更或者消灭民事关系的法律事实发生在中华人民共和国领域外的；(5)可以认定为涉外民事案件的其他情形。

2.涉及香港、澳门特别行政区和台湾地区的民商事案件管辖，参照涉外民商事案件标准执行⑦。

---

①《最高人民法院关于调整高级人民法院和中级人民法院管辖第一审民事案件标准的通知》第三条：海事海商案件、涉外民事案件的级别管辖标准按照本通知执行。该通知上调中级人民法院管辖的第一审民事案件的诉讼标的额上限为50亿元。

②《最高人民法院关于涉外民商事案件诉讼管辖若干问题的规定(2020修正)》第一条、第三条对高、中级法院集中管辖的案件类型作了规定。

③《最高人民法院关于明确第一审涉外民商事案件级别管辖标准以及归口办理有关问题的通知》。

④《最高人民法院关于调整高级人民法院和中级人民法院管辖第一审民事案件标准的通知》。

⑤《关于重庆两江新区人民法院重庆自由贸易试验区人民法院受案范围的规定(修订)》。

⑥《最高人民法院关于适用〈中华人民共和国民事诉讼法〉的解释(2020修正)》第五百二十二条规定。

⑦《最高人民法院关于涉外民商事案件诉讼管辖若干问题的规定(2020修正)》第五条：涉及香港、澳门特别行政区和台湾地区当事人的民商事纠纷案件的管辖，参照本规定执行。

第三部分　第一审知识产权民事案件级别管辖规定[①]

一、重庆市高级人民法院管辖范围

据以确定管辖的地点在重庆市辖区内：

1.诉讼标的额50亿元以上的第一审知识产权民事案件；

2.涉及发明专利、实用新型专利、植物新品种、集成电路布图设计、技术秘密、计算机软件、垄断纠纷：

（1）诉讼标的额2亿元以上的上述第一审知识产权民事案件；

（2）诉讼标的额1亿元以上且当事人一方住所地不在本市或者涉外、涉港澳台的上述第一审知识产权民事案件；

3.其他在本辖区有重大影响的第一审知识产权民事案件。

二、重庆市第一中级人民法院（重庆知识产权法庭）管辖范围

据以确定管辖的地点在重庆市辖区内：

1.除前述重庆市高级人民法院管辖范围外的有关专利、技术秘密、计算机软件、植物新品种、集成电路布图设计、涉及驰名商标认定及垄断纠纷的第一审知识产权民事案件，均由重庆市第一中级人民法院（重庆知识产权法庭）管辖。

2.除重庆市渝中区人民法院、重庆两江新区人民法院管辖范围外的其他第一审知识产权民事案件。

重庆市其他中级人民法院不再管辖第一审知识产权民事案件。

三、重庆市相关基层人民法院管辖范围

重庆市渝中区人民法院管辖：据以确定管辖的地点在渝中区范围内，诉讼标的额500万元以下的第一审知识产权民事案件，涉及专利、植物新品种、集成电路布图设计、技术秘密、计算机软件、涉及驰名商标认定和垄断纠纷案件除外。

重庆两江新区人民法院管辖：据以确定管辖的地点在重庆市第一中级人民法院辖区内，诉讼标的额500万元以下的第一审知识产权民事案件，涉及专利、植物新品种、集成电路布图设计、技术秘密、计算机软件、驰名商标司法认定和垄断纠纷除外，重庆市第一中级人民法院辖区内有重大影响的第一审知识产权民事案件除外。

· **要点提示**

确定第一审知识产权民事案件级别管辖的一般步骤为：第一，明确案件性质。对于发明专利、实用新型专利、植物新品种、集成电路布图设计、技术秘密、计算机软件、垄断第一审民事知识产权案件，基层人

[①] 涉及第一审知识产权民事案件级别管辖的规定主要有：a.《最高人民法院关于涉外民商事案件诉讼管辖若干问题的规定（2020修正）》；b.《最高人民法院关于调整地方各级人民法院管辖第一审知识产权民事案件标准的通知》；c.《最高人民法院关于调整高级人民法院和中级人民法院管辖第一审民事案件标准的通知》；d.最高人民法院《关于知识产权法庭若干问题的规定》；e.《最高人民法院关于同意指定重庆市渝中区人民法院管辖部分知识产权纠纷案件的批复》；f.《重庆自由贸易试验区人民法院（重庆两江新区人民法院）关于管辖范围相关问题的解答（修订）》等。

民法院不具有管辖权。第二,明确可以审理知识产权案件的法院范围。重庆市辖区具备审理知识产权民事案件管辖权的法院有重庆市高级人民法院、重庆市各中级人民法院、重庆市渝中区人民法院、重庆自由贸易试验区人民法院。第三,结合案件性质、地域等因素,根据级别管辖相关规定[①],确定级别管辖法院。

第四部分　第一审涉铁路民事案件专门管辖规定

一、重庆铁路运输法院管辖

依法属于重庆铁路运输法院专门管辖的,涉及铁路运输、铁路安全、铁路财产的下列民事案件[②]:

1. 铁路旅客和行李、包裹运输合同纠纷;
2. 铁路货物运输合同和铁路货物运输保险合同纠纷;
3. 国际铁路联运合同和铁路运输企业作为经营人的多式联运合同纠纷;
4. 代办托运、包装整理、仓储保管、接取送达等铁路运输延伸服务合同纠纷;
5. 铁路运输企业在装卸作业、线路维修等方面发生的委外劳务、承包等合同纠纷;
6. 与铁路及其附属设施的建设施工有关的合同纠纷;
7. 铁路设备、设施的采购、安装、加工承揽、维护、服务等合同纠纷;
8. 铁路行车事故及其他铁路运营事故造成的人身、财产损害赔偿纠纷;
9. 违反铁路安全保护法律、法规,造成铁路线路、机车车辆、安全保障设施及其他财产损害的侵权纠纷;
10. 因铁路建设及铁路运输引起的环境污染侵权纠纷;
11. 对铁路运输企业财产权属发生争议的纠纷。

·要点提示

1. 重庆铁路运输法院除上述专门管辖的民事案件外,根据最高人民法院批准,受理重庆市江北区、渝北区、沙坪坝区发生的运输合同纠纷案件、挂靠经营合同纠纷案件[③]。

2. 重庆铁路运输法院根据最高人民法院《关于铁路运输法院案件管辖范围的若干规定》第一条至第三条涉铁路专门案件作出的判决、裁定,当事人提起上诉的二审案件,由成都铁路运输中级法院受理;重庆铁路运输法院受理的专门管辖以外的由最高人民法院批准受理的民事案件,当事人不服提起上诉的二审案件,由重庆市第一中级人民法院受理。

---

① 依据:《最高人民法院关于调整地方各级人民法院管辖第一审知识产权民事案件标准的通知》《最高人民法院关于调整高级人民法院和中级人民法院管辖第一审民事案件标准的通知》《最高人民法院关于知识产权法庭若干问题的规定》《最高人民法院关于同意指定重庆市渝中区人民法院管辖部分知识产权纠纷案件的批复》《重庆自由贸易试验区人民法院(重庆两江新区人民法院)关于管辖范围相关问题的解答(修订)》。
② 依据:《最高人民法院关于铁路运输法院案件管辖范围的若干规定》第三条。
③ 依据:《最高人民法院关于批准指定重庆铁路运输法院受理案件范围的复函》。

第五部分　第一审涉破产民事案件集中管辖规定[①]

根据《最高人民法院关于同意重庆市第五中级人民法院内设专门审判机构并集中管辖部分破产案件的批复》（法〔2019〕285号），重庆市第五中级人民法院内设破产法庭，专门审理破产案件。

一、重庆市高级人民法院管辖范围

据以确定管辖的地点在重庆市范围内且在本辖区有重大影响的第一审涉破产民事案件。

二、重庆市第五中级人民法院管辖范围

集中管辖2019年12月31日（含本日）之后的下列破产案件：

1.重庆市区、县以上（含本级）市场监督管理部门核准登记公司（企业）的强制清算和破产案件；

2.上述强制清算和破产案件的衍生诉讼案件；

3.重庆辖区内跨境破产案件；

4.其他依法应当由其审理的案件。

其中，第2项"上述强制清算和破产案件的衍生诉讼案件"，根据2021年7月1日起实施的《重庆市高级人民法院关于调整重庆市第五中级人民法院破产及强制清算衍生诉讼案件管辖的通知》[②]确定由重庆市渝中区人民法院、重庆市九龙坡区人民法院、重庆市南岸区人民法院管辖的除外。

三、重庆市相关基层人民法院管辖范围

重庆市渝中区人民法院管辖[③]：重庆市第五中级人民法院受理破产及强制清算的衍生诉讼案件中，根据最高人民法院规定的第一审民商事案件管辖标准属于重庆市基层人民法院管辖范围的，债务人企业住所地位于重庆市第一中级人民法院辖区的破产及强制清算案件的衍生诉讼案件，由重庆市渝中区人民法院管辖。前述案件不包括破产及强制清算案件的衍生诉讼中涉外商事纠纷、知识产权纠纷、环境资源纠纷案件。

重庆市九龙坡区人民法院管辖[④]：重庆市第五中级人民法院受理破产及强制清算的衍生诉讼案件中，根据最高人民法院规定的第一审民商事案件管辖标准属于重庆市基层人民法院管辖范围的，债务人企业住所地位于重庆市第五中级人民法院辖区的破产及强制清算案件的衍生诉讼案件，由重庆市九龙坡区人民法院审理。前述案件不包括破产及强制清算案件的衍生诉讼中涉外商事纠纷、知识产权纠纷、环境资

[①]涉及破产民事案件管辖的规定主要有：a.《最高人民法院关于同意重庆市第五中级人民法院内设专门审判机构并集中管辖部分破产案件的批复》；b.《重庆市高级人民法院关于明确公司（企业）强制清算和破产案件管辖问题的通知》；c.《重庆市高级人民法院关于调整重庆市第五中级人民法院破产及强制清算衍生诉讼案件管辖的通知》。

[②]根据《中华人民共和国民事诉讼法（2017修正）》《最高人民法院关于适用〈中华人民共和国民事诉讼法〉的解释（2020修正）》《最高人民法院关于适用〈中华人民共和国企业破产法〉若干问题的规定（二）（2020修正）》的相关规定，重庆市高级人民法院出台《关于调整重庆市第五中级人民法院破产及强制清算衍生诉讼案件管辖的通知》，对重庆市第五中级人民法院部分强制清算及破产案件的衍生诉讼案件管辖进行调整。

[③]依据：《重庆市高级人民法院关于调整重庆市第五中级人民法院破产及强制清算衍生诉讼案件管辖的通知》。

[④]依据：《重庆市高级人民法院关于调整重庆市第五中级人民法院破产及强制清算衍生诉讼案件管辖的通知》。

源纠纷案件。

重庆市南岸区人民法院管辖[①]：重庆市第五中级人民法院受理破产及强制清算的衍生诉讼案件中,根据最高人民法院规定的第一审民商事案件管辖标准属于重庆市基层人民法院管辖范围的,债务人企业住所地位于重庆市第二、第三、第四中级人民法院辖区的破产及强制清算案件的衍生诉讼案件,由重庆市南岸区人民法院审理。前述案件不包括破产及强制清算案件的衍生诉讼中涉外商事纠纷、知识产权纠纷、环境资源纠纷案件。

· 要点提示

1.破产及强制清算案件的衍生诉讼中涉外商事纠纷、知识产权纠纷、环境资源纠纷等案件,重庆市第五中级人民法院可以依照《最高人民法院关于适用〈中华人民共和国企业破产法〉若干问题的规定(二)》第四十七条第三款的规定,报请指定管辖。

2.《重庆市高级人民法院关于调整重庆市第五中级人民法院破产及强制清算衍生诉讼案件管辖的通知》是对重庆市第五中级人民法院及辖区相关基层人民法院关于强制清算和破产案件的衍生诉讼案件管辖范围的调整,不涉及其他中院辖区管辖范围。

第六部分　涉环境资源民事案件集中管辖[②]相关规定

重庆法院环境资源刑事、民事、行政案件均归口由环境资源审判庭审理,鉴于本指引是民商事案件管辖指引,因此,该部分内容不包括刑事、行政案件管辖。

一、重庆市高级人民法院管辖范围

在重庆辖区内有重大影响的第一审环境资源民事案件。

二、重庆市各中级人民法院管辖范围

该中级法院司法辖区内,依法应由中级人民法院管辖的涉及环境资源的民事案件。

三、重庆市相关基层人民法院管辖范围

重庆市渝北区人民法院管辖：重庆市第一中级人民法院司法辖区内,依法应由基层人民法院管辖的涉及环境资源的民事案件。

重庆市万州区人民法院管辖：重庆市第二中级人民法院司法辖区内,依法应由基层人民法院管辖的涉及环境资源的民事案件[③]。

[①] 依据：《重庆市高级人民法院关于调整重庆市第五中级人民法院破产及强制清算衍生诉讼案件管辖的通知》。
[②] 依据：《重庆市高级人民法院关于环境资源审判庭受案范围的规定(试行)》《重庆市高级人民法院关于环境资源案件集中管辖的规定(试行)》。
[③] 依据：《重庆市高级人民法院关于环境资源案件集中管辖的规定(试行)》第一条。

重庆市涪陵区人民法院管辖：重庆市第三中级人民法院司法辖区内，依法应由基层人民法院管辖的涉及环境资源的民事案件。

重庆市黔江区人民法院管辖：重庆市第四中级人民法院司法辖区内，依法应由基层人民法院管辖的涉及环境资源的民事案件。

重庆市江津区人民法院管辖：重庆市第五中级人民法院司法辖区内，依法应由基层人民法院管辖的涉及环境资源的民事案件。

·要点提示

涉及环境资源的民事案件，具体案由详见重庆市高级人民法院《关于环境资源审判庭受案范围的规定（试行）》第三条规定。

第七部分　专属管辖相关规定

根据《中华人民共和国民事诉讼法》第三十三条规定，下列案件，由本条规定的人民法院专属管辖：

1.因不动产纠纷提起的诉讼，由不动产所在地人民法院管辖；

2.因港口作业中发生纠纷提起的诉讼，由港口所在地人民法院管辖；

3.因继承遗产纠纷提起的诉讼，由被继承人死亡时住所地或者主要遗产所在地人民法院管辖。

·要点提示

不动产纠纷是指因不动产的权利确认、分割、相邻关系等引起的物权纠纷。农村土地承包经营合同纠纷、房屋租赁合同纠纷、建设工程施工合同纠纷、政策性房屋买卖合同纠纷，按照不动产纠纷确定管辖。不动产已登记的，以不动产登记簿记载的所在地为不动产所在地；不动产未登记的，以不动产实际所在地为不动产所在地[1]。

第八部分　协议管辖相关规定

1.合同或者其他财产权益纠纷的当事人可以书面协议选择被告住所地、合同履行地、合同签订地、原告住所地、标的物所在地等与争议有实际联系的地点的人民法院管辖，但不得违反本法对级别管辖和专属管辖的规定[2]。

---

[1] 依据：《最高人民法院关于适用〈中华人民共和国民事诉讼法〉的解释（2020修正）》第二十八条。
[2] 依据：《中华人民共和国民事诉讼法（2017修正）》第三十四条。

2.当事人因同居或者在解除婚姻、收养关系后发生财产争议,约定管辖的,可以民事诉讼法第三十四条规定确定管辖。

3.涉外合同或者其他财产权益纠纷的当事人,可以书面协议选择被告住所地、合同履行地、合同签订地、原告住所地、标的物所在地、侵权行为地等与争议有实际联系地点的外国法院管辖。根据民事诉讼法第三十三条和第二百六十六条规定,属于中华人民共和国法院专属管辖的案件,当事人不得协议选择外国法院管辖,但协议选择仲裁的除外[①]。

·要点提示

1.民事诉讼法第三十四条中的"书面协议",包括书面合同中的协议管辖条款或者诉讼前以书面形式达成的选择管辖的协议[②],诉讼中达成的管辖协议不发生改变管辖法院的效果;

2.根据管辖协议,起诉时能够确定管辖法院的,从其约定;不能确定的,依照民事诉讼法的相关规定确定管辖。管辖协议约定两个以上与争议有实际联系的地点的人民法院管辖,原告可以向其中一个人民法院起诉[③]。

3.管辖协议约定由一方当事人住所地人民法院管辖,协议签订后当事人住所地变更的,由签订管辖协议时的住所地人民法院管辖,但当事人另有约定的除外[④]。

4.存在以下情形的管辖协议无效:(1)违反民事诉讼法及民诉法司法解释对级别管辖、专属管辖、专门管辖的规定;(2)协议选择的管辖法院所在地与本案纠纷没有实际联系;(3)针对身份关系纠纷订立的管辖协议;(4)约定不明确的管辖协议,如仅约定"由守约方所在地法院管辖"或"由当地法院管辖"等。

第九部分 一般地域管辖相关规定[⑤]

一、原则上:原告就被告

主要有以下情形:

1.对公民提起的民事诉讼,由被告住所地人民法院管辖;被告住所地与经常居住地不一致的,由经常居住地人民法院管辖[⑥]。

2.对法人或者其他组织提起的民事诉讼,由被告住所地人民法院管辖[⑦]。

3.对没有办事机构的个人合伙、合伙型联营体提起的诉讼,由被告注册登记地人民法院管辖。没有

[①]依据:《最高人民法院关于适用〈中华人民共和国民事诉讼法〉的解释(2020修正)》第五百三十一条。
[②]依据:《最高人民法院关于适用〈中华人民共和国民事诉讼法〉的解释(2020修正)》第二十九条。
[③]依据:《最高人民法院关于适用〈中华人民共和国民事诉讼法〉的解释(2020修正)》第三十条。
[④]依据:《最高人民法院关于适用〈中华人民共和国民事诉讼法〉的解释(2020修正)》第三十二条。
[⑤]从民事诉讼法及其司法解释体例看,地域管辖包括:一般地域管辖、特殊地域管辖、专属管辖、协议管辖、共同管辖。
[⑥]依据:《中华人民共和国民事诉讼法(2017修正)》第二十一条。
[⑦]依据:《中华人民共和国民事诉讼法(2017修正)》第二十一条。

注册登记,几个被告又不在同一辖区的,被告住所地的人民法院都有管辖权[1]。

4.原告、被告均被注销户籍的,由被告居住地人民法院管辖[2]。

5.双方当事人都被监禁或者被采取强制性教育措施的,由被告原住所地人民法院管辖。被告被监禁或者被采取强制性教育措施一年以上的,由被告被监禁地或者被采取强制性教育措施地人民法院管辖[3]。

6.夫妻双方离开住所地超过一年,一方起诉离婚的案件,由被告经常居住地人民法院管辖;没有经常居住地的,由原告起诉时被告居住地人民法院管辖[4]。

二、特殊情形下:被告就原告

下列情形由原告住所地人民法院管辖;原告住所地与经常居住地不一致的,由原告经常居住地人民法院管辖[5]:

1.对不在中华人民共和国领域内居住的人提起的有关身份关系的诉讼;

2.对下落不明或者宣告失踪的人提起的有关身份关系的诉讼;

3.对被采取强制性教育措施的人提起的诉讼;

4.对被监禁的人提起的诉讼;

5.被告被注销户籍的[6]。

· 要点提示

原告、被告均被注销户籍的,由被告居住地人民法院管辖。

三、原告、被告双方住所地法院均能管辖

下列情形当事人双方住所地法院均能管辖:

1.追索赡养费、抚育费、扶养费案件的几个被告住所地不在同一辖区的,可以由原告住所地人民法院管辖[7]。

2.不服指定监护或者变更监护关系的案件,可以由被监护人住所地人民法院管辖[8]。

3.夫妻一方离开住所地超过一年,另一方起诉离婚的案件,可以由原告住所地人民法院管辖[9]。

4.中国公民双方在国外但未定居,一方向人民法院起诉离婚的,应由原告或者被告原住所地人民法院管辖[10]。

---

[1] 依据:《最高人民法院关于适用〈中华人民共和国民事诉讼法〉的解释(2020修正)》第五条。
[2] 依据:《最高人民法院关于适用〈中华人民共和国民事诉讼法〉的解释(2020修正)》第六条。
[3] 依据:《最高人民法院关于适用〈中华人民共和国民事诉讼法〉的解释(2020修正)》第八条。
[4] 依据:《最高人民法院关于适用〈中华人民共和国民事诉讼法〉的解释(2020修正)》第十二条。
[5] 依据:《中华人民共和国民事诉讼法(2017修正)》第二十二条。
[6] 依据:《最高人民法院关于适用〈中华人民共和国民事诉讼法〉的解释(2020修正)》第六条。
[7] 依据:《最高人民法院关于适用〈中华人民共和国民事诉讼法〉的解释(2020修正)》第九条。
[8] 依据:《最高人民法院关于适用〈中华人民共和国民事诉讼法〉的解释(2020修正)》第十条。
[9] 依据:《最高人民法院关于适用〈中华人民共和国民事诉讼法〉的解释(2020修正)》第十二条。
[10] 依据:《最高人民法院关于适用〈中华人民共和国民事诉讼法〉的解释(2020修正)》第十六条。

· 要点提示

法人或者其他组织的住所地是指法人或者其他组织的主要办事机构所在地。法人或者其他组织的主要办事机构所在地不能确定的,法人或者其他组织的注册地或者登记地为住所地。

第十部分　特殊地域管辖相关规定

一、合同或其他财产权益纠纷

(一)一般合同纠纷

因合同纠纷提起的诉讼,由被告住所地或者合同履行地人民法院管辖①。

(二)合同履行地的确定②

1.合同约定履行地点的,以约定的履行地点为合同履行地。

2.合同对履行地点没有约定或者约定不明确:

(1)争议标的为给付货币的,接收货币一方所在地为合同履行地;

(2)交付不动产的,不动产所在地为合同履行地;

(3)其他标的,履行义务一方所在地为合同履行地;

(4)即时结清的合同,交易行为地为合同履行地;

(5)财产租赁合同、融资租赁合同以租赁物使用地为合同履行地;

(6)以信息网络方式订立的买卖合同,通过信息网络交付标的的,以买受人住所地为合同履行地,通过其他方式交付标的的,收货地为合同履行地。

合同没有实际履行,当事人双方住所地都不在合同约定的履行地的,由被告住所地人民法院管辖③。

(三)保险合同纠纷

因保险合同纠纷提起的诉讼,由被告住所地或者保险标的物所在地人民法院管辖④。

因财产保险合同纠纷提起的诉讼,如果保险标的物是运输工具或者运输中的货物,可以由运输工具登记注册地、运输目的地、保险事故发生地人民法院管辖;因人身保险合同纠纷提起的诉讼,可以由被保险人住所地人民法院管辖⑤。

(四)运输合同纠纷

因铁路、公路、水上、航空运输和联合运输合同纠纷提起的诉讼,由运输始发地、目的地或者被告住所

---

① 依据:《中华人民共和国民事诉讼法(2017修正)》第二十三条。
② 依据:《最高人民法院关于适用〈中华人民共和国民事诉讼法〉的解释(2020修正)》第十八、十九、二十条。
③ 依据:《最高人民法院关于适用〈中华人民共和国民事诉讼法〉的解释(2020修正)》第十八条。
④ 依据:《中华人民共和国民事诉讼法(2017修正)》第二十四条。
⑤ 依据:《最高人民法院关于适用〈中华人民共和国民事诉讼法〉的解释(2020修正)》第二十一条。

地人民法院管辖①。

(五)担保合同纠纷②

主合同或者担保合同约定了仲裁条款的,人民法院对约定仲裁条款的合同当事人之间的纠纷无管辖权。

债权人一并起诉债务人和担保人的,应当根据主合同确定管辖法院。

债权人依法可以单独起诉担保人且仅起诉担保人的,应当根据担保合同确定管辖法院。

(六)票据纠纷③

因票据纠纷提起的诉讼,依法由票据支付地或者被告住所地人民法院管辖。

票据支付地是指票据上载明的付款地,票据上未载明付款地的,汇票付款人或者代理付款人的营业场所、住所或者经常居住地,本票出票人的营业场所,支票付款人或者代理付款人的营业场所所在地为票据付款地。代理付款人即付款人的委托代理人,是指根据付款人的委托代为支付票据金额的银行、信用合作社等金融机构。

(七)存单纠纷④

依照《中华人民共和国民事诉讼法》第二十三条的规定,存单纠纷案件由被告住所地人民法院或出具存单、进账单、对账单或与当事人签订存款合同的金融机构住所地人民法院管辖。住所地与经常居住地不一致的,由经常居住地人民法院管辖。

(八)证券纠纷⑤

投资人对多个被告提起证券民事赔偿诉讼的,按下列原则确定管辖⑥:

(1)由发行人或者上市公司所在地有管辖权的中级人民法院管辖。但有本规定第十条第二款规定的情形除外。

(2)对发行人或者上市公司以外的虚假陈述行为人提起的诉讼,由被告所在地有管辖权的中级人民法院管辖。

(3)仅以自然人为被告提起的诉讼,由被告所在地有管辖权的中级人民法院管辖。

(九)期货纠纷⑦

---

① 依据:《中华人民共和国民事诉讼法(2017修正)》第二十七条。
② 依据:《最高人民法院关于适用〈中华人民共和国民法典〉有关担保制度的解释》第二十一条。
③ 依据:《最高人民法院关于审理票据纠纷案件若干问题的规定(2020修正)》第六条。
④ 依据:《最高人民法院关于审理存单纠纷案件的若干规定(2020修正)》第四条。
⑤ 依据:《最高人民法院关于审理证券市场因虚假陈述引发的民事赔偿案件的若干规定》第八条规定,虚假陈述证券民事赔偿案件,由省、自治区、直辖市人民政府所在地的市、计划单列市和经济特区中级人民法院管辖。
⑥ 依据:《最高人民法院关于审理证券市场因虚假陈述引发的民事赔偿案件的若干规定》第九条。
⑦ 依据:《最高人民法院关于审理期货纠纷案件若干问题的规定(2020修正)》第七条规定,期货纠纷案件由中级人民法院管辖。高级人民法院根据需要,可以确定部分基层人民法院受理期货纠纷案件。

人民法院应当依据民事诉讼法第二十三条、第二十八条和第三十四条的规定确定期货纠纷案件的管辖[①]。

在期货公司的分公司、营业部等分支机构进行期货交易的,该分支机构住所地为合同履行地。

因实物交割发生纠纷的,期货交易所住所地为合同履行地[②]。

侵权与违约竞合的期货纠纷案件,依当事人选择的诉由确定管辖。当事人既以违约又以侵权起诉的,以当事人起诉状中在先的诉讼请求确定管辖[③]。

二、侵权纠纷

(一)一般侵权纠纷

因侵权行为提起的诉讼,由侵权行为地或者被告住所地人民法院管辖[④]。

侵权行为地包括侵权行为实施地、侵权结果发生地[⑤]。

信息网络侵权行为实施地包括实施被诉侵权行为的计算机等信息设备所在地,侵权结果发生地包括被侵权人住所地[⑥]。

(二)产品、服务质量侵权纠纷

因产品、服务质量不合格造成他人财产、人身损害提起的诉讼,产品制造地、产品销售地、服务提供地、侵权行为地和被告住所地人民法院都有管辖权[⑦]。

(三)财产保全损害责任纠纷[⑧]

当事人申请诉前保全后没有在法定期间起诉或者申请仲裁,给被申请人、利害关系人造成损失引起的诉讼,由采取保全措施的人民法院管辖。

当事人申请诉前保全后在法定期间内起诉或者申请仲裁,被申请人、利害关系人因保全受到损失提起的诉讼,由受理起诉的人民法院或者采取保全措施的人民法院管辖。

(四)运输事故赔偿纠纷

因铁路、公路、水上和航空事故请求损害赔偿提起的诉讼,由事故发生地或者车辆、船舶最先到达地、航空器最先降落地或者被告住所地人民法院管辖[⑨]。

三、公司相关纠纷

常见公司类纠纷

[①] 依据:《最高人民法院关于审理期货纠纷案件若干问题的规定(2020修正)》第四条。
[②] 依据:《最高人民法院关于审理期货纠纷案件若干问题的规定(2020修正)》第五条。
[③] 依据:《最高人民法院关于审理期货纠纷案件若干问题的规定(2020修正)》第六条。
[④] 依据:《中华人民共和国民事诉讼法(2017修正)》第二十八条。
[⑤] 依据:《最高人民法院关于适用〈中华人民共和国民事诉讼法〉的解释(2020修正)》第二十四条。
[⑥] 依据:《最高人民法院关于适用〈中华人民共和国民事诉讼法〉的解释(2020修正)》第二十五条。
[⑦] 依据:《最高人民法院关于适用〈中华人民共和国民事诉讼法〉的解释(2020修正)》第二十六条。
[⑧] 依据:《最高人民法院关于适用〈中华人民共和国民事诉讼法〉的解释(2020修正)》第二十七条。
[⑨] 依据:《中华人民共和国民事诉讼法(2017修正)》第二十九条。

因公司设立、确认股东资格、分配利润、解散等纠纷提起的诉讼,由公司住所地人民法院管辖①。

因股东名册记载、请求变更公司登记、股东知情权、公司决议、公司合并、公司分立、公司减资、公司增资等纠纷提起的诉讼,由公司住所地人民法院管辖②。

解散公司诉讼案件和公司清算案件由公司住所地人民法院管辖③。

四、涉外案件

因合同纠纷或者其他财产权益纠纷,对在中华人民共和国领域内没有住所的被告提起的诉讼,如果合同在中华人民共和国领域内签订或者履行,或者诉讼标的物在中华人民共和国领域内,或者被告在中华人民共和国领域内有可供扣押的财产,或者被告在中华人民共和国领域内设有代表机构,可以由合同签订地、合同履行地、诉讼标的物所在地、可供扣押财产所在地、侵权行为地或者代表机构住所地人民法院管辖④。

因在中华人民共和国履行中外合资经营企业合同、中外合作经营企业合同、中外合作勘探开发自然资源合同发生纠纷提起的诉讼,由中华人民共和国人民法院管辖。

当事人申请采取保全的,中华人民共和国的涉外仲裁机构应当将当事人的申请,提交被申请人住所地或者财产所在地的中级人民法院裁定⑤。

涉外仲裁的当事人申请证据保全的,涉外仲裁委员会应当将当事人的申请提交证据所在地的中级人民法院⑥。

经中华人民共和国涉外仲裁机构裁决的,当事人不得向人民法院起诉。一方当事人不履行仲裁裁决的,对方当事人可以向被申请人住所地或者财产所在地的中级人民法院申请执行⑦。

国外仲裁机构的裁决,需要中华人民共和国人民法院承认和执行的,应当由当事人直接向被执行人住所地或者其财产所在地的中级人民法院申请,人民法院应当依照中华人民共和国缔结或者参加的国际条约,或者按照互惠原则办理⑧。

五、知识产权纠纷

(一)专利权纠纷

因侵犯专利权行为提起的诉讼,由侵权行为地或者被告住所地人民法院管辖⑨。

侵权行为地包括:被诉侵犯发明、实用新型专利权的产品的制造、使用、许诺销售、销售、进口等行为

---

①依据:《中华人民共和国民事诉讼法(2017修正)》第二十六条。
②依据:《最高人民法院关于适用〈中华人民共和国民事诉讼法〉的解释(2020修正)》第二十二条。
③依据:《最高人民法院关于适用〈中华人民共和国公司法〉若干问题的规定(二)(2020修正)》第二十四条。
④依据:《中华人民共和国民事诉讼法(2017修正)》第二百六十五条。
⑤依据:《中华人民共和国民事诉讼法(2017修正)》第二百七十二条。
⑥依据:《中华人民共和国仲裁法(2017修正)》第六十八条。
⑦依据:《中华人民共和国民事诉讼法(2017修正)》第二百七十三条。
⑧依据:《中华人民共和国民事诉讼法(2017修正)》第二百八十三条。
⑨依据:《最高人民法院关于审理专利纠纷案件适用法律问题的若干规定(2020修正)》第二条第一款。

的实施地;专利方法使用行为的实施地,依照该专利方法直接获得的产品的使用、许诺销售、销售、进口等行为的实施地;外观设计专利产品的制造、许诺销售、销售、进口等行为的实施地;假冒他人专利的行为实施地。上述侵权行为的侵权结果发生地[①]。

原告仅对侵权产品制造者提起诉讼,未起诉销售者,侵权产品制造地与销售地不一致的,制造地人民法院有管辖权;以制造者与销售者为共同被告起诉的,销售地人民法院有管辖权[②]。

销售者是制造者分支机构,原告在销售地起诉侵权产品制造者制造、销售行为的,销售地人民法院有管辖权[③]。

(二)商标权纠纷

因侵犯注册商标专用权行为提起的民事诉讼,由商标法第十三条、第五十七条所规定侵权行为的实施地、侵权商品的储藏地或者查封扣押地、被告住所地人民法院管辖。

前款规定的侵权商品的储藏地,是指大量或者经常性储存、隐匿侵权商品所在地;查封扣押地,是指海关等行政机关依法查封、扣押侵权商品所在地[④]。

对涉及不同侵权行为实施地的多个被告提起的共同诉讼,原告可以选择其中一个被告的侵权行为实施地人民法院管辖;仅对其中某一被告提起的诉讼,该被告侵权行为实施地的人民法院有管辖权[⑤]。

(二)著作权纠纷

因侵害著作权行为提起的民事诉讼,由著作权法第四十七条、第四十八条所规定侵权行为的实施地、侵权复制品储藏地或者查封扣押地、被告住所地人民法院管辖[⑥]。

前款规定的侵权复制品储藏地,是指大量或者经常性储存、隐匿侵权复制品所在地;查封扣押地,是指海关、版权等行政机关依法查封、扣押侵权复制品所在地[⑦]。

对涉及不同侵权行为实施地的多个被告提起的共同诉讼,原告可以选择向其中一个被告的侵权行为实施地人民法院提起诉讼;仅对其中某一被告提起的诉讼,该被告侵权行为实施地的人民法院有管辖权[⑧]。

侵害信息网络传播权民事纠纷案件由侵权行为地或者被告住所地人民法院管辖。侵权行为地包括实施被诉侵权行为的网络服务器、计算机终端等设备所在地。侵权行为地和被告住所地均难以确定或者在境外的,原告发现侵权内容的计算机终端等设备所在地可以视为侵权行为地[⑨]。

[①] 依据:《最高人民法院关于审理专利纠纷案件适用法律问题的若干规定(2020修正)》第二条第二款。
[②] 依据:《最高人民法院关于审理专利纠纷案件适用法律问题的若干规定(2020修正)》第三条第一款。
[③] 依据:《最高人民法院关于审理专利纠纷案件适用法律问题的若干规定(2020修正)》第三条第二款。
[④] 依据:《最高人民法院关于审理商标民事纠纷案件适用法律若干问题的解释(2020修正)》第六条。
[⑤] 依据:《最高人民法院关于审理商标民事纠纷案件适用法律若干问题的解释(2020修正)》第七条。
[⑥] 依据:《最高人民法院关于审理著作权民事纠纷案件适用法律若干问题的解释(2020修正)》第四条第一款。
[⑦] 依据:《最高人民法院关于审理著作权民事纠纷案件适用法律若干问题的解释(2020修正)》第四条第二款。
[⑧] 依据:《最高人民法院关于审理著作权民事纠纷案件适用法律若干问题的解释(2020修正)》第五条。
[⑨] 依据:《最高人民法院关于审理侵害信息网络传播权民事纠纷案件适用法律若干问题的规定(2020修正)》第十五条。

第十一部分 关于部分民事申请再审案件管辖的变化

根据最高人民法院《关于完善四级法院审级职能定位改革试点的实施办法》的规定，自2021年10月1日起，重庆市高级人民法院新增受理两类民事申请再审案件：

一、当事人对重庆市高级人民法院作出的已经发生法律效力的民事判决、裁定，认为有错误的，应当向重庆市高级人民法院申请再审；符合下列情形之一的，可以向最高人民法院申请再审：

1.再审申请人对原判决、裁定认定的基本事实、主要证据和诉讼程序无异议，但认为适用法律有错误的；

2.原判决、裁定经重庆市高级人民法院审判委员会讨论决定的。

二、当事人对重庆市高级人民法院作出的已经发生法律效力的民事调解书申请再审的，应当向重庆市高级人民法院提出。

·要点提示

上述"重庆市高级人民法院作出的已经发生法律效力的民事判决、裁定"是指重庆市高级人民法院作出的已经发生法律效力的民事终审判决裁定，包括一审生效的判决裁定、二审生效的判决裁定，并不包括重庆市高级人民法院作出的再审审查裁定以及再审裁判。

6

重庆市律师协会律师办理国内商事仲裁法律业务操作指引(试行)

第一章 总 则

第一条 宗旨

为提高律师办理国内商事仲裁法律业务的能力和服务质量,维护律师行业执业形象,依法维护委托人的合法权益,重庆市律师协会根据《中华人民共和国仲裁法》《中华人民共和国律师法》《中华人民共和国民事诉讼法》及中华全国律师行业协会相关规则的规定,结合律师业务实践制定本指引。

第二条 适用范围

本指引适用于律师办理依据我国国内(不含港澳台)仲裁法律制度的商事仲裁业务,不适用于劳动仲裁和人事仲裁。

律师在办理其他涉外商事仲裁法律业务时,应按照仲裁地国家或地区的法律,结合有关国际公约,对相关仲裁实务作出判断,依据仲裁协议及所选仲裁机构、仲裁规则,并适用冲突规则及国际惯例参与仲裁。

第三条 代理职责

律师代理仲裁案件的职责,是根据委托人的授权参加仲裁活动,维护委托人的合法权益,维护法律的正确实施和仲裁活动的依法开展。

第四条 遵循原则

律师在办理商事仲裁业务时,应当遵守国家法律、法规,坚持以事实为根据,以法律为准绳,信守律师执业道德和执业纪律规范。

遵循当事人意思自治原则,遵守选定的仲裁规则和仲裁机构的规定,尊重公序良俗,尊重商业习惯,弘扬社会主义核心价值观。

律师在办案过程中,应当保守国家秘密和委托人的商业秘密及其个人隐私,不得违反规定和当事人的意思公开仲裁内容、过程和结果。

承办律师及辅助人员应按时出庭,着装规范,仪表端庄,遵守仲裁庭纪律,尊重其他仲裁程序参与人,本着诚信、友好、善意、合作及妥善解决纠纷的原则参与仲裁,遵从仲裁规则的指引和仲裁庭的指示,不滥用权利。

第五条　指引性质

本指引系对律师从事仲裁业务时的操作指导性文件,供律师从事相关业务时参考,无强制性效力,不作为判断律师执业过错的依据。

第六条　法律依据

本指引所参考的法律依据主要如下:

(一)《中华人民共和国仲裁法(2017修正)》;

(二)《中华人民共和国民事诉讼法(2017年修正)》;

(三)《最高人民法院关于适用〈中华人民共和国仲裁法〉若干问题的解释》(2008调整);

(四)《最高人民法院关于适用〈中华人民共和国民事诉讼法〉的解释》(2022修正)(法释〔2015〕5号);

(五)《最高人民法院关于仲裁司法审查案件报核问题的有关规定》(法释〔2017〕21号);

(六)《最高人民法院关于审理仲裁司法审查案件若干问题的规定》(法释〔2017〕22号);

(七)《最高人民法院关于人民法院办理仲裁裁决执行案件若干问题的规定》(法释〔2018〕5号);

(八)《承认及执行外国仲裁裁决公约》(《纽约公约》)。

律师办理具体仲裁业务还应当充分注意个案事实以及新颁布、修订的法律、法规和司法解释。

第二章　接受委托

第七条　介绍律师服务范围

律师接受仲裁业务委托时,应向不了解律师仲裁服务范围的委托人介绍律师可提供的如下服务:

(一)仲裁法律制度咨询;

(二)仲裁协议拟定、审查和效力异议申请;

(三)提起仲裁、反仲裁申请;

(四)仲裁机构、仲裁规则和仲裁员选定;

(五)参加仲裁庭审;

(六)财产和证据保全;

(七)仲裁裁决执行或不予执行;

(八)仲裁裁决撤销;

(九)其他仲裁相关法律事务。

第八条 介绍仲裁制度

律师接受仲裁事务委托前,应向不了解仲裁制度的委托人介绍仲裁制度,告知和说明如下事项:

(一)意思自治。当事人采用仲裁方式解决纠纷,双方应当自愿达成仲裁协议,没有仲裁协议一方申请仲裁的,仲裁委员会不予受理。

(二)一裁终局。仲裁裁决作出后,当事人就同一纠纷再申请仲裁或者向人民法院起诉的,仲裁委员会或者人民法院不予受理。

(三)保密。仲裁以不公开审理为原则,仲裁处理结果也不对外公开,相对于诉讼的公开审理和裁判文书公示制度,具有较好的保密性。

(四)广泛执行性。根据《纽约公约》及中国与有关国家和地区签订的司法协助协定的规定,仲裁裁决可以在大多数国家和地区得到承认和执行。

(五)代理费可追索性。基于仲裁规则规定和当事人请求,胜诉方可以向败诉方追索律师代理费等主张权利产生的合理开支。部分仲裁机构(例如重庆仲裁委员会)对采取风险收费方式的代理费也给予支持。

(六)较大可选择性。仲裁不实行级别管辖和地域管辖,不受仲裁机构和区域的限制,仲裁机构、仲裁规则和仲裁员,甚至仲裁地均具有可选择性。

(七)独立原则。仲裁依法独立进行,不受行政机关、社会团体和个人的干涉。仲裁委员会独立于行政机关,与行政机关没有隶属关系。仲裁委员会之间也无隶属关系。

(八)合法、公平原则。仲裁法规定,仲裁应当根据事实,符合法律规定,公平合理地解决纠纷。

(九)司法救济制度。当事人认为仲裁裁决、调解符合法律规定的撤销或者不予执行情形时,可依法向有管辖权的中级人民法院申请撤销或者不予执行。

第九条 询问和审查事项

律师在接受商事仲裁案件委托时,应询问和审查下列事项:

(一)是否有仲裁协议,委托人是否是本案仲裁协议的当事人,仲裁协议是否是当事人自愿达成,仲裁协议内容是否合法、真实和有效;

(二)拟委托代理的案件是否符合《中华人民共和国仲裁法》第二条、第三条等规定的申请仲裁的条件;

(三)仲裁请求是否超过法律规定的仲裁时效,超过时效可能产生不利的法律后果;

(四)仲裁案件的双方当事人是否明确,是否存在第三人,判断第三人参与仲裁程序可能性的相关事宜;

(五)仲裁请求或反请求的内容,请求事项是否合法、明确、具体,反请求是否一并提起;

(六)委托人作为居住在国外的中国自然人、法人、非法人组织或外国人、外国企业、组织时提供的委托手续或证明,是否符合仲裁规则的要求;

(七)仲裁协议选定的机构是否明确具体,是否存在仲裁机构与法院之间、仲裁机构之间的管辖权争议;

(八)委托人拟实现的期望和目标;

(九)认为有必要审查的其他事项。

第十条 告知事项

律师在接受商事仲裁案件委托时,应告知下列事项:

(一)仲裁协议效力存在争议的,可能产生的相关仲裁风险,以及可能产生的相应维权成本及合理开支;

(二)如果需要采取财产保全、证据保全措施,根据仲裁前后分别向有管辖权的人民法院或仲裁委员会提出;向仲裁委员会提出的,由仲裁委员会将当事人的申请依照《中华人民共和国民事诉讼法》的有关规定提交人民法院;

(三)介绍所涉仲裁规则的重要事项,包括仲裁员选定程序、举证时限要求、庭审程序、可能涉及的审理时间和费用种类等;

(四)委托人作为仲裁案件的被申请人时有权提出反请求;

(五)可能存在的其他事项或风险。

律师在接受商事仲裁法律事务委托时,以及在仲裁法律事务办理过程中,就有关风险事项应通过风险告知书、告知函等书面形式及时告知当事人。

第十一条 利益冲突检索

律师事务所在接受委托人委托前,应当就委托事项进行利益冲突检索。在确认不存在利益冲突的前提下,律师事务所才能正式接受委托人的委托。防止律师在执业过程中,因涉及当事人利益冲突而给当事人和律师事务所造成权益损害。

第十二条 办理委托手续

律师事务所根据当事人的委托,指派律师为其担任仲裁代理人。律师事务所应当尽可能满足委托人指名委托的要求。

律师事务所受理仲裁法律事务委托,应与委托人签订法律服务合同,明确约定委托事项、承办律师、提供法律服务的方式和范围、法律服务费用、双方的权利和义务等法律服务事项,办理委托授权手续,进行收案登记,编号后建立卷宗。仲裁制度介绍、询问和审查事项、风险告知等,应当形成笔录或备忘录,由委托人签字确认后附卷备查。

第十三条 代理费

律师事务所代理仲裁案件,在与委托人签订的委托代理协议中约定的收费标准,应当符合律师执业机构所在地或仲裁机构所在地律师行业服务收费指导标准的规定。

第十四条 授权委托书

律师应当与委托人协商确定代理权限和事项,委托人应当出具授权委托书,授权委托书中应当明确以下事项:

(一)为一般代理或者特别授权;

(二)为特别授权的,应当载明仲裁员的选定、承认、变更、放弃仲裁请求、提出反请求、进行和解、撤回仲裁请求等权利。

即使为特别授权,代理律师就委托事项的处理也应提前征得委托人的同意,由其签字盖章或以其他书面形式及时确认,并保留有关资料。

境外形成的授权委托书及当事人身份文件,若仲裁规则要求公证和认证的,应按仲裁规则办理。

第十五条 拒绝代理情况

律师接受委托后,无正当理由的,不得拒绝代理。但委托事项违法的、存在虚假仲裁的、委托人利用律师提供的商事仲裁法律服务从事违法活动或者委托人隐瞒重要事实的,律师有权拒绝代理,因此单方解除委托代理协议时应及时通知委托人。

对于不符合法律规定条件不能申请仲裁或属于可以申请仲裁但仲裁协议内容有瑕疵的案件,律师应向委托人做好解释工作,并根据不同情况,经与委托人协商后作出相应的处理。

第十六条 禁止行为

律师接受委托后不得私自联络办案的仲裁员讨论有关案情,也不得向其提供宴请、馈赠或其他利益,不得指使或诱导委托人行贿。

律师在仲裁法律服务过程中不得披露、暗示与代理事务无关的其他身份关系;律师仲裁员在担任代理人时除了遵守律师行业有关规范的同时,还应当遵守所在仲裁机构的管理规定。

律师不得利用仲裁程序赋予的权利或存在的疏漏,故意妨碍仲裁程序的进行或损害其他仲裁参与人员的权利。

承办律师未经当事人许可,不得利用、披露案情及结果。

第十七条 熟悉仲裁规则

律师在接受仲裁案件委托后,应当进一步熟悉仲裁机构的仲裁规则,特别是仲裁程序中各环节的时效规定和法律后果,以便及时提出申请或异议,维护委托人的合法权益。

第三章 仲裁协议

第十八条 仲裁协议的法律地位

仲裁协议是指当事人同意将已经发生或者可能发生的合同纠纷或者其他财产权益纠纷提交仲裁的合意。

当事人之间达成仲裁协议,是提起仲裁的前提,是仲裁机构受理仲裁和仲裁裁决的依据,也是人民法院不予受理的依据(仲裁协议无效的除外)。

第十九条 仲裁协议的形式

仲裁协议包括以下两种形式:

(一)合同中订立的仲裁条款;

(二)以其他书面形式在纠纷发生前或者纠纷发生后达成的请求仲裁的协议。

其他书面形式的仲裁协议,包括以合同书、信件和数据电文(包括电报、电传、传真、电子数据交换和电子邮件)等形式达成的请求仲裁的协议。

第二十条 仲裁协议的内容

律师在拟定仲裁协议或办理仲裁案件时,应检查或审查是否包括了以下必要内容:

(一)请求仲裁的意思表示;

(二)仲裁事项;

(三)选定的仲裁机构。

仲裁协议除应包括以上必要内容外,还可以根据需要约定以下内容:仲裁地、仲裁规则、仲裁协议适用的法律、仲裁语言、送达方式、送达地址、开庭地、仲裁庭的组成、仲裁员的资格、指定仲裁员的方式、首席仲裁员的产生办法、适用的仲裁程序、仲裁案件的审理方式、仲裁费用和律师费用的承担等。对于较为复杂的商业交易,当事人也可以进一步约定仲裁庭开庭程序、证据规则、技术问题解决等细节事项。但有关约定不得违反法律和所选仲裁规则的规定。

第二十一条 仲裁事项

仲裁事项指仲裁协议中约定的通过仲裁方式解决的争议内容或范围。

当事人概括约定仲裁事项为合同争议的,基于合同成立、效力、变更、转让、履行、违约责任、解释、解除、撤销等产生的纠纷都可以认定为仲裁事项。

第二十二条 仲裁机构的选定

律师应充分了解相关法律及司法解释对于选定仲裁机构的规定,选定具体明确的仲裁机构,避免因未约定仲裁机构或仲裁机构约定不明而可能导致仲裁协议无效的情形。

以下情况属于选定了仲裁机构:

(一)仲裁协议约定的仲裁机构名称不准确,但能够确定具体的仲裁机构的;

(二)仲裁协议仅约定纠纷适用的仲裁规则的,但当事人达成补充协议或者按照约定的仲裁规则能够确定仲裁机构的;

(三)仲裁协议约定两个以上仲裁机构的,当事人达成协议选择其中的一个仲裁机构申请仲裁的;

(四)仲裁协议约定由某地的仲裁机构仲裁且该地仅有一个仲裁机构的,该仲裁机构视为约定的仲裁机构;

(五)仲裁协议虽约定了两个或以上的仲裁机构,但是在当事人提起仲裁请求之时能够确定由哪个仲裁机构管辖的。

以下情况属于未选定仲裁机构:

(一)仲裁协议约定的仲裁机构名称不准确,且无法确定具体的仲裁机构的;

(二)仲裁协议仅约定纠纷适用的仲裁规则,且当事人未能就选定仲裁机构达成补充协议或者按照约定的仲裁规则无法确定仲裁机构的;

(三)仲裁协议约定两个以上仲裁机构,且当事人不能就仲裁机构选择达成一致的;

(四)仲裁协议约定由某地的仲裁机构仲裁,该地有两个以上仲裁机构,且当事人不能就仲裁机构选择达成一致的。

我国法律采用"机构仲裁"制度,但律师代理仲裁案件,应关注国家对"临时仲裁"试点情况和有关立法的变化。

第二十三条 仲裁规则的选定

仲裁规则是仲裁机构、仲裁庭、当事人在仲裁程序中所应遵循和适用的规范。

仲裁规则虽然不是仲裁法,非强制适用,但是仲裁规则一经选定就发生强制力,当事人在仲裁程序中必须遵守,不得违反。

国际上对仲裁规则选择的一般原则是尊重当事人的意思自治,仲裁程序适用当事人选定的或者修订的仲裁规则;在当事人没有选择仲裁规则的情况下,如果当事人订立仲裁协议时约定在某一仲裁机构进行仲裁,可以推定其默示约定适用该仲裁机构所制定的仲裁规则。也就是说,在实践中,只要仲裁机构明确,仲裁规则一般也是明确的,即使双方未达成明确的协议,也可以推断得出适用何种仲裁规则。

律师代理仲裁事务,应当全面和仔细阅读所涉仲裁规则。同一仲裁机构可能针对不同专业、是否涉外等制定了不同的仲裁规则,例如重庆仲裁委员会除《重庆仲裁委员会仲裁规则》外,还相应地制定了《重庆仲裁委员会金融仲裁规则》《重庆仲裁委员会互联网金融仲裁规则(试行)》《中国重庆两江国际仲裁中心仲裁规则》。

第二十四条 仲裁地

涉外案件中,当事人可以约定仲裁地。例如重庆仲裁委员会的《中国重庆两江国际仲裁中心仲裁规则》明确规定当事人可以约定仲裁地。

约定不成的,一般情况下,仲裁机构所在地为仲裁地,但仲裁机构或仲裁庭另行确定其他地点为仲地的除外。例如重庆仲裁委员会《中国重庆两江国际仲裁中心仲裁规则》明确规定当事人对仲裁地没有约定或约定不明的,重庆机构所在地为仲裁地,且仲裁机构可以根据案件的具体情形确定其他地点为仲裁地。

仲裁裁决被视为在仲裁地作出。法院在撤销仲裁裁决的诉讼中,或者在承认和执行仲裁裁决的诉讼中,裁决地的法律在仲裁过程中是否被适当地遵守是一个非常重要的因素。一般情况下,只有仲裁地的法院有权撤销仲裁裁决。

仲裁庭有权以其认为合适的方式,在适当的地点开庭和开会,处理与仲裁案件相关事宜,但该地不因此被视为仲裁地。

第二十五条　仲裁协议的效力

仲裁协议具有独立性,其效力独立于合同本身的效力,不受合同成立、变更、解除、终止、无效、失效、未生效、被撤销的影响。

律师需要注意,合同未成立不影响仲裁协议的效力,但在此种情况下主张仲裁协议成立的一方负有相应举证责任。

有下列情形之一的,仲裁协议无效:

(一)约定的仲裁事项超出法律规定的仲裁范围的;

(二)无民事行为能力人或者限制民事行为能力人订立的仲裁协议;

(三)一方采取胁迫手段,迫使对方订立仲裁协议的。

其他导致仲裁协议无效的情形包括:

(一)仲裁协议对仲裁事项或者仲裁委员会没有约定或者约定不明确的,当事人达不成补充协议的,仲裁协议无效;

(二)当事人约定争议可以向仲裁机构申请仲裁也可以向人民法院起诉的,仲裁协议无效。但一方向仲裁机构申请仲裁,另一方未在仲裁庭首次开庭前提出异议的除外;

(三)仲裁协议约定两个以上仲裁机构的,当事人不能就仲裁机构选择达成一致的,仲裁协议无效;

(四)仲裁协议约定由某地的仲裁机构仲裁且该地有两个以上仲裁机构,当事人不能就仲裁机构选择达成一致的,仲裁协议无效。

律师应当注意,实务中,在不具有涉外因素的民商事交易中约定境外仲裁或境外仲裁机构仲裁的仲裁协议,可能被人民法院认定为无效。

律师应当注意,在一方采取胁迫手段,迫使对方订立合同的情形下,根据《中华人民共和国仲裁法(2017修正)》第十七条,仲裁协议直接认定为无效,但是记载有仲裁协议的合同文件效力应依据《中华人民共和国合同法》或《中华人民共和国民法典》认定为无效,可撤销合同;若为"可撤销合同"的情况下,当事人可以向相关人民法院起诉要求撤销合同。

第二十六条　起草仲裁协议的注意事项

律师在起草仲裁协议时,应熟悉拟选择的仲裁规则,尽量避免导致仲裁协议无效的约定,注意以下事项:

(一)律师在起草仲裁协议时,应与委托人沟通拟选择的仲裁机构和仲裁规则,注意仲裁事项的规范表达,避免因仲裁事项约定不明确而导致仲裁协议无效的情形;

(二)仲裁条款的内容,建议参照拟选定的仲裁机构通过其官方途径公布的最新仲裁示范条款。实务中,仲裁机构可能因下设不同的工作平台或机构而有不同的仲裁示范条款,律师应当结合实际情况和交易性质,选取最合适的条款;

(三)若某一交易或关联的多个交易涉及多份合同或文件,律师在起草仲裁协议时应充分与各方当事人沟通,在了解其商业意图的基础上告知各方若不同合同中争议解决条款不一致,可能在争议解决过程中产生额外的成本和风险,增加当事人解决争议的程序负担,建议各方当事人采取相同的仲裁条款或达成统一的仲裁协议;

(四)注意仲裁条款的独立性,在约定涉外合同的法律适用时,建议单独明确仲裁条款的法律适用,例如"本合同及本仲裁条款均应适用中国法律(不含港澳台)";

(五)虽然选择仲裁机构和仲裁规则属于当事人意思自治范围,但是在约定由某一仲裁机构根据非属于该仲裁机构的仲裁规则进行仲裁时(混合仲裁条款),应仔细研究所选仲裁机构的仲裁规则和所选仲裁规则对此是否存在冲突,避免被选择的仲裁规则排除了其他仲裁机构的情况下产生争议,甚至影响裁决的效力和执行;

(六)律师在起草仲裁协议时应确保拟提交仲裁的争议应属于我国法律规定的可以仲裁的争议范围,婚姻、收养、监护、扶养、继承纠纷和依法应当由行政机关处理的行政争议不能仲裁;

(七)律师应当注意,政府机关等行政组织,以平等市场主体身份参与缔约,若产生纠纷,是否可以提交仲裁,仍在立法讨论阶段,实务中应当结合是否有利于公平诚信、市场秩序以及当事人权利等,综合判断;

(八)律师在起草仲裁协议时,应注意法律及司法解释对仲裁协议的继承、继受、转让和引用的规定,并根据当事人的实际需求确定仲裁协议内容。

第二十七条 仲裁协议效力异议

当事人对仲裁协议的效力有异议的,可以依法请求仲裁委员会作出决定或者请求人民法院作出裁定。一方请求仲裁委员会作出决定,另一方请求人民法院作出裁定的,由人民法院裁定。在人民法院尚未作出裁定前,律师在征求委托人意见后,可以将人民法院受理的情况告知仲裁庭,并结合仲裁规则,建议或申请仲裁机构将此仲裁案件中止。

当事人对仲裁协议的效力有异议,应当在仲裁庭首次开庭前提出。当事人约定书面审理的,应当在首次答辩期限届满前以书面形式提出。

第二十八条 放弃异议及禁止反言

律师应当充分向当事人说明,在仲裁程序中未对仲裁协议的效力提出异议,或在仲裁程序中以实际行动接受了仲裁协议效力的(如主动提起仲裁的一方),在仲裁裁决作出后以仲裁协议无效为由主张撤销仲裁裁决或者提出不予执行抗辩的,人民法院将不予支持。

律师应告知委托人,若其未能在仲裁庭首次开庭前对仲裁协议的效力提出异议,而是之后向有管辖权的人民法院申请确认仲裁协议无效,人民法院将不予受理。

当事人未按规定提出异议的,视为承认仲裁机构对仲裁案件有管辖权。

第二十九条 仲裁协议效力的管辖法院

确认仲裁协议效力的案件,由仲裁协议约定的仲裁机构所在地的中级人民法院管辖;仲裁协议约定的仲裁机构不明确的,由仲裁协议签订地或者被申请人住所地的中级人民法院管辖。律师接受委托后应根据具体情况提出选择建议:征求委托人意见后向相应的人民法院提出仲裁协议效力申请或就对方当事人提出的仲裁效力异议提出管辖异议。

涉及涉外仲裁协议效力的案件,由仲裁协议约定的仲裁机构所在地、仲裁协议签订地、申请人或者被申请人住所地的中级人民法院管辖。

涉及海事海商纠纷仲裁协议效力的案件,由仲裁协议约定的仲裁机构所在地、仲裁协议签订地、申请人或者被申请人住所地的海事法院管辖;上述地点没有海事法院的,由就近的海事法院管辖。

律师在办理前述业务时,应注意各地高级人民法院的通知文件,以避免因管辖问题影响立案。

第三十条 仲裁机构的自裁管辖权

律师代理当事人向所约定仲裁机构就仲裁协议的效力或者仲裁案件的管辖权提出异议的,由所约定仲裁机构或者由所约定仲裁机构授权仲裁庭作出决定。该等自裁管辖权是终局的,委托人要求律师在仲裁机构对仲裁协议的效力作出决定后,向有管辖权人民法院申请确认仲裁协议效力或者申请撤销仲裁机构的决定的,律师应告知委托人人民法院将不予受理的法律后果。

虽然仲裁机构依当时证据认为存在有效仲裁协议,作出有管辖权的决定,但是不影响仲裁庭在审理过程中根据与现有证据不一致的事实或者证据重新作出管辖权决定。

第三十一条 申请法院确认仲裁协议效力应提交的材料

律师在代理委托人向法院申请确认仲裁协议效力时,应当提交申请书及仲裁协议正本或者经证明无误的副本。申请书应当载明下列事项:

(一)申请人或者被申请人为自然人的,应当载明其姓名、性别、出生日期、国籍及住所;为法人或者其他组织的,应当载明其名称、住所以及法定代表人或者代表人的姓名和职务;

(二)仲裁协议的内容;

(三)具体的请求和理由。

提交的外文申请书、仲裁协议及其他文件,应当附有中文译本。

建议律师在实务中同时准备好仲裁申请书及证据材料、仲裁机构立案受理文件等文件的副本,以便人民法院提出要求时可以提交。

第三十二条 涉外仲裁协议效力的冲突规则

律师代理当事人协议选择确认涉外仲裁协议效力适用的法律,应当作出明确的意思表示,仅约定合同适用的法律,不能作为确认合同中仲裁条款效力适用的法律。

律师应当了解,确定涉外仲裁协议效力的准据法,并非一定与该案件实体的准据法一致,而应按照如下顺序确定涉外仲裁协议效力的准据法:

(一)适用当事人约定的法律;

(二)当事人没有约定适用的法律但约定了仲裁地的,适用仲裁地法律;

(三)没有约定适用的法律,也没有约定仲裁地或者仲裁地约定不明的,适用法院地法律;

(四)律师应当了解,人民法院根据《中华人民共和国涉外民事关系法律适用法》第十八条的规定,确定确认涉外仲裁协议效力适用的法律时,当事人没有选择适用的法律,适用仲裁机构所在地的法律与适用仲裁地的法律将对仲裁协议的效力作出不同认定的,人民法院将适用确认仲裁协议有效的法律。

第四章　仲裁程序

第一节　仲裁员

第三十三条 仲裁员的确定

仲裁庭由三名仲裁员或者一名仲裁员组成。由三名仲裁员组成的,设首席仲裁员。

当事人约定或仲裁规则规定由三名仲裁员组成仲裁庭的,应当各自选定或者各自委托仲裁委员会主任指定一名仲裁员,第三名仲裁员由当事人共同选定或者共同委托仲裁委员会主任指定。第三名仲裁员是首席仲裁员。当事人约定或仲裁规则规定由一名仲裁员组成仲裁庭的,应当由当事人共同选定或者共同委托仲裁委员会主任指定仲裁员。

当事人没有在仲裁规则规定的期限内约定仲裁庭的组成方式的,根据仲裁规则的规定确定仲裁庭的组成方式;当事人没有在仲裁规则规定的期限内或者选定仲裁员的,由仲裁委员会主任指定。

第三十四条 选择仲裁员的注意事项

律师应当协助委托人按照仲裁规则规定选定仲裁员,并注意以下事项:

(一)尽量选择熟悉相关专业知识的仲裁员,以便更能迅速准确地抓住争议的焦点,分清是非责任,提出解决争议的最佳方案,从而提高仲裁效率和质量;

(二)应避免选择具有符合法定回避情形的仲裁员,若因回避而使整个仲裁程序终止,则将延长仲裁的时间,甚至出现仲裁裁决被人民法院认定重新仲裁、不予执行和被撤销的风险;

(三)必须在规定的时间内选择仲裁员,若当事人未在仲裁规则规定的有效期限内选定仲裁员,仲裁

机构将视为当事人自动放弃该项权利,由仲裁委员会主任指定仲裁员组成仲裁庭;

(四)当事人选择仲裁员时应充分考虑仲裁员是否与案件所涉领域相关,是否有充分的办案时间,迅速、高效地进行裁决。

第三十五条　仲裁庭成员的回避

仲裁员有下列情形之一的,必须回避,当事人也有权提出回避申请:

(一)是本案当事人或者当事人、代理人的近亲属;

(二)与本案有利害关系;

(三)与本案当事人、代理人有其他关系,可能影响公正仲裁的;

(四)私自会见当事人、代理人,或者接受当事人、代理人的请客送礼的;

(五)具有仲裁规则规定的其他回避情形的。

仲裁规则对仲裁庭秘书、翻译人员、鉴定人、勘验人等有回避规定的,按仲裁规则规定处理。

当事人提出回避申请,应当说明理由,在首次开庭前提出。回避事由在首次开庭后知道的,可以在最后一次开庭终结前提出。书面审理的案件,回避申请应当在答辩期届满前提出。

仲裁员是否回避,由仲裁委员会主任决定;仲裁委员会主任担任仲裁员时,由仲裁委员会集体决定。

第三十六条　仲裁员的更换

仲裁期间,仲裁员在法律上或事实上不能履行其职责,包括仲裁员回避、发生死亡、辞职或者被撤职等情形的,仲裁机构有权根据仲裁规则将其更换,该仲裁员也可以主动申请不再担任仲裁员。更换仲裁员的指定程序应当按照原仲裁员的提名和指定程序进行。

第二节　仲裁申请与答辩

第三十七条　法律研究分析

律师在接受委托后,应当与委托人充分沟通,了解委托人的预期目标。在收集整理案件事实的基础上,应当围绕案件涉及的主要法律问题,进行充分的法律检索和研究。法律检索和研究的范围主要包括:

(一)案件主要实体法律规定、程序性法律规定;

(二)各地人民法院关于类似案件的判例;

(三)相关学者、法官、仲裁员等法律人员对有关问题的论著、文章等。

律师在全面了解案件事实的基础上,应当依据相关法律法规,参照司法解释的规定,参考以往类似案例,对案件争议的主要法律问题进行分析研究,对案件的可能结果进行预判,并据此提出仲裁方案或应对方案,并充分披露可能的法律风险。

最高人民法院出台的司法解释适用范围是各级人民法院,仲裁庭在审理案件时可以对相关司法解释进行参考,但没有义务必须予以遵守。因此,律师在参与仲裁案件代理,进行仲裁程序、发表法律意见和预期裁决结果时,应当了解此中区别。

鼓励律师在办理仲裁案件时使用关系图、时间轴、表格等仲裁可视化方式,将案情直观地向仲裁呈现,必要时提供案例、法律法规检索报告,支持己方意见,最大限度地促进裁判尺度的统一性。

第三十八条 仲裁申请

律师在申请仲裁前应当审查委托人的身份信息,合理确定当事人,拟定仲裁申请书,编制证据目录,在仲裁时效届满前向仲裁协议选定的仲裁机构提起仲裁。

仲裁申请书应当载明下列必要事项:

(一)当事人的姓名、性别、年龄、公民身份号码、职业、工作单位和住所,法人或者其他组织的名称、住所和法定代表人或者主要负责人的姓名、职务,以及电话号码、传真、电子邮件地址和其他可能的联系方式。若约定了送达地址和方式的应一并写明;

(二)仲裁请求和所根据的事实、理由,尽量明确支持仲裁主张的相关证据、法律依据或者法律论证;

(三)证据和证据来源、证人姓名、住所和联系方式。

鉴于《中华人民共和国仲裁法》并未规定当事人的第三人制度,但代理律师仍应关注仲裁规则是否有相关规定,并根据案件情况作出判断。

第三十九条 答辩

律师担任被申请人的代理人时,应在收到被申请人仲裁申请书副本后,在仲裁规则规定的期限内向仲裁委员会提交答辩书。被申请人未提交答辩书的,不影响仲裁程序的进行。

答辩书应当由被申请人或者被申请人特别授权的代理人签名或者盖章,并载明下列事项:

(一)被申请人的基本情况,尽量明确当事人的联系方式、送达地址;

(二)意见和事实、理由,尽量明确支持答辩主张的相关证据、法律依据或者法律论证。

第四十条 异议事项审查

律师作为被申请人的代理人,还应注意审查有无仲裁协议、仲裁协议是否有效和受理机构是否有管辖权等情况。根据审查情况与委托人沟通后决定采取相应措施的,律师应按本指引有关仲裁协议效力和管辖的内容,代理当事人进行相应的异议程序。

律师同时应注意仲裁庭组成人员是否存在回避情形,并及时提出回避申请。

第四十一条 反仲裁

律师作为被申请人的代理人时,应就是否提起反请求与委托人沟通,若需提起反请求的,参考本指引关于仲裁申请的内容,拟定仲裁反请求申请书。

一般情况下,仲裁反请求应当在仲裁规则规定的答辩期限内提交。提交仲裁反请求的期限,以及应当单独提交,还是包含在答辩书内,按照仲裁规则处理。

第四十二条 请求的变更

当事人可以变更仲裁请求或者仲裁反请求。

一般情况下,变更仲裁请求或仲裁反请求应在辩论终结前提出,具体期限依仲裁规则确定。

第四十三条 提交文书份数和注意事项

提交的仲裁申请书、答辩书、反请求申请书、证据及其他文书材料应当一式五份。如果对方当事人人数超过两人,相应增加副本份数。如果仲裁庭由一名仲裁员组成,相应减少副本两份。同时提交可编辑的电子文本及证据扫描件。

律师起草的仲裁申请书、反请求申请书、答辩书、仲裁请求变更申请书,特别是请求的事项和数额,应在提交仲裁机构之前交委托人审阅和确认,由委托人或委托人特别授权的代理人签名或者盖章。

需要注意的是,律师作为特别授权的代理人在提交文件上签名或者盖章前,内容应经委托人确认。

第四十四条 财产保全

若因对方当事人的行为或者其他原因,可能导致裁决不能执行或者难以执行的,可以申请财产保全。

当事人申请仲裁中财产保全的,仲裁委员会应当将当事人的申请依照《中华人民共和国民事诉讼法》的有关规定提交人民法院;在仲裁前申请财产保全的,依照《中华人民共和国民事诉讼法》有关规定直接向人民法院申请。

律师应提醒委托人,申请有错误的,申请人应当赔偿被申请人因财产保全所遭受的损失。

第三节 证 据

第四十五条 举证

每一方当事人应对其仲裁请求或答辩所依据的事实负举证责任。

当事人应当在仲裁规则规定的期限内完成举证,逾期举证的,可能承担举证不能的不利后果。例如,《重庆仲裁委员会仲裁规则》第四十七条第一款规定,当事人应当在收到仲裁通知书或者反请求申请书副本之日起15日内完成举证,逾期举证的,承担举证不能的责任。

当事人有正当理由需要延期举证的,应当在仲裁规则规定的期限内提出书面申请,仲裁庭不同意延期举证的,应当在举证期限内完成举证。

当事人提交的证据应当装订成册并附证据清单,载明证据名称、证明目的,标明页码、签名盖章并注明提交日期。为便于归档和复印扫描,尽量不使用胶装等不易拆开的装订方式。

证据清单可以采用表格形式,但最好同时提交能够编辑的文字版本,以便直接复制记入庭审笔录。

当事人在庭审中举示的证据,书证应当举示原件,物证应当举示原物。举示原件或者原物确有困难的,可以根据仲裁规则的规定举示复制品、照片、副本或者节录本,但应当说明来源并与原件、原物核对或者经鉴定无误。

一方当事人对另一方当事人举示的复制品、照片、副本或者节录本的真实性没有提出异议,可以视为与原件或者原物一致。

外文书证应附有中文译本,庭前会议以及仲裁庭及其授权的仲裁秘书确认的证据除外。

境外形成的证据,仲裁规则规定应办理公证认证程序的,应提前办理。

第四十六条 质证

证据应当在开庭时举示,并经当事人相互质证。前述证据包括仲裁庭调查收集的证据、鉴定意见、证人证言。

律师应围绕证据的真实性、合法性、关联性发表质证意见,还可以依照相关法律、行政法规,参照司法解释,结合行业惯例、交易习惯等,综合案件整体情况就证据有无证明力及证明力大小发表意见。

仲裁庭决定对补充证据不再开庭质证的,应当在仲裁庭规定的期限内提交书面质证意见。

书面审理的,当事人应当在仲裁规则规定的期限内向仲裁庭提交书面质证意见。

为确保质证的全面、准确,律师尽量庭前拟定书面的质证意见,并随电子文件一并提交仲裁庭,以便庭审记录。

质证意见可以采用表格形式,但最好同时提交能够编辑的文字版本,以便直接复制记入庭审笔录。若涉及计算表格,尽量同时提交EXCEL电子文档,以便仲裁庭核验计算公式。

第四十七条 收集和整理证据

律师接受委托后,应当收集和整理证据。

律师了解案情后,如认为事实不清,证据不足,应向委托人说明情况并在征得委托人同意后,按照法律法规、司法解释、仲裁规则及律师行业相关规范进行调查和固定证据,以及向仲裁委员会申请证据保全或向仲裁庭申请调取证据。

调查内容和目的可告知委托人,调查时可请委托人提供线索和证人名单,请求委托人配合并提供必要的帮助。

第四十八条 证据保全

在证据可能灭失或者以后难以取得的情况下,在仲裁进行阶段,律师应向仲裁委员会提出申请,由仲裁机构将当事人的申请提交证据所在地的基层人民法院进行证据保全;在仲裁前,律师应依据《中华人民共和国民事诉讼法》第八十一条第二款的规定,向证据所在地、被申请人住所地的人民法院申请保全证据。

涉外仲裁的当事人申请证据保全的,仲裁机构应当将当事人的申请提交证据所在地的中级人民法院。

第四十九条 律师调查取证

律师调查时须持律师事务所调查专用介绍信,由两人共同进行。如律师一人调查,应有与本案无利害关系的第三者在场。被调查人是未成年人的,应请其监护人或教师在场。

律师进行仲裁案件的调查取证时,应参照《中华人民共和国民事诉讼法》《最高人民法院关于民事诉讼证据的若干规定》及仲裁规则的有关规定办理。

第五十条 申请仲裁庭调查取证

对于因客观原因律师不能收集的证据,可以根据仲裁规则申请仲裁庭调取证据;代理律师可以根据仲裁规则的规定,申请仲裁机构出具律师协助调查函。仲裁庭同意收集、调取证据时,经仲裁庭同意,律师可以参加。

第五十一条　申请鉴定

当事人可以对专业问题根据仲裁规则的规定申请鉴定。

律师应告知委托人,鉴定费用由申请鉴定方预交,由仲裁庭确定承担人。

第五十二条　专家辅助人

对鉴定意见或者专业性较强的案件,律师可以根据仲裁规则的规定,申请具有专业知识的人(专家辅助人)出庭对鉴定意见或者案件事实所涉及的专业问题提出意见,以便仲裁庭结合案件情况、行业惯例、交易习惯等就专业问题进行综合判断。申请专家辅助人出庭的,应当提交书面申请,载明拟证明的专业问题,并提供专家辅助人的身份证明文件、联系方式。

律师应告知委托人,专家辅助人的费用由提出申请的当事人承担。

第五十三条　证人出庭作证

举示证据中有证人证言的,应当在举证期限内书面申请证人出庭作证。

书面申请应当包括证人身份信息、联系方式以及待证事项等内容,并附证人身份证明文件。

证人出庭作证应当按仲裁规则要求,签署如实作证保证书或作出书面保证,证人拒绝签署或作出保证的,可能承担不得作证的风险。

证人出庭作证的,仲裁庭、当事人及代理人可以就相关事项向证人发问。证人虚假陈述的,仲裁庭将不予采信。

第四节　仲裁审理

第五十四条　开庭前的准备

律师应当在开庭前进行充分阅卷,拟定庭审思路;进一步熟悉有关法律法规、仲裁规则、商业习惯;确定是否申请司法鉴定以及申请证人、专家辅助人出庭;拟定庭审提纲。

当事人约定书面审理的,除及时举证外,还应及时发表书面质证意见,就案件发表书面代理意见。

第五十五条　与委托人沟通

仲裁庭开庭审理前,律师应充分与委托人交换意见,熟悉案情,分析证据,说明举证责任,明确请求、反请求及答辩内容,介绍庭审程序,沟通庭审策略,以便庭审时与委托人相互配合。

第五十六条　延期开庭申请

律师在收到开庭通知后,发现与其他庭审工作相冲突等特殊及突发情况的,应当及时向仲裁秘书提出延期或延迟开庭申请,并提交相应证明材料。

第五十七条　翻译

在涉外仲裁案件中,代理外方当事人的律师在开庭前应了解委托人的出庭人员是否需要翻译,并提前与仲裁委员会联系安排翻译事宜或自行安排翻译人员,同时告知委托人因此可能增加的相关费用。

第五十八条　程序异议

律师不仅要熟悉相关的仲裁规则和仲裁程序,同时要熟悉受理仲裁的仲裁机构的仲裁员守则,发现仲裁过程中任何不符合仲裁规则和仲裁程序的做法应及时告知委托人,并及时向仲裁机构提出异议,充分维护委托人的权利。

律师发现仲裁庭审理的范围超过仲裁请求范围的,应当及时告知委托人,以便采取相应的对策,或补充提出仲裁请求,或向仲裁庭提出异议。

第五十九条　文件提交

承办律师应按照法律和仲裁规则的要求准备并向仲裁庭提交申请文件或答辩文件,并及时提交补充文件。

代理律师应提前认真拟好开庭提纲、询问提纲,提高庭审效果和效率。

第六十条　出庭要求

在庭审期间,律师应按时出庭,衣着得体,仪表端庄;遵守仲裁庭纪律,充分阐述,积极辩论,引用法条或证据准确,避免不必要的重复和人身攻击,依法适时地提出异议或请求。

代理律师应注意,因仲裁庭审理案件不公开进行,只有在仲裁庭询问双方当事人是否同意旁听,且需双方都同意时才能旁听。已方证人在作证前不要参与旁听。

第六十一条　举证质证

律师应根据仲裁规则的规定和仲裁庭的要求,按本指引就自己主张的事实举证,对对方提供的证据的真实性、合法性、关联性以及证明力进行分析和质证,充分发表质证意见。

律师质证时,应区分形式上的真实性、合法性、关联性与实质上的真实性、合法性、关联性,区分证明目的与关联性之间的关系,说明对真实性、合法性、关联性存有异议的理由。

第六十二条　辩论和最后陈述

律师在庭审中可以充分发表辩论意见,服从仲裁庭的决定,辩论终结后引导或代表委托人发表最后陈述意见。

第六十三条　庭审笔录

律师应当仔细阅读庭审笔录,发现己方的陈述记录有遗漏或差错的,及时申请补正。

第六十四条　先行裁决

当事人可根据仲裁规则的规定,向仲裁庭提出先行裁决申请,仲裁庭可以在最终裁决作出前就已经清楚的事实先行裁决。

当事人不履行先行裁决的,不影响仲裁程序的进行和最终裁决的作出。

第六十五条 代理词

律师应围绕争议焦点和仲裁请求提交代理词,并同电子文档一并提交仲裁庭。

代理词应叙述事实清楚,引用法律正确,证据确凿,理由充分。

律师尽可能在开庭前拟定代理词初稿,闭庭后及时调整、提交代理词,避免在仲裁庭已评议定案后才提交。

第六十六条 重视调解和鼓励和解

律师在代理仲裁案件时,应当在依法维护当事人合法权益的前提下,重视在仲裁前、仲裁中以调解、和解的方式解决纠纷。

如果委托人同意以和解方式解决纠纷,律师应当在依法维护当事人权益、厘清基本权利义务关系的基础上,帮助委托人分析调解方案的利弊,审查调解方案是否合法和最终执行的可行性,以及执行程序异议权利会被排除的可能性,协助委托人在符合法律法规、不损害委托人利益并征得其同意的前提下达成和解。

当事人达成和解后,可以根据仲裁规则,申请仲裁机构制作调解书,或申请仲裁机构根据和解协议制作裁决书。

第六十七条 不到庭和中途退庭风险

代理律师务必准时出庭,否则可能导致经仲裁庭书面通知,当事人无正当理由不到庭或者未经仲裁庭许可中途退庭,被视为撤回仲裁申请的风险;若律师担任被申请人代理人,可能导致被仲裁庭缺席裁决的风险。

第六十八条 文书补正

律师在收到仲裁裁决、调解书后,应仔细阅读,对裁决书或者调解书中的文字、计算错误,或者对仲裁庭已经作出评判但在裁决书、调解书中遗漏的事项,应在仲裁规则及仲裁法规定的时间内请求仲裁庭补正。

第六十九条 仲裁的中止

有下列情形之一的,中止仲裁:

(一)一方当事人死亡,尚未确定继承人;

(二)一方当事人丧失民事行为能力,尚未确定法定代理人;

(三)作为一方当事人的法人或者其他组织终止,尚未确定权利义务承受人;

(四)一方当事人因不可抗拒的事由,不能参加仲裁;

(五)本案必须以另一案的审理结果为依据,而另一案尚未审结;

(六)仲裁规则规定的其他应当中止仲裁的情形,双方当事人共同请求,可以中止仲裁程序。

中止事由消失,当事人申请恢复或者仲裁委员会、仲裁庭认为有必要恢复的,仲裁程序恢复。

第七十条　仲裁的终止

有下列情形之一的,终结仲裁：

(一)申请人死亡,没有继承人,或者继承人放弃仲裁申请权利；

(二)被申请人死亡,没有遗产,也没有其他义务承担人；

(三)仲裁规则规定的其他终止的情形。

第五章　执　行

第七十一条　申请执行

律师接受有关执行仲裁裁决或调解文书的委托,应审查仲裁裁决、调解文书的签收送达凭证、生效凭证以及申请执行的期限,并在委托人的配合下准备有关法律文件,向被执行人住所地或者被执行的财产所在地的中级人民法院及其指定的基层人民法院提出申请。

第七十二条　撤销仲裁裁决

律师接受有关申请撤销仲裁裁决委托,应审查仲裁裁决是否存在《中华人民共和国仲裁法》第五十八条规定情形以及是否处于收到仲裁裁决文书六个月内,并在委托人的配合下准备有关法律文件,向仲裁机构所在地中级人民法院提出申请。

申请撤销仲裁调解书的,《中华人民共和国仲裁法》及相关司法解释对此未做明确规定,律师可综合仲裁机构所在地法院的司法审查实践处理。参照《重庆市高级人民法院商事仲裁司法审查的问题与解答》及重庆地区的司法审查实践,在重庆地区内,当事人请求撤销仲裁调解书的,人民法院应当受理。案外人请求撤销仲裁调解书的,人民法院不予受理。

第七十三条　不予执行

律师接受有关被申请人不予执行的委托,应审查仲裁裁决是否存在《中华人民共和国民事诉讼法》第二百三十七条第二款规定的情形以及收到《执行通知书》的日期,并在委托人的配合下,在收到《执行通知书》的十五日内向受理法院执行部门提出申请。

第七十四条　案外人不予执行

律师接受案外人不予执行的委托,应审查仲裁裁决是否存在《最高人民法院关于人民法院办理仲裁裁决执行案件若干问题的规定》(法释〔2018〕5号)第九条和第十八条的规定情形和知道该标的被采取执行措施的具体日期及证明材料,并在委托人的配合下,在知道或应当知道之日起三十日内向受理法院执行部门提出申请。

第七十五条　境外裁决承认与执行

律师接受有关香港、澳门、台湾地区以及外国的仲裁裁决或调解的承认和执行的委托,应与委托人签订委托代理协议,并根据《最高人民法院关于审理仲裁司法审查案件若干问题的规定》(法释〔2017〕22号)审查仲裁裁决文书及相关材料,并在委托人的配合下准备有关法律文件,向被执行人住所地或者被执行人的财产所在地的中级人民法院以及专门人民法院提出申请。

第七十六条 涉外仲裁裁决的撤销与不予执行

当事人提出证据证明我国涉外仲裁裁决有《中华人民共和国民事诉讼法》第二百七十四条第一款规定的情形之一的,经委托人委托,律师可以代理向人民法院申请组成合议庭审查核实,裁定撤销;委托人为被申请人时,律师可以代理委托人申请人民法院组成合议庭审查核实,裁定不予执行。

第七十七条 执行管辖法院

律师接受被执行人委托后,应审查该案是否属于受案法院管辖,发现法院管辖不当的,应及时以书面方式向法院提出,请求移送。

第七十八条 重新仲裁

法院裁定撤销仲裁裁决或不予执行仲裁裁决书或调解书后,双方当事人重新达成仲裁协议,或者经人民法院通知仲裁庭重新仲裁的,同一律师继续接受委托代理仲裁活动的,应与委托人重新办理委托手续。

第七十九条 执行规范

受委托的律师参与仲裁裁决书和调解书的执行,还应遵守《中华人民共和国民事诉讼法》以及执行程序中律师代理的有关规定。

第八十条 结案归档

仲裁案件办理完结后,承办律师应当及时整理案卷资料进行归档。

第六章 附 则

第八十一条 通知与送达

仲裁规则通常约定直接送达或者以邮寄、专递、传真、电子邮件、电子数据的方式,以及当事人约定的送达方式或者仲裁委员会及仲裁庭认为适当的其他方式送达当事人,少有公告送达。律师应注意仲裁规则规定的通知和送达方式,避免漏收仲裁资料。

第八十二条 解释

本指引由重庆市律师协会制定并解释。

第八十三条 生效

本指引自公布之日起试行,试行时间两年。

7

重庆市律师协会关于律师办理公司并购业务指引

第一章 总 则

第一条 指引目的

为提高本市律师承办公司并购业务的服务质量和服务水平,规范律师相关执业行为,降低律师从事并购业务的执业风险,特制定本指引。

本指引仅为律师在为并购方提供公司并购业务法律服务时参考适用。

第二条 概念界定

1. 并购

本指引所称之并购,是指并购方通过股权转让、增资扩股、公司合并等方式以实现对目标公司的入股或合并,或通过并购目标公司特定资产、承接特定债权债务等方式以接收并运营目标公司特定资产的交易行为。

2. 目标公司

本指引所称目标公司是指并购交易中被入股,或被合并,或资产被并购,或债务被承接的有限责任公司或股份有限公司(及其附属公司)。

3. 交易标的

本指引所称交易标的是指并购交易中双方权利义务指向的对象。

4. 尽职调查

本指引所称尽职调查,专指法律尽职调查,是指律师接受并购方委托,基于并购方对并购交易的特定需求，对目标公司或交易对方或交易标的进行调查，并从法律角度收集并分析相关信息，为并购方的并购交易提供依据的一种行为。

第三条 并购方式

并购方式可根据交易标的不同、并购资金来源的不同、并购双方的行业关系的不同等标准进行不同的分类。本指引中根据我国法律法规所调整对象的不同，将并购方式主要分为有限责任公司并购、非上市公众公司并购、上市公司并购、国有企业并购和外资并购。

有限责任公司并购，是指有限责任公司作为并购方进行的对外合并与收购。

非上市公众公司并购，是指非上市公众公司作为并购方进行的对外合并与收购。

上市公司并购，是指上市公司作为并购方进行的对外合并与收购。

国有企业并购，是指国有企业作为并购方进行的对外合并与收购。

外资并购，是指境外企业作为并购方进行的对外合并与收购。

第二章　并购程序概述

第四条 律师在并购项目中的法律服务流程

律师承办公司并购业务的完整流程通常可分为四个阶段：并购预备阶段、尽职调查阶段、谈判签约阶段、并购履约阶段。律师提供的法律服务应贯穿于这四个阶段，前后照应通盘考虑，尽量避免或减少脱节所产生的法律风险。

第五条 并购预备阶段

前期预备阶段为并购方初步确定目标公司时起至开展尽职调查前的准备期间。律师在前期预备阶段的主要工作内容为：收集交易背景信息、进行法律政策调研及可行性分析、起草或修改前期协议等。该阶段一般可概括为信息收集、可行分析、前期协议三个主要环节。

第六条 尽职调查阶段

从公司并购实务流程的角度出发，在交易双方达成并购意向后，根据双方的真实意思表示，确定开始对被并购方的尽职调查工作，当然也有可能应被并购方的要求，同时对并购方的并购能力、企业发展规划等同时展开尽职调查。

尽职调查是企业并购核心工作。在尽职调查过程中，无论是尽职调查目标公司的股东还是目标公司，都应当真实、准确、完整履行尽责披露的义务。

根据并购标的不同，常规的并购可分为股权并购和资产并购，律师应根据并购类型的不同，作出不同的尽职调查工作准备。一般而言，尽职调查工作应通过以下几个方面完成。

(一)简述:

1.确定尽职调查工作的目标

2.明确尽职调查工作的责任主体

3.确定尽职调查工作的披露和调查方法

4.确定尽职调查工作结果对交易价格调整原则(时间、市场因素)

(二)详述:

1.确定尽职调查工作的目标

通过对目标公司进行深入调查,核实预备阶段获取的相关信息,以备并购方在信息充分的情况下作出最精准的并购决策。

为了完成核查目标,律师工作团队应针对尽职调查工作,制订尽职工作计划,确定尽职调查的工作团队、人员分工、完成时间,并由并购方与被并购方签订协议,明确尽职调查团队的人员工作权限、资料收集方式、保密方式及配合责任等。

通过尽职调查,了解被调查方是否尽责披露。律师的尽职调查工作的另一面,实质也是被调查方的尽责披露的过程。

在股权并购的模型下,尽职调查的目标是为获得目标公司资产、经营、市场、收益、股权结构、控制人情况、债权债务情况、财务数据。

在资产并购的模型下,尽职调查工作的目标重点为目标资产的整体状况、目标资产的市场价值、用途、资产权利年限、工艺、技术、专利、专业技术人员的等级水平、资产的登记、第三方对资产的权利主张、交易税费、财务数据等情况。

尽职调查结果的准确性,实际多取决于出让方的披露程度,并非单纯能依据并购方自己的调查获得,因此出让方的披露程度和配合程度,是决定尽职调查成果的重要因素。

为了更准确地获得尽职调查数据,并购的双方主体应当通过协议明确对尽责披露的责任进行约定,并对转让方违反尽责披露的责任加以明确,以实现高效的尽职调查工作效率和准确的尽职调查工作成果。

2.明确尽职调查工作的责任主体

从并购实务中分析,如果想通过尽职调查获得全面、准确的信息,且能有机会挽回因披露责任人的披露不充分、不确实导致的损失,就需要通过协议明确尽职调查工作的责任主体。

(1)股权并购方式中,通常应以并购公司全体股东作为充分披露的责任主体。

(2)资产并购方式中,通常以并购目标公司作为充分披露责任主体,因为在资产并购的情况下,目标公司是资产交易主体,但建议可通过协商将目标公司的股东作为补充责任人列为责任主体,实务中这种重要的资产并购,一般离不开公司股东的意志决策,并且目标公司股东意志将极大地影响交易的结果。

3.确定尽职调查工作的披露和调查方法

(1)披露和调查的一般方法

从企业并购的实务看,披露的方法通常为转让方将企业的管理资料、账册、合同、表格、工作过程文件、决策文件、财税资料、资质文件等提交给并购方,建议将重要的文件资料作为正式并购协议的附件,以实现固定信息的目的。通常的并购交易过程中,尽职调查的提纲及各项资料收集格式都应在事先拟定,并且使用资料收集的兜底条款,由双方对尽职调查提纲的内容进行会签确认。调查方法一般都为第三方管理机构调取、现场查阅、复制、拍照录像等。

(2)披露和调查特别方法

在某些情形下,因目标公司的管理环节不够完整,或相关资料的提交、整理保管不全面、准确,通过上述方法无法全面获得,则可能需要采取一些非常规的方式进行尽职调查或对尽职调查结果进行保证。

(3)由披露责任主体以提供担保的方式进行保障

例如在某些情况下,转让方会口头告知并购方公司并不存在某些对并购不利的情形,而并购方又无法通过书面资料进行佐证,此时并购方可以要求转让通过提供担保的方式对相关承诺进行担保,以保障转让方的承诺出现偏差给并购方造成损失时,获得补偿奠定基础。

(4)由表面权利人提供承诺,明确资产、股权的真实权利人并承诺配合并购

因在公司运营实务中,存在公司重要资产登记在非公司股东或工作人员的第三方名下,或者公司真实交易资金通过公司的员工、实际控制人的近亲属的账户进行流转的情况,因此就需要这些第三方明确出具承诺,保证资金流水的真实性及资产真实权利人与公司相关联,并且承诺根据并购需要,将资金或资产限期转付或过户到公司名下,以保障并购各方并购目标充分实现。

尽职调查中各具体的分项详见下文的调查准备和调查内容。

4.确定尽职调查工作结果对交易价格调整原则

实务工作中,一般工作顺序为双方先订立合同,后开展尽职调查,这样的工作方式对开展工作较为有利,但是通常会出现尽职调查结果与合同的预估交易价值出现偏离的情况,又或出现在尽职调查工作期内,目标公司资产出现重大价格波动或估值变化,因此双方在合同中对交易价格的调整作出事先安排,这种变化有市场原则,也与尽职调查的工作时间有密切关联。

第七条 谈判签约阶段

在谈判签约阶段,律师的主要工作内容包括:在并购预备及尽职调查等基础上,起草并购主合同及附件、进行沟通谈判、协助签约等。该阶段主要包括合同起草、合同谈判、合同签署等三个主要环节。

第八条 并购履约阶段

并购履约阶段,主要包括以下环节:并购主体内部决策;行政审批、审核或备案;并购对价支付;并购标的交割;并购治理等。

1.并购主体内部决策

转让方、受让方、目标公司等相关主体,应按照法律、章程及公司文件的规定进行决策,形成并购意志。

2.行政审批、审核或备案

并购主体按照法律的规定,报告并购事宜的相关安排,以获得行政管理部门的相应批准、核准或备

案。行政审批、审核或备案，主要发生在具有国有资产转让、外商投资、反垄断、国家安全等背景下。未依法获得批准、核准或备案，根据不同情形，将可能导致并购无效、并购不能履行或者没收违法所得、罚款等不利法律后果。

3.并购对价支付

并购对价，分为货币对价和非货币对价（如：其他企业的股权或投资权益、资产等）。货币对价支付，对应并购款验收的流程；非货币对价支付，与并购标的交割环节一致。

4.并购标的交割

并购标的纷繁复杂，既有可能是股权，也有可能是物权；既有可能是财产权利，也有可能是非财产的其他权利义务关系（如：管理或研发团队的劳动关系、供应链关系网络等）；既有可能是单一标的，也有可能是综合标的（如：某独立的营业事务）。根据不同属性，应按照法律规定规划标的交割的方式，如：交付、占有、登记、换签、通知、公告、申明。

5.并购治理

自着手实施并购开始，围绕意志形成机制、内部控制机制，对并购标的组织（或并购标的融入的实体组织）开展的建章立制过程。

第三章 并购预备阶段

第九条 前期目标公司信息收集

1.收集目标公司、交易对方的公开资料和企业资信情况、经营能力等基本信息。

2.收集交易背景材料。

3.了解交易双方的交易目的、交易内容及方式。

4.其他与交易相关的信息。

以上信息可通过"全国企业信用信息公示系统"或其他政府网站等公共信息平台进行查询。

第十条 并购可行性法律论证

1.并购项目法律依据研究

（1）根据上述信息收集、归纳与整理，查找最新有效的法律、法规、司法解释、部门规章及其他相关规定。同时也需要查询目标公司当地的相关法规，并结合政府部门的具体咨询。

（2）针对交易中所涉同一具体问题，有可能存在新旧法律、法规、司法解释等相关规定互相冲突的情形，根据"上位法优于下位法""新法优于旧法""特别法优于一般法""法不溯及既往"等原则综合处理。

2.具体行政程序调查

就并购可能涉及的具体行政程序进行调查，例如发改委的立项审批、反垄断局的经营者集中审查、外管局的外汇审批、国资委的国资审批、证交所的信息披露审查、证监会的重大资产重组审查等。同时,也需调查并购行为是否需要经过目标公司当地政府批准或进行事先报告,地方政策对同类并购有无倾向性态度等。

3.重点关注涉及企业国有产权转让的国企并购

(1)内部决策程序

企业国有产权转让应当做好可行性研究,制定企业国有产权转让方案,按照企业章程和企业内容管理制度进行决策,并形成书面决议。涉及职工安置事项的,安置方案应当经职工代表大会或职工大会审议通过。企业对金融机构负有债务的,还应先行取得金融机构书面同意的债权债务处理协议或有效文件。

(2)外部审批程序

国有资产监督管理机构负责审核国家出资企业的产权转让事项。其中,因产权转让致使国家不再拥有所出资企业控股权的,须由国有资产监督管理机构报本级人民政府批准。

国有资产监督管理机构所出资企业的子企业转让国有产权的,原则上由子企业国有产权直接持有者决定,并报国有资产监督管理机构备案。但对主业处于关系国家安全、国民经济命脉的重要行业和关键领域,主要承担重大专项任务子企业的产权转让,须由国家出资企业报同级国有资产监督管理机构批准。

4.重点关注涉及外国投资者、外商投资企业等的外资并购

(1)负面清单管理

外商投资准入负面清单规定禁止投资的领域,外国投资者不得投资。负面清单规定限制投资的领域,外国投资者进行投资应当符合负面清单规定的股权要求、高级管理人员要求等限制性准入特别管理措施。

(2)外商投资信息报告

外国投资者或者外商投资企业应当通过企业登记系统以及企业信用信息公示系统向商务主管部门报送投资信息。

(3)发改委核准、备案

外商投资需要办理投资项目核准、备案的,由发改委对投资项目进行核准、备案。

(4)行业许可

外商投资者在依法需要取得许可的行业、领域进行投资的,由行业主管部门负责实施许可。

(5)国家安全审查

对影响或可能影响国家安全的外资并购须依法进行国家安全审查。

第十一条 依据收集的信息和法律论证的结果出具法律意见书

法律意见书一般包括可行的交易方式、交易方式优劣势比较、法律风险提示、风险防范解决方案等内容。具体为:

1.律师出具法律意见书的依据

该部分律师须明确法律意见所依据的资料及相关法律规定。

2.律师出具法律意见书的范围

该部分律师须明确法律意见书所要解决的问题。

3.律师的声明事项

该部分内容是律师对一些重要事项的单方强调,主要是表明其所承担的法律责任的范围。

4.法律意见

这是法律意见书的核心部分,是律师对所要确认的法律问题给出的最终结论,即是否合法。

其基本格式如下:

致:××公司(或企业或自然人)

××××律师事务所接受××公司(或企业或自然人)委托,担任专项法律顾问,根据本法律意见书出具日前已经发生或存在的事实,以及我国现行法律、法规、规范性文件的有关规定(或××法律法规和规范性文件),就××公司(或企业或自然人)并购××公司(或企业)股权(或资产)有关事宜,出具本法律意见书。

本所出具法律意见书的范围如下:

根据××××律师事务所与××公司(或企业或自然人)签订的《律师服务协议》,××××律师事务所审核以下(但不限于)事项后给出相应的法律意见,并给出最终法律意见。

××公司(或企业或自然人)并购××公司(或企业)股权(或资产)的主体资格。

××公司(或企业)出让××公司(或企业)股权(或资产)的主体资格。

本次并购协议是否符合相关法律规定。

律师认为需要审查的其他事项。

××××律师事务所仅就与××公司(或企业或自然人)并购××公司(或企业)股权(或资产)有关事宜发表法律意见,不对有关会计、审计、资产评估等专业事项发表意见。

本所就以下事项发表声明:

××××律师事务所出具本法律意见书,是基于××公司(或企业或自然人)已向××××律师事务所承诺,××××律师事务所审核的所有原始书面材料、副本材料均为真实可靠,没有虚假、伪造或重大遗漏。对于××××律师事务所审核的文件原件的真实性,××××律师事务所没有再作进一步的核实。

××××律师事务所经过认真审核,证实所有副本材料、复印件和原件一致。

对于本法律意见书至关重要而又无法得到独立证据支持的事实,××××律师事务所依赖有关政府部门、会计师、评估师、××公司(或企业或自然人)或其他单位出具的文件发表法律意见。

本法律意见书仅作为××公司(或企业或自然人)并购××公司(或企业)股权(或资产)之目的使用,不得作任何其他目的。

××××律师事务所同意将本法律意见书作为必备法律文件,随同其他材料一同上报,并愿意承担相应的法律责任。

××××律师事务所未授权任何单位或个人对本法律意见作出任何解释或说明。

××××律师事务所已严格履行法定职责,遵循了勤勉尽责和诚实信用原则,对××公司(或企业或自然人)并购××公司(或企业)股权(或资产)相关事宜进行核查验证,保证本法律意见书不存在虚假记载、误导性陈述及重大遗漏。

鉴此,按照律师行业公认的业务标准、道德规范和勤勉尽责精神,××××律师事务所对相关文件和有关事实进行了核查和验证,现出具法律意见如下:

××公司(或企业或自然人)具有受让××公司(或企业)股权(或资产)的主体资格。(理由,略)

××公司(或企业)具有出让××公司(或企业)股权(或资产)的主体资格。(理由,略)

本次并购协议符合相关法律的规定。(理由,略)

综上所述,××××律师事务所认为:××公司(或企业或自然人)并购××公司(或企业)股权(或资产)的并购双方都具有相应的主体资格,本次并购协议内容符合相关法律规定,不存在影响××公司(或企业或自然人)并购××公司(或企业)股权(或资产)的重大法律障碍。

第十二条 框架协议或并购意向书

1.框架协议或并购意向书系并购的前期协议

签署前期协议的目的,主要为表明交易诚意、限制交易双方或目标公司在一定期限内与其他潜在交易方接触、谈判或进行类似交易,并规定交易流程和交易中某些重要方面的初步约定。前期协议通常被认为不具有法律约束力,但在新近出台的司法解释中被定性为预约合同,明确被承认具有独立契约效力,以固定双方交易机会,制裁恶意违约人。在交易双方达成初步的并购意向之后,为确立谈判各方的法律地位、谈判要点等,律师应当协助并购方与目标公司签署框架协议或并购意向书,其主要内容应包括:

(1)确立各方交易和谈判的意向及法律地位;

(2)明确双方对于并购已经达成的初步条款;

(3)并购方对于并购标的的排他性谈判地位;

(4)确定双方的保密义务;

(5)根据交易需要约定诚意金,并明确该款的法律性质和处理方式;

(6)双方对于法律尽职调查的安排与协助;

(7)确定双方进行交易谈判的工作时间表、步骤和各自负责完成的事项;

(8)明确框架协议中条款的法律性质;

(9)双方根据项目特性认为需要约定的其他事项。

特别提示:针对不同类型的并购项目,律师应当协助并购方在并购方案中一并考虑技术转让和使用、设备使用、品牌使用以及市场划分等各项关联问题,并根据所涉及的问题和并购项目的整体框架将并购合同分类细化,签署主协议及相关附件,形成全面的合同架构,清楚界定项目所涉相关法律问题。

2.并购意向书的主要条款

(1)并购标的条款

主要明确该并购项目的类型,拟并购的对象是资产还是股权,以及具体的范围和数量。

(2)并购的一般商业条款

主要列明双方已经形成的交易条件,如价格条件或是作价基础、项目时间进度安排、并购交易的前置或生效条件、管理层的交接等。

(3)尽职调查条款

规定目标公司向并购方提供其进行法律尽职调查所需的资料和信息的义务,作为并购方评估交易风险和方案的基础。

(4)排他性商谈条款

明确约定在一定的期限内,双方仅与对方商谈该意向并购项目的义务,非经对方同意,目标公司或卖方不得与第三方公开或私下进行并购接触和谈判,并约定相应的违约责任。

(5)前期谈判费用的分摊

该条款主要规定无论并购是否成功,并购双方应当共同或者各自承担因该项目的前期调查、评估、磋商所发生的相关费用。

(6)保密条款

出于防止商业秘密泄露等谨慎考虑,交易双方通常在签订意向书或类似协议中设定保密条款。如应对何种信息进行保密?哪些人应对保密信息进行保密?负有保密义务的期限?违反保密义务应承担何种责任?建议格式与内容参考附件保密协议范本。

(7)解除或终止条款

明确约定如双方排他性谈判期限内无法签订最终正式并购协议的情况下,则双方终止谈判、意向书或框架协议丧失效力,以及在此期限届满之前可能导致双方谈判提前终止、意向书或框架协议失效的情形。

(8)效力条款

明确约定该框架协议或意向书是否具有合同约束力还是仅作为双方初步意向的备忘录,并区分商业条款和其他条款,对条款效力作出不同约定。

(9)争议解决条款

明确约定如双方就该框架协议或意向书的成立、生效、效力、解释以及履行而发生的任何争议,提交法院或是仲裁管辖解决,并明确约定管辖法院或仲裁机构。

(10)锁定条款

在意向书有效期内,并购方可依约定价格购买目标公司的部分或全部资产或股权,进而排除目标公司拒绝并购的可能。

第四章 尽职调查阶段

第十三条 调查准备

1. 明确工作目标

在法律尽职调查的准备阶段,尽职调查团队律师需与委托方确认本次交易的目标,与委托方书面明确尽职调查的方向和范围,以最大化保障委托方的交易目标为前提。

2. 组建工作团队

在接受委托方委托后,承办律师应结合委托方对本次尽职调查的人数、人员经验等方面的要求,组建尽职调查团队。一般情况下,由承办律师根据项目本身具体情况进行组织,团队成员应当包含至少两名执业律师及其他协助人员。因律师尽职调查会涉及委托方行政登记各方面,建议除法律从业人员以外,配备一些具有政务工作背景经验或具备多语言工作能力的人员一起,与律师共同完成尽职调查工作。

3. 研究行业背景

在充分了解委托方的本次交易目标、计划和确定尽职调查的范围后,应根据被调查企业所涉及的行业领域情况,组织尽职调查团队成员开展行业研究,形成行业研究报告,以帮助尽职调查团队成员了解行业知识、熟悉行业法规、归纳常见风险点。

行业研究报告的内容一般包括三部分,第一部分是行业法律法规的检索及梳理,第二部分是行业基础知识的收集及提炼,第三部分是同行业上市公司或非上市公司的基本情况及反馈问题清单。

鉴于实务工作中,除律师事务所之外,大量对上市公司进行行业分类、业务分析的研究机构(例如券商所常设的研究机构)的行业分析报告基本已经完成了全行业范围的覆盖,承办律师在形成研究报告时,可以借鉴这些现有报告的研究成果,并针对自己的尽职调查结果可形成更加详细、全面的报告。

4. 了解基本情况

承办律师应当在了解委托方陈述的尽职调查原因以及本次交易计划后,根据自身的法律知识和经验,对被调查企业的基本情况进行前期资料的收集,为制定尽职调查清单作好充分准备。收集的资料包括并不限于:

(1)收集目标公司的主体资格相关资料,了解公司的成立情况、股权结构及组织架构,确保并购的合法有效性。

(2)收集目标公司的财务资料,包括最新的企业征信报告,了解公司的负债情况。

(3)收集和了解目标公司的涉诉资料及执行情况,了解公司真实的经营状况和债权债务情况。

(4)收集历次的董事会与股东大会决议,了解公司的所有重大决策。

(5)收集目标公司的重大交易合同,了解公司的交易风险。

5. 确认工作方法

确认工作方法,包括确认拟定详细调查的事项、调查程序、需要被调查企业参与调查的人员要求(法务、财务等）、需要走访的有关机关和单位（工商局、国土局、税务局等）、被调查人员将使用问卷的格式等内容，进而进一步确认是否及何时发送尽职调查清单、书面审阅资料、现场核验查看、访谈、向主管部门/行业组织/征信机构查询走访、向关联方函证、与审计专业人士信息共享、网络搜索及要求被调查企业书面说明等调查方式。

6.拟订工作计划

根据项目的具体情况，在考虑调查目的、调查时间、人员安排、调查深度和方法等方面的基础上，制作本次尽职调查总体工作方案/核查计划。

尽职调查总体工作方案/核查计划是开展尽职调查的纲领性文件，工作方案可以结合具体情况具体确定，作为整个调查工作的内部指引；核查计划既是调查指引又是尽责证明，包括事实材料、查验内容、查验方式要求（含替代方式，如有）、落实情况说明（如查验有特殊事项或其他替代方式，务必说明）、查验结论（基本结论、复核确认意见）、底稿情况等。

因尽职调查的过程是委托方从设立阶段起始的复盘过程，因此对委托方情况及细节最了解的还是企业本身，因此相关工作计划及核查计划，可以与委托方工作人员提前进行沟通，由委托方工作人员对相关工作计划或复核计划提出建议，以利工作效率的提高。

第十四条 尽职调查内容

1.尽职调查清单的拟定

（1）通用清单内容

尽职调查清单是法律尽职调查最常用的工具，虽然不同类型业务使用的清单不同，但一般都包括：被调查企业组织结构的基本法律文件、股权及股东、重大资产、重大合同、重大债权债务、关联交易及同业竞争、税务、劳动人事管理、环保、诉讼、仲裁和行政处罚等基本内容。尽职调查清单的设计，建议与委托人进行沟通，不建议适用同一模板，因每个企业都有自己的文件风格习惯，因此建议清单格式及备注可针对企业的风格进行调整，以利配合人员理解。

（2）定制清单

虽然法律尽职调查存在共同的调查内容，但由于尽职调查的最终目的不同（目的包括但不限于项目投资、并购兼并、股权或资产重组），以及被调查企业具体情况（包括其行业特殊性、企业自身特点等），不同尽职调查项目所要围绕的尽职调查重点不同，因此需要根据前述调查原则及准备情况，结合委托方委托调查的具体要求，定制法律尽职调查清单。

定制尽职调查清单，建议围绕被调查企业行业特点及委托方所要达到的本次交易目标，确定定制化内容。例如：在生产性企业的尽职调查中，内容要更加侧重行业特征，如产品质量有无特别认证，产品或服务适用的有无特别的行业要求，产品或原材料供应价格有无季节性变化，同行业竞争对手的相关情况等。

（3）清单补充

被调查企业在依据尽职调查清单向承办律师第一次提供文件和资料后，承办律师应迅速对已获取的全部文件进行初审,检查可能漏掉或因其他原因造成的文件缺失情况,并及时将前述文件缺失情况(若有)汇总至被调查企业总联络人,然后在与被调查企业总联络人沟通并进行文件甄别后,开始着手制作补充调查清单。

补充尽职调查清单起草完毕后,承办律师应将其及时提供给被调查企业,并交代尽职调查团队某一成员联系被调查企业,督促索取相关资料。补充资料应当约定时间,不得超过委托方与律师事务所签订的委托期限,防止目标公司因为资料提供不及时导致律师团队不能在委托期限完成工作而违约。

2.尽职调查的现场查验

(1)查验范围概述

一般性法律尽职调查的查验范围包括被调查企业的主体适格性、股权结构及其变动的合法性、业务经营合法合规性、特殊经营资质、高管和法定代表人任职合规性、资产状况(包括不动产、机器设备、知识产权、对外投资等)、债权债务(包括民间借贷、对外担保等)、重大合同、关联交易及同业竞争、劳动人事、税务及财政补贴、环境保护及技术标准、诉讼仲裁及行政处罚等方面。

根据被调查企业的行业特点及委托方所要达到的本次交易目标的不同,查验内容的重点、查验的深度和广度等应有所区别。特别需要说明的是,如被调查企业存在子公司,该子公司的情况应一并予以调查。

(2)主体情况

承办律师应当亲自赴市场监督管理局或其他相关审批机关,调取与被调查企业设立有关的登记/备案文件,以便与被调查企业提供的资料相互印证,证明其真实性、完整性,并以此作为撰写调查成果相应部分的依据,调查的重点主要围绕被调查企业是否"依法设立,合法存续"进行。查验重点包括:

被调查企业的设立审批、申请文件及登记文档、营业执照、验资证明等;

被调查企业登记事项,历次变更、变动情况的合法合规性;

被调查企业公示事项,是否办理年检及按时公示企业年度报告(按时点区分采取何种信息公示);

被调查企业成立以来的重大改制、对外投资行为、名称变化等情况;

被调查企业年审情况及是否有影响被调查企业合法存续的重大法律障碍,如吊销、注销;

被调查企业经营中依法应取得的资质、认证、特别许可等是否已合法取得及是否仍合法有效;

被调查企业的历次股东会或董事会决议,公司是否发生过重大决策变化或对外投资、担保行为。

(3)股权情况

对被调查企业的股权结构及其变动合法性的调查应重点围绕"股东出资、股东资格、股权变动"进行。查验重点包括:

注册资本缴纳形式是否符合法律和行政法规的规定,是否依照章程约定时间缴纳,或是否符合特殊行业的缴纳规定;

非货币资产处置是否经过评估,是否过户到公司名下,动产是否交付,不动产是否已经过户,对于无法参照现有评估原则评估的资产股东之间有无特别约定;

用于出资的资产(如职务发明、划拨土地)是否能够出资、是否存在争议、是否存在权利限制;

是否办理出资、验资手续,是否涉嫌虚假出资,抽逃出资;

股转或增资时,按照公司章程规定,其他原有股东是否出具放弃优先购买权声明或是否通过股东会决议;

出资是否取得必要的审批(如行业主管部门、国资委、发改委、商务部门等);

减资手续是否符合法定程序,如时间、公告等;

股权结构是否清晰,有无潜在纠纷(如是否存在预约转让、收益权转让、一致行动、表决权委托、受限等情形),标的股权是否涉诉或被冻结;

是否存在影响股东资格的限制情形,如股东为党员干部、国有企业职工、证券从业人员、金融从业人员限制准入等;

股东的主体性质对公司和本次交易的影响,如国有权益、集体权益、外资权益等;

标的股权是否质押(一般市场监督主管部门打印的企业基本信息页上会有记载,但并非所有打印的都有,此时需走访市场监督主管部门获取证明),因网上公示系统更新存在滞后性,因此建议仍以市场监督主管部门书面反馈资料为准;

转让程序是否合规(区分有限公司与股份公司,对内与对外;相关人员转让股权是否受到限制;是否符合《公司法》及其相互间的限制性约定等;如涉及内资股东向外国投资者转让股权,其合法性应根据转让时有权机关发布的《外商投资产业指导目录》判断);

转让是否违反公司章程限制性规定,是否触犯与第三方签订协议的限制性约定(如银行借款或担保协议约定);

转让定价是否合理,是否及时办理了工商变更登记,是否缴纳了所得税或者取得税务部门豁免证明或延缓缴纳证明;

对转让通知中"同等条件"下的优先购买权是否成就进行分析,研判其是否符合公司法实务中相关操作要求;

股权是否存在股权代持、信托持股协议等(特别注意此前引进投资者是否涉及对赌约定及其效力)。

(4)业务经营情况

尽职调查中要根据与被调查企业的人员访谈、财务报告的审阅、与会计师事务所等其他中介机构的沟通,确认被调查企业的主要业务。继而结合尽职调查准备阶段的行业研究报告,逐项核查被调查企业主要业务经营资质及经营行为的合法合规性。调查的重点主要围绕被调查企业是否"具备经营许可"进行。查验重点包括:

实际经营业务是否与营业执照或章程、工商企业信息公示网站载明的一致;

公司实际经营业务是否属于国家限制或禁止的工艺装备或产品指导目录范围(如不符合,则面临排污许可证、银行授信、投资项目核准或备案、新增用地、生产许可、限电等多方面的限制;如公司为外商投资企业,因不同时期不同行业对外资准入存在一定限制,应予重点关注);

是否取得开展主营业务所需的行政主管部门或行业自律组织核发的许可证件(特别注意国家行政审批制度改革涉及的行政许可取消、下放或者审批改为备案登记对公司经营资质及其合法性的影响),此处资质如涉及特定人员的,该等人员资质也应当同步核查;

取得的资质所记载的权利人与被调查企业名称是否一致,不一致的风险;

取得的资质是否过期或者临近过期,办理延续或更换是否存在风险;

取得的资质是否需要年检,未办理年检是否失效;

实际经营活动是否受到行政处罚或自律的处分,是否存在业务资质被吊销的风险;

公司是否存在将主营业务活动全部或部分外包的情形,在涉及相关资质的情形下是否允许外包,如允许,该等接受委托的第三方是否具备相应资质要求;

公司实际生产经营活动是否受到行政处罚;

公司所开展的生产经营业务类型无对应登记项目时,公司在开展相关业务前,是否向相关行政主管登记部门进行过说明和备案等工作;

公司的业务经营模式及与上下游主要的经营合同是否合法合规。

(5)资产情况

资产范围包括土地使用权及房屋、重大机器设备、车辆、知识产权等,可以根据资产类型不同分别开展调查。调查的重点主要围绕被调查企业资产"权属是否清晰无争议"及"正常使用是否存在障碍或限制"进行。被调查企业资产状况的查验重点包括:

不动产的审核批复文件、权属文件前后是否一致;

用地项目是否符合产业政策,包括《限制用地项目目录(2012年本)》和《禁止用地项目目录(2012年本)》;

土地取得程序是否合规,土地价款是否依照约定支付;

出让合同是否存在无效的情形,用地是否符合出让合同的约定(是否闲置、是否违反规划、开发进度是否符合要求、是否存在超越土地性质及用途使用土地的情形);

是否取得权属证书,证书权利人、地址是否与公司实际情况一致,使用期限是否届满;

是否存在划拨土地,是否符合划拨土地目录,是否需要补办手续,是否具备使用划拨土地的资格,是否超出法定范围使用划拨土地,如未经批准对外出租并获取收益等;

使用农用地,是否为基本农田,是否依法履行了相应审批、备案程序;

用地是否涉及"以租代征",如永久性建筑占用农用地,未办理转批手续;

自有房产是否取得权属证书(注意不动产登记制度改革及对历史权属证书形式的影响,包括房地产证、房屋所有权证、不动产登记证等);

自建房屋如未取得权属证书的,建设手续是否合法、齐全,办理登记是否存在法律障碍;是否违反当地规划,是否存在拆除风险;

购买房屋是否缴清全款,是否存在抵押查封、是否存在纠纷;

公司自有房屋是否存在共有权人,使用是否存在限制;

租赁房屋的出租方是否有权出租,是否办理了租赁备案,是否存在拆迁风险;

使用的房屋是否存在权利限制,是否影响继续使用(尤其涉及主营业务的用房要特别注意);

重大机器设备是否已取得完整所有权,有无所有权保留、融资租赁、普通租赁、动产抵押、查封冻结或其他权利负担;

车辆登记的权利人与公司名称是否一致,是否存在抵押查封,是否已购买了交强险及车辆使用年限情况等;

知识产权权利人与公司名称是否一致;

知识产权是否存在共有权人,是否存在合作开发协议,其中是否含有行使权利的相关限制性约定;

知识产权保护期限是否届满,是否按期缴纳年费;

知识产权为自主申请或继受取得,是否存在限制;

是否存在知识产权纠纷;

公司是否存在未公开的商业秘密、技术秘密,对相关秘密信息的所有权及保护措施是否存在相关协议进行明确约定;

公司的核心技术人员,其作为发明人,登记在其名下或公司名下的知识产权是否可能侵犯第三方公司权益;

其他重大资产权属以及是否存在权属争议;

其他重大资产是否存在产权负担、瑕疵或者争议,是否存在查封、冻结、扣押、担保或第三方权益;

其他重大资产是否在第三方名下或者被第三方占用,是否存在所有权保留,是否属于融资租赁。

(6)债权债务情况

债权债务主要以各类合同及公司内部管理文件(如股东会决议、董事会决议等)和中国人民银行征信系统的查询证明为切入点进行调查,一般可以分为合同类债权债务及其他债权债务。

合同可以按照金融合同、担保合同、股东合同及业务合同进行分类。合同类债权债务查验重点包括:

债权债务行为合法性、有效性、是否存在争议及潜在争议等方面,尤其要关注该等合同中是否存在针对本次交易行为的限制性或禁止性约定条款;

合同是否逾期,逾期违约责任;

款项实际用途与合同约定用途限制要求是否一致;

合同履行过程中是否存在权利义务转让、第三方继承等情况;

对于上市公司而言,还应审核其大型项目合同交易的真实性,以及查验合同签订的商洽、缔约、合同履行、税务缴纳、进入口审批、海关出入关手续等各阶段具体信息及文件资料;

被调查企业是否向第三方提供了担保,担保原因、担保期限、担保责任是否终止或解除,担保的内部审批手续是否合法,是否存在其他担保人,相关担保是否存在应披露而未披露的情形;

被调查企业是否存在向其他对象借款的情形,是否在借款时提供了担保,包括物的担保和应收账款的担保或转让,该等借款收取的利息对主营业务净利润的占比情况,是否涉嫌非法集资行为、违规从事放贷业务;

被调查企业重大债权所获得的抵押、质押是否办理了登记手续,是否完成了交付;

重大债务合同中是否存在对被调查企业特殊事项的限制约定,如股权转让、重组等需经过债权人同意等;

被调查企业重大债权的债务人是否存在偿还能力;

被调查企业是否存在其他负债;

被调查企业是否存在无真实交易背景的票据融资情况;

被调查企业签订的其他商务合同的履行情况,是否存在权利限制或附条件协议,是否存在违约情形。

其他债权债务的查验重点包括:

因诉讼、仲裁及行政处罚而产生的债权债务;

涉及上市公司重大资产重组的,还要关注关联方确认及关联交易行为的合法合规性及公允性;

是否存在重大的债权债务合同,合同是否存在限制交易条款。

潜在关联方、非关联化的关联交易、资金往来等。调查重点包括但不限于:

重大或长期供应或采购合同;

长期代理或销售协议;

建设工程施工合同或建设开发合同;

对外合作或服务协议;

特许经营协议或委托经营协议;

资产转让协议、金额较大或合同条款特殊的协议等;

相关重点由承办律师根据尽职调查的目的进行确认。

(7)关联交易与同业竞争

对被调查企业的关联交易与同业竞争的查验重点包括:

关联方的情况;

股东间、股东与被调查企业间、股东与被调查企业客户间的关联交易;

关联交易数量及现状,对被调查企业的影响、制约、辅助程度;

关联交易的合法性、交易条件的公允性;

是否有关于消除或避免同业竞争的协议、承诺;

关联方经营同类业务的情况;

关联交易及同业竞争可能对本次交易产生的影响。

(8)劳动人事

对被调查企业的高管任职、法定代表人任职等合规性进行查验,承办律师应当向被调查企业,特别是向其人力资源部门索取被调查企业高级管理人员的详细情况,包括但不限于劳动合同、保密协议、竞业禁止或其他特别安排等。承办律师应当重点查验被调查企业与高级管理人员签订的劳动合同及其他协议中的特别约定,包括但不限于保密、竞业限制/禁止等条款,以及是否存在股权激励等激励计划。应特别关注该等协议的履行情况,如是否按照协议约定支付竞业限制/禁止补偿金,是否按照协议约定实施了股权激励计划等。

建议由承办律师对高管任职人员及法定代表人的从业经历、社会保险缴纳记录进行核查,以明确其是否存在任职限制的情况。

对公司所有在册员工的劳动人事调查主要围绕劳动关系的合规性、劳务派遣的合法性、社会保险及住房公积金的登记及缴纳行为合规性进行。查验重点包括:

是否与所有员工签订了书面劳动合同,与退休返聘人员签订了聘用/劳务合同,合同是否到期;

是否与依法应当签订无固定期限劳动合同的员工签订了相应劳动合同;

劳动合同约定是否符合法律法规规定,如约定超长试用期等;

员工的实际入职时间、薪酬发放等是否与劳动合同吻合,员工名册是否能与劳动合同一一对应;

是否采用劳务派遣方式用工,劳务派遣公司是否具有资质、劳务派遣用工所从事的工作内容以及劳务派遣用工人数比例是否符合法律规定;

是否办理了社会保险登记证及年检(可结合商事登记制度改革核查相应证件);

是否按时足额缴纳社会保险及住房公积金、社会保险险种,社会保险及住房公积金基数及比例是否符合当地规定(如有公司存在以实发工资、合同工资为基数缴纳);

是否按时足额支付员工工资和其他报酬(含奖金),是否存在劳动纠纷,是否受到劳动部门的行政处罚;

是否与特定员工签署保密协议和竞业限制/禁止协议(含劳动合同中的相应条款),是否依法支付了相应补偿;

与劳动用工和员工福利相关的制度是否依法履行了与工会或职工代表协商和公示程序;

核心高管与公司之间是否存在有关薪酬福利待遇的特别约定;

员工教育程度、专业是否符合高新技术企业要求(如有);

被调查企业是否建立了工会组织,有无进行工会登记,负责人名单,工会参与被调查企业员工权益和经营决策的活动情况。

(9)税务情况

税务及财政补贴调查主要围绕税收缴纳行为合法性及规范性,以及财政补贴行为合规性进行。查验重点包括:

所适用的税种、税率是否符合法律、法规的规定;

所享有的税收优惠、财政补贴是否具有合法依据,包括但不限于政府政策文件、批复、证明等,若仅为地方性政策的,是否符合国家法律法规的规定;

并购基准日前3—5年(如尽职调查对象为房地产开发类企业,建议延长至7—10年,充分考虑税务机关的税务稽查风险),企业正常经营的年度完税证明;

在向自然人股东发放工资等、向自然人股东分红、自然人股东股权转让、被调查企业以未分配利润等转增资本等行为时,被调查企业是否履行了代扣代缴义务;

有无偷税、漏税、欠税等情况,是否因税收受到行政处罚,有无正在进行的税收违法举报或行政调查。

(10)环保情况

本项调查重点包括项目建设过程中的环保审批及验收、项目运行过程中的环保执行,注意将静态和动态相结合,关注被调查企业实际运营中的守法情况。

查验重点包括:

建设项目是否办理了环境影响评价手续,是否取得环保部门批准;

建设项目是否发生重大变更导致环境影响评价批复失效;

是否办理建设项目环保竣工验收;

环保设施是否实际投入使用;

是否取得排污许可证,以及按时足额缴纳排污费用;

根据主营业务情况,是否安全处置固体废物,具有腐蚀、爆炸等危害性废弃物;

是否因环保违规行为受到行政处罚,公司是否履行完毕,是否取得环保部门予以认可的书面证明;

存在强制标准的,生产是否遵照强制标准进行生产;

是否取得质量体系认证;

产品是否取得相关认证,如强制产品认证等。

(11)涉诉、处罚情况

本部分调查主要围绕被调查企业可能发生或已经发生但尚未了结的诉讼、仲裁或行政处罚进行,对于已经了结诉讼、仲裁或行政处罚给予适当关注,以综合评价被调查企业经营行为合法合规性及潜在纠纷可能性。调查范围包括公司、股东、董监高等,并根据具体情况确定是否将实际控制人纳入调查范围。

此处的"未了结"是指尚未被生效裁判所确认或虽经生效裁判所确认但未执行完毕,或生效裁判所确定的债权债务尚未履行完毕。

查验重点包括:

被调查企业(含其股东、实际控制人、董监高,下同)是否存在诉讼、仲裁、行政处罚等情况;

因被调查企业经营行为中的违约或侵权行为而可能产生诉讼、仲裁、行政处罚等情况;

股东、实际控制人、董监高是否存在被交易所、证监会、行业协会处罚、处分的情况;

以上诉讼、仲裁、行政处罚、处分对本次交易产生的影响。

第十五条 调查方法

尽职调查的方法主要有以下几种:

1. 向调查对象收集资料并加以验证

通过向目标企业提供"尽职调查清单"和"尽职调查问卷"的方式,尽可能完整地收集资料并进行编排整理,及时制作文件目录。

2. 访谈调查对象的有关人员

与目标企业的董事长、总经理、经理、业务人员、法律顾问、关键技术人员、关键岗位人员以及普通员工进行多层面访谈。访谈中,对不同部门、不同职位的人员单独访谈,对访谈内容相互印证。访谈要做笔录,并让接受访谈的人员签字。

3. 向目标公司的相关政府主管部门走访调查

对在政府部门(如工商、税务、土地、环保、法院)登记、备案或者生成的资料,需要到政府部门进行走访查询,特别是目标公司的行业主管部门,了解行业许可情况,近三年是否受到相关行政处罚,是否会有行业准入新规定等不利于目标公司的情况,并制作调查笔录,以保证信息的权威性。

4. 现场考察

对目标公司的办公现场、土地、房屋、车辆等应采用现场考察的方法调查。现场考察时,要做好查看记录,记录内容一般包括查看目的、时间、查看对象的具体情况等,最后由参与查看的人员签名确认。

5. 通过网络等公开渠道了解目标公司的信息

通过网络等公开渠道了解目标公司的基本情况、行业地位、社会评价;了解目标公司是否存在被人民法院执行的情况;了解目标公司所在地的政治、经济是否稳定;行业是否整体处于上升期或是衰退期;是否有新的竞争对手进入从而带来更加激烈的竞争;目标公司是否有区别于竞争对手的优势,以及目标公司的市场份额的发展趋势等。

6. 与相关中介机构沟通并参考其专业意见

与财务顾问、审计、评估等专业机构沟通并参考其专业意见。

7. 函证

律师可以就相关事项向被调查对象或被调查公司的合作公司发函查证。发函中需要明确函证事项以及要求对方回函内容。函件应当经律师签署后加盖律师事务所公章,以挂号信函或特快专递的形式寄出。

8. 非公开调查

在合法范围内,律师可以充分调动自己的人脉资源,了解或请求协助了解相关情况。主要通过接触客户的关联企业、竞争对手、商业伙伴或个人、行业协会等渠道获取有价值的信息。

9. 委托调查

委托其他律师事务所、相关专业机构对有关信息进行调查。

第十六条 调查报告

法律尽职调查完成后,律师应当将其发现的问题,对问题或风险的分析、处理建议等编制法律尽职调查报告,并提供给委托人。

1.尽职调查报告的撰写

(1)基本要求

作为律师尽职调查的结论及工作成果的法律文书,尽职调查报告应当遵循规范性、专业性原则。

(2)主要内容

尽职调查报告主要内容一般由前言、主要风险提示、正文及附件四个部分组成。

前言

该部分主要内容一般包括法律尽职调查的背景、范围、方法、尽职调查报告的假设性前提、限制、尽职调查所依据的法律及文件、简称与定义、尽职调查报告的用途及免责声明。

尽职调查的背景

在前言部分首先明确指出法律尽职调查的背景,主要包括委托情况及调查目的。

尽职调查的范围、方法

前言部分一般对律师尽职调查的范围、方法予以介绍,既可以采取概况式的介绍方法,也可以通过详细列举的方式进行。

尽职调查报告的假设性前提

一般会假设调取材料和被调查对象的陈述真实、准确、完整、有效。被调查企业及其关联方向承办律师提供的文件和资料,无论有无"原件"核对,由于承办律师无法完全追踪至文件出处或核实真伪,将所收集到的全部资料框定在假设前提下,不仅能减小承办律师的风险,也能让承办律师的工作成果更加严谨。

尽职调查报告的限制

尽职调查报告的限制包括时间限制、专业限制、其他限制。

时间限制:一是说明提供法律尽职调查所需要资料的截止时间(基准日),并指出如果调查对象在随后提供补充资料,可能会影响尽职调查报告的相关结论,报告随之需要依据相关的补充资料进行修正;二是需要说明法律尽职调查报告所给出的法律意见或者建议也是截至报告出具日适用的中国法律法规为依据,如果相关法律法规发生变更,也可能影响报告的相关结论。

专业限制:尽职调查报告一般会引述审计报告、财务尽职调查报告、资产评估报告的某些数据和结论,但是由于缺乏相关的专业资质,律师不可能也没有必要对该等数据进行核查或评价,这点在前言部分予以说明。

其他限制:主要是开展法律尽职调查过程中所遇到的阻碍,使得应该取得的资料没有取得,从而影响对尽职调查报告的结论产生影响。

简称与定义

为规范和统一法律尽职调查报告中的用语,可以在前言部分对重复使用的用语进行定义。

尽职调查报告的用途及免责声明

为避免不必要的争议或纠纷,在前言部分说明法律尽职调查报告仅就特定的项目向委托人出具,未经出具该报告的律师事务所书面同意,该法律尽职调查报告不得用于任何与本项目无关的目的,且任何其他人士均不得依赖该报告用于任何用途。

此外,还应对出具法律尽职调查报告所调查的范围、所受到的限制、所依据的法律及相关文件、所涉及的专业事项等作出免责声明。

主要风险提示

该部分对正文部分提出和分析的可能会影响到拟从事本次并购交易的主要法律风险进行归纳和概述。

正文

报告正文应对法律尽职调查过程中发现的具体问题,按照所属事项类别划分为若干板块,对每一板块逐项进行陈述、评论与分析,指出其中可能存在的法律瑕疵或者风险,并给出相应的法律意见或者解决方案,按照"基本事实综述—存在的法律风险问题分析—结论性意见"的顺序展开论述。

基本事实综述

在该部分,采取叙述方式,按照时间等逻辑顺序,明确列举通过尽职调查而获悉的法律事实发生的时间、地点、内容等。一般包括下列内容:

被调查企业的基本现状,包括但不限于名称、住所地、法定代表人、经营范围、经营期限、注册资本、企业类型、年检情况等;

被调查企业的历史沿革,包括但不限于:名称预先核准情况,各次股东会、董事会的召开表决情况,章程规定及修改情况,出资情况,企业内部治理架构,政府审批情况,设立或变更事宜的工商备案情况;

被调查企业的股东及股权,包括但不限于自然人股东的身份信息/法人股东的企业基本信息、各股东持股比例情况、各股东之间的代持情况、股权限制情况、股权激励情况、股权权能瑕疵情况等;

被调查企业的内部治理,包括但不限于董事会/监事会/股东会的组成、董事长/监事长/总经理/高级管理人员的任职情况、企业内部部门机构设置等;

被调查企业的主营业务,包括但不限于业务合同、财务数据、企业客户名单、经营资质等;

被调查企业的主要资产,包括但不限于各类权证、土地使用权出让合同、房屋/车辆/机器设备的买卖/租赁合同及发票、对外投资情况、抵/质押情况、其他权益或无形资产情况等;

被调查企业的债权债务,包括但不限于审计报告、财务报表、债权债务类合同、经营类合同、会计凭证、涉诉或涉仲裁的法律性文件等反映出的被调查企业债权/债务的类别/金额/期限/违约情况,或有债权/或有债务的金额等;

被调查企业的关联交易及同业竞争,包括关联方、关联交易及同业竞争相关的合同、审计报告、财务报表、情况说明等;

被调查企业的税务及财政补贴,包括但不限于完税证明、纳税证明、税收优惠、财政补贴及税务处罚情况;

被调查企业的环保,包括但不限于环保审批及验收、项目运行过程中的环保处罚等情况;

被调查企业的产品质量及技术标准,包括但不限于行政机构核发的核准证、认证机构的认证情况等;

被调查企业的劳动和社会保险,包括但不限于在职员工人数、劳动合同签署情况、社会保险及住房公积金缴纳情况、员工福利制度、竞业禁止情况、劳动争议和投诉情况等;

被调查企业的诉讼、仲裁或行政处罚情况;

被调查企业的对外投资情况。

存在的法律问题分析

对每一板块的基本事实进行综述后,报告应该就该部分所存在法律瑕疵或者风险的重大问题进行总结分析。

结论性意见

对每一板块的基本事实进行综述并就该类内容所可能涉及的存在法律瑕疵或者风险的重大问题进行总结或分析后,尽职调查报告对该板块作出结论性意见及法律风险提示。在提示法律风险时,应尽量结合调查的目的就法律风险的规避提出合理建议。

综述意见

本部分是将尽职调查过程中发现的法律风险点进行汇总,在此条件下,对委托方拟进行的本次交易方案法律可行性进行简要分析,供委托方决策参考。

附件

尽职调查报告的附件通常包括:

不方便直接在报告正文中体现的各类表格、图表,如土地使用权、房屋所有权、各类知识产权的统计表格、重大合同清单等;

出具报告所依据的文件目录、资料清单;

委托方重点关注的原始文档复印件/扫描件;

承办律师认为对所论述结论具有重大意义的证据资料。

尽职调查报告的提交

初稿完成后,由承办律师进行文字、格式、内容的复核,在复核完毕后提交委托方审阅,听取委托方的反馈意见。在征得委托方同意的情况下,可将报告初稿一并提供给被调查企业,由其进行审阅和反馈。

承办律师应根据委托方和被调查企业提供的反馈意见(若有)对尽职调查报告初稿进行修订、完善,必要时对相关事实进行补充尽职调查。

通过质量控制流程审核后,承办律师可以向委托方提交正式的尽职调查报告定稿。尽职调查报告由具有中国律师执业资格的承办律师签名并加盖所在承办律所公章。

第五章　谈判签约阶段

第十七条　合同起草

1. 主合同内容

并购合同一般分为主合同及附件两部分,其中主合同通常由封面、目录、正文、签署页四部分组成。正文通常包括交易双方、鉴于、定义、交易标的、交易方式、交易对价、交易税费负担、陈述与保证、承诺、交割条件、交割事项、变更与解除、违约责任、不可抗力、法律适用及争议解决、通知、保密以及其他条款,具体内容如下:

(1)交易双方,视情况可涉及交易担保方:

需关注合同签署主体的问题;

需关注交易对方的履约能力;

若交易对方涉及多个主体,需关注各方责任分担的问题;

若涉及交易担保方,需明确担保方的责任承担问题。

(2)鉴于:

主要描述交易双方的基本情况;

表述合同赖以发生的事实等。

(3)定义:

第一部分主要列入在合同整体中具有特殊含义和/或经常使用的术语及概念;

第二部分主要列入适用于合同整体的更普遍的解释,如解释标题的作用。

(4)交易标的:明确交易标的基本情况。

(5)交易方式。

(6)交易对价。

(7)确定交易总价款。

(8)确定付款条件、数量(股比)及交割日。

(9)确定付款方式与时间,必要时可以考虑在金融机构设立双方共管或第三方监管账户,并设定共管或监管程序和条件,以尽可能地降低信用风险,保障并购合同的顺利履行。

(10)交易税费负担。

(11)陈述与保证:

交易对方依法有效成立并合法存续的条款;

交易对方依法对交易标的享有所有权、交易标的不存在权利瑕疵的条款;

交易对方提供的信息真实、完整、准确的条款;

交易对方未充分披露交易标的责任的条款等。

(12)承诺:

主要包括作出的在签署合同后直至交易交割前的时间内作出的允诺与保证;

保证交割日之前目标公司以惯常方式及交易双方的最大利益运营;

除日常经营过程中收取的公平对价外,不得出售、出租、转让或让与其任何有形或无形资产;

未经并购方事先同意,不得签订一定金额以上的合同或超出日常经营过程以外的协议、合同、租约或许可;

除日常经营过程外,不得在目标公司有形或无形资产上设置任何担保权益;

除附件内已披露的债务,没有其他债务的,如果目标公司偿还了该笔债务,出让方应当对受让方承担赔偿责任,责任范围按照该笔债务金额予以确定等。

(13)交割条件。指交易双方实施股权或资产过户等交割事项之前需要满足的条件。

(14)交割事项。指交易标的所有权的转移事项,重点关注股权变更登记的约定、印章以及相关资料的交接等。

(15)股权转让过渡期间的特别安排。

(16)如果是部分股权转让,则涉及股权转让后法定代表人的指定、股东权利的设置,董事会、监事会、总经理人员及其他高级管理人员的安排。

(17)如股权转让协议有担保方,需要对股权转让协议的担保条款进行约定。

(18)变更与解除条件。

(19)违约责任。

(20)不可抗力等免责条款。

(21)法律适用及争议解决。

(22)通知条款。

(23)保密条款。

(24)其他条款:

完整合同;

可分割性;

限制转让;

生效及文本等。

2.附件内容

并购合同附件一般是在主合同正文中不便表述或约定的内容,律师可根据实际情况增减,通常包括:

(1)交易标的明细清单。

(2)重大资产清单。

(3)重大债权债务清单。

(4)劳动人事清单。

(5)税务情况清单。

(6)诉讼、仲裁或行政处罚清单。

(7)目标公司的其他股东同意该股东对外转让股权的权利,放弃其优先购买权的相关文件。

(8)担保方的股东会、股东大会或者董事会同意担保的决议。

(9)国有企业的股份转让所需的相关批准文件。

(10)其他相关法律文件等。

3.重点法律风险防范

在谈判签约阶段需重点防范法律风险,主要包括付款风险防范、共管账户运用、过渡期风险防范以及合同生效条款等方面。

(1)付款风险防范

律师在参与项目谈判以及合同起草过程中,应当就有关并购方支付对价款或者投资款事宜,尽量设计分期或者附条件的付款方式,以降低并购方的资金风险。常见方式为根据交易的进程和各阶段时间标志进行分期付款,或者根据政府审批完成、尽职调查报告完成、框架协议的签署、主协议的签署、双方权力机构批准等,设计划付投资款的前置条件。

(2)共管账户运用

在并购项目谈判过程中,为表达双方谈判和交易的诚意,并购方一般需要先行支付诚意金作为谈判担保,但要求对方不得擅自动用该笔资金;同时卖方存在如买方于政府审批且标的过户手续完成后违约不支付对价的风险,买方也存在如先行支付对价但最终交易因政府审批等因素不能完成的风险。在此情况下,律师可建议客户在协议中设置共管账户条款,由交易双方同监管银行签署三方账户监管协议,约定在协议条件成就的情况下方可划付相应款项。

(3)过渡期风险防范

并购方在并购交易最终完成且取得对目标公司的实际控制前,在该过渡期间存在着卖方或者目标公司管理层损毁公司的资产、财务状况、业务等风险。为此,并购协议中应当作出相应安排,约定过渡期间卖方以及目标公司禁止、限制从事的行为,并且卖方须对前述禁止、限制行为提供担保,一旦发生将承担赔偿的违约责任;同时,在并购方支付首期款后,即派出人员加入到目标公司的董事会和管理层,监控目标公司的经营行为。

(4)合同生效条款

律师应当提请委托人注意,如并购项目涉及必须由国家有关部门批准的事项,应建议委托人约定并购合同自批准之日起生效。其他情况下,可根据委托人实际情况约定合同生效条件和时间。

第十八条　合同谈判

1.谈判原则

律师进行并购合同谈判时注意以下基本原则:

(1)区分对待原则。对于谈判可能涉及的问题,注意区分商业问题和法律问题。原则上,委托人负责商业问题的谈判,律师负责法律问题的谈判,避免主动承担商务谈判,更不可尝试为委托人作商业决策,除非律师可以完全掌握委托人的要求,并具有特别授权。

(2)对事不对人原则。律师在谈判过程中应当重视礼节,注重建立和维护交易双方的友好关系,如果谈判中存在争议问题,应围绕并购事宜本身进行协商和探讨,避免从并购事宜以外相互责备,引起其他争论及冲突。

(3)求同存异原则。律师应当明确谈判的目的是解决并购事宜的核心问题,促成交易成功;交易双方应妥善处理细节问题的争议,尽量避免影响并购事项共识的达成。

2.谈判要点

(1)根据法律、财务等尽职调查报告结果和已起草合同文本及交易双方已沟通情况,并结合交易目的、行业特点、谈判地位等因素,与委托人商定谈判要点。

(2)实务中的谈判要点通常包括交易标的范围、交易对价支付与调整、陈述与保证范围、承诺范围、交割条件、交割事项(公司章程修改、管理人员委派、员工安置等)、违约责任等内容。

3.谈判成果

(1)每次谈判结束后,注意根据交易双方在谈判中已达成的共识,及时修改、更新并购合同,便于之后谈判能在并购合同最新稿的基础上进行,以快速推进谈判进程。

(2)已修改的合同内容应取得委托人的确认后再发送给交易对方,尤其涉及交易对价等敏感商业条款的修改。

第十九条 合同签署

1.签署准备

(1)在签署合同前,律师注意核对并购合同的最终定稿,尤其需注意当事人名称、金额、履行条款、违约责任条款、条款引用、页码、附件完整性等易错点,确保合同签署的是最终定稿。

(2)律师注意与交易双方事先落实合同签署时间、地点、份数、签署人员及参与人员等相关事宜,确保合同签署的顺畅性。

2.正式签署

(1)正式签署合同时,律师注意提前核查签署人员的身份证明文件及授权委托手续,防止代签或冒签。

(2)交易双方签署完毕后,律师应核查交易双方签字或盖章是否清晰,是否与合同所列当事人名称保持一致,是否加盖骑缝章,是否一并签署日期等。

3.签署效力

并购合同自交易双方签字盖章之日起成立,依法成立的合同受法律保护,对交易双方具有法律约束力,任何一方不得擅自变更或解除,否则可能承担缔约过失责任或违约责任等,必要时可根据实际需要设计付款作为合同生效的条件。

第六章　并购履约阶段

并购履约阶段重点关注并购对价支付和并购标的交割。

第二十条　并购款到账验收,出具报告书

在并购方支付全部转让款并将付款凭证传真给出让方后,在约定的工作日内,出让方指定的或双方约定的注册会计师对该转让金额是否到账予以验证,并将验证报告传真给并购方。

第二十一条　并购标的交割

1. 交割条件限制

在设置交割条件时,需着重考虑交易双方的时间紧迫性、风险承受能力和风险偏好等重要因素。如交易双方希望在短期内完成交易,且具有较高的风险承受能力,则交割条件的设定可相对较为简单,重点涵盖相对较为重要事项和瑕疵,反之亦然。

2. 法定交割条件

法定交割条件主要是指在股权或资产过户等交割事项实施之前,法律规定必须具备的前置程序或必须取得的前置审批。即便不在并购合同中约定,依据法律规定,在相关条件未成就时,实际上也无法完成股权或资产过户等交割事项。概括而言,主要包括以下几类:

(1) 投资项目核准或备案

按照行业和项目类别及投资规模,根据国家有关具体规定,向指定级别的行政机关进行项目核准或实行项目备案管理。

(2) 特殊行业准入许可

特殊行业(房地产、矿业、电信、银行业、证券、保险等)政府主管部门的前置审批程序。

(3) 外商投资项目核准或备案及行业准入审查

(4) 外资并购国家安全审查

国家安全审查范围为外国投资者并购境内军工及军工配套企业,重点、敏感军事设施周边企业,以及关系国防安全的其他单位;外国投资者并购境内关系国家安全的重要农产品、重要能源和资源、重要基础设施、重要运输服务、关键技术、重大装备制造等企业,且实际控制权可能被外国投资者取得。

(5) 经营者集中反垄断审查

经营者集中是指下列情形:经营者合并;经营者通过取得股权或者资产的方式取得对其他经营者的控制权;经营者通过合同等方式取得对其他经营者的控制权或者能够对其他经营者施加决定性影响。

经营者集中达到国务院规定的申报标准的,经营者应事先向国务院反垄断执法机构申报,未申报的不得实施集中。

(6) 企业国有产权转让审批

企业国有产权转让涉及的主管国有资产监督管理机构(或其授权企业)的外部审批、资产评估、产权交易机构公开交易程序等。

3.其他法定交割条件

(1)公司股东向股东以外的人转让股权,应经其他股东过半数同意。

(2)公司合并式股权并购应自作出合并决议之日起十日内通知债权人,并于三十日内在报纸上公告。

(3)债务承接式资产并购须经债权人同意。

4.意定交割条件

意定交割条件主要是指交易双方在并购合同中约定改进交易标的瑕疵或其他相关瑕疵的条件。概括而言,主要包括以下几类:

(1)重组架构。

(2)解决尽职调查中发现的各种问题,如重大资产的权利瑕疵等。

(3)完成对确保公司继续运营和并购方利益至关重要的其他特定事项。

(4)交割条件未成就的合同效力。

(5)法定交割条件未成就的合同效力。

(6)法定交割条件被法律明确规定为合同生效要件的,如该法定交割条件未成就,则该合同成立但未生效,而非无效。

(7)法定交割条件未被法律明确规定为合同生效要件的,如该法定交割条件未成就,则该合同成立且生效,除非被明确约定为合同生效要件的。

(8)意定交割条件未成就的合同效力:意定交割条件被约定为合同生效要件的,如该意定交割条件未成就,则该合同成立但未生效;但不正当地阻止条件成就的,视为条件已成就,合同生效;不正当地促成条件成就的,视为条件不成就,合同未生效。

意定交割条件未被约定为合同生效要件的,如该意定交割条件未成就,则该合同成立且生效。

5.股权并购交割注意事项

(1)关注股权权属是否依法办理过户变更登记,主要依照《中华人民共和国公司法》《中华人民共和国公司登记管理条例》《中华人民共和国企业法人登记管理条例》等相关法律规定办理。

(2)关注并购方任命的高级管理人员是否依法被任命及/或有效登记。

(3)如控制权发生转移,还需移交目标公司的所有公章、证照、批文、账簿等材料,将有关的财产和权利凭证置于并购方实际控制之下。

6.资产并购交割注意事项

(1)不动产交割,通常指房地产、矿产等不动产的权属变更登记及转移占有,主要依照《中华人民共和国民法典》《中华人民共和国城市房地产管理法》《中华人民共和国矿产资源法》等相关法律规定办理。

(2)动产交割,通常指办公设施、机器设备等动产的交付,主要依照《中华人民共和国民法典》等相关法律规定办理。

(3)知识产权交割,通常指专利、商标、软件著作权等工业产权的转让,主要依照《中华人民共和国专利法》《中华人民共和国商标法》《中华人民共和国著作权法》等相关法律规定办理。

（4）业务合同的交割，通常指业务合同的转让，主要依照《中华人民共和国民法典》等相关法律规定办理。

（5）交割中对劳动合同的处理，通常指所涉员工安置方案的实施，主要依照《中华人民共和国劳动合同法》及当地政策等相关规定办理。

7.交割完成确认

交割完成后，律师注意对此草拟确认函，由交易双方签章确认，避免将来就交割是否完成引起争议。

8.交割法律意见书

为了满足委托人交割后整合等需求，律师可能需要就交割的完整性、合法性及有效性出具交割法律意见书。

9.后合同义务

并购合同终止后，并不意味着交易双方没有任何义务，依法还需遵循诚实信用原则，根据交易习惯，履行通知、协助、保密等义务。任何一方违反该等法定的后合同义务，给相对方造成损失的，相对方有权请求赔偿损失。

第二十二条 并购履约阶段律师的主要工作

第一，在并购履约阶段，律师工作主要包括：

1.为并购各方拟订"履约备忘录"，载明履约所需各项文件，并于文件齐备时进行验证以确定是否可以开始履行合同

2.协助委托人举行验证会议

3.按相关法律、法规的规定办理报批手续

4.协助办理并购涉及的各项变更登记、重新登记、注销登记手续

第二，律师协助并购方或目标公司起草或调取的，需要向相关政府主管部门报送的文件材料包括：

5.股东变更申请书

6.并购前各方的原合同、章程及其修改协议

7.并购各方的批准证书和营业执照复印件

8.目标公司董事会、股东会关于股权转让的决议

9.股权变更后的董事会成员名单

10.并购各方签订的并经其他股东签字或以其他书面方式认可的股权转让协议

11.审批机关要求报送的其他文件

第三，并购履约阶段的事务：

12.并购款到账验收，出具报告书

在并购方支付全部转让款并将付款凭证传真给出让方后，在约定的工作日内，出让方指定的或双方约定的注册会计师对该转让金额是否到账予以验证，并将验证报告传真给并购方。

13.并购标的的交付及股东名册的变更

并购双方及目标公司应及时办理被并购资产的交割手续和被并购股权的变更登记手续,包括所涉资产权属变更需要办理的物的交付和权属变更登记手续,以及股权并购中目标公司股东名册变更和签发新股东出资证明书等手续。

14.股东权利义务的移转

股权转让协议可以约定,转让标的交割之后,出让方将不再作为目标公司的股东而享有任何股东权利,亦不再承担目标公司的任何义务、负债或损失;并购方将成为目标公司的股东,并取代出让方继续履行目标公司发起人协议书及章程中规定的股东权利和股东义务。

15.新股东与公司其他股东应当签订新的合营(合作)协议,修订原公司章程和议事规则,更换新董事

签订新的合营(合作)协议与新章程后,公司签发新的股东出资证明书,变更公司的股东名册,并于变更后30日内向工商行政管理机关提交目标公司股东、出资、章程等变更登记申请或备案申请。

第七章 并购过程中法律风险的发现与防范

第二十三条 并购预备阶段的风险防范

在并购初期,律师需要协助并购方在与交易对方初步接触所获取的有限信息的基础上,判断并购在法律上的可行性和风险。律师应当根据了解及尽职调查的概况,向客户呈交并购可行性的法律分析意见,包括并购的法律方式、行业准入、外商投资的产业限制、审批风险等。在该等法律风险的分析和披露的基础上,进一步向客户推荐解决、降低风险的办法和方案。

第二十四条 尽职调查阶段的风险防范

1.对并购尽职调查阶段的风险防范内容主要有以下十个方向。

简述:

(1)确定法律尽职调查的范围和尽职调查的重点。

(2)制定有针对性的尽职调查资料清单。

(3)及时沟通。

(4)关注细节。

(5)文件之间能够相互印证。

(6)借用会计师、税务师的专业知识和经验。

(7)关注地方性法规。

(8)在尽职调查开始就明确尽职调查的假设性前提。

(9)在法律尽职调查报告中对有关事项予以说明与提醒。

(10)补救尽职调查无法确认的事项。

详述：

法律尽职调查存在一定的风险，主要有：即使律师实施了包括收集资料、审阅、访谈和分析等必要的调查程序，仍然未能发现和揭示目标公司全部潜在价值和重大投资的固有风险；因调查结论受律师专业能力的影响，而存在律师出现主观性偏差的专业判断风险；律师接受了目标公司所提供的虚假或者片面性的信息，而形成错误调查结论的误受风险。

2.对并购尽职调查阶段的风险防范，主要表现为：

(1)确定法律尽职调查的范围和尽职调查的重点。法律尽职调查应该在约定范围内进行，不属于尽职调查范围的事项，一定与客户讲清楚，不能大包大揽。如果尽职调查超出约定范围，不但增加时间成本，而且可能因包揽了不属于自己专业的调查事项而造成失职。

(2)制定有针对性的尽职调查资料清单。尽职调查必须根据个案的具体情况进行深入分析，给出符合个案要求的清单，才能控制风险。不考虑个案情况而使用通用调查资料清单存在极大的风险。

(3)及时沟通。律师与客户之间、调查团队成员与主办律师之间、律师与其他中介机构之间、调查人员与档案管理部门之间，沟通要及时，及时将必要信息反馈给委托方及相关人员。

(4)关注细节。如企业登记信息，纸质档案扫描成电子档会有滞后性，因此除了在档案室查阅电子档外，还应到登记处查询企业近期有无变更登记情况等。

(5)文件之间能够相互印证。确认每一件事实必须查阅若干个支撑文件，文件之间能够相互印证。

(6)借助会计师、税务师的专业知识和经验。尽职调查中不可避免涉及会计、税务方面的专业知识，在从事法律尽职调查时，律师应征询会计师、税务师意见。

(7)关注地方性法规。尽职调查过程中，除国家法律法规和政策外，还应关注地方性法规，特别是劳动管理、社会保险、房地产等问题。

(8)在尽职调查开始就明确尽职调查的假设性前提。由于时间紧、调查方法无法充分展开等因素，对尽职调查设定假设性前提，规避执业风险。

(9)在法律尽职调查报告中对有关事项予以说明与提醒。除事先明确尽职调查的假设性前提外，还应对有关事项作出说明与提醒，进一步降低律师执业风险。需要注意的是：尽职调查报告的所有结论均应当以核验后的资料作为证据，对未经或无法核验的部分，不作评价，避免扩大化的主观性结论。

(10)补救尽职调查无法确认的事项。如果在资料研究、人员访谈、现场核实和第三方渠道补充核实之后仍然存疑，调查律师可以根据交易的具体情况酌情建议各方采用目标公司及其实际控制人出具承诺与保证函的方式作出补救措施，以排除交易各方的疑虑。

第二十五条 谈判签约阶段的风险防范

除前述第五章第十八条之3中列举的重点法律风险防范方法外，谈判签约阶段还应从以下方面防范相关风险：

1.并购谈判的初期签署框架协议

在交易双方达成初步的并购意向之后,为确立谈判各方的法律地位、谈判要点等,律师应当协助并购方与目标公司签署框架协议,主要内容包括:

(1)确立各方交易和谈判的意向及法律地位。

(2)明确双方对于并购已经达成的初步商业条款意向。

(3)并购方对于并购标的的排他性谈判地位。

(4)确定双方的保密义务。

(5)根据交易需要约定诚意金,并明确该款的法律性质和处理方式。

(6)双方对于法律尽职调查的安排和配合。

(7)确定双方进行交易谈判的工作时间表、步骤和各自负责完成的事项。

(8)明确框架协议中条款的法律性质。

(9)双方根据项目特性认为需要约定的其他事项。

2.对并购项目合同架构的整体设计

针对不同类型的并购项目,律师应当协助并购方,在并购方案中一并考虑技术转让和使用、设备使用、品牌使用以及市场划分等各项关联问题,并根据所涉及的问题和并购项目的整体框架将并购合同分类细化,签署主协议及相关附件,形成全面的合同架构,清楚界定项目所涉相关法律问题。

3.未披露债务的防范

律师应当在并购合同的承诺与保证条款以及违约责任条款中明确约定,如果出现未经披露的其他负债,卖方将承担全部损失,以有效预见可能发生的或有负债,并明确责任承担,有效降低并购方承担未经披露债务的风险。

4.股权转让的担保为连带担保责任

5.员工安置

律师应当在并购项目谈判过程中,提示并购方关于员工劳动合同履行的相关风险,确定劳动关系的接收或解除,并相应做好安置补偿工作。

6.税务负担的筹划

税务筹划在整个并购项目的方案构架、法律文件安排等方面是重要考虑因素之一。律师应当配合会计师或专业的税务筹划机构,协助设计税务筹划方案并论证其合法性。

第二十六条　并购履约阶段的风险防范

无论是前期累积的风险,还是履约中独有的风险,都在履约阶段集中爆发,所以应特别注重该阶段的风险防范。尽管源于前期累积的风险,不一定能在履约阶段有效化解或控制,但及时掌握、及时应对,亦有助于防止扩大损失。

这一阶段重点关注：对价支付风险、标的交割风险、合规风险、标的瑕疵风险、过渡期风险、控制权风险。

1. 对价支付风险

对价支付风险主要靠合理设计标的交割的时间节点来控制，在支付全部、大部分对价前，不丧失标的控制权，往往能够有效控制支付风险。当然，也要同时考虑交易对方的资信能力、交易担保措施、违约处理等各方面情况。

2. 标的交割风险

一般而言，并购交易持续时间相对较长，环节较多，因此按照一定事项完成情况作为支付触发条件而分期支付，是分散风险的常规方式。除此外，共管账户、各种担保，也是常用的风控措施。

3. 合规风险

合规风险主要是指交易标的、交易模式、交易流程是否符合法律法规及各种规范性文件。该风险在预备阶段、尽职调查阶段、签约阶段已经形成，履行阶段往往不能有效地独立控制合规风险，故对该风险的关注应当前置于之前各阶段。

4. 标的瑕疵风险

标的瑕疵风险的大小，与尽职调查的程度成负相关。尽职调查越全面、越深入、越细致、越准确，则标的瑕疵风险越易受控制。履约阶段，主要通过及时验收标的、及时行使抗辩权，控制瑕疵风险。

5. 过渡期风险

过渡期风险主要体现为签约后至并购主体充分行使权利之前，因缺乏实际控制而造成标的相关情况的不利变化。主要的控制手段在于签约阶段中对交易各方各种行为的限制性安排（如：限制分红、限制重大资产处置、限制再融资、限制新增资扩股等），以及责任及其主体的落实。履约阶段，主要在于积极执行这些安排。

6. 控制权风险

控制权风险是指出于并购主体主观意愿之外的原因，导致其基于资本多数决定而对并购标的或其融入的组织具备的控制能力下降或丧失。控制权主要依赖于股权结构，但不同的法人治理结构对股权结构的变动，有着显著不同的制衡效果。并购主体主要通过对治理结构的预先安排，实现维系控制能力。重点如：股东会和董事会的职权划分、股权代持结构、表决权征集、一致行动协议等。

第八章　附　则

第二十七条　本指引根据相关法律、法规的制定和修改及时进行修订。

第二十八条　本指引最终解释权归属重庆市律师协会。

附件

×××保密协议

甲方:×××有限公司

法定代表人:

地址:

乙方:

法定代表人:

地址:

鉴于乙方将可能成为甲方拟实施的并购对象,并在甲方实施并购计划过程中接触到相关信息;

鉴于并购计划及相关信息乃公司内幕信息,属于未公开信息;甲乙双方达成以下协议:

第一条:定义

1.本项目:系指公司并购计划项目。

本项目相关方:系指与本项目有必要关联之公司或其他当事人。

2.保密信息:甲方或其代表以任何形式或方法提供乙方的有关本项目的所有信息,包括但不限于本项目的实施计划及方案的说明、设计、财务数据、财务报表、财务预算以及统计信息等;保密信息可能以口头、书面或电子文件等视听资料的形式存在。

保密信息不包括如下信息:(1)这些信息已经由甲方予以公布;(2)这些信息已经由甲方确认过期;(3)乙方通过其独立开发的书面文件已获得的信息;(4)乙方已从合法拥有该信息的第三方获得的信息,并且该第三方并非因与另一方之间关于该等信息的保密协议而获得该信息;(5)非因接受方的原因而已经被公开的信息;(6)甲乙双方一致同意向第三方披露的信息;(7)监管部门有要求必须向公众披露的信息;(8)乙方因强行法或法院强制命令而被迫披露的信息,但乙方应在该披露前充分通知甲方使其有合理时间寻求保护令。

第二条:保密和非使用义务

乙方同意,对于甲方提供的保密信息,遵守保密义务:

1.在使用该保密信息的过程中以保护自己信息同样谨慎的程度来保护甲方信息,不得向本项目相关人士之外的任何人披露该保密信息。

2.乙方承诺其接触此项目的所有人员不向其他人员(包括近亲属)泄露本保密协议的相关约定。

3.除非获得甲方或本项目相关方事先书面同意,否则所有本项目之信息只能用于评估、协商或履行与本项目有关的事宜之目的。

4.在甲方或本项目相关方要求时,乙方应将该保密信息之全部资料予以返还或销毁。

第三条:违约责任

如乙方违反本协议规定的保密义务,应赔偿甲方因此而导致的直接和间接损失,且应甲方要求,应立即停止任何违反本协议义务之行为。甲方有权利采取一切合理手段(包括但不限于发表公开声明、公开谴责等)消除或减少因对方违约造成的各种不利影响,由此引起的一切费用均由违约方承担。

第四条:保密信息的归还

一经甲方的要求或本协议的终止(以二者中较早者为准),乙方应当停止使用从甲方获得的保密信息,并且应当遵循甲方的指示:

(1)销毁所有该等保密信息,包括其所有的复制件,并且向甲方提供已进行此等销毁的书面证明;(2)向甲方归还所有该等保密信息,包括乙方已制作的任何复制件。

第五条:完整协议

本协议是协议双方就上述保密内容进行完整理解后达成的。本协议替代所有以前达成的与本项目有关的口头意见、协议或理解关于保密之约定。

第六条:修改、转让、语言及文本

只有经协议双方签署一份书面文件后,才能对本协议作修改、变更或放弃。除非事先获得协议相对方的书面同意,协议一方不得转让本协议;该协议应对协议双方各自的继承者具有约束力。本协议用中文书写,无其他任何语言之文本。

第七条:协议效力

本协议为甲乙双方就公司拟实施并购计划项目之保密需要而签署。本协议自双方签字或盖章后生效,至并购计划实施完成之日止。

第八条:争议解决

凡因执行本协议所发生的或与本协议有关的一切争议,双方应友好协商。

如果双方协商不成,应向×××人民法院提起诉讼。

第九条:其他

本协议一式四份,甲乙双方各执两份,每份具有同等法律效力。协议双方应在此正本上签字盖章。

甲方(盖章):×××股份有限公司

法定代表人:

乙方(盖章):

法定代表人:

签署日期:　　年　月　日

8

重庆市律师协会关于律师办理有限责任公司变更为股份有限公司业务指引

第一章 总 则

第一条 制定目的

为指导律师承办有限责任公司变更为股份有限公司(以下称股份制改造)业务,规范律师执业行为,保障律师依法履行职责,充分发挥律师在有限责任公司股份制改造业务中的作用,帮助有限责任公司通过产权制度改革,建立适应社会主义市场经济发展要求的企业组织形式,依据《中华人民共和国民法典》《中华人民共和国公司法》及其他相关法律、法规、规章和规范性文件的规定,制定本指引。

第二条 适用范围

本指引适用于律师办理有限责任公司在全国股份转让系统挂牌业务,包括但不限于下列范围:

1. 根据委托开展法律尽职调查,制作《法律尽职调查报告》;

2. 在法律调查、分析与论证的基础上,参与制作整体挂牌方案;

3. 协助公司设计由有限责任公司(以下简称有限公司)整体变更为股份有限公司(以下简称股份公司)的改制方案,并制作相关法律文书,指导、协助公司改制;

4. 协助公司制作各种会议的法律文件,并对公司会议进行见证,确保公司各项会议程序合法、合规;

5. 协助公司制作内部管理制度,指导、协助公司完善公司内部治理机制;

6. 制作符合股份转让要求的《公司章程(草案)》;

7. 出具《法律意见书》;

8. 参与或承担《公开转让说明书》的撰写;

9.协助主办券商向全国股份转让系统或中国证券监督管理委员会(以下简称中国证监会)报送申请挂牌文件,回复有关反馈意见等。

第三条 指导思想

律师办理股份制改造业务应当坚持"以事实为根据、以法律为准绳"的原则,并依据法律、行政法规、规章和规范性文件,在公司授权范围内,勤勉尽责地独立开展工作。

第四条 概念界定

1.本指引所称股份制改造是指为符合全国股份转让系统挂牌所要求的公司组织形式而实施的变更工作,特指有限公司依照法定程序,按照具有证券期货相关业务资格的会计师事务所审计的原账面净资产值折股整体变更为股份公司的工作过程。

2.尤其注意:

(1)整体变更不应改变历史成本计价原则,应以改制基准日经审计的原账面净资产值为依据,折合为股份公司股本;

(2)申报财务报表最近一期截止日不得早于改制基准日。

第五条 主要依据

1.法律

(1)《中华人民共和国民法典》;

(2)《中华人民共和国企业国有资产法》;

(3)《中华人民共和国证券法》;

(4)《中华人民共和国行政许可法》;

(5)《中华人民共和国企业所得税法》;

(6)《中华人民共和国律师法》;

(7)《中华人民共和国民事诉讼法》;

(8)《中华人民共和国仲裁法》;

(9)《中华人民共和国行政诉讼法》;

2.行政法规

(1)《国务院关于全国中小企业股份转让系统有关问题的决定》;

(2)《中华人民共和国公司登记管理条例》等。

3.司法解释

(1)最高人民法院《关于适用〈中华人民共和国公司法〉若干问题的规定(一)》;

(2)最高人民法院《关于适用〈中华人民共和国公司法〉若干问题的规定(二)》;

(3)最高人民法院《关于适用〈中华人民共和国公司法〉若干问题的规定(三)》;

4.部门规章

(1)《公开发行证券公司信息披露的编报规则第12号——公开发行证券的法律意见书和律师工作报告》;

(2)《律师事务所证券法律业务管理办法》;

(3)《律师事务所证券法律业务执业规则(试行)》;

(4)《非上市公众公司监督管理办法》;

(5)《非上市公众公司监管指引第1号——信息披露》;

(6)《非上市公众公司监管指引第2号——申请文件》;

(7)《非上市公众公司监管指引第3号——章程必备条款》;

(8)《非上市公众公司监管指引第4号——股东人数超过200人的未上市股份有限公司申请行政许可有关问题的审核指引》;

(9)《企业会计准则第36号——关联方披露》;

(10)《全国中小企业股份转让系统有限责任公司管理暂行办法》;

(11)《中国证监会关于进一步推进新股发行体制改革的意见》;

(12)《关于修改〈非上市公众公司监督管理办法〉的决定》;

(13)《非上市公众公司信息披露内容与格式准则第1号——公开转让说明书》;

(14)《非上市公众公司信息披露内容与格式准则第2号——公开转让股票申请文件》;

(15)《非上市公众公司信息披露内容与格式准则第3号——定向发行说明书和发行情况报告书》;

(16)《非上市公众公司信息披露内容与格式准则第4号——定向发行申请文件》;

(17)《外商投资产业指导目录》;

(18)《机动车登记规定》;

(19)《国家机械委计算机软件登记管理办法》(试行);

(20)《全国中小企业股份转让系统股票挂牌条件适用基本标准指引(试行)》;

5.业务规则

(1)关于发布实施《全国中小企业股份转让系统业务规则(试行)》有关事项的通知;

附件:《全国中小企业股份转让系统业务规则(试行)》

(2)《关于发布全国中小企业股份转让系统相关业务规定和细则的通知》;

附件:《全国中小企业股份转让系统主办券商管理细则(试行)》

(3)《关于发布全国中小企业股份转让系统相关业务指引的通知》;

附件1:《全国中小企业股份转让系统公开转让说明书内容与格式指引(试行)》

附件2:《全国中小企业股份转让系统挂牌申请文件内容与格式指引(试行)》

附件3:《全国中小企业股份转让系统主办券商尽职调查工作指引(试行)》

(4)《关于全国中小企业股份转让系统有限责任公司有关收费事宜的通知》;

附件1:《全国中小企业股份转让系统挂牌公司股票转让服务收费明细表》

附件2:《全国中小企业股份转让系统两网公司及退市公司股票转让服务收费(及代收税项)明细表》

(5)关于发布《全国中小企业股份转让系统挂牌条件适用基本标准指引(试行)》的通知;

附件:《全国中小企业股份转让系统股票挂牌条件适用基本标准指引(试行)》

(6)《全国中小企业股份转让系统股票挂牌业务操作指南(试行)》;

(7)《全国中小企业股份转让系统挂牌常见问题(第一期)》;

(8)《全国中小企业股份转让系统挂牌常见问题(第二期)》;

(9)《全国中小企业股份转让系统挂牌常见问题(第三期)》。

第二章 律师办理股份制改造业务基本规范

第六条 工作原则

律师办理股份制改造业务,应当遵循以下原则:

1. 独立性原则。律师办理股份制改造业务,应当独立发表意见,独立于股份制改造公司,独立于审计、评估等其他中介机构。

2. 专业性原则。律师办理公司股份制改造业务,应当结合自身专业知识和实务经验,为股份制改造公司提供优质、高效、专业的法律服务。

3. 审慎原则。律师办理公司股份制改造业务,应持审慎的态度,充分考虑《股份制改造方案》、相关议案及改制程序的事实基础和法律依据,高度注意股份制改造过程中涉及的公司治理机制和劳动关系和谐问题。

第七条 前期准备

股份制改造前期准备关系到改制能否成功,一般需要完成以下工作:

1. 调查研究股份制改造公司,调查范围包含:产权、生产经营情况、管理状况、资产等。

2. 初步拟定股份制改造方案,确立股份公司的设立方式、发起人数量、注册资本、股权结构、业务范围、人员调整、无形资产作价等。

3. 制定改制工作时间表。

4. 协助成立筹建(筹备)委员会。

5. 根据实际情况,完成各类股份制改造文件的准备工作,并保证其合法性。

第八条 建档规范

1. 以律师事务所名义接受股份制改造主体或其他股份制改造当事人的委托,参与公司股份制改造相关法律业务。

2. 律师事务所接受委托应订立法律事务专项服务合同书,明确委托事项,并设置专属合同编号,如:(20××)××股份制改造字第×××号。

3.及时、准确、真实、完整地将工作过程中所获取的信息、文件,结合工作记录、工作方案、会议纪要、谈话记录等资料制作成工作底稿,并收集、归档。

4.对在股份制改造业务中重要的往来电子邮件和电子版的法律文件,以及由此积累的图片、影像资料进行保存和备份。

第九条 服务内容清单

1.筹备阶段

(1)确定股份制改造主体,并对其基本情况摸底调查;

(2)协助确定员工股权激励计划;

(3)协助筹备资产业务重组;

(4)协助拟定税务规划;

(5)提供支持股份制改造的法律、法规、规章和规范性文件;

(6)拟定股份制改造注意事项。

2.进场准备

(1)草拟股份制改造方案;

(2)制定股份制改造工作时间表;

(3)协助成立改制委员会;

(4)协助制作会议文件。

3.进场工作

(1)参与股份制改造协调会;

(2)开展尽职调查;

(3)协助完善公司治理机制;

(4)协助确定股份制改造方案并作问题整改;

(5)制作股份公司《发起人协议》;

(6)协助拟定《公司章程》及配套文件;

(7)制作会议文件并提供律师见证服务;

(8)协助办理工商及税务变更登记。

第十条 实施阶段

前期准备工作完成后即进入具体实施阶段,主要包括:

1.会计师事务所完成审计工作,出具《审计报告》。

2.资产评估公司完成资产评估工作,出具《资产评估报告》。

3.公司最终确定发起人,签署发起人协议,明确各发起人的权利和义务。

4.发起人审阅《公司章程》并签字,律师参与审阅并解答发起人提出的法律问题。

5.召开创立大会。

(1)创立大会在股份公司成立之前召开;

(2)组成人员是参与公司设立并认购股份的人;

(3)创立大会是股份公司设立的意思决定机关,其决议涉及股份公司能否成立等;

(4)通过相关议案包含但不限于:

①《股份有限公司筹办工作的汇报》

②《设立股份有限公司的议案》

③《股份有限公司设立费用的报告》

④《发起人用于抵作股款的财产的作价进行审核说明》

⑤《股份有限公司章程》

⑥《选举股份有限公司第一届董事会成员的议案》

⑦《选举股份有限公司第一届监事会股东代表监事的议案》

⑧《授权董事会办理变更设立股份公司登记的议案》

6.律师出席创立大会并出具法律意见。

7.召开股份公司第一届第一次董事会会议,选举董事长、副董事长。

8.召开股份公司第一届第一次监事会会议,选举监事会主席。

9.公司为国有企业或国有企业投资的,应当经过国有资产监督管理机构审批。

10.公司为外商投资企业或外商投资,外商股权投资比例变化导致性质发生变化的,应当经过外商审批机构审批。

11.协助董事会接受授权,办理变更设立股份公司的公司登记,换取营业执照。

12.协助、指导股份公司办理税务变更登记、工商变更登记、银行开户变更以及印章更换等。

第十一条　尽职调查要点

1.开展尽职调查,一般包括:公司主体合法性存续、公司资质、公司结构和管理、资产和负债、对外担保、重大合同、关联关系、纳税、环保、劳动关系、市场评估、技术评估、员工访谈、公司运营等一系列法律问题。

2.尽职调查的要点包含但不限于:公司工商基本信息,设立、沿革和变更情况,基本运营结构,股权结构情况,有形资产情况,土地使用权及其他无形资产情况,重大合同情况,重大债权债务,重大法律纠纷,行政处罚情况,人员基本情况,环境保护情况,纳税情况以及其他需要调查的情况。

3.依照改制目标,结合公司具体经营情况,确定法律尽职调查工作步骤与关注重点,归集所需各项资料;必要时,对改制公司相关人员进行询问及现场勘查,制作律师讯问笔录或工作底稿。

4.尽最大可能完整收集调查资料,无法获得的,应在相关法律文件中说明。

5.改制工作通常由多个中介机构共同参与完成,应在工作中配合公司协调工作,确保各自了解到的情况和资料能够及时通报,共同探讨解决问题的方法和途径。

6.改制公司情况各异,尽职调查发现重大事项或疑难问题时,可以建议公司组织各中介机构召集联席会议,研讨解决方案。

第十二条 律师见证要点

1.开展律师见证,由见证律师亲自参与,以律师事务所的名义依法对公司股份制改造过程中具体的法律事实或法律行为的真实性、合法性予以证明。

2.律师见证的时间应当是被见证的法律行为发生之时,并且限于律师本人在见证时所能见到、听到的范围。

3.坚持以事实为根据,以法律为准绳的原则,并且保守商业秘密、勤勉尽责。

4.出具《律师见证书》前应先审查以下主要内容:

(1)核实主体资格,主动查明见证事项的相关参与人是否具有民事权利能力和民事行为能力以及代理人的代理资格、权限等;

(2)见证事项参与人意思表示是否真实;

(3)所要求见证的事项是否合法;

(4)提供的证明材料和其他文件是否真实、合法、完整和有效,既要符合法定的实质条件,也要符合法定的形式要件。

5.律师应当制作能够反映见证过程的书面材料和视听资料,包括但不限于谈话笔录、调查笔录、照片、音频、视频等。

6.无法核实证明材料和文件的真实性、合法性、完整性和有效性的情况下,应当采取措施进一步核实,确实无法核实的,应当在见证文书中予以披露和说明。

7.在约定的期限内出具律师见证文书,免责条款或免责声明应当有效、完备,最大限度地规避律师见证的法律风险。

第三章 律师办理股份制改造业务实操流程

第一节 前期规划

第十三条 确定股份制改造主体

1.确定发起人。股份公司应当由二人以上二百人以下的发起人共同发起和设立,可以以有限公司现有股东为发起人设立,也可以通过股权变更的形式引入新股东作为发起人。若公司有近期上市计划,应注意股权结构变更需满足公司实际控制人三年内未发生变化。

2.发起人资格。半数以上的发起人应在中国境内有住所。对于中国公民而言,其户籍地或经常居住地为中国;对外国人而言,其经常居住地在中国境内;对于法人而言,其主要办事机构在中国境内。

第十四条 确定员工股权激励计划

1. 股权激励方式。股权激励制度主要表现为股票期权、限制性股票、虚拟股票、绩效股份计划、加速绩效限制性股权激励计划、股票增值权、绩效单位计划、员工股票购买计划、员工股票所有权计划等。

2. 股权激励方法:

(1)股东收购职工股;

(2)设立新主体代职工持股(如设立新公司或合伙企业等);

(3)委托受托人持股;

(4)通过信托公司或设置民事信托持股。

3. 激励对象保护。实施前,应当促使股权激励方案受股东认同;实施过程中,应使激励对象及时获取信息,同时展现激励对象的优势及价值,促进激励对象与其他股东双向了解,构建信任基础。

第十五条 筹备资产业务重组

1. 公司应当召开董事会,讨论重大资产重组事项。

2. 首次董事会召开后2个转让日内,公司应制作并公布信息披露文件,保证重大资产重组事项的真实性并及时披露。

3. 审查公司重大资产重组信息披露文件的完备性,公司应及时关注后续结果。

4. 筹划重大重组事项时,应当做好保密工作和内幕信息知情人登记工作,视情况及时申请公司证券暂停转让并报送材料。在公司证券暂停转让前,全国股份转让系统公司不接受任何与该公司重大重组事项相关的业务咨询,也不接收任何与重大资产重组相关的材料。

5. 出现下列情形之一时,公司应当立即向全国股份转让系统公司申请公司证券暂停转让:

(1)交易各方初步达成实质性意向;

(2)虽未达成实质性意向,但在相关董事会决议公告前,相关信息已在媒体上传播或者预计该信息难以保密或者公司证券转让价格出现异常波动;

(3)需要向有关部门进行政策咨询或方案论证。

第十六条 协助完成税务规划

1. 资产评估与审计。聘请专业的中介机构对公司有关情况进行调查和审计。审计报告应以公司近三年财务状况为依据;资产评估报告应对公司现有资产状况进行评估。

2. 财产清查。视公司实际情况,明确公司资产组成内容,避免与其他主体的资产混淆,对财产所有权进行甄别和确认。尤其是占有国有资产的公司,应当在改制前对国有资产进行评估,避免国有资产遭受损害。

3. 税务合规。改制中需要关注并解决好税务合规问题,一般而言有以下几种途径:

(1)补缴税金;

(2)股份公司设立前解决税务问题。在不影响改制进程的情况下,设计税务成本较小的改制方案,尽量在有限公司状态下解决税务问题;

(3)获取主管行政部门支持。尽量取得税务部门的税务证明或者不予追究延期纳税责任的函,避免行政风险。

第十七条 外商投资企业参与股份制改造注意事项

1.外资企业属外商独资企业的,整体变更为股份公司前还须引入中国股东。

2.外商投资企业股份制改造的条件

(1)对发起人的要求,以发起方式设立的,应符合法律法规对发起人条件的规定;

(2)以募集方式设立的,除应符合前款条件外,至少有一个发起人还应有募集股份前三年连续盈利的记录,该发起人为中国股东时,应提供其近三年经过中国注册会计师审计的财务会计报告;该发起人为外国股东时,应提供该外国股东居所所在地注册会计师审计的财务报告;

(3)注册资本最低限额为人民币3000万元,且该最低限额为实收股本总额。

3.外国股东购买并持有的股份应不低于公司注册资本的25%。

4.已设立中外合资经营企业、中外合作经营企业、外资企业,如申请转变为公司的,应有最近连续三年的盈利记录。

5.投资产业应符合国家有关外商投资企业产业政策的规定。

6.审批权限的规定。改制企业评估后的净资产值在《外商投资产业指导目录》限额标准以下的,其设立及变更事项由省级商务主管部门审批,但涉及对外商投资有专门规定的行业、特定产业政策、宏观调控行业以及外国投资者对上市公司进行战略投资的,仍按现行规定办理或按有关规定报商务部审核。

7.外商投资股份公司发起人转让股份的时间限制:

(1)发起人持有的本公司股份,自公司成立之日起一年内不得转让;

(2)公司公开发行前已发行的股份,自公司股票在证券交易所上市交易之日起一年内不得转让,但限售期满后外商投资股份公司发起人股份的转让应经具有相应权限的商务部门批准。

第二节 进场前期准备

第十八条 拟定股份制改造初步方案

股份制改造初步方案应当包括设立方式、发起人数量、注册资本、股权结构和业务范围等事项。拟定股份制改造初步方案应当注意以下事项:

1.律师应当查询拟进行股份制改造的公司及其关联公司的工商档案信息,了解公司的资产经营情况及历次公司变更情况,与公司实际控制人、控股股东、高级管理人员充分沟通后,根据有关法律、法规、规章及规范性文件制定股份制改造初步方案。

2. 根据公司资产经营情况确定拟进行股份制改造的公司主体、股权结构、经营范围及其设立方式。

3. 针对拟股份制改造公司的实际情况，股份制改造初步方案应当实现下列目标：

（1）确定拟进行股份制改造的公司主体，确定公司的独立法人财产权，有效地实现股东所有权与法人财产权的分离；

（2）从合法合规性角度梳理与规范公司历史问题，对公司历史经营过程中的法律瑕疵提出规范解决方案，符合挂牌上市要求；

（3）初步拟定公司重组方案，促进资产、债务及业务整合，符合相关法律、法规、规章及规范性文件的要求及企业发展需要；

（4）避免同业竞争，对可能出现的同业竞争提出解决方案或建议；

（5）建立符合《公司法》规定的股份公司治理结构，保障公司人员、财务、资产、业务的独立性。

4. 采用整体变更方式设立股份公司原则上应采取整体改制方式，将公司经营性资产整体纳入股份公司，公司原有的非经营性资产应当予以剥离，按照国家有关规定安置好分流人员并制定相应的处置方案。

5. 采用整体变更方式无法满足公司经营需要的，可以考虑采取新设重组的方式，通过发起设立、募集设立或者合并分立的方式设立股份公司，采取新设重组方式的还应当综合考虑证券机构的其他规范性要求、经营需要、财务数据等因素。

6. 股份制改造初步方案应根据当地的相关法规、政策性文件制定发起人出资方案，其中拟进行股份制改造的公司不应是主要以股权或债权组建的公司，对于知识产权、工业产权、非专利技术或土地使用权等非货币性资产的有效性及合法性，需在国家相关登记部门进行初步审查。

第十九条 制作股份制改造工作时间表

1. 律师应当会同其他各中介机构参加股份制改造协调会，并根据前期调查发现的问题提出建议，与各中介机构负责人员、公司实际控制人、控股股东及高级管理人员充分沟通后，依据相关法律、法规、规章及规范性文件制作股份制改造工作时间表。

2. 制作工作时间表应注意以下时间节点：

（1）创立大会召开日期为股款缴足之日起三十日内：

发行股份的股款缴足后，必须经依法设立的验资机构验资并出具证明。发起人应当自股款缴足之日起三十日内主持召开公司创立大会。创立大会由发起人、认股人组成。

（2）创立大会召开日与有限公司临时股东会召开日之间不得少于十五日。

（3）创立大会结束后三十日内申请工商登记。

（4）特定持有人的股份转让的时间限制：

①发起人持有的本公司股份，自公司成立之日起一年内不得转让。公司公开发行股份前已发行的股份，自公司股票在证券交易所上市交易之日起一年内不得转让。公司董事、监事、高级管理人员应当向公

司申报所持有的本公司的股份及其变动情况,在任职期间每年转让的股份不得超过其所持有本公司股份总数的百分之二十五;所持本公司股份自公司股票上市交易之日起一年内不得转让。上述人员离职后半年内,不得转让其所持有的本公司股份。

②公司章程可以对公司董事、监事、高级管理人员转让其所持有的本公司股份作出其他限制性规定。

(5)公司股份制改造过程中由于公司收购股份不同情况下的注销时限,公司不得收购本公司股份。但是有下列情形之一的除外:

(一)减少公司注册资本;

(二)与持有本公司股份的其他公司合并;

(三)将股份用于员工持股计划或者股权激励;

(四)股东因对股东大会作出的公司合并、分立决议持异议,要求公司收购其股份;

(五)将股份用于转换上市公司发行的可转换为股票的公司债券;

上市公司为维护公司价值及股东权益所必须由公司依照本条第一款规定收购本公司股份后,属于第(一)项情形的,应当自收购之日起十日内注销;属于第(二)项、第(四)项情形的,应当在六个月内转让或者注销;属于第(三)项、第(五)项情形的,公司合计持有的本公司股份数不得超过本公司已发行股份总额的百分之十,并应当在三年内转让或者注销。

(6)其他证券交易所施行的规范中有关时间节点的规定。

第二十条　成立改制委员会

改制委员会成员应由公司董事会、监事会成员及律师、会计师、评估等中介机构的人员组成。

第二十一条　制作有限公司、股份公司会议文件

有限公司、股份公司会议文件主要包括以下内容:

1.董事会会议,会议通知、有限公司变更为股份公司的具体方案、会议记录、决议内容等。

2.监事会会议,会议通知、议案、会议记录、决议内容等。

3.股东大会会议,应有会议通知、有限公司变更为股份公司的具体方案、章程变更决议、决议内容等。

第三节　进场工作

第二十二条　参与协调会

前期准备工作完成后,律师参与股份制改造协调会,主要事项包括:

1.对股份制改造委员会及其他机构提出的涉及法律的相关问题进行解答;

2.明确与其他机构的工作配合机制;

3.明确公司或其他机构需要向律师提交的相关资料;

4.明确各经办机构提交工作成果的时间节点。

第二十三条 开展尽职调查清核资产

1.法律尽职调查清单

开展法律尽职调查,应当根据公司的特点和实际情况,以书面形式向被调查对象出具法律尽职调查清单,要求被调查对象在合理或约定时间内依据清单、根据律师要求的方式,提供真实、完整、齐备的资料原件或与原件审核一致的复印件(加盖公司印章)。

2.尽职调查涉及事项

律师应当在法律尽职调查清单中要求被调查对象提供包括但不限于以下方面的内容:

(1)公司概况;

(2)经营情况;

(3)资产情况;

(4)财务独立性;

(5)税、费、各种补贴情况;

(6)人力资源情况;

(7)环保情况;

(8)诉讼、仲裁、行政复议、其他纠纷执行及处罚情况。

3.清核范围

(1)公司资产

①固定资产;

②存货、机器设备、办公设备;

③无形资产。

(2)债权债务及重大合同

①重大借款合同、担保合同及履行情况;

②民间借贷情况及履行情况;

③合同金额占公司净资产5%以上的重大业务合同及履行情况;

④其他债权债务。

(3)税务及财政补贴

(4)诉讼、仲裁及行政处罚

①任何涉及公司或股东已经发生的、正在进行的或已有明显迹象表明可能要发生的诉讼、仲裁或者行政处罚、行政复议情况;

②任何涉及公司财产或股东财产的行政机关、司法机关的查封、冻结及其他强制执行措施或程序。

4.制作法律尽职调查报告

在获得全部必备信息材料后,应当制作全面的《法律尽职调查报告》。对发现的重大问题提出具体解决措施并明确重要时间节点及本次挂牌具体工作内容,为制定挂牌工作整体方案做准备。

第二十四条 完善公司治理机制

制定并通过公司内部管理制度,完善公司治理机制,包括但不限于:

1.《股东大会议事规则》

2.《董事会议事规则》

3.《监事会议事规则》

4.《总经理工作细则》

5.《董事会秘书工作细则》

6.《关联交易管理与决策制度》

7.《对外担保管理制度》

8.《对外投资决策管理制度》

9.《信息披露管理制度》

10.其他公司内部的管理制度

第二十五条 确定股份制改造方案并作问题整改

1.股份制改造方案是公司股份制改造的起点,律师应协助公司确保股份制改造方案的合法性、可行性,并妥善解决股份制改造过程中遇到的问题。

2.股份制改造方案一般包括下列内容:

(1)有限公司基本情况,包括但不限于登记注册情况、生产经营状况、财务状况、股本结构等;

(2)股份制改造的原因、目的和法律依据;

(3)股份制改造的必要性、可行性和基本原则;

(4)股份制改造的具体事项:投入股份公司的资产明细、资产折股方案、股东认股方案、业务重组方案、知识产权处置方案、股份特殊安排方案(期限、员工持股、类别设置)等;

(5)拟设立的股份公司情况:公司名称、股本总额、股本结构、组织机构、经营范围等;

(6)股份制改造的实施程序、步骤、时间和分工安排;

(7)股份制改造涉及的其他事项。

3.股份制改造方案应重点关注和解决以下问题:

(1)明确经营范围;

(2)健全治理结构;

(3)规范关联交易;

(4)消除同业竞争;

(5)解决资产权属纠纷等。

第二十六条 制作股份公司《发起人协议》

《发起人协议》规定股份公司发起设立过程中的权利和义务,主要包括以下内容:

1.公司经营宗旨和机构性质;

2.公司名称、住所、注册资本、业务范围;

3.发起人认购股份数额和所占股份比例;

4.认购股份的资格与实缴出资;

5.发起人权利和义务;

6.发起人的声明、承诺、保证;

7.公司筹建委员会;

8.公司治理结构;

9.违约责任;

10.保密;

11.通知;

12.协议的修改、变更与终止;

13.不可抗力;

14.争议的解决;

15.协议的生效及其他。

第二十七条 草拟《公司章程》及配套文件

1.《公司章程》

《公司章程》肩负调整公司活动的责任。在制定《公司章程》时,应当考虑周全,内容尽可能明确详细,不能产生歧义。

2.股份公司《公司章程》应当载明下列事项:

(1)公司名称和住所;

(2)公司经营范围;

(3)公司设立方式;

(4)公司股份总数、每股金额和注册资本;

(5)发起人的姓名或者名称、认购的股份数、出资方式和出资时间;

(6)董事会的组成、职权和议事规则;

(7)公司法定代表人;

(8)监事会的组成、职权和议事规则;

(9)公司利润分配办法;

(10)公司的解散事由与清算办法;

(11)公司的通知和公告办法;

(12)股东大会会议认为需要规定的其他事项。

3.其他相关配套文件

(1)根据股份制改造流程,公司应当召开有限公司最后一次董事会会议、最后一次股东会会议,上述会议主要是审议并通过有限公司整体变更为股份公司的议案,鉴于此,需要制作上述两次会议的相关文件;

(2)在完成股份制改造的前期准备工作后,需要召开的重要会议是股份公司创立大会,召开该会议,应当准备相关文件;

(3)经过股份公司创立大会审议并通过对董事会的授权后,董事会应当按照要求向公司登记机关办理相关手续,在该阶段需要准备申请登记的相关文件;

(4)在变更公司形式的公司变更登记完成后,应当规范公司的治理机制,在该阶段,应当准备的法律文件包括《股东大会议事规则》《董事会议事规则》《监事会议事规则》《总经理办公会会议制度》《董事会秘书工作制度》《关联交易管理与决策制度》等。

第二十八条 制作会议文件并提供律师见证服务

1.经办律师制作相关法律文件

(1)有限公司最后一次董事会会议。主要审议内容为决定公司整体变更相关事宜,主要文件包括但不限于:

①议案,主要为《公司由有限责任公司整体变更为股份有限公司的议案》《关于〈提请召开临时股东会审议通过上述议案〉的议案》;

②会议通知;

③签到表;

④决议内容:

a.××会计师事务所出具的基准日为××年××月××日的编号为××《审计报告》;

b.××资产评估有限公司出具的基准日为××年××月××日的编号为××《资产评估报告》;

c.审议并通过《公司由有限责任公司整体变更为股份有限公司的议案》;

d.审议并通过《关于〈提请召开临时股东会审议通过上述议案〉的议案》。

⑤会议记录等。

(2)有限公司最后一次股东会会议:

本次会议主要审议公司整体变更相关事宜,主要会议文件包括但不限于:

①议案:《公司由有限责任公司整体变更为股份有限公司的议案》;

②会议通知;

③签到表;

④决议内容:

a.××会计师事务所出具的基准日为××年××月××日的编号为××《审计报告》;

b.××资产评估有限公司出具的基准日为××年××月××日的编号为××《资产评估报告》;

c.审议并通过《公司由有限责任公司整体变更为股份有限公司的议案》。

⑤会议记录。

(3)股份公司创立大会相关法律文件,包括但不限于:

①议案:

《股份有限公司筹办工作的汇报》;

《设立股份有限公司的议案》;

《股份有限公司设立费用的报告》;

《发起人用于抵作股款的财产的作价进行审核说明》;

《股份有限公司章程》;

《选举股份有限公司第一届董事会成员的议案》;

《选举股份有限公司第一届监事会股东代表监事的议案》;

《授权董事会办理变更设立股份公司登记的议案》。

②会议通知;

③签到簿;

④议程;

⑤主持人发言稿;

⑥表决票;

⑦表决票结果统计表;

⑧决议:

a.审议并通过《股份有限公司筹办工作的汇报》;

b.审议并通过《设立股份有限公司的议案》;

c.审议并通过《股份有限公司设立费用的报告》;

d.审议并通过《发起人用于抵作股款的财产的作价进行审核说明》;

e.审议、通过并签订《股份有限公司章程》;

f.审议并通过《选举股份有限公司第一届董事会成员的议案》;

g.审议并通过《选举股份有限公司第一届监事会股东代表监事的议案》;

h.审议并通过《授权董事会办理变更设立股份公司登记的议案》。

⑨会议记录。

(4)股份公司一届一次董事会会议相关法律文件,包括但不限于:

①议案:

a.《选举股份有限公司董事长》；

b.《选举股份有限公司副董事长》；

c.《聘任股份有限公司总经理》；

d.《聘任股份有限公司副总经理》；

e.《聘任股份有限公司财务负责人》；

f.《总经理工作细则》；

g.《办理变更设立股份公司工商登记的议案》。

②会议通知；

③签到簿；

④议程；

⑤主持人发言稿；

⑥决议：

a.选举股份有限公司董事长；

b.选举股份有限公司副董事长；

c.聘任股份有限公司总经理；

d.聘任股份有限公司副总经理；

e.聘任股份有限公司财务负责人；

f.通过《总经理工作细则》；

g.通过办理变更设立股份公司登记的议案。

⑦会议记录。

(5)股份公司职工大会会议相关法律文件，包括但不限于：

①议案：

a.选举股份公司职工监事的议案；

b.如果是国有公司，还需制作选举股份公司职工董事的议案。

②会议通知；

③签到簿；

④会议议程；

⑤主持人发言稿；

⑥表决票；

⑦表决票结果统计表；

⑧会议决议：

a.通过《选举股份公司职工监事的议案》的决议；

b.如果是国有公司,还需通过《选举股份公司职工董事的议案》。

⑨会议记录。

(6)股份公司一届一次监事会会议相关法律文件,包括但不限于:

①议案:选举监事会主席的议案;

②会议通知;

③签到簿;

④会议议程;

⑤主持人发言稿;

⑥会议决议:通过《选举监事会主席的议案》的决议;

⑦会议记录。

2.律师出席以上会议,按工作需要,根据公司请求,对制作的法律文件进行解答。

3.经办律师提供律师见证服务:

(1)会议召开前,对会议的召集程序、与会人员的资格进行审查;

(2)会议召开期间,出席会议并对会议的召开、表决程序和会议审议的内容进行律师见证。

第二十九条 协助办理工商变更登记

1.在股份公司第一次股东大会暨创立大会结束后30日内,律师协助办理变更设立股份公司的工商登记。经工商登记机关核准后,颁发股份公司营业执照。股份公司正式宣告成立。

2.有限公司变更为股份公司的工商登记须提供的材料如下:

(1)公司法定代表人签署的《公司登记(备案)申请书》;

(2)公司签署的《指定代表或者共同委托代理人授权委托书》;

(3)有限公司的《股东会决议》,决议内容应包括:

①同意有限责任公司整体变更设立为股份有限公司;

②确定评估或审计基准日;

③确认公司净资产额(以资产评估报告或审计报告为依据),界定各股东的净资产份额,并折合成股份有限公司各发起人的股份等事项。

(4)《资产评估报告》;

(5)《审计报告》;

(6)《企业(字号)名称预先核准通知书》(变更);

(7)股份公司的《股东会决议》《股东大会会议记录》《董事会决议》《监事会决议》《全体职工(或者职工代表)民主选举董事、监事的决议》。

《股东会决议》决议内容应包括:

①同意发起设立股份有限公司;

②审议并通过股份有限公司章程;

③选举股份有限公司组织机构人选等事项。

(8)全体发起人及法定代表人签署的《股份有限公司章程》;

(9)全体发起人的主体资格证明:

①企业法人的,须提交加盖本企业公章的营业执照副本复印件;

②事业单位法人或社会团体法人的,需提交加盖本事业单位法人或社会团体法人登记照复印件;

③自然人的,须提交身份证复印件。

(10)拟任董事、监事、经理的身份证复印件;

(11)原《营业执照》正、副本原件;

(12)法律、行政法规和国务院规定须提交的其他材料。

第三十条　协助办理税务变更登记

1.在领取股份公司营业执照后,律师协助办理税务变更登记。

2.办理税务变更须提供的材料如下:

(1)变更登记申请书;

(2)具体经办人员的授权委托书;

(3)股份公司营业执照正、副本原件,以及加盖公司公章的营业执照正、副本复印件;

(4)具体经办人员身份证原件及复印件;

(5)法律、行政法规和国务院决定规定须提交的其他材料。

9

党政机关法律顾问服务操作指引

第一章 总 则

第一条 本指引的制定目的

为进一步指导和规范我市律师参与党政机关法律顾问工作,提升服务质量,特依据《中华人民共和国律师法》《重庆市政府法律顾问管理办法》等法律、法规、规范性文件的规定,制定本指引。

第二条 本指引的性质

本指引并非强制性规定,供律师在为党政机关提供法律顾问服务时借鉴参考,不作为判断律师执业过错的依据。

第三条 概念界定

本指引所称党政机关,包括党的机关、人大常委会机关、行政机关、政协机关、审判机关、检察机关,以及各级党政机关派出机构、直属事业单位及工会、共青团、妇联等人民团体。

党政机关法律顾问,系指依法接受党政机关的委托,以其专业知识和技能提供法律顾问服务的律师事务所。

顾问律师,系指律师事务所履行党政机关法律顾问合同过程中,所指派的符合法律顾问合同约定条件的执业律师。

第二章　律师为党政机关提供法律顾问服务的执业操守

第四条　勤勉尽责

顾问律师在为党政机关提供法律服务的过程中应当勤勉尽责,在从事具体工作时,应注重参考全国律师协会和重庆市律师协会发布的有关业务操作指引,提高服务水平,规范服务流程。

第五条　保守秘密

党政机关法律顾问及其指派的顾问律师对其工作中接触、了解到的党政机关秘密、个人隐私及其他不宜公开的信息,负有保守秘密的责任。

第六条　及时反馈

顾问律师应将法律服务中所采取的工作方法、所取得的工作成果、所耗费的工作时间等重要信息,通过合理的方式及时向党政机关进行汇报,以便党政机关全面掌握顾问律师提供法律服务的全过程。

第七条　独立性

顾问律师为党政机关提供法律顾问服务时,应依法独立提出法律意见,不受任何组织、个人的干涉。

第八条　禁止行为

除非获得相关当事方的豁免或授权,并且不违反法律法规的强制性规定,党政机关法律顾问及其委派的顾问律师应严守以下规则:

(一)不得办理与党政机关法律顾问业务有利益冲突的法律事务;

(二)不得擅自对外披露、泄露承办党政机关法律顾问工作期间所获知的非公开信息;

(三)不得向新闻媒体就所承办的党政机关法律顾问业务发表评论性意见;

(四)不得利用承办党政机关法律顾问业务所获得的非公开信息为自己或他人谋利;

(五)不得从事法律、法规、规章及行业规范禁止的其他行为。

第三章　法律顾问合同

第九条　法律顾问关系的建立

律师事务所应当与党政机关签订法律顾问合同,并指派律师或律师团队为顾问单位提供法律顾问服务。

第十条　合同类型

党政机关法律顾问合同类型主要有:常年法律顾问合同、专项法律顾问合同。

第十一条　常年法律顾问的服务内容

在常年法律顾问合同中,法律顾问主要提供常规性的法律咨询服务,其服务内容一般包括:

（一）为党政机关日常管理行为提供法律咨询；

（二）对党政机关相关决策事项提供法律咨询；

（三）对党政机关起草或者拟发布的法律、法规、规章、规范性文件等，提出相关法律意见或建议；

（四）对党政机关所涉重大投资、融资、采购项目提供法律咨询；

（五）对党政机关重大合同或其他法律文件提供法律咨询；

（六）协助党政机关开展法治宣传，参与法律知识培训活动；

（七）协助处理信访事项，提供法律咨询；

（八）协助处理一般突发事件，提供法律咨询；

（九）协助处理涉及党政机关的尚未形成诉讼/仲裁的民商事纠纷、行政纠纷和其他重大纠纷，提供法律咨询。

上述常年法律顾问服务的服务对象原则上仅限于与律师事务所签订了常年法律顾问服务合同的党政机关，不及于党政机关的下属单位、部门和职工。

第十二条 专项法律顾问

党政机关要求法律顾问就某一专门的事项提供法律服务的，属于专项法律顾问的服务范畴，常见的专项法律顾问服务包括：

（一）对某一特定的法律事项进行法律尽职调查；

（二）就党政机关重大的采购、招投标等项目出具法律意见书或提供法律服务；

（三）就党政机关重大的招商引资项目出具法律意见书或提供法律服务；

（四）参与党政机关主导的国有企业改制活动，出具法律意见书或提供法律服务；

（五）就党政机关的重大投融资项目出具法律意见书或提供法律服务；

（六）就集体土地征收、国有土地上房屋征收与补偿、土地出让或划拨、闲置土地处置等事项出具法律意见书或提供法律服务；

（七）就党政机关所涉规范性文件进行批量的审查和清理，并出具法律审查意见；

（八）就党政机关管辖范围内发生的有重大影响的突发事件或公共危机事件，参与协助调查、风险评估等事宜，并向党政机关提出相关法律咨询意见和建议；

（九）为党政机关的其他重大决策、重大事项出具法律意见书或提供法律服务。

第十三条 常年法律顾问与专项法律顾问的边界

在常年法律顾问服务过程中，如顾问律师对某一具体事项的服务需要参加三次或三次以上会议及讨论，需要到外地出差或存在其他导致服务时长超过10小时的情形的，原则上应认定为构成专项法律顾问服务，法律顾问可以要求与党政机关另行签订专项法律顾问合同。

党政机关要求顾问律师代理诉讼、仲裁、行政复议等案件的，应该与律师事务所另行签订相关的委托代理合同。

第十四条 法律顾问服务费

为了体现法律顾问的工作价值,实现党政机关法律顾问服务收费的市场化,法律顾问服务费应基于工作量、工作时间、工作要求、工作地点、顾问律师的专业水平、对其他业务的影响、工作的复杂性和特殊性、工作的其他费用成本等,按照市场行情进行核算,律师事务所不得以低价恶性竞争的方式承揽党政机关法律顾问业务。

为党政机关提供法律顾问服务的收费形式主要包括固定收费、计件收费和计时收费。在固定收费模式的法律顾问合同中,可以约定顾问律师的工作时间上限,法律顾问对超出工作时间上限的工作时长应按照超出部分的比例提出增加相应的顾问服务费。

第四章 律师为党政机关提供法律顾问服务的操作流程

第十五条 法律服务事项情况了解

在提供具体法律顾问服务前,顾问律师应当对本次法律服务事项的基本情况进行了解,在未掌握基本案情和背景资料前,顾问律师不宜出具法律意见。

第十六条 检索与分析

在提供法律顾问服务前,顾问律师应查询中华全国律师协会、重庆市律师协会以及其他省级律师协会是否发布对应业务领域的业务操作指引。经查询有相同或类似业务领域的业务操作指引的,顾问律师应予以参考。

顾问律师在提供顾问服务时应做好法律检索工作,出具的专业意见应以法律、法规、规章及其他规范性文件的相关条文作为依据,以相同或类似判决书的裁判观点作为参考。

第十七条 专业性工作成果

根据法律服务事项的不同,顾问律师可以通过当面洽谈、电话沟通等口头形式,或电子邮件、传真、打印件等书面形式向党政机关提供专业性工作成果。顾问律师的专业性书面工作成果包括《律师函》《法律咨询意见回复函》《法律建议书》《法律风险提示函》《法律意见书》《法律审查意见书》《法律尽职调查报告》等,其中《法律意见书》《法律审查意见书》《法律尽职调查报告》原则上应属于专项法律顾问服务的工作成果。

第十八条 事务性工作成果

顾问律师对其所做的党政机关法律顾问工作,应当作出书面记录。顾问律师可以根据实际工作情况,采用《工作日志》《服务记录》《工作备忘》《会议纪要》《工作联系函》《工作报告》等形式,对党政机关法律顾问工作过程中涉及的服务内容、程序及相关建议或处理结果进行详细的记录。

第十九条 档案管理

法律顾问服务结束后,顾问律师应及时按照《律师业务档案立卷归档办法》进行归档,并由律师事务所保存。

第五章 常见党政机关法律顾问服务事项操作提示

第二十条 合同审查业务操作提示

顾问律师办理党政机关所涉合同审查业务要注重对合同的主体合法性、内容合法性、条款可操作性、权责明确性等内容的全面审查。

从事合同审查业务的具体操作指引可参考中华全国律师协会发布的《律师办理合同审查业务操作指引》。

第二十一条 重大投融资项目、重大招商项目法律服务操作提示

顾问律师为党政机关重大投融资项目、重大招商项目提供法律服务时,应建议党政机关对相关参与方的主体资格、资信状况、交易背景等进行详尽的尽职调查,对有关交易结构合理性、交易条件公平性、优惠政策合法性、法律风险、决策程序合规性等作出法律评价,作为党政机关评估法律风险、作出决策或审批、核准的参考。

此类项目通常都伴随着相关经济合同的签订,顾问律师提供法律服务时可以参考中华全国律师协会发布的《律师办理合同审查业务操作指引》《律师为政府投资项目提供法律风险管理法律服务操作指引》《律师为政府投资项目立项、规划审批阶段提供法律服务操作指引》《律师为政府投资项目招标投标阶段提供法律服务操作指引》《律师为政府投资项目建设阶段提供法律服务操作指引》等相关业务操作指引。

第二十二条 重大决策和重大事项的合法性审查服务操作提示

顾问律师参与党政机关重大决策和重大事项讨论时,应从法律层面对其主体、程序、实体等内容进行审查论证。

第二十三条 参与法律、法规、规章、规范性文件及党内文件的起草、审查和修改服务操作提示

顾问律师参与法律、法规、规章、规范性文件及党内文件的起草、审查和修改服务时,重点审查内容包括:

(一)合法性和冲突性审查:审查有无与上位法相冲突的情形,或有无与同等效力的其他立法文件相冲突的情况,以及制定程序是否符合法律法规的相关规定;

(二)权限审查:除法律、行政法规以外的其他法律文件,重点审查其是否存在不得设定的事项,如行政处罚、行政许可、行政强制措施等事项;

(三)适当性审查:审查是否存在地区封锁、行业保护、行政垄断等情形,有无违法限制或者剥夺、减少

公民、法人或者其他组织权利的情况,以及是否规避自身法定义务等。

第二十四条 商务谈判及磋商服务操作提示

顾问律师参与党政机关商务谈判及磋商时,原则上只针对谈判涉及的法律问题提供律师意见,从合法性角度把握谈判,不宜对党政机关活动进行不适当干预。对于谈判所涉及的商业条件等非法律问题,顾问律师可以从合理性、公平性等角度对党政机关进行提示和建议。

重大谈判前,顾问律师应当就谈判有关事项与党政机关具体负责人员进行沟通,取得共识或确定谈判原则。对于较为复杂的涉法内容,顾问律师应当通过法律和案例的检索来论证法律可行性。

顾问律师直接参与谈判的,应当对有关情况及时予以了解,根据谈判结果提供新的律师意见。

顾问律师在谈判结束后,应当根据当次谈判结果制作《工作备忘》《法律风险提示函》等书面文件,对阶段性成果进行记录,对有关问题和风险予以提示。

第二十五条 律师参加党政机关会议服务操作提示

顾问律师参加党政机关组织的有关会议,应当就涉及的法律问题进行发言,发表法律意见。顾问律师应秉持独立性原则,不应受其他人员发言的影响。

对于会议中涉及的确有法律障碍的事项,根据不同情况分别按以下方式处理:

(一)原定操作方式不符合法律规定,但有其他合法方式的,顾问律师应在了解党政机关决策的目的后,为其设计合法的替代方案;

(二)因涉及疑难法律问题或事实过于复杂,需要进一步进行法律论证的,应当指出法律问题及进一步论证的必要性,顾问律师可以根据实际情况在会后进行法律论证并提供相关意见或建议;

(三)涉及事项属于违法事项且无其他合法替代方案,或者存在不可避免的重大法律风险的,顾问律师应当对违法性及重大法律风险予以说明,必要时,律师应当制作《律师风险提示》。

第二十六条 参与办理涉法涉诉信访事宜服务操作提示

顾问律师参与办理涉法涉诉信访事宜时,要综合考虑合法性、合理性及可操作性,提出相关的处置意见及建议。

顾问律师参与涉法涉诉信访接待时,要本着尊重事实的态度,利用自身法律专业水平和中立第三方的客观地位,尽力调解、化解信访矛盾。对于暂时无法化解的信访事宜要配合信访部门做好信访人的答疑工作,避免矛盾进一步激化。

第二十七条 法律培训与宣传操作提示

对党政机关所要求的法律培训与法律宣传,顾问律师应当对培训和宣传对象的法律专业水平进行调研,结合培训和宣传的目的决定相关内容的广度和深度。

法律培训和宣传的内容应当紧密结合党政机关的实际情况,顾问律师进行法律培训和宣传应当发挥实务经验丰富的优势,尽可能采用案例的形式,提升培训和宣传的效果。

第二十八条 重大突发事件、群体性事件处理的服务操作提示

顾问律师参与协助处理重大突发事件和群体性事件时,可协助参与党政机关的有关调查工作或者要求掌握有关调查结果,以便对事件发生的背景有充分的了解。

在重大突发事件和群体性事件的处理过程中,顾问律师可以协助党政机关对有关情况进行评估,协助党政机关制定有关处理、救助、补偿、抚恤、安置等善后工作方案,妥善处置突发事件引发的矛盾纠纷。

在党政机关召开有关重大突发事件或群体性事件的新闻发布会时,顾问律师应从法律角度对发言稿内容提出合法性、合规性意见,预测法学专家、律师等专业人士可能出现的解读意见,避免不利影响。

第六章 其他事项

第二十九条 本指引由重庆市律师协会党委政府法律顾问专业委员会起草,经重庆市律师协会第七届七次会长办公会审议通过,自发布之日起施行。

第三十条 本指引根据发布日之前国家颁布实施的法律、行政法规、规章、司法解释及其他相关文件的规定,结合当前律师办理党政机关法律顾问的实际情况制定。若国家的法律、法规及规范性文件发生变化,应以新的法律、法规及规范性文件为依据。

第三十一条 重庆市律师协会将根据实际情况,就党政机关法律顾问业务中特定类型、特定部门的事务,制定或委托党委政府法律顾问专业委员会制定专门的业务操作指引。

10

法律意见书制作指引

第一部分　基本要求

一、为规范律师行业对外出具法律意见书的内容和格式,提高法律文书的整体质量,有效规避执业风险,我市律师(以下简称为律师)可参考本指引的具体要求,对外出具法律意见书。

二、法律意见书是律所应委托人的请求,指派律师针对特定法律事务,根据委托人提供的证据材料及/或律师尽职调查的基础上,正确运用法律进行分析和阐述,提供给委托人作为决策参考的书面专业意见。

三、律师应当勤勉尽责,对拟出具的法律意见书中涉及的重大法律问题或委托人关心的法律问题提供专业建议,发表法律意见,帮助客户规避法律风险,保证法律意见书的真实性、准确性和完整性。

四、律师应对出具法律意见书所依据的事实和证据材料进行认真的核查和验证,为客户控制风险的同时,力求避免过错及相应法律责任。

五、法律意见书不仅要针对性地表述结论性意见,而且应说明得出上述结论性意见的依据。

六、律所出具法律意见书的内容与格式,应逐步探索建立标准化文本。由于法律意见书的适用范围较广,本指引的某些具体规定或文字描述确实不适用该类型法律意见书的,律师可以根据实际情况对有关内容与格式灵活作出适当修改。

七、出具法律意见书,应当巧妙运用法律语言,不得随意适用绝对性的措辞,也不应使用"基本符合条件""基本合法"一类的措辞。对于不符合出具条件的事项或者律师已经勤勉尽责仍不能对其法律性质或其合法性作出准确判断的事项,应当发表保留意见,以合理避免执业风险。

八、律师应要求委托人或相关当事人对提交的证据材料予以盖章确认其真实性,也可以就特定事宜要求其作出书面说明、确认或承诺。委托人拒绝的,律师不应出具法律意见书。但无论有无证据确认、书面说明、确认或承诺,律师仍受勤勉尽责义务的约束,不得出具有虚假、严重误导性内容或者有重大遗漏的法律意见。

九、制作法律意见书时,应当及时、准确、真实地制作工作底稿并归档,工作底稿的质量是判断律师是否勤勉尽责的重要依据。

十、工作底稿及档案应包括(但不限于)以下内容:

(一)制作法律意见书的工作计划及工作日志。

(二)与委托人或尽职调查对象相关的工商、产权登记等档案资料。

(三)委托人或相关当事人盖章确认的合同、文件和会议纪要等证据资料的摘要或副本。

(四)对委托人提供资料的核查报告、调查实录、往来函件。

(五)委托人及相关当事人的书面保证或声明书。

(六)内部讨论记录或专业建议、意见。

(七)对保留意见及疑难问题所作的说明。

(八)其他相关的证据资料。

十一、法律意见书依据的相关证据、资料等,应当独立建档。

十二、为了维护法律意见书的严谨性,出具正式法律意见书以后,如需要作出补充、说明或更正,建议另行出具补充法律意见书。

十三、律所应审查出具法律意见书的必要性并决定是否出具,律所对于客户的一般性咨询请求应当尽可能以口头或便函的形式回复,不宜随意以法律意见书的形式出具,以免增加执业风险。

十四、证监会、国资委等政府机构已颁布法律意见书或律师尽职调查报告标准格式的,则应遵循该标准格式相关要求出具。

第二部分　内容与格式

第一节　引　言

一、出具法律意见书的依据

(一)说明根据委托人的委托合同或授权出具。

(二)说明指派××律师就××事宜出具。

(三)说明根据××法律及相关法律、法规、规章出具。

二、律师应当声明的事项

(一)说明是依据法律意见书出具日以前已经发生或存在的事实和我国现行法律、法规和规范性文件发表法律意见。

（二）律师已经对与出具法律意见书有关的所有文件资料及证据进行了审查判断与必要的核查和验证，并据此出具法律意见。

（三）说明已经按照要求对所要阐明的法律问题发表法律意见，法律意见书中不存在虚假、严重误导性陈述及重大遗漏。

（四）说明本法律意见书的出具基于律师假定委托人提供的所有文件及陈述均为真实、完整、有效，或委托人已承诺对其真实准确性负责。

（五）本法律意见书仅供贵司××目的之使用时参考，未经本所同意，不可用作任何其他目的。

三、引言的结束段应载入下列文字：

"本所律师按照律师行业公认的业务标准、道德规范和勤勉尽责精神，对××公司提供的有关文件和事实进行了核查和验证，现出具法律意见如下：……"

第二节　正　文

一、基本事实综述

……

注释：

（一）法律意见书的事实部分主要是通过叙事的表达方式进行，应明确通过委托人提供的证据及尽职调查的内容而获悉法律事实发生的时间、地点、人物、事件；

（二）基本事实部分一般按法律事实发展的时间顺序，依次叙述；

（三）叙述中应当注意层次清楚、内容完整、重点突出、详略得当。

二、关注或争议要点法律分析

……

注释：

（一）法律意见书的分析部分主要运用议论的表现方式进行，首先，以小标题的形式提出基本论点，表达律师对某一法律事实的观点与态度；其次，应明确该部分事实的法律适用，充分掌握提出论点的理由和法律根据；最后，合理运用论证方法对论点进行论述和证明，得出结论；

（二）分析意见应该严格依据现行法律法规的规定进行分析，不能为迎合委托人心理而牵强附会，曲解法律；

（三）法律意见书的分析应该分清主次，层次分明，逻辑清晰，抓住关键。

特别提示：对某些无须先行表述基本事实，而是应委托人要求或根据实际个案需要出具某一或某几个方面的法律意见，可直接针对该需求涉及的法律关系或法律事实进行逐一阐述和法律分析。

第三节 结论意见

一、结论

……

注释：

（一）综合概述各论点法律分析确认结论或/及提出处理问题的解决方案；

（二）律师已经勤勉尽责仍不能对需要阐述的法律问题作出总结确认的，应当发表保留意见，并说明对法律意见书所要阐明问题的影响程度，以就法律风险问题向委托人作出特别提示。

二、记载本法律意见书的正本份数

三、署名及盖章

第三部分 范 例

法律意见书

致：××公司

×××事务所（以下简称本所）系合法注册的从事中国法律服务的律师事务所。依据贵司与本所于××年×月×日签订的《委托代理合同》（或《法律顾问合同》/或单项委托出具函）之委托，本所指派××、××律师（以下简称本所律师）就××××事宜进行了审核，并根据《××法》《××法》及其他有关法律、法规、规章的规定，出具法律意见。

为出具本法律意见书，本所律师查阅了贵司提供的下列文件的复印件，包括：

1.《××》；

2.《××》；

3.《××》。

……（如文件太多，则表述为以附件方式附后。）

贵司已向本所作出承诺：贵司为本所出具本法律意见书所提供的所有文件资料、陈述和说明均为真实、准确、完整，不存在任何可能导致本法律意见书失实或产生误导的虚假记载、重大遗漏和误导性陈述，并对所有文件资料、陈述及说明的真实性、准确性和完整性承担全部责任。

在审查上述文件时，本所律师作出下列假定：

1.贵司提供给本所律师的文件均与其正本相符，且至今未被替换、补充或修改；

2.所有文本上的签名、印章均为真实，且至今未被撤销；

3.所有文件及相关陈述均为真实、完整、有效,无任何隐瞒、遗漏和虚假之处;

4.相关当事人的民事行为系依照现行法律及各自章程所规定的程序和权限实施。

在出具本法律意见书时,本所律师声明:

1.本所律师所发表法律意见是依据出具日之前发生或存在的有关事实及中国现行法律、法规和其他规范性文件,并且是基于本所律师对有关事实的了解和对有关法律、法规的理解作出的。

2.在本法律意见书中,本所律师仅对××××事宜发表法律意见,而不对贵司的××××发表意见。受制于其他没有向本所律师透露的资料所可能产生的影响,本法律意见书中力求不存在虚假、严重误导性陈述及重大遗漏。本所律师在法律意见书中对某些数据和结论的引述,并不意味着对这些数据、结论的真实性和准确性作出任何明示和默示的保证。

3.本法律意见书仅供贵司在××的参考,未经本所同意,不可用作任何其他目的。

基于上述假定成立且/或委托人已承诺对其真实性、准确性和完整性负责的前提之下,根据所掌握的事实进行法律分析,本所律师按照律师行业公认的业务标准、道德规范和勤勉尽责精神,已经对××公司提供的有关文件和事实进行了核查和验证,现出具法律意见如下:

一、基本事实

……

二、关注和争议要点法律分析

1.××××

……

2.××××

……

特别提示:对某些无须先行表述基本事实,而是应委托人要求或根据实际个案需要出具某一或某几个方面的法律意见,可直接针对该需求涉及的法律关系或法律事实进行逐一阐述和法律分析。

三、结论意见

综上所述……

本法律意见书正本一式____份。

××事务所

律　师:

年　　月　　日

11

法律检索报告制作指引

第一部分 基本要求

一、为规范律师行业对外出具法律检索报告的内容和格式,提高法律文书的整体质量,有效规避执业风险,我市律师(以下简称为律师)可参考本指引的具体要求,对外出具法律检索报告。

二、法律检索报告系律师对待决案件应适用的规范性法律文件进行梳理后制作的报告。

本指引所称规范性法律文件,是指法律及法律解释、行政法规、地方性法规、自治条例或者单行条例、司法解释以及可以作为人民法院裁判说理依据的其他规范性法律文件。

三、律师应当勤勉尽责,保证法律检索报告中条文的真实性、准确性和完整性。

四、如司法实践中对于规范性法律文件理解存在歧义的,可以引用实务或理论书籍内容作辅助理解。

五、鉴于法律检索报告出具的对象不同,其具体内容和重点信息可能会存在差异,本指引以向人民法院提供的法律检索报告为例,律师可以根据实际情况对有关内容与格式灵活作出适当修改。

六、地方人民法院已颁布法律检索报告标准格式的,则应遵循该标准格式相关要求出具。

第二部分 检索步骤

第一节 选取数据库

一、律师一般应在该规范性法律文件的官方发布平台进行摘录,如通过其他数据库进行检索,应与官方版本进行对比。

二、如官方发布平台无法提供检索功能,律师可使用"国家法律法规数据库"(网址:https://flk.npc.gov.cn/)或国务院官方网站(网址:http://www.gov.cn/zhengce/zc_flfg.htm)等权威网站进行检索或提供对比样本。

第二节 确定检索目标

全面梳理案件证据材料,从案件事实中提取法律条文中的行为条件、行为模式部分,最终通过检索相应条文确定法律后果,即检索目标。

第三节 确定检索方式

一、体系检索法

通过法律规则制定体系,由部门法分类或上下位法、法律解释等规范性法律文件之间的相互关系进行检索。

二、关键词检索法

通过提取待决案件中核心事实、争议法律问题及法律关系中的关键词进行检索。

三、案例倒查法

通过相似案例中法院据以裁判的法律条文进行检索。

第四节 条文选取

一、律师应当结合案件情况注意引用规范性法律文件的时效性,如条文已被废止或修改,则不应再将其作为检索对象。

二、律师引用时应当准确完整写明规范性法律文件的名称、条款序号,需要引用具体条文的,应当整条引用。

第五节 制作报告

一、法律检索报告应当包括检索主体、时间、平台、结果、内容等部分。

二、律师应当根据检索的规范性法律文件简要概括待决案件适用的法律规则。

三、如待决案件需要检索多个法律适用问题,可根据争议焦点分别罗列规范性法律文件。

四、如拟检索的规范性法律文件系历史版本,应当注明该版本的颁布及实施日期。

五、如引用期刊或书籍内容的,可将期刊或书籍相关页数的复印版作为附件一并提交。

第三部分　内容与格式

第一节　检索说明

一、检索主体

载明制作报告的律所及律师。

二、检索时间

载明报告制作完成的时间。

三、检索平台

载明检索规范性法律文件使用的数据库。

特别提示：根据各个律所的文件规范，在页眉处可添加待决案件相关信息，如案号等。

第二节　检索目标

载明待决案件需要检索的争议法律问题。

特别提示：如检索目标有多个，应当分别罗列并排序。

第三节　检索结果

载明报告检索规范性法律文件经分析后得出的结论。

特别提示：如检索目标有多个，应当按照检索目标的顺序排列检索结果。

第四节　检索内容

载明规范性法律文件及其他辅助书籍内容。例：

一、诉讼时效中断事由

（一）法律

（二）法律解释

（三）行政法规

……

二、借名买房人能否排除强制执行的判断标准

（一）法律

(二)法律解释

(三)行政法规

……

特别提示:1.规范性文件引用顺序如下:法律及法律解释、行政法规、地方性法规、自治条例或者单行条例、司法解释、其他规范性法律文件及辅助书籍。同时引用两部以上法律的,应当先引用基本法律,后引用其他法律。引用包括实体法和程序法的,先引用实体法,后引用程序法。

2.某些实践性较强或新兴领域,如实操规则多依赖于主管部门的操作规章或习惯,律师应向主管部门进行咨询,并基于合理的判断决定是否将答复作为结论列入报告。

第四部分 范 例

法律检索报告

一、检索说明

检索主体:××律师事务所【律师】

检索时间:××年××月××日

检索平台:【威科先行、法信……】

二、检索目标(待决案件争议法律问题)

1.……

2.……

三、检索结果

1.……

2.……

四、检索内容

一、××(待决案件争议法律问题)

(一)法律

(二)法律解释

(三)行政法规

……

二、××(待决案件争议法律问题)

(一)法律

(二)法律解释

(三)行政法规

……

附:

12

类案检索报告制作指引

第一部分 基本要求

一、为规范律师行业对外出具类案检索报告的内容和格式,提高法律文书的整体质量,有效规避执业风险,我市律师(以下简称为律师)可参考本指引的具体要求,对外出具类案检索报告。

二、类案检索报告系律师对待决案件法律适用问题在类案中的裁判规则进行系统梳理后制作的报告。

本指引所称类案,是指与待决案件在基本事实、争议焦点、法律适用问题等方面具有相似性,且已经人民法院裁判生效的案件。

三、律师应当勤勉尽责,保证类案检索报告中案例的真实性、准确性和完整性。

四、鉴于类案检索报告出具的对象不同,其具体内容和重点信息可能会存在差异,本指引以向人民法院提供的类案检索报告为例,律师可以根据实际情况对有关内容与格式灵活作出适当修改。

五、建议类案检索报告及附件留档保存,避免相关主体撤回对于检索案例的发布导致无法印证,以减小执业风险。

六、地方人民法院已颁布类案检索报告标准格式的,则应遵循该标准格式相关要求出具。

第二部分 检索步骤

第一节 选取数据库

制作类案检索报告一般应使用"中国裁判文书网"公布的案例。

使用其他数据库时,可以在"中国裁判文书网"分别随机抽取不少于5组的案例数据,然后在拟使用的数据库中进行检验,检测不到结果或检测结果异常的,该数据库不得使用。

利用其他数据库检索的案例应当与"中国裁判文书网"公布的案例全文进行对比,如"中国裁判文书网"未公布该案例,则应当准确注明案例来源。

第二节 确定检索目标

一、全面梳理案件证据材料,从案件事实中提取争议的抽象法律问题作为检索目标。应当注意,摆取法律问题要件应当全面、准确,主要从主体、时间、地点、行为、原因等因素进行考量。

二、如争议案件事实较为复杂,直接提取抽象法律问题困难,可以先行进行背景信息收集、整理和分析,通过阅读专业文章或书籍,缩小并最终确定检索目标。

第三节 确定检索方式

律师可采用以下一种或多种检索方式:

一、法条关联法

选取案例中法院作出判决引用的法条,通过查询其他依据该法条作出的判决检索类案。

二、关键词检索法

通过提取待决案件中的核心事实、争议法律问题及法律关系中的关键词检索类案。

三、主体关联检索法

以案涉主体作为检索对象,通过发现其产生的与待决案件相似案情的已生效裁判文书检索类案。

第四节 关键词使用

一、关键词的发现

(一)从中文文本中发现关键词:同义词、近义词、反义词;

(二)从相关法条或法理的表述中发现关键词;

(三)从行业习惯用语出发发现关键词。

二、关键词的选取

(一)选择的关键词应当符合所使用数据库的要求及逻辑算法;

(二)应当先精确检索,再模糊检索;

(三)应适当调整检索口径,检索结果过多时,可通过增多检索项的方法,缩小检索口径,如检索结果过少,则可先确定必要关键词,配合不同的辅助关键词多次检索。

第五节 类案选取

一、律师应当将核心事实、争议法律问题及法律关系作为基本识别要素,同时结合当事人的举证情况、法院审理案件所处的诉讼程序等因素,综合判断在先生效判决与待决案件是否属于同类案件,以及在裁判规则适用上是否具有可参考性。

二、类案检索范围及顺位一般包括:

(一)最高人民法院发布的指导性案例;

(二)最高人民法院发布的典型案例及裁判生效的案件;

(三)本省(自治区、直辖市)高级人民法院发布的参考性案例及裁判生效的案件;

(四)上一级人民法院及本院裁判生效的案件。

除指导性案例以外,优先检索近三年的案例或者案件;已经在前一顺位中检索到类案的,一般可以不再进行检索。

如类案检索报告有特别用途,例如希望案件提级审理,需要证明同级别人民法院之间"近三年裁判生效的同类案件存在重大法律适用分歧"的,应当根据类案检索报告的目的选取检索案例。

三、律师应当注意检索案例的时效性。如案例引用的法律条文是否存在变化,如该法律条文已被废止或实质性修改,则不应再将其作为检索案例。

第六节 制作报告

一、类案检索报告应当包括检索主体、时间、平台、方法、结果,类案裁判要旨以及待决案件争议焦点等内容,并应当做到客观、准确、全面、简洁:

(一)如类案法律适用存在较大争议,律师应当合理总结,严禁故意曲解、虚假陈述检索案例的结论;

(二)律师应对争议法律问题以及检索案例适用的法律规则进行概括、归纳,不应增设、删减、修改检索案例中法律规则的适用条件;

(三)类案检索报告应当注明各篇检索案例的基本信息,如案件名称、审理法院、案号等,并视情况突出案例的审理法官、裁判文书作出时间等信息;

(四)类案检索报告应当归纳各篇检索案例的基本案情,可删除与待决案件法律适用问题无关的事实,陈述各篇检索案例的裁判要旨时,尽量进行原文引用,关联性较弱的部分可以使用省略号代替。

二、类案检索报告应当完整披露检索案例全文,可作为报告附件一并提交。

三、如待决案件需要检索多个法律适用问题,如类案均涉及其中部分问题,视情况可将若干检索目标合并成一份类案检索报告,以减小阅读负担。在检索结果部分分别罗列检索结果,并注明每条结果引用的案例序号。

第三部分　内容与格式

第一节　检索说明

一、检索主体

载明制作报告的律所及律师。

二、检索时间

载明报告制作完成的时间。

三、检索平台

载明检索案例使用的数据库。如通过出版物检索案例,应当注明出版物的名称、出版社、出版年份、版次等信息。

四、检索方法

载明报告使用的检索方法。

特别提示:根据各个律所的文件规范,在页眉处可添加待决案件相关信息,如案号等。

第二节　检索目标

载明待决案件需要检索的争议法律问题。

特别提示:1.对于争议焦点的归纳应当结合待决案件的事实,不能增加、减少、改变争议焦点的前提和条件;

2.本部分应当使用规范用语,力求做到准确、精练;

3.如检索目标有多个,应当分别罗列并排序。

第三节　检索结果

载明报告检索案例经分析后得出的结论。

特别提示:

如检索目标有多个,应当按照检索目标的顺序排列检索结果。

第四节　检索内容

载明案例基本信息、基本案情及裁判要旨。

1.×××与×××案案号:【(20××)最高法民终××号】(《最高人民法院公报》××年第×期案例)

【基本案情】

【裁判要旨】

特别提示:1.案件名称以"中国裁判文书网"载明的名称为准;

2.基本案情可以进行归纳,在描述准确的基础上应当力求精简;

3.裁判要旨重点部分可以加粗或用下划线提示翻阅者重点关注,并可注明在附件中案例全文的页码;

4.案件原则上以本指引第三条顺位由高到低,裁判时间由近及远的顺序排列。

第五节 附 件

本部分为报告的案例全文。

特别提示:1.所附案例建议通过中国裁判文书网下载PDF版本,如无背景水印,则可打印网页版本;

2.所附案例应当按照报告主文载明的案例顺序进行排列;

3.律师可将重点部分进行高亮处理。如案例较多,附件可设置目录并制作标签,便于翻阅人查找。

第四部分 范 例

类案检索报告

一、检索说明

检索主体:××律师事务所【律师】

检索时间:××年××月××日

检索平台:【中国裁判文书网、无讼案例、威科先行……】

检索方法:【法条关联法、关键词检索法、主体关联检索法……】

二、检索目标(待决案件争议法律问题)

1.……

2.……

三、检索结果

1.……

2.……

四、检索内容(类案裁判要点)

1.×××与×××案【案号:(20××)最高法民终××号】(《最高人民法院公报》××年第×期案例)

【基本案情】

……

【裁判要旨】

(见附件第××页)

2.……

附案例全文

13

农村土地承包经营权(土地经营权)流转合同参考文本

市律协乡村振兴专业委员会
关于报送《农村土地承包经营权(土地经营权)流转合同参考文本》的请示

市律协会长领导班子：

为助力实施乡村振兴战略，规范农村土地流转行为，提升我市律师拟订农村土地承包经营权(土地经营权)流转合同的整体质量和水平，根据《中华人民共和国土地管理法》《中华人民共和国农村土地承包法》《农村土地经营权流转管理办法》等有关法律法规规定，市律协乡村振兴专业委员会拟订了《农村土地承包经营权(土地经营权)流转合同参考文本》(详见附件)，现报请市律协第七届会长领导班子，请予审议。

附件：1.农村土地承包经营权流转合同

2.农村土地承包经营权互换合同

3.农村土地经营权流程合同

4.农村土地经营权出租(转包)合同

5.农村土地经营权入股合同

6.集体林地经营权流转合同

7.农村土地经营权委托流转协议

8.出租(转包)/互换/转让/股份合作/委托流转土地基本情况表

9.农村土地承包经营权转让申请表

市律协乡村振兴专业委员会
2021年11月15日

附件1

农村土地承包经营权转让合同

(合同参考文本)

合同编号：

(本协议适用于土地承包经营权转让时使用,受让方只能是本集体经济组织的其他农户)

甲方代表(转让方)：_____

身份证号：_____

住所：_____　　　　　　　　　联系方式：_____

乙方代表(受让方)：_____

身份证号：_____

住所：_____　　　　　　　　　联系方式：_____

为促进农业、农村经济发展,有效合理利用农村土地资源,根据《中华人民共和国土地管理法》《中华人民共和国农村土地承包法》《中华人民共和国民法典》等法律、法规和有关政策规定,经发包方同意,甲乙双方本着平等、自愿、有偿的原则,经双方协商一致,就农村土地承包经营权转让事宜,特订立本合同,双方共同遵守。

一、转让土地基本情况及用途

(一)经双方一致协商,甲方自愿将本合同项下_____宗承包土地(共计_____亩)的承包经营权转让给乙方承包经营,转让土地为农业用途,主营项目为_____生产经营。

(二)转让土地坐落、地块、四界、面积等基本信息(转让双方也可以附图和统计清单等形式作为附件)：

土地坐落	县(区)	乡(镇)	村(社区)	村(居)民小组
权证编号				

序号	地块名称	四至界限				面积(亩)	地块性质
		东	南	西	北		
1							
2							
3							
4							
5							

(三)转让土地上的附属建(构)筑物及附着物情况：_____

(四)甲方应于____年____月____日之前将转让土地及地上附着物交付给乙方经营、管理。

（五）双方应及时向____乡（镇）人民政府或街道办事处农村土地承包管理机构申请，依法办理农村土地承包经营权变更登记。

二、转让期限：共计____年____月，自____年____月____日起至____年____月____日止（不得超过土地承包期限剩余年限）。

三、转让价款及支付方式

（一）经双方协商一致，转让土地综合价格为人民币____元/亩（或按对应地块的价格和实际亩数计价，即：田____元/亩、地____元/亩、果园____元/亩、荒坡____元/亩、其他____元/亩），土地流转总价款为____元（大写：____元）。

（二）双方自愿选择按以下第____种方式支付转让价款：

1.一次性支付：本合同签订后____个工作日内，由乙方将转让总价款一次性支付给甲方。

2.分期支付：第一期于____年____月____日前支付乙方转让价款____元，第二期于____年____月____日前支付乙方转让价款____元，第三期于____年____月____日前支付乙方转让价款____元，第四期于____年____月____日前支付乙方转让价款____元。

（三）转让土地实际面积与登记面积不一致的，双方约定转让价款按：（ ）实际面积计算；（ ）登记面积计算。

四、地上附着物的处置

（一）转让前甲方在该土地上投入形成的青苗、地上附着物等的处理约定：_____
_____。

（二）流转土地上的现有附属建（构）筑物、水池、水井和管线等生产设施是否补偿约定_____
_____。

五、甲乙双方的权利和义务

（一）甲方的权利和义务

1.有权按照本合同约定取得转让土地的价款收益；

2.保证转让土地权属清晰合法，无权属和经济纠纷，并有权代表其承包经营户家庭成员转让该土地；

3.尊重乙方的承包经营自主权，不得干涉或破坏乙方依法进行的正常生产经营活动；

4.负责向发包方申请并取得同意，协助乙方完善相关转让手续；

5.转让合同签订后，与发包方在转让土地上的承包关系解除；

6.法律、行政法规规定的其他权利和义务。

（二）乙方的权利和义务

1.乙方获得土地承包经营权后，依法享有对转让土地的使用权、收益权、流转权、经营权和产品处置权；

2.因国家建设或公共利益需要，受让土地被依法征用、占用、收回时，依法对承包经营户的安置补偿归乙方享有；

3.按照合同约定按期向甲方支付流转土地价款；

4.维持土地的农业用途，未经依法批准不得用于非农建设；

5.依法保护和合理利用土地，不得给土地造成永久性损害；

6.法律、行政法规规定的其他权利和义务。

六、双方违约责任

(一)本合同签订后，因甲方转让的土地存在权属争议，与其他组织及个人之间产生纠纷，导致乙方无法开展生产经营的，乙方有权解除合同，给乙方造成经济损失的，由甲方负责赔偿。

(二)甲方不按时交付转让土地，应按转让价款的____‰按日向乙方支付违约金；逾期超过   日仍不能交付转让土地的，乙方有权解除合同，并要求甲方退还已支付的转让价款。

(三)乙方未按时向甲方支付转让价款，应按到期应付转让价款总额的____‰按日支付甲方违约金。逾期超过____日仍不支付土地转让价款的，甲方有权收回转让土地承包经营权。

(四)因变更或解除本合同使一方遭受损失的，除依法可免除责任外，应由责任方负责赔偿。

七、争议解决办法

本合同履行中如发生争议或者纠纷，由争议双方协商解决，也可以请求村民委员会、乡(镇)人民政府等进行调解。双方不愿意协商、调解或者协商、调解不成的，可向当地农村土地承包仲裁机构申请仲裁，也可以直接向人民法院提起诉讼。

八、本合同未尽事宜，经甲乙双方协商一致后，另行订立补充协议。补充协议作为本合同附件，具有同等法律效力。

九、本合同一式____份，甲乙双方、发包方或鉴证机构各执一份，乡(镇)人民政府或街道办事处农村土地承包管理机构各备案一份，具有同等法律效力。

十、本合同经甲乙双方签字或盖章后生效。

甲方(签字)：   乙方(签字)：

委托代理人：   委托代理人：

发包方意见：   鉴证机构(盖章)：

签约日期：   年   月   日

签约地点：

附件2

农村土地承包经营权互换合同

(合同参考文本)

合同编号：

(本协议适用于互换土地承包经营权时使用，双方互换的土地只能是同一集体经济组织的土地)

甲方代表(互换方)：＿＿＿＿＿＿＿＿＿＿

身份证号：＿＿＿＿＿＿＿＿＿＿

住所：＿＿＿＿＿＿＿＿＿＿ 联系方式：＿＿＿＿＿＿＿＿＿＿

乙方代表(互换方)：＿＿＿＿＿＿＿＿＿＿

身份证号：＿＿＿＿＿＿＿＿＿＿

住所：＿＿＿＿＿＿＿＿＿＿ 联系方式：＿＿＿＿＿＿＿＿＿＿

为方便耕种与农业生产，有效合理利用农村土地资源，根据《中华人民共和国土地管理法》《中华人民共和国农村土地承包法》《中华人民共和国民法典》等法律、法规和有关政策规定，甲乙双方本着平等、自愿、有偿的原则，经双方协商一致，就农村土地承包经营权互换事宜，特订立本合同，双方共同遵守。

一、互换土地基本情况及用途

(一)为方便耕种及各自需要，经双方一致协商，甲乙双方自愿将各自名下承包土地的承包经营权进行互换，互换土地均为农业用途，主营项目为＿＿＿＿＿＿＿＿生产经营。

(二)互换土地坐落、地块、四界、面积等基本信息(互换双方也可以附图和统计清单等形式作为附件)：

甲方互换给乙方的土地基本信息

土地坐落	县(区)　乡(镇)　村(社区)　村(居)民小组						
权证编号							
序号	地块名称	四至界限				面积(亩)	地块性质
		东	南	西	北		
1							
2							
3							

(三)互换土地上的附属建(构)筑物及附着物情况：＿＿＿＿＿＿＿＿＿＿

乙方互换给甲方的土地基本信息

土地坐落	县(区) 乡(镇) 村(社区) 村(居)民小组						
权证编号							
序号	地块名称	四至界限				面积(亩)	地块性质
		东	南	西	北		
1							
2							
3							

(四)互换土地上的附属建(构)筑物及附着物情况：_____。

(五)甲乙双方均应于____年____月____日之前将互换土地及地上附着物交付给对方经营、管理。

二、互换期限：共计____年____月，自____年____月____日起至____年____月____日止(不得超过土地承包期限剩余年限)。

三、互换补偿及支付方式

(一)鉴于互换地块存在_____(面积、地力、作物、地上附着物等)差异，双方协商选择按以下第____种方式处理：

1.经双方协商一致，双方互不支付补偿费用；

2.由____方一次性支付____方补偿价款人民币____元，于本合同签订后____日内付清补偿价款。

(二)互换土地实际面积与登记面积不一致的，双方约定按：( )实际面积计算；( )登记面积计算。互不再补差价。

四、地上附着物的处置

(一)互换前各自在该土地上投入形成的青苗、地上附着物等的处理约定：_____。

(二)互换土地上的现有附属建(构)筑物、水池、水井和管线等生产设施是否补偿约定：_____。

五、互换双方的权利和义务

(一)土地承包经营权互换后，甲乙双方均取得对方互换地块的承包经营权，丧失自己原有地块的承包经营权，原享有的承包权利和承担的义务也相应互换。

(二)土地承包经营权互换后，甲乙双方须重新与发包方签订承包合同，并及时向____乡(镇)人民政府或街道办事处土地承包管理机构申请，依法办理农村土地承包经营权证变更登记。

(三)甲乙双方均应保证互换的地块权属清晰合法，无任何权属和经济纠纷，并有权代表其承包经营户家庭成员互换该土地。

(四)甲乙双方对互换后的地块享有使用权、收益权、流转权、经营权和产品处置权，双方互不干涉和破坏对方的正常生产经营活动。

(五)土地互换后均应维持土地的农业用途,依法保护和合理利用土地,未经依法批准不得用于非农建设,不得给土地造成永久性损害;

六、违约责任

(一)本合同签订后,如任何一方违反本合同约定,违约方应向守约方支付违约金_____元,给对方造成损失的应予赔偿。

(二)若因互换的土地存在权属争议,或与其他组织及个人之间产生纠纷,导致对方无法正常生产经营的,守约一方有权解除本合同,给守约方造成经济损失的,由违约方负责赔偿。

(三)因变更或解除本合同使一方遭受损失的,除依法可免除责任外,应由责任方负责赔偿。

七、争议解决办法

本合同履行中如发生争议或者纠纷,由争议双方协商解决,也可以请求村民委员会、乡(镇)人民政府等进行调解。双方不愿意协商、调解或者协商、调解不成的,可向当地农村土地承包仲裁机构申请仲裁,也可以直接向人民法院提起诉讼。

八、本合同未尽事宜,经甲乙双方协商一致后,另行订立补充协议。补充协议作为本合同附件,具有同等法律效力。

九、本合同一式____份,甲乙双方或鉴证机构各执一份,发包方、乡(镇)人民政府或街道办事处农村土地承包管理机构各备案一份。

十、本合同经甲乙双方签字或盖章后生效。

甲方(签字): 乙方(签字):

委托代理人: 委托代理人:

发包方意见: 鉴证机构(盖章):

签约日期: 年 月 日

签约地点:

附件3

农村土地经营权流转合同

(合同参考文本)

合同编号：

甲方(流出方)：＿＿＿＿＿＿＿＿＿＿＿＿＿＿

法定代表人/身份证号：＿＿＿＿＿＿＿＿＿＿

住所：＿＿＿＿＿＿＿＿＿＿＿＿＿＿　　　　联系方式：＿＿＿＿＿＿＿＿＿＿＿＿＿＿

乙方(流入方)：＿＿＿＿＿＿＿＿＿＿＿＿＿＿

法定代表人/身份证号：＿＿＿＿＿＿＿＿＿＿

住所：＿＿＿＿＿＿＿＿＿＿＿＿＿＿　　　　联系方式：＿＿＿＿＿＿＿＿＿＿＿＿＿＿

为加快农业农村现代化，振兴农村农业经济，维护流转当事人的合法权益，根据《中华人民共和国土地管理法》《中华人民共和国农村土地承包法》《中华人民共和国民法典》《农村土地经营权流转管理办法》等法律、法规和有关政策规定，在原承包关系不变的前提下，甲乙双方本着平等、自愿、有偿的原则，经双方协商一致，就土地经营权流转事宜，特订立本合同，双方共同遵守。

一、土地基本情况及流转方式

(一)经双方一致协商，甲方自愿将本合同项下＿＿＿＿宗承包土地(共计＿＿＿＿亩)的土地经营权，以＿＿＿＿＿＿的方式流转给乙方经营、管理和使用。

(二)流转土地坐落、地块、四界、面积等基本信息(流转双方也可以附图和统计清单等形式作为附件)：

土地坐落	县(区)		乡(镇)		村(社区)	村(居)民小组
权证编号						
序号	地块名称	四至界限				面积(亩)	地块性质
		东	南	西	北		
1							
2							
3							
4							
5							

(三)流转土地上的附属建(构)筑物及附着物情况:_____。

(四)甲方应于____年____月____日之前将流转土地及地上附着物交付乙方经营、管理和使用。

(五)甲方应向乙方提供家庭承包经营户的户口簿及流转土地承包经营合同或承包经营权证书复印件,作为本合同附件。

二、土地经营权的流转期限

(一)流转期限:共计____年,自____年____月____日起至____年____月____日止(不得超过承包期内的剩余期限)。

(二)流转期限届满,若甲方需继续流转土地经营权的,由甲乙双方另行协商。乙方在同等条件下,具有优先流入权。

三、流转土地用途(不得改变土地的农业用途):_____。

四、土地流转价款及支付方式

(一)经双方协商一致,土地流转综合价格为____元/亩(或按对应地块的价格和实际亩数计价,即:田____元/亩、地____元/亩、果园____元/亩、荒坡____元/亩、其他____元/亩),土地流转总价款为____元/年(大写:_____元/年)。

(二)双方约定土地流转价款____(是/否)增幅。若双方约定价款需要增幅的,自第____年起至第____年止,每年在上一年度价款基数上每亩增幅____%。

(三)双方自愿选择按以下第____种方式支付流转价款:

1.一次性支付:本合同签订后____个工作日内,由乙方将流转期内的土地流转价款一次性支付给甲方。

2.逐年支付:本合同签订后,乙方应于每年____月____日前一次性支付当年土地流转价款给甲方。

五、地上附着物的处置

(一)签订合同时,对甲方留在流转土地上的现有树木、青苗、地上附着物等的处理约定:_____
_____;

(二)合同到期后,乙方因生产经营需要而投入新建的相关设施及地上附着物的处理约定:_____
_____;

(三)流转土地上的现有附属建(构)筑物、水池、水井和管线等生产设施,乙方可无偿使用;

(四)原种植树木等如影响光照或总体布局,乙方可酌情修剪和按照规定申请砍伐,不作赔偿,砍伐的树木由_____处置。

(五)区域内如涉及坟墓需要搬迁,由双方另行协调解决。

六、甲乙双方的权利和义务

(一)甲方的权利和义务

1.甲方享有以下权利:

(1)依法自愿流转本户享有的土地经营权；

(2)按照本合同约定取得流转土地价款收益；

(3)保证转让的土地权属清晰合法，无权属和经济纠纷；

(4)监督乙方依照合同约定的用途合理利用和保护土地；

(5)流转期限届满，有权收回流转土地的经营权；

(6)法律、行政法规规定的其他权利。

2.甲方应承担下列义务

(1)维护乙方流转的土地经营权，不得无故解除本流转合同；

(2)尊重乙方的生产经营自主权，不得干涉或破坏乙方依法进行的正常生产经营活动；

(3)负责向发包方申请备案，并协助乙方完善相关手续；

(4)流转期内，不得将流转土地再流转给其他第三人；

(5)负责协调相邻关系，维护乙方相关合法权益；

(6)法律、行政法规规定的其他义务。

(二)乙方的权利和义务

1.乙方享有的权利

(1)依法享有流转土地经营、使用、收益和产品处置的权利；

(2)有权根据市场和自身需求，依法自主安排生产经营方式；

(3)可以在流转的土地范围内进行土地整理，对地块进行符合现代设施农业要求的改造，投入和收益均归乙方所有；

(4)合同期满，如甲方愿意继续流转土地，在同等条件下乙方享有优先流入权，流转期限及价款另定；

(5)法律、行政法规规定的其他权利。

2.乙方应承担下列义务

(1)按照合同约定按期向甲方支付流转土地价款；

(2)不得改变土地的农业用途，不得随意弃耕抛荒；

(3)依法保护和合理利用土地，不得给土地造成永久性损害，不得进行掠夺式经营，不得破坏和污染农业生态环境；

(4)在同等条件下应优先使用甲方的劳动力，但甲方劳动力必须达到乙方要求的劳动技术水平，并接受乙方的依法管理；

(5)乙方进行土地开发利用时，若需变更土地农业用途，应事先征得甲方同意，并按有关政策法规完善批准手续后，方可进行；

(6)合同期满，乙方必须向甲方交回流转土地经营权；

(7)法律、行政法规规定的其他义务。

七、特别约定事项

（一）流转期内，如流转土地被依法征用、占用，乙方应当服从。所获得的土地补偿费归甲方所属集体经济组织所有，生产安置费归甲方所有；对乙方在流转土地上投入形成的附着物、临时构筑物、生产配套设施及农作物等给予的补偿，归乙方所有；

（二）国家或当地政府对于乙方从事农业产业发展给予的各项政策性补偿、补贴、奖励、扶持等归乙方所有；

（三）流转期限内，甲方＿＿＿＿（是/否）同意乙方通过流转取得的土地经营权向金融机构进行融资担保。乙方向发包方申请备案以及向登记机关申请登记时，甲方应协助配合；

（四）流转期限内，甲方同意乙方对流转土地依法投资改良土壤、建设农业生产附属及配套设施，流转期满后，甲方不要求乙方复耕；

（五）合同期满，除渠系、道路等生产设施外，对乙方因生产经营需要修建的非永久性构（建）筑物、生产设施和改变了土地使用用途的设施，若甲方接受则乙方不负责修复；甲方不接受的部分，则由乙方负责修复或者按＿＿＿＿元/亩支付修复费后交给甲方。

（六）乙方对土地经营权进行再流转，＿＿＿＿（是/否）需征得甲方书面同意，再流转期限不得超过本合同约定的流转期限。

八、违约责任

（一）甲方违约责任

1.土地流转期内，擅自终止本合同，除退还乙方已支付的合同剩余年限流转价款外，还需赔偿乙方在流转土地上的投入和按合同剩余年限的乙方正常经营利润损失。

2.土地流转期内，因甲方流转的土地存在权属争议，与其他组织及个人之间产生纠纷，严重影响乙方正常生产经营或给乙方造成经济损失的，乙方有权解除合同，并由甲方负责赔偿。

3.土地流转期内，无故干涉和破坏乙方正常生产经营行为，或者甲方的人、畜、禽践踏乙方所经营的土地及农作物，损坏乙方财产物资及设施的，由甲方负责赔偿。

（二）乙方违约责任

1.乙方未按时向甲方支付土地流转价款，应按到期应付流转价款总额的＿＿＿＿‰按日支付违约金。逾期超过＿＿＿＿天仍不支付土地流转价款的，甲方有权收回该土地经营权，并有权处分乙方在流转土地上投资所形成的固定资产、生产设施和农作物等，对乙方不予补偿。

2.土地流转期内，乙方擅自终止本合同，已支付的剩余年限土地流转价款甲方不予退还，乙方在流转土地上投资所形成的固定资产、生产设施和农作物等归甲方所有，对乙方不作补偿。

3.对流转土地造成永久性损害的，甲方有权制止，有权要求乙方赔偿由此造成的损失，并提请县（区）级以上人民政府有关行政部门依法对乙方的违法行为予以处罚。

(三)双方违约责任

1.除前述违约责任情形外,任何一方违反本合同其他条款情形的,违约方应按年流转价款总额的___%向守约方支付违约金。违约金不足以弥补守约方损失的,还应当予以赔偿。

2.合同期内,如遇不可抗力或者国家征地等原因导致合同无法继续履行的,本合同提前终止,双方互不承担违约责任。

九、争议解决办法

本合同履行中如发生争议或者纠纷,由争议双方协商解决,也可以请求村民委员会、乡(镇)人民政府等进行调解。双方不愿意协商、调解或者协商、调解不成的,可向当地农村土地承包仲裁机构申请仲裁,也可以直接向人民法院提起诉讼。

十、本合同未尽事宜,经甲乙双方协商一致后,另行订立补充协议。补充协议作为本合同附件,具有同等法律效力。

十一、本合同一式____份,甲乙双方或鉴证机构各执____份,发包方、乡(镇)人民政府或街道办事处土地承包管理机构各备案一份,具有同等法律效力。

十二、本合同经甲乙双方签字或盖章后生效。

甲方(签字或盖章):　　　　　　　　　　　乙方(签字或盖章):

委托代理人:　　　　　　　　　　　　　　　委托代理人:

鉴证单位(盖章):

签约日期:　　年　月　日

签约地点:

附件4

农村土地经营权出租(转包)合同

(合同参考文本)

合同编号：

甲方(转包方或出租方)：_____

法定代表人/身份证号：_____

住所：_____　　　　　联系方式：_____

乙方(接包方或承租方)：_____

法定代表人/身份证号：_____

住所：_____　　　　　联系方式：_____

为加快农业农村现代化,振兴农村农业经济,维护流转当事人的合法权益,根据《中华人民共和国土地管理法》《中华人民共和国农村土地承包法》《中华人民共和国民法典》《农村土地经营权流转管理办法》等法律、法规和有关政策规定,在原承包关系不变的前提下,甲乙双方本着平等、自愿、有偿的原则,经双方协商一致,就土地经营权出租(转包)事宜,特订立本合同,双方共同遵守。

一、土地基本情况及流转方式

(一)经双方一致协商,甲方自愿将本合同项下_____宗承包土地(共计_____亩)的土地经营权,以出租(转包)的方式流转给乙方经营、管理和使用。

(二)流转土地坐落、地块、四界、面积等基本信息(流转双方也可以附图和统计清单等形式作为附件)：

土地坐落	县(区) 乡(镇) 村(社区) 村(居)民小组					
权证编号						
序号	地块名称	四至界限			面积(亩)	地块性质
		东	南	西	北		
1							
2							
3							
4							
5							

(三)流转土地上的附属建(构)筑物及附着物情况：_____

(四)甲方应于____年____月____日之前将流转土地及地上附着物交付乙方经营、管理和使用。

(五)甲方应向乙方提供家庭承包经营户的户口簿及流转土地承包经营合同或承包经营权证书复印件,作为本合同附件。

二、土地经营权的流转期限

(一)流转期限：共计____年,自____年____月____日起至____年____月____日止(不得超过承包期内的剩余期限)。

(二)流转期限届满,若甲方需继续流转土地经营权的,由甲乙双方另行协商。乙方在同等条件下,具有优先流入权。

三、流转土地用途(不得改变土地的农业用途):_____。

四、出租(转包)价款及支付方式

(一)经双方协商一致,出租(转包)综合价格为____元/亩(或按对应地块的价格和实际亩数计价,即:田____元/亩、地____元/亩、果园____元/亩、荒坡____元/亩、其他____元/亩),出租(转包)总价款为____元/年(大写:_____元/年)。

(二)双方约定出租(转包)价款____(是/否)增幅。若双方约定价款需要增幅的,自第____年起至第____年止,每年在上一年度价款基数上每亩增幅____%。

(三)双方自愿选择按以下第____种方式支付流转价款:

1.一次性支付:本合同签订后____个工作日内,由乙方将流转期内的出租(转包)价款一次性支付给甲方。

2.逐年支付:本合同签订后,乙方应于每年____月____日前一次性支付当年出租(转包)价款给甲方。

五、地上附着物的处置

(一)签订合同时,对甲方留在出租(转包)土地上的现有树木、青苗、地上附着物等的处理约定:_____。

(二)合同到期后,乙方因生产经营需要而投入新建的相关设施及地上附着物的处理约定:_____。

(三)出租(转包)土地上的现有附属建(构)筑物、水池、水井和管线等生产设施,乙方可无偿使用。

(四)原种植树木等如影响光照或总体布局,乙方可酌情修剪和按照规定申请砍伐,不作赔偿,砍伐的树木由_____处置。

(五)区域内如涉及坟墓需要搬迁,由双方另行协调解决。

六、甲乙双方的权利和义务

(一)甲方的权利和义务

1.甲方享有以下权利:

(1)依法自愿流转本户享有的土地经营权。

(2)按照本合同约定取得流转土地价款收益。

(3)保证转让的土地权属清晰合法,无权属和经济纠纷。

(4)监督乙方依照合同约定的用途合理利用和保护土地。

(5)流转期限届满,有权收回流转土地的经营权。

(6)法律、行政法规规定的其他权利。

2.甲方应承担下列义务

(1)维护乙方流转的土地经营权,不得无故解除本流转合同。

(2)尊重乙方的生产经营自主权,不得干涉或破坏乙方依法进行的正常生产经营活动。

(3)负责向发包方申请备案,并协助乙方完善相关手续。

(4)流转期内,不得将流转土地再流转给其他第三人。

(5)负责协调相邻关系,维护乙方相关合法权益。

(6)法律、行政法规规定的其他义务。

(二)乙方的权利和义务

1.乙方享有的权利

(1)依法享有流转土地经营、使用、收益和产品处置的权利。

(2)有权根据市场和自身需求,依法自主安排生产经营方式。

(3)可以在流转的土地范围内进行土地整理,对地块进行符合现代设施农业要求的改造,投入和收益均归乙方所有。

(4)合同期满,如甲方愿意继续流转土地,在同等条件下乙方享有优先流入权,流转期限及价款另定。

(5)法律、行政法规规定的其他权利。

2.乙方应承担下列义务

(1)按照合同约定按期向甲方支付流转土地价款。

(2)不得改变土地的农业用途,不得随意弃耕抛荒。

(3)依法保护和合理利用土地,不得给土地造成永久性损害,不得进行掠夺式经营,不得破坏和污染农业生态环境。

(4)在同等条件下应优先使用甲方的劳动力,但甲方劳动力必须达到乙方要求的劳动技术水平,并接受乙方的依法管理。

(5)乙方进行土地开发利用时,若需变更土地农业用途,应事先征得甲方同意,并按有关政策法规完善批准手续后,方可进行。

(6)合同期满,乙方必须向甲方交回流转土地经营权。

(7)法律、行政法规规定的其他义务。

七、特别约定事项

(一)流转期内,如流转土地被依法征用、占用,乙方应当服从。所获得的土地补偿费归甲方所属集体经济组织所有,生产安置费归甲方所有;对乙方在流转土地上投入形成的附着物、临时构筑物、生产配套设施及农作物等给予的补偿,归乙方所有。

(二)国家或当地政府对于乙方从事产业发展给予的各项政策性补偿、补贴、奖励、扶持等归乙方所有。

（三）流转期限内，甲方____（是/否）同意乙方通过流转取得的土地经营权向金融机构进行融资担保。乙方向发包方申请备案以及向登记机关申请登记时，甲方应协助配合。

（四）流转期限内，甲方同意乙方对流转土地依法投资改良土壤、建设农业生产附属及配套设施，流转期满后，甲方不要求乙方复耕。

（五）合同期满，除渠系、道路等生产设施外，对乙方因生产经营需要修建的非永久性构（建）筑物、生产设施和改变了土地使用用途的设施，若甲方接受，则乙方不负责修复；甲方不接受的部分，则由乙方负责修复或者按_____元/亩支付修复费后交给甲方。

（六）乙方对土地经营权进行再流转，_____（是/否）需征得甲方同意，再流转期限不得超过本合同约定的流转期限。

八、违约责任

（一）甲方违约责任

1.土地流转期内，擅自终止本合同，除退还乙方已支付的合同剩余年限流转价款外，还需赔偿乙方在流转土地上的投入和按合同剩余年限的乙方正常经营利润损失。

2.土地流转期内，因甲方流转的土地存在权属争议，与其他组织及个人之间产生纠纷，严重影响乙方正常生产经营或给乙方造成经济损失的，乙方有权解除合同，并由甲方负责赔偿。

3.土地流转期内，无故干涉和破坏乙方正常生产经营行为，或者甲方的人、畜、禽践踏乙方所经营的土地及农作物，损坏乙方财产物资及设施的，由甲方负责赔偿。

（二）乙方违约责任

1.乙方未按时向甲方支付土地流转价款，应按到期应付流转价款总额的____‰按日支付违约金。逾期超过____天仍不支付土地流转价款的，甲方有权收回该土地经营权，并有权处分乙方在流转土地上投资所形成的固定资产、生产设施和农作物等，对乙方不予补偿。

2.土地流转期内，乙方擅自终止本合同，已支付的剩余年限土地流转价款甲方不予退还，乙方在流转土地上投资所形成的固定资产、生产设施和农作物等归甲方所有，对乙方不作补偿。

3.对流转土地造成永久性损害的，甲方有权制止，有权要求乙方赔偿由此造成的损失，并提请县（区）级以上人民政府有关行政部门依法对乙方的违法行为予以处罚。

（三）双方违约责任

1.除前述违约责任情形外，任何一方违反本合同其他条款情形的，违约方应按年流转价款总额的____%向守约方支付违约金。违约金不足以弥补守约方损失的，还应当予以赔偿。

2.合同期内，如遇不可抗力或者国家征地等原因导致合同无法继续履行的，本合同提前终止，双方互不承担违约责任。

九、争议解决办法

本合同履行中如发生争议或者纠纷，由争议双方协商解决，也可以请求村民委员会、乡（镇）人民政府等进行调解。双方不愿意协商、调解或者协商、调解不成的，可向当地农村土地承包仲裁机构申请仲裁，也可以直接向人民法院提起诉讼。

十、本合同未尽事宜,经甲乙双方协商一致后,另行订立补充协议。补充协议作为本合同附件,具有同等法律效力。

十一、本合同一式____份,甲乙双方或鉴证机构各执____份,发包方、乡(镇)人民政府或街道办事处土地承包管理机构各备案一份,具有同等法律效力。

十二、本合同经甲乙双方签字或盖章后生效。

甲方(签字或盖章):　　　　　　　　　　乙方(签字或盖章):

委托代理人:　　　　　　　　　　　　　委托代理人:

鉴证单位(盖章):

签约日期:　　年　月　日

签约地点:

附件5

农村土地经营权入股合同

(合同参考文本)

合同编号：

甲方(入股方)：_____

法定代表人/身份证号：_____

住所：_____   联系方式：_____

乙方(受让方)：_____

法定代表人/身份证号：_____

住所：_____   联系方式：_____

为加快农业农村现代化，振兴农村农业经济，维护流转当事人的合法权益，根据《中华人民共和国土地管理法》《中华人民共和国农村土地承包法》《中华人民共和国民法典》《农村土地经营权流转管理办法》等法律、法规和有关政策规定，在原承包关系不变的前提下，甲乙双方本着平等、自愿、有偿的原则，经双方协商一致，就土地经营权入股合作经营事宜，特订立本合同，双方共同遵守。

一、入股土地基本情况及股权比例

(一)经双方一致协商，甲方自愿将本合同项下_____宗承包土地(共计_____亩)的土地经营权，以入股的方式与乙方进行合作经营，并分配股权红利。

(二)甲方入股合作经营的土地经营权折合股份为_____股或折合股份比例为_____%。合作期间，甲方不再投入资金。

(三)入股土地坐落、地块、四界、面积等基本信息(流转双方也可以附图和统计清单等形式作为附件)：

土地坐落	县(区)　乡(镇)　村(社区)　村(居)民小组						
权证编号							
序号	地块名称	四至界限				面积(亩)	地块性质
		东	南	西	北		
1							
2							
3							
4							
5							

(四)入股土地上的附属建(构)筑物及附着物情况:_____。

(五)甲方应于____年____月____日之前将入股土地交付乙方经营、管理和使用。

(六)甲方应向乙方提供家庭承包经营户的户口簿及流转土地承包经营合同或承包经营权证书复印件,作为本合同附件。

二、入股合作经营期限

(一)合作期限:共计____年,自____年____月____日起至____年____月____日止(不得超过承包期内的剩余期限)。

(二)合作期限届满,若双方需继续进行股份合作经营的,由甲乙双方另行协商。乙方在同等条件下,具有优先受让权。

三、入股经营用途或项目(不得改变土地的农业用途):_____。

四、股权分红与支付方式

(一)双方采取下列第____种形式分配股权红利:

1.保底分红。乙方以每亩每年人民币_____元(大写_____元),共计人民币_____元/年(大写_____元/年)作为甲方土地经营权入股合作经营的保底收益,再根据乙方每年的生产经营状况,按纯经营性收益的____%作为红利分配给甲方。

2.固定分红。即乙方以现金结算的方式每亩每年分配给甲方人民币_____元(大写:_____元),共计每年分配人民币_____元(大写:_____元)给甲方。

3.其他形式_____。

(二)双方采取下列第____种方式支付股权红利:

1.一次性支付:本合同签订后____个工作日内,由乙方一次性支付甲方入股合作经营期内的保底收益或者固定分红。效益分红,由乙方于每年____月____日前根据生产经营情况分配给甲方。

2.逐年支付。乙方于每年____月____日前支付_____(当年度/下年度)保底收益或固定分红,且每年递增____%(约定不递增的填写零),或每隔____年递增____%(约定不递增的填写零)。效益分红,由乙方于每年____月____日前根据生产经营情况分配给甲方。

3.其他方式_____。

五、地上附着物的处置

(一)签订合同时,对甲方留在入股土地上的现有树木、青苗、地上附着物等的处理约定:_____
_____。

(二)合同到期后,乙方因生产经营需要而投入新建的相关设施及地上附着物的处理约定:_____
_____。

(三)流转土地上的现有附属建(构)筑物、水池、水井和管线等生产设施,乙方可无偿使用。

(四)原种植树木等如影响光照或总体布局,乙方可酌情修剪和按照规定申请砍伐,不作赔偿,砍伐的树木由_____处置。

(五)区域内如涉及坟墓需要搬迁,由双方另行协调解决。

六、甲乙双方的权利和义务

(一)甲方的权利和义务

1.有权按照本合同约定分配股权红利,但不参与经营管理。

2.入股经营期限届满,有权收回入股土地的经营权。

3.监督乙方依照合同约定的用途合理利用和保护土地。

4.保证入股的土地权属清晰合法,无权属和经济纠纷。

5.维护乙方受让的土地经营权,不得无故解除本合同。

6.尊重乙方的生产经营自主权,不得干涉或破坏乙方依法进行的正常生产经营活动。

7.负责向发包方申请备案,并协助乙方完善相关手续。

8.流转期内,不得将流转土地再流转给其他第三人。

9.负责协调相邻关系,维护乙方相关合法权益。

10.法律、行政法规规定的其他权利和义务。

(二)乙方的权利和义务

1.依法享有流转土地经营、使用、收益和产品处置的权利。

2.有权根据市场和自身需求,依法自主安排生产经营方式。

3.可以在流转的土地范围内进行土地整理,对地块进行符合现代设施农业要求的改造和投入。

4.合同期满,如甲方愿意继续流转土地,在同等条件下乙方享有优先流入权,流转期限及价款另定;

5.按照合同约定按期向甲方分配股权红利;

6.不得改变土地的农业用途,不得随意弃耕抛荒。

7.依法保护和合理利用土地,不得给土地造成永久性损害,不得进行掠夺式经营,不得破坏和污染农业生态环境。

8.在同等条件下应优先使用甲方的劳动力,但甲方劳动力必须达到乙方要求的劳动技术水平,并接受乙方的依法管理。

9.乙方进行土地开发利用时,若需变更土地农业用途,应事先征得甲方同意,并按有关政策法规完善批准手续后,方可进行。

10.合同期满,乙方必须向甲方交回流转土地经营权。

11.法律、行政法规规定的其他权利和义务。

七、特别约定事项

(一)股份合作期内,如入股土地被依法征用、占用,乙方应当服从。所获得的土地补偿费归甲方所属集体经济组织所有,生产安置费归甲方所有;对乙方在入股土地上投入形成的附着物、临时构筑物、生产配套设施及农作物等给予的补偿,归乙方所有。

(二)国家或当地政府对于乙方从事农业产业发展给予的各项政策性补偿、补贴、奖励、扶持等归乙方

（三）股份合作期内，甲方_____（是/否）同意乙方通过入股取得的土地经营权向金融机构进行融资担保。乙方向发包方申请备案以及向登记机关申请登记时，甲方应协助配合。

（四）股份合作期内，甲方同意乙方对入股土地依法投资改良土壤、建设农业生产附属及配套设施，合作期满后不要求乙方复耕。

（五）合同期满，除渠系、道路等生产设施外，对乙方因生产经营需要修建的非永久性构（建）筑物、生产设施和改变了土地使用用途的设施，若甲方接受则乙方不负责修复；甲方不接受的部分，则由乙方负责修复或者按_____元/亩支付修复费后交给甲方。

八、违约责任

（一）甲方违约责任

1. 入股经营期内，擅自终止本合同，除退还乙方已支付的合同剩余年限股权红利外，还需赔偿乙方在经营土地上的投入和按合同剩余年限的乙方正常经营利润损失。

2. 入股经营期内，因甲方入股的土地存在权属争议，与其他组织及个人之间产生纠纷，严重影响乙方正常生产经营或给乙方造成经济损失的，乙方有权解除合同，并由甲方负责赔偿。

3. 入股经营期内，无故干涉和破坏乙方正常生产经营行为，或者甲方的人、畜、禽践踏乙方所经营的土地及农作物，损坏乙方财产物资及设施的，由甲方负责赔偿。

（二）乙方违约责任

1. 乙方未按时向甲方分配股权红利，应按到期应支付红利总额的____‰按日支付违约金。逾期超过____天仍不支付股权红利的，甲方有权收回该土地经营权，并有权处分乙方在入股土地上投资所形成的固定资产、生产设施和农作物等，且对乙方不予补偿。

2. 股份合作期内，乙方擅自终止本合同，已支付的剩余年限土地股权红利甲方不予退还，乙方在经营土地上投资所形成的固定资产、生产设施和农作物等归甲方所有，对乙方不作补偿。

3. 对经营土地造成永久性损害的，甲方有权制止，有权要求乙方赔偿由此造成的损失，并提请县（区）级以上人民政府有关行政部门依法对乙方的违法行为予以处罚。

（三）双方违约责任

1. 除前述违约责任情形外，任何一方违反本合同其他条款情形的，违约方应按年分红价款总额的____%向守约方支付违约金。违约金不足以弥补守约方损失的，还应当予以赔偿。

2. 合同期内，如遇不可抗力或者国家征地等原因导致合同无法继续履行的，本合同提前终止，双方互不承担违约责任。

九、争议解决办法

本合同履行中如发生争议或者纠纷，由争议双方协商解决，也可以请求村民委员会、乡（镇）人民政府等进行调解。双方不愿意协商、调解或者协商、调解不成的，可向当地农村土地承包仲裁机构申请仲裁，也可以直接向人民法院提起诉讼。

十、本合同未尽事宜,经甲乙双方协商一致后,另行订立补充协议。补充协议作为本合同附件,具有同等法律效力。

十一、本合同一式____份,甲乙双方或鉴证机构各执____份,发包方、乡(镇)人民政府或街道办事处土地承包管理机构各备案一份,具有同等法律效力。

十二、本合同经甲乙双方签字或盖章后生效。

甲方(签字或盖章):　　　　　　　　　　　乙方(签字或盖章):

委托代理人:　　　　　　　　　　　　　　　委托代理人:

鉴证单位(盖章):

签约日期:　　年　月　日

附件6

集体林地经营权流转合同

(合同参考文本)

合同编号:

甲方(流出方):_____

法定代表人/身份证号:_____

住所:_____ 联系方式:_____

乙方(流入方):_____

法定代表人/身份证号:_____

住所:_____ 联系方式:_____

为振兴农村产业经济,发展乡村生态旅游,维护流转当事人的合法权益,根据《中华人民共和国森林法》《中华人民共和国农村土地承包法》《中华人民共和国民法典》《农村土地经营权流转管理办法》等法律、法规和有关政策规定,在原承包关系不变的前提下,甲乙双方本着平等、自愿、有偿的原则,经双方协商一致,就林地经营权流转事宜,特订立本合同,双方共同遵守。

一、流转林地基本情况及流转方式

(一)经双方一致协商,甲方自愿将本合同项下_____宗承包林地(共计_____亩)的经营权、林木使用权,以_____的方式流转给乙方经营、管理和使用。

(二)流转林地坐落、地块、四界、面积等基本信息(流转双方也可以附图和统计清单等形式作为附件):

土地坐落	县(区) 乡(镇) 村(社区) 村(居)民小组					
权证编号						
序号	地块名称	四至界限			面积(亩)	地块性质
		东	南	西	北		
1							
2							
3							
4							
5							

(三)流转林地上的附属建(构)筑物及附着物情况：_____。

(四)甲方应于____年____月____日前将流转林地、林木及地上附着物交付乙方经营、管理和使用。

(五)甲方应向乙方提供家庭承包经营户的户口簿及流转林地承包经营合同或林权证书复印件，作为本合同附件。

二、林地经营权的流转期限

(一)流转期限：共计____年，自____年____月____日起至____年____月____日止(不得超过承包期内的剩余期限)。

(二)流转期限届满，若甲方需继续流转林地经营权的，由甲乙双方另行协商。乙方在同等条件下，具有优先流入权。

三、林地经营用途及项目(不得改变土地的农业用途)：_____。

四、林地流转价款及支付方式

(一)经双方协商一致，林地流转综合价格为_____元/亩(或按对应林木品种的价格和实际亩数计价，即：_____)，林地流转总价款为____元/年(大写：_____元/年)。

(二)双方约定林地流转价款_____(是/否)增幅。若双方约定价款需要增幅的，自第_____年起至第_____年止每年在上一年度价款基数上每亩增幅____%。

(三)双方自愿选择按以下第____种方式支付流转价款：

1.一次性支付：本合同签订后____个工作日内，由乙方将流转期内的林地流转价款一次性支付给甲方。

2.逐年支付：本合同签订后，乙方应于每年____月____日前一次性支付当年林地流转价款给甲方。

五、地上附着物的处置

(一)签订合同时，对甲方留在流转林地上的现有林木、青苗、地上附着物等的处理约定：_____。

(二)合同到期后，乙方因生产经营需要而投入新建的相关设施及地上附着物的处理约定：_____。

(三)流转土地上的现有附属建(构)筑物、水池、水井和管线等生产设施，乙方可无偿使用。

(四)区域内如涉及坟墓需要搬迁，由双方另行协调解决。

六、甲乙双方的权利和义务

(一)甲方的权利和义务

1.按照本流转合同约定取得流转林地的收益。

2.保证转让的林地权属清晰合法，无权属和经济纠纷。

3.监督乙方依照合同约定的用途合理利用和保护林地。

4.流转期限届满，有权收回流转林地的经营权。

5.维护乙方流转的林地经营权,不得无故解除本流转合同。

6.尊重乙方的生产经营自主权,不得干涉或破坏乙方依法进行的正常生产经营活动。

7.负责向发包方申请备案,配合向林权登记机构申请林地经营权登记,并协助乙方完善相关手续。

8.流转期内,不得将流转林地再流转给其他第三人。

9.负责协调相邻关系,维护乙方相关合法权益。

10.法律、行政法规规定的其他权利和义务。

(二)乙方的权利和义务

1.依法享有流转林地经营、使用、收益和产品处置的权利。

2.有权根据市场和自身需求,依法自主安排生产经营方式。

3.合同期满,如甲方愿意继续流转林地,在同等条件下乙方享有优先流入权,流转期限及价款另定。

4.按照合同约定按期向甲方支付流转林地价款。

5.不得改变林地的农业用途,不得破坏和污染生态环境。

6.依照国家和地方有关规定,做好受让林地的管护和造林培育,发挥生态价值和保护生态环境,不得闲置丢荒。

7.依法承担森林防火和森林病虫害防治责任义务。

8.在同等条件下优先使用甲方的劳动力,但甲方劳动力必须达到乙方要求的劳动技术水平,并接受乙方的依法管理。

9.合同期满,乙方必须向甲方交回流转土地经营权。

10.法律、行政法规规定的其他权利和义务。

七、特别约定事项

(一)流转期内,如流转林地被依法征用、占用,乙方应当服从。所获得的林地补偿费归甲方所属集体经济组织所有,生产安置费归甲方所有;对乙方在流转林地上投入形成的附着物、临时构筑物、生产配套设施及林木等给予的补偿,归乙方所有。

(二)国家或当地政府对受让林地林木给予的森林生态效益补偿资金,归甲方所有;对于乙方从事农业生产经营给予的各项政策性补偿、补贴、奖励、扶持等归乙方所有。

(三)流转期限内,甲方____(是/否)同意乙方通过流转取得的林地经营权向金融机构进行融资担保。乙方向发包方申请备案以及向登记机关申请登记时,甲方应协助配合。

(四)流转期限内,甲方同意乙方对流转林地依法投资改良土壤、更新林木,以及建设林业生产附属及配套设施。对于乙方投资新建的非永久性构筑(建)物、生产设施等,若甲方接受则乙方不负责修复;甲方不接受的部分,由乙方负责修复或者按____元/亩支付修复费。

(五)乙方对林地经营权进行再流转,____(是/否)需征得甲方书面同意,再流转期限不得超过本合同约定的流转期限。

八、违约责任

(一)甲方违约责任

1.林地流转期内,擅自终止本合同,除退还乙方已支付的合同剩余年限流转价款外,还需赔偿乙方在流转林地上的投入和按合同剩余年限的乙方正常经营利润损失。

2.流转期内,因甲方流转的林地存在权属争议,与其他组织及个人之间产生纠纷,严重影响乙方正常生产经营或给乙方造成经济损失的,乙方有权解除合同,并由甲方负责赔偿。

3.流转期内,无故干涉和破坏乙方正常生产经营行为,或者甲方的人、畜、禽践踏乙方所经营的林地及林木,损坏乙方财产物资及设施的,由甲方负责赔偿。

(二)乙方违约责任

1.乙方未按时向甲方支付林地流转价款,应按到期应付流转价款总额的____‰按日支付违约金。逾期超过____天仍不支付林地流转价款的,甲方有权收回该林地经营权,并有权处分乙方在流转林地上投资所形成的固定资产、生产设施和农作物等,对乙方不予补偿。

2.流转期内,乙方擅自终止本合同,已支付的剩余年限林地流转价款甲方不予退还,乙方在流转林地上投资所形成的生产设施和林木等归甲方所有,对乙方不作补偿。

3.对流转林地造成永久性损害的,甲方有权制止,有权要求乙方赔偿由此造成的损失,并提请县(区)级以上人民政府有关行政部门依法对乙方的违法行为予以处罚。

(三)双方违约责任

1.除前述违约责任情形外,任何一方违反本合同其他条款情形的,违约方应按年流转价款总额的____%向守约方支付违约金。违约金不足以弥补守约方损失的,还应当予以赔偿。

2.合同期内,如遇不可抗力或者国家征地等原因导致合同无法继续履行的,本合同提前终止,双方互不承担违约责任。

九、争议解决办法

本合同履行中如发生争议或者纠纷,由争议双方协商解决,也可以请求村民委员会、乡(镇)人民政府等进行调解。双方不愿意协商、调解或者协商、调解不成的,可向当地农村林地承包仲裁机构申请仲裁,也可以直接向人民法院提起诉讼。

十、本合同未尽事宜,经甲乙双方协商一致后,另行订立补充协议。补充协议作为本合同附件,具有同等法律效力。

十一、本合同一式____份,甲乙双方或鉴证机构各执____份,发包方、乡(镇)人民政府或街道办事处林地承包管理机构各备案一份,具有同等法律效力。

十二、本合同经甲乙双方签字或盖章后生效。

甲方(签字或盖章)： 乙方(签字或盖章)：

委托代理人： 委托代理人：

鉴证单位(盖章)：

签约日期： 年 月 日

签约地点：

附件7

农村土地经营权委托流转协议

(合同参考文本)

合同编号：

(本协议适用于农户委托村民委员会、村民小组或其他组织代为流转土地经营权时使用)

甲方(委托方)：_____

法定代表人或身份证号：_____

住所：_____ 联系方式：_____

乙方(受托方)：_____

法定代表人或身份证号：_____

住所：_____ 联系方式：_____

为加快农业农村现代化，维护流转当事人的合法权益，提高土地经营权流转效益，根据《中华人民共和国土地管理法》《中华人民共和国农村土地承包法》《中华人民共和国民法典》《农村土地经营权流转管理办法》等法律、法规和有关政策规定，甲方自愿将以下土地经营权委托乙方进行流转，经双方协商一致，特订立本协议。

一、委托流转土地情况

(一)甲方自愿将承包经营的_____宗承包土地(共计_____亩)的经营权，委托乙方进行流转。

(二)委托流转土地的基本信息：

土地坐落	县(区) 乡(镇) 村(社区) 村(居)民小组					
权证编号						
序号	地块名称	四至界限			面积(亩)	地块性质
		东	南	西	北		
1							
2							
3							
4							
5							

(三)委托流转土地上的附着物情况:_____。

二、委托流转方式:

甲方委托乙方将以上土地的经营权以_____(转包、出租、入股或其他方式)方式流转给他人。

三、委托流转期限:

共计___年,自___年___月___日起至___年___月___日止(不得超过承包期内的剩余期限)。

四、委托流转价款与支付方式:

(一)甲方委托乙方按每亩土地流转综合价格_____元/亩(或按对应地块的价格和实际亩数计价,即:田_____元/亩、地_____元/亩、果园_____元/亩、荒坡_____元/亩、其他_____元/亩)进行流转,每年土地流转价款合计为_____元(大写:_____元)。

(二)考虑物价等因素的约定:_____
_____。

(三)支付结算方式:_____
_____。

五、其他委托事项

(一)甲方对委托流转土地上的树木、竹林、地上附着物等的处理约定:_____
_____。

(二)协议到期后,土地受让方因生产经营需要而投入新建的相关设施及地上附着物、土地复耕等事项的处理约定:_____。

(三)其他约定:_____。

六、委托权限

甲方授权乙方按照下列第___种方式行使相关权利:

(一)授权乙方与土地受让方协商流转事宜并代为签订土地流转合同,监督土地受让方履行流转合同约定。

(二)授权乙方与土地受让方协商流转事宜,由甲方直接与土地受让方签订转包、出租、股份合作合同。

七、违约责任

(一)乙方应按本协议授权范围行使相关权利,乙方滥用权限或超越权限流转土地给甲方或土地受让方造成损失的,由乙方承担法律责任并支付赔偿金。

(二)因一方变更或解除本协议而使相关当事人遭受损失的,除依法可免除责任外,应由责任方负责赔偿。

(三)乙方逾期支付代收流转收益,每日按当年应支付金额的___‰承担违约金;甲方逾期交付土地,每日按当年流转收益的___‰承担违约金。

八、争议解决办法

本协议履行中如发生争议或者纠纷,由争议双方协商解决,也可以请求乡(镇)人民政府等进行调解。双方不愿意协商、调解或者协商、调解不成的,可以直接向人民法院提起诉讼。

九、本协议未尽事宜,经双方共同协商一致后,可订立补充协议。补充协议作为本协议附件,具有同等法律效力。

十、本协议一式____份,甲乙双方或鉴证机构各执____份。本协议经甲乙双方签字或盖章后生效。

甲方(签字): 乙方(签字或盖章):

签约日期: 年 月 日

签约地点:

附件8

出租(转包)/互换/转让/
股份合作/委托流转土地基本情况表

(在选择流转方式下画"√")

_____县(区)_____乡(镇)或街道_____村或社区_____村民小组或居民小组

序号	地块名称	四至界限				面积(亩)	是否基本农田	土地承包经营权证编号
		东	南	西	北			
1								
2								
3								
4								
5								
6								
7								
8								
9								
10								
11								
12								
13								
14								
15								
16								
17								
18								
19								
20								
21								
22								
23								
24								
合计(小写)		亩		(大写)		亩		

承包方签字： 受让方签字： 村民小组或居民小组负责人签字(公章)

附件9

农村土地承包经营权转让申请表

_____县(区)_____乡(镇)或街道_____村或社区_____村民小组或居民小组

申请人(承包方)		住所				联系方式	
受让方		住所				联系方式	
转让土地状况	地块名称	四至界限				面积(亩)	是否基本农田	土地承包经营权证编号
		东	南	西	北			
	合计面积	(小写) 亩 (大写) 亩						
转让期限	自_____年____月____日至_____年____月____日。							

因_____,申请人(承包方)有稳定的非农职业和稳定的非农收入来源,经家庭成员协商同意,将坐落于_____等地的____亩土地承包经营权转让给受让方从事_____农业生产经营。根据《中华人民共和国农村土地承包法》及有关法律法规政策的规定,特提出转让申请,并承诺转让后在转让土地的承包期内,不再以家庭承包方式要求承包土地。望批准为盼。

申请人(含共有人)签字:
年　月　日

发包方意见(盖章)	发包方法定代表人(签字): 年　月　日

14

律师函制作指引

第一部分 基本要求

一、为规范我市律师(以下简称为律师)对外出具律师函的内容和格式,提高法律文书的整体质量,有效规避执业风险,律师应当按照本指引的具体要求,对外出具律师函。

二、律师函是事务所应委托人的请求,在客户有偿付费的前提下,指派律师针对特定法律事务,根据委托人提供的书面材料,运用法律向第三方进行披露和分析,为达到某种效果而制作和发送的专业法律文书。

律师应当要求委托人出具律师函授权书和/或承诺函,对其提供证据的真实性、准确性和完整性作出书面承诺。委托人拒绝出具律师函授权书和/或承诺函的,律师应当拒绝出具律师函。

三、律师应当勤勉尽责,对拟出具的律师函中所涉及的重大法律问题或委托人授权披露的法律问题发表法律意见并提供专业建议,尽量帮助委托人达到其预期效果。

四、律师在出具律师函时如果需要发表涉及委托人权利处置的意见,应认真分析和验证该项意见可能引发的法律后果,并应征询委托人意见及取得委托人的书面授权。

五、律师出具律师函的内容与格式,应当符合本指引相关规定。由于律师函的适用范围较广,本指引的某些具体规定或文字描述确实不适用的,律师可以根据实际情况对有关内容与格式灵活作出适当修改。

六、律师函起草完成后,律师应当将草稿发给委托人确认。委托人提出修改意见的,律师应在本指引所规定的原则范围内决定予以修改或者向委托人说明不能修改的理由。如委托人坚持其修改意见且该意见违背本指引原则性规定的,律师应当拒绝出具。

七、律师出具律师函,应当谨慎运用法律语言,不得随意适用绝对性的措辞,不得随意作出结论性的意见。

第二部分 内容与格式

第一节 引 言

一、说明根据委托人的委托合同或授权出具。

二、说明指派××律师就××事宜出具。

三、说明根据××法律及相关法律、法规、规章出具。

第二节 正 文

一、基本事实综述

……

注释：

（一）律师函的事实部分主要是通过叙述的表达方式进行，应明确通过委托人提供的证据材料的内容而获悉法律事实发生的时间、地点、人物、事件；

（二）基本事实部分一般按法律事实发展的时间顺序，依次叙述；

（三）叙述中应当注意层次清楚、内容完整、重点突出、详略得当。

二、法律分析及法律后果

……

注释：

（一）律师函的分析部分主要运用议论的表现方式进行，首先，应明确该部分事实的法律适用，充分掌握提出论点的理由和法律根据；其次，合理运用论证方法对论点进行论述和证明，得出该法律事实可能导致的法律后果或当事人就此可能承担的法律责任；

（二）分析意见应该严格依据现行法律法规的规定进行分析，不能为迎合委托人的心理牵强附会、强词夺理，也不宜就仲裁机关或人民法院尚未作出裁判的事实作出肯定的结论性意见；

（三）律师函的分析应该分清主次，层次分明，逻辑清晰，抓住关键。

三、解决问题的方法及建议

……

注释：

（一）清晰明确地提出解决问题的方案与步骤，并提出合理化建议；

（二）律师应当严格依委托人的授权来提出解决方案，不得未经委托人同意提出处置或和解方案。

（三）应提示对方既不及时回复也不按照律师函所提出的解决方案履行，将导致分歧及误会加深。

（四）用词遣句应重在释法析理、绵里藏针、柔中带刚，忌咄咄逼人。

第三节　结束语

一、声明及联系方式

……

注释：

(一)律师应作出如下声明："本律师函作出法律分析所依据的事实系由委托人提供，并不排除与客观事实有所出入的可能。贵司如对本律师函涉及事实有异议，或对问题的解决有其他合理建议，请直接与本律师联系沟通；"

(二)律师应将自己及委托人的准确联系方式附后。

二、署名及盖章

委托人没有要求加盖律师事务所公章的，可由承办律师签字。

第三部分　范例

律师函

(　　)××(　　)律函字第　　号

××公司：

××事务所(以下简称本所)系于中华人民共和国(以下简称中国)合法注册的从事中国法律服务的律师事务所。本所受××公司(以下简称为××公司)的委托/本所作为××公司(以下简称××公司)的常年法律顾问，指派本所××律师、××律师就贵司××××一事，依据我国《××法》《××法》及相关法律法规之规定，特向贵司致函如下：

一、委托人陈述的基本事实

××年×月×日……

二、法律分析及法律后果

根据××公司向本所提供的上述事实及证据，我们认为：……

贵司××行为的性质及可能应当承担的法律责任……

三、解决问题的方法及建议

为弥补××公司的损失，妥善解决上述纠纷，并避免诉累，请贵司在收到本函之日起3日内履行……义务：……

如贵司不愿接受××公司的要求，可能会导致双方分歧及误会加深，促使××公司通过诉讼等法律途径维护其合法权益，故请贵司慎重考虑本律师意见。

本律师函所依据的事实及证据系由委托人提供,且委托人已承诺对其真实性、完整性、准确性负责,但并不排除贵司与××公司对客观事实的认知有所出入的可能。贵司如对本律师函涉及事实有所异议,或对问题的解决有其他合理建议,请直接与本律师联系沟通。

　　特此函告!

　　提示:律师出具律师函时,无须照搬上述一、二、三点所列纲要语句,只需按上述结构要求表述即可。

律师联系方式:……

委托人联系方式:……

委托人已对《律师函》中所有内容予以确认

委托人:

××年×月×日

(××)律师事务所

××年×月×日

15

证据目录制作指引

一、基本要求

（一）律师代理民事诉讼、仲裁案件，均应遵循本指引的相关规定。

（二）律师接受客户委托并获得相关主要证据材料之后，应及时对客户提供的证据进行梳理。如主要证据不完备，应口头或书面要求客户进一步补充提供相关证据，并配合客户及时完成相关证据的收集。如主要证据已经具备，应在48小时内编制完成证据目录，并在法庭指定的举证期限内提交法庭。

（三）律师收集证据时，应口头或书面告知客户提供证据的范围、形式、种类、时限、方式。对于客户自行提供的证据，律师重点应对其合法性、关联性及证明目的进行仔细审查。对客户无法提供的证据，应当及时自行收集、申请调查令或申请法院调取。

（四）律师向法庭或仲裁庭提交的证据，应当与案件事实、争议焦点密切有关，并且有利于客户。为此，在审查客户提供证据的同时，应研究并时刻关注对方当事人或第三人所提交的证据材料，以使提交的证据材料有关联性和针对性。

（五）律师向法庭或仲裁庭提交的证据应按本指引编制目录，证据目录中的证据应该形成完整的证据锁链，能够证明己方诉讼请求、答辩观点的正确性，或者证明对方当事人诉讼请求、答辩观点的错误性。

（八）证据目录应围绕案件事实及案件争议焦点分组编制，多份证据关联性很强，无法拆分的，应当合并编为一个证据组。编制证据组时还应兼顾证据形成的时间先后顺序。

（七）律师原则上不应保管证据原件。律师应当将代理过程中获取的证据原件、原物交由客户保管，确因开庭需要的，应请客户派员自行带往法庭或仲裁庭。特殊情况下，律师确需自带的，应当报主管合伙人同意。庭审结束后，律师应在48小时内将原件退还客户，并取回原在客户处出具的领条/借条（如有），或请客户出具收条存档。

（八）律师立案时，无论证据份数多少，均应按本指引装订成册。庭审过程中分次补充提供的，也应装订并编号编册,不可散乱提交。律师网上立案时,应按人民法院要求,扫描上传与诉请相关的证据或证明材料。

(九)律师应在举证期限届满前将证据装订成册,按规则提交要求的份数给法庭或仲裁庭。

(十)律师在涉外民事诉讼案件中,应按要求对下列证据进行准备:

1.当事人提供的公文书证系在我国领域外形成的,要求当事人将该证据经所在国公证机关证明,或者履行我国与该所在国订立的有关条约中规定的证明手续。

2.当事人在我国领域外形成的涉及身份关系的证据,要求当事人经所在国公证机关证明并经我国驻该国使领馆认证,或者履行我国与该所在国订立的有关条约中规定的证明手续。

3.对于发生在香港地区的有法律意义的事件和文书,要求当事人须先经司法部认可的具有委托公证人资格的香港律师进行公证,然后加盖中国法律服务公司的转递章。对于发生在澳门地区的有法律意义的事件和文书,要求当事人须经过中国法律服务(澳门)有限公司或者澳门司法事务室下属的民事登记局出具公证证明。对于发生在台湾地区的有法律意义的事件和文书,要求当事人须先经过台湾地区的公证机关予以公证,然后由台湾海基会根据《海峡两岸公证书使用查证协议实施办法》,提供有关证明材料。

(十一)证据为非中文的外语文本的,应自行或聘请专业机构翻译为中文,相关费用由客户承担。

(十二)当事人提供电子证据的,应当采用截图、拍照或录音、录像等方式对内容进行固定,并将相应图片的纸质打印件、音频、视频的储存载体(U盘、光盘)编号后提交法院,其中:

1.提供微信、支付宝、QQ通信记录作为证据的,应当对用户个人信息界面进行截图固定;

2.证据中包含音频的,应当提交与音频内容一致的文字文本;

3.证据中包含视频的,应当提交备份视频后的储存载体;

4.证据中包含图片、文本文件的,应当提交图片、文本文件的打印件;

5.证据的内容或者固定过程已经公证机关公证的,应当提供公证书。

(十三)律师宜将所有证据扫描备份,在归档时,可将电子档案连同纸质档案一起交客户部保管。

二、调查和收集证据

(一)证据的收集范围

律师应全面客观地了解案情,及时、深入、细致地收集并及时固定相关证据。收集证据范围包括:能证明我方诉讼请求或答辩请求正确的证据,以及能证明对方诉讼请求或答辩请求错误的所有各类证据。律师在组织相关证据时,应提醒客户防止被对方当事人提取、固定对我方不利之证据,如录音、录像或其他相关书面材料等。

律师不能及时收集证据的,应在举证期限届满前书面申请法院或仲裁庭延长举证期限。

(二)证人调查和收集证据

1.律师向证人调查,应当由两名律师(其中一名律师需持有律师执业证)进行并制作调查笔录。调查笔录应当载明被调查人、调查时间、调查地点、调查内容、调查笔录制作人等基本情况;应当记明律师身份,律师要求被调查人如实作证,做伪证的法律责任等内容,以及调查事项发生的时间、地点、人物、经过、结果。

调查笔录应全面、准确地记录谈话内容,并交由被调查人签字、盖章或按指纹确认。必要时,征得被调查人同意可同步录音或录像。

2.律师应根据案情决定申请证人出庭是否有利,或者聘请公证处公证取证过程,进行证据公证。

3.需要证人出庭作证的,律师应编制证人名单,并说明拟证明的事实,并在举证期限届满前提出申请。每一证人应附上相关材料,包括证人的基本身份情况、联系方式、证明事项、证明目的等。

(三)律师收集书证应调取原件,物证应调取原物

收集原件、原物有困难的,可复制、照相或收集副本、节录本,但应请相关保管机构签字或盖章证明与原件原物一致并附说明,必要时予以公证。

视听材料的收集,应明确其来源,并应将其整理为书面文字同时提交给法庭或仲裁庭参考。

(四)申请法院调查和收集证据

律师因客观原因不能自行收集的证据,应在举证期限届满前向法院递交书面申请调查令,或申请法院直接调取,并协助调查收集。

(五)证据保全

在证据可能灭失或以后难以取得的情形下,律师应征得委托人同意后,代理其向人民法院申请保全证据。诉讼或仲裁过程中,申请证据保全不得迟于举证期限届满前;若需在诉前或仲裁前采取证据保全的,依照法律规定、司法解释及仲裁规则等规定办理。

(六)证据的审查和整理

律师对调查、收集的证据应从以下几个方面进行审查确定真伪及证明力:

1.证据的来源及种类;

2.证据的形成和制作;

3.证据形成的时间、地点和周围环境;

4.证据的内容和形式;

5.证据要证明的事实及其与本案的关联性;

6.证据间的关系;

7.证据提供者与本案或本案当事人的关系;

8.证据的合法性和客观性;

9.证据的证明力。

三、编制证据目录

(一)证据目录的要素

编制证据目录应符合《中华人民共和国民事诉讼法》《最高人民法院关于民事诉讼证据的若干规定》,

以及相关仲裁机构对证据及证据目录的要求,完整地包含证据名称、证据来源、主要内容及证明对象四个要素。

编制证据目录时,应紧密围绕案件事实、案件争议焦点对证据进行分组,原则上每组证据对应一项案件事实或一个争议焦点。编制完成后,应装订成册并对证据目录和证据进行编号。

(二)格式与内容

1. 证据目录封面

封面是证据目录装订成册时的首页,应包含如下要点:

(1)各方当事人;

(2)诉讼或仲裁阶段;

(3)审理法院或仲裁机构;

(4)案由;

(5)案号;

(6)委托人;

(7)代理人及联系方式;

(8)证据目录及证据总页码;

(9)提交人及提交时间。

2. 证据目录内容

(1)证据名称

证据名称系指证据首页注明的完整名称,或者在未注明名称时对该证据本身的简要描述,不得随意精简或任意描述,例如《商品房买卖合同》《会议纪要》、"事故现场照片"(未注明名称)等。

(2)证据来源

证据来源是指证据产生的源头,说明证据的来源主要是便于裁判机构判断证据的合法性及可信度。

归纳证据来源非简单表明该份证据由谁提供,律师不得将证据来源简单归纳为"原告提供""被告提供"。证据来源应表明该份证据从何而来,例如"《企业法人营业执照》系×××工商行政管理局颁布""《商品房买卖合同》系由原、被告双方签订""《建设工程规划许可证》系在×××规划局查询所得"等。

(3)是否原件

如果提交的证据有的是原件,有的是复印件,可单独列明。

(4)主要内容

主要内容应归纳该证据包含的与案件事实、争议焦点相关的主要事实,并进行简要描述。例如在商品房买卖合同(逾期交房)纠纷中,通常商品房买卖合同、付款凭证、房屋交接书分别作为证据提交,其主要内容分别归纳为:

①原、被告双方签订了《商品房买卖合同》,约定购房款××元,交房时间××年××月××日,逾期交房违约责任××××;

②原告已按合同约定支付了购房款××元;

③被告实际交房时间为××年××月××日,比约定时间逾期×天。

主要内容的描述应当简明扼要,不描述与案件事实及争议焦点无关的事实。

(5)证明对象

证明对象是指该证据能够证明的某一法律事实。证明对象与主要内容既相似又有区别,二者都是对事实的描述,但主要内容侧重于对证据体现的表面事实进行描述,而证明对象侧重于根据主要内容而归纳出能够直接产生法律意义的事实。

仍以上述商品房买卖合同(逾期交房)纠纷为例,其证明对象应分别归纳为:双方自愿签订的合同合法有效,原告已履行了付款义务。被告逾期交房的行为违反了合同约定,应承担向原告支付违约金××元的违约责任。

3.证据目录及编码

律师应对证据目录及证据进行编码,便于对应查阅。编码时应使用打码器,并在证据右上角空白处打码,不得手写。

四、证据封面及装订

证据目录及证据材料应使用A4纸打印或复印并装订成册,封面应使用事务所胶装机专用的封面用纸,并用胶装机装订后方可提交。

当证据材料较多,需装订多本证据时,应对多本证据进行合理的分拆并注明每本的顺序,既不打乱证据的连贯性和逻辑性,也需保持多本证据的厚度基本一致。

本指引自2020年11月1日起生效

附件:1.证据目录封面范例
      2.证据目录范例

16

律师服务收费标准备案暂行办法（试行）

第一条 为了规范重庆市律师服务收费标准,根据司法部、国家发展和改革委员会、国家市场监督管理总局下发的《关于进一步规范律师服务收费的意见》等有关要求,结合本市实际,制定本办法,供律所参考制定本所收费标准。

第二条 在重庆市司法局登记设立的律师事务所（含分所、联营所）,应自本文件发布之日起30日内,就本所收费标准向所在地律师协会分会（律工委）备案,首次备案后,若律师事务所有调整收费标准的,需重新报备。备案后一年内原则上不得变更。

新设律师事务所在取得执业许可证书10个工作日内,应当制定律师服务费标准并向所在地律师协会分会（律工委）备案。

律师事务所不得超出本所在律师协会分会（律工委）备案的律师服务费标准收费。

第三条 律师服务收费应遵循公开公平、自愿有偿、诚实信用的原则。

第四条 律师事务所制定律师服务费标准应当统筹考虑律师提供服务需要耗费的工作时间、成本、法律事务的难易程度、委托人的承受能力、律师事务所以及律师可能承担的风险和责任、律师事务所以及律师的社会信誉和工作水平等因素,确定服务事项、收费方式,以及每一项服务事项收取服务费的数额或者范围、幅度、比例、限额等。

如有特殊情形的,可以在律师服务收费标准中列明。

第五条 律师事务所向所在地律师协会分会（律工委）提交书面备案材料。

如律师事务所提交的备案材料符合本办法第二、三、四条规定的,所在地律师协会分会（律工委）应于收到备案材料之日起30日内,加盖公章,并向律师事务所交付备案回执。

律师事务所提交的备案材料不符合本办法第二、三、四条规定的,所在地律师协会分会（律工委）应当在收到备案材料时一次性告知需要补充或者修正的全部内容。律师事务所应按照上条规定报送补充或者修正后的材料。

第六条 经所在地律师协会分会(律工委)备案后,律师事务所应当在门户网站、微信公众号或律所公开律师服务收费标准。律师事务所应严格执行明码标价制度,按规定在收费场所显著位置公示律师服务收费依据、收费标准、服务内容、监督投诉电话等信息,自觉接受社会监督。

第七条 律师事务所未按照本办法办理律师服务收费标准备案,所在地律师协会分会(律工委)可以约谈律师事务所负责人,并尽快完成该所律师服务收费标准备案。

第八条 实行市场调节价的律师服务收费由律师事务所与委托人协商确定。

律师事务所与委托人协商律师服务收费应当主要考虑以下因素:

(一)耗费的工作时间;

(二)法律事务的难易程度;

(三)委托人的承受能力;

(四)律师事务所和承办律师可能承担的风险和责任;

(五)律师事务所和承办律师的社会信誉和工作水平等。

第九条 律师服务收费根据不同的服务内容可以采取计件收费、按标的额比例收费或计时收费方式。

第十条 计件收费是指以每一委托事项为基本单位收取律师服务费的收费方式。

第十一条 按标的额比例收费是指按该项法律服务所涉及的标的额的一定比例收取律师服务费的收费方式。按标的额比例收费通常适用于涉及财产关系的法律事务。

第十二条 计时收费是指按照律师计时收费标准和办理法律事务的计费工作时间收取律师服务费的收费方式。计时收费适用于所有的法律事务。

计费工作时间是律师办理法律事务的有效工作时间,包括律师向委托人了解案情、调查取证、查阅案卷、起草诉讼文书和法律文件、案例/规范性文件检索、会见被限制人身自由的人员、出庭、参与调解和谈判、商议工作方案、代办各类手续等法律事务的必要时间。

第十三条 律师事务所办理法律事务可以实行风险代理收费。下列案件不得实行或者变相实行风险代理:

(一)刑事诉讼案件;

(二)行政诉讼案件(涉及财产争议的除外);

(三)国家赔偿案件(涉及财产争议的除外);

(四)群体性诉讼案件;

(五)婚姻继承案件(涉及财产争议的除外);

(六)请求给予社会保险待遇、最低生活保障待遇、赡养费、抚养费、扶养费、抚恤金、救济金、工伤赔偿、劳动报酬的案件。

第十四条 律师事务所接受委托,应当与委托人签订律师服务收费合同或者在委托代理合同中载明收费条款。

收费合同或收费条款应当包括:收费项目、收费标准、收费方式、收费数额、付款和结算方式、争议解决方式等内容。

第十五条 律师事务所向委托人收取律师服务费,应当及时向委托人出具合法票据。

第十六条 律师事务所在办理法律事务过程中发生的诉讼费、仲裁费、鉴定费、公证费、查档费、经委托人书面同意的代委托人支付的费用,以及合同约定的律师费对应的增值税,不属于律师服务费,由委托人另行支付。

第十七条 律师事务所办案产生的差旅费不属于律师服务费,由律师事务所与委托人另行结算。

律师事务所需要预收办案差旅费或协商包干收取的,应当向委托人协商差旅费用预算,经协商一致,由双方签字确认。

第十八条 按上述第九条和第十条结算有关费用时,律师事务所应当向委托人提供合法票据或者经双方认可的费用清单。

第十九条 律师服务费、代收代付费用和办案差旅费由律师事务所统一收取。律师不得私自向委托人收取任何费用。

除前款所列三项费用外,律师事务所以及承办律师不得以任何名义向委托人收取其他费用。

第二十条 律师事务所应当接受指派承办法律援助案件。办理法律援助案件不得向受援人收取任何费用。对不符合法律援助范围但经济确有困难的委托人,律师事务所可以减免或者免收律师服务费。

第二十一条 因律师服务费发生争议的,律师事务所应当与委托人协商解决。协商无法形成一致意见的,可以提请律师事务所所在地的律协分会(律工委)律师收费争议调解委员会调解处理。经调解不成或当事人不愿意调解的,也可按双方律师服务费收费合同或委托代理合同约定的争议解决方式处理。

第二十二条 本办法由重庆市律师协会理事会负责解释。

第二十三条 本办法自重庆市律师协会理事会审议通过并自2023年1月1日起生效试行,试行期一年。

附件:律师服务收费标准格式参考

附件

律师服务收费标准格式参考

一、刑事案件收费标准

担任刑事案件犯罪嫌疑人、被告人辩护人、刑事案件自诉人、被害人诉讼代理人的服务收费标准。

(一)侦查、审查起诉、一审阶段,分阶段计件收费。

1.侦查阶段收费标准为每件____元—____元。

2.审查起诉阶段收费标准为每件____元—____元。

3.一审阶段收费标准为每件____元—____元。

(二)二审、死刑复核、再审、申诉阶段,每个阶段参照一审阶段的收费标准。

(三)担任刑事案件自诉人、被害人代理人:收费标准为每件____元—____元。

(四)收费说明

1.犯罪嫌疑人、被告人同时涉及多个罪名或者数起犯罪事实的,参考上述标准结合所涉罪名或者犯罪事实分别计件收费,同时优惠收费。

2.重大、疑难、复杂案件,双方协商一致,可以在规定标准5倍之内(含5倍)确定收费标准,基于平等自愿原则,双方可以自由定价。

3.同一律师事务所代理同一案件的二审、死刑复核、申诉、再审,适当优惠收取律师服务费。

二、代理民商事、行政案件、仲裁、商事调解案件一审阶段收费标准

(一)不涉及财产关系的,实行计件收费或小时收费,如双方协商计件收费的,每件收取____元—____元;

(二)涉及财产关系的,按照标的额比例分段累计收取:

10万元下的(含10万元)	____元—____元
10万元至100万元部分(含100万元)	____%—____%
100万元至500万元部分(含500万元)	____%—____%
500万元至1000万元部分(含1000万元)	____%—____%
1000万元至5000万元部分(含5000万元)	____%—____%
5000万元以上部分	____%—____%

(三)二审、申诉、抗诉与再审案件,分别按照一审阶段的收费标准,适当优惠收取律师服务费。

三、特殊民事、行政案件收费标准

代理请求支付劳动报酬、工伤赔偿、赡养费、抚养费、扶养费、抚恤金、救济金、婚姻继承、请求给予社会保险待遇或最低生活保障待遇,以及代理涉及安全事故、环境污染、征地拆迁赔偿(补偿)等公共利益的群体性诉讼案件受害人的,以及公民请求国家赔偿案件,均按平均标准优惠收费。

四、常年法律顾问收费标准

(一)律师担任常年法律顾问采取固定收费或计时收费方式。

(二)固定收费的,以年度为计费单元,根据顾问单位营业规模、法律风险程度、顾问律师经验等因素,按照预计花费时间确定律师费。

1. 小型企业法律顾问:每家____元/年—____元/年;

2. 中型企业法律顾问:每家____元/年—____元/年;

3. 大型企业法律顾问:每家____元/年—____元/年。

五、非诉讼业务收费标准

代理或办理涉及投融资、发债、公司设立、改制、重组、并购、破产、解散、清算等事务,需要开展尽职调查、设计交易结构、参与项目磋商谈判、起草交易文件、出具法律意见书等服务的,可采取按固定收费、标的额收费、风险代理或计时收费。

(一)固定收费的,____元—____元;

(二)按涉及财产关系的标的额____%—____%计费;

(三)风险收费。

六、风险代理收费标准

(一)标的额不足人民币100万元的部分,按____%—18%收取;

(二)标的额在人民币100万元以上不足500万元的部分,按____%—15%收取;

(三)标的额在人民币500万元以上不足1000万元的部分,按____%—12%收取;

(四)标的额在人民币1000万元以上不足5000万元的部分,按____%—9%收取;

(五)标的额在人民币5000万元以上的部分,按____%—6%收取。

七、计时收费标准

律所代理各类法律服务,可以采用计时收费方式,根据律师执业年限及专业能力不同,收费标准如下:

(一)初年级律师(执业1—3年)　　　　　　　____元/小时—____元/小时

(二)中年级律师(执业4—6年)　　　　　　　____元/小时—____元/小时

(三)高年级律师(执业7—8年)　　　　　　　____元/小时—____元/小时

(四)合伙人(执业8年以上)　　　　　　　　　____元/小时—____元/小时

八、其他特殊情形收费标准

17

律师工作小时计算及审核指引

（2022年6月8日重庆市律师协会第七届理事会第四十次会长办公会研究，2022年6月27日重庆市律师协会第七届理事会第三十二次通讯表决通过）

为提升法律服务品质，帮助客户了解律师的服务内容和工作付出，与此同时，公平、公正、及时地对合伙人、非合伙人律师及律师助理的代理工作价值进行核算，特制定本指引。

一、有效工作小时是指律师在为客户提供法律服务时，按照勤勉尽责的要求，以及律师行业公认的执业标准，合理付出的社会必要劳动时间

二、律师实行小时收费的，可参考本指引

律师实行其他收费方式的，可参照本指引记录工作日志。

三、工作小时计算范围

（一）在签约前与客户谈判或获取、准备相关法律文件、出具法律服务建议书、报价函、操作方案等。

（二）律师向客户了解案情

包括但不限于听取客户的案情介绍，依法对客户的咨询作出解答，以及和客户研究、交换对案件的看法。

（三）调查取证

包括但不限于向犯罪嫌疑人、当事人、被害人、证人和有关单位，调取书证、物证、视听资料等证据或证人证言。

（四）查阅案件材料

包括但不限于律师到公安、司法机关查阅和复制案件有关材料，向政府有关机构或组织查阅与案件有密切关系的证据资料（不含有关法律资料）。

（五）草拟、修改、审查、翻译法律文件

包括但不限于起诉书、答辩状、代理词、上诉状、申诉书、合同、法律意见书与各类法律文书。

(六)会见被限制人身自由的人

包括但不限于罪犯、在押嫌疑人以及其他被依法限制人身自由(取保候审、监视居住在内)的人。

(七)出庭

包括但不限于出席法庭、仲裁庭、听证会、行政复议。

(八)参与案件的座谈、会诊、调解和谈判,以及与有关部门对案件的交流与探讨

(九)代理各类非诉讼法律事务

包括但不限于代理申请商标注册、申请专利、公司登记、公司并购、国土买卖、税务登记、项目转让、房屋买卖、出国签证。

(十)应邀出席客户的股东会、董事会,举行培训

(十一)常年法律顾问的例行拜访

(十二)办理其他与案件有关的法律事务

四、工作小时测算参考标准

(一)承办诉讼/仲裁案件

1.向客户提供法律咨询或了解案情,据实计算;

2.阅卷,据实计算,每案累计8小时以内,重大疑难案件、阅卷工作量大的案件除外;

3.调查收集证据,据实计算,每案累计30小时以内,重大疑难案件除外;

4.会见犯罪嫌疑人、被告人,据实计算,每案累计30小时以内,重大疑难案件除外;

5.书写民事诉状、反诉状、答辩状、代理词、辩护词、上诉状、申诉状、法律服务建议书、报价函、操作方案(参考4小时/份)据实计算,每件原则上16小时以内;

6.书写保全申请书、管辖权异议申请书、鉴定申请书、案件进展报告(参考2小时/份),据实计算,每件原则上3小时以内;

7.代理立案、上诉及缴纳诉讼费用(参考2小时/项),据实计算,每个诉讼或仲裁程序累计4小时以内;

8.庭前准备工作

熟悉案情、收集检索法律依据及相关判例等法律资料(参考4小时/项),据实计算,每案二项共计15小时以内;

9.编制证据目录及准备庭审证据,据实计算,每案原则上18小时以内;

10.参加法庭审理或仲裁审理,按实际出庭时间计算;

11.代理参加调解、谈判,据实计算;

12.陪同保全、先予执行、调查取证,据实计算;

13.领取出庭通知、法律文书(参考1小时/项),据实计算,每个诉讼或仲裁程序累计3小时以内;

14.通过电话与客户、司法机关、仲裁机构等进行必要的联系与沟通(参考6分钟/次),据实计算,每次18分钟以内;

15.与承办机构的经办人员交换案情或意见(参考0.5小时/次),据实计算,每案8小时以内。

(二)非诉讼法律事务

1.为客户提供法律咨询,据实计算;

2.审查、修改合同/协议(参考4小时/份),据实计算,每份原则上12小时以内;

3.草拟合同、协议(参考6小时/份),据实计算,每份原则上16小时以内,多次修订除外;

4.参加谈判,据实计算;

5.参与策划、研究、论证,据实计算;

6.电话咨询,据实计算;

7.出具法律意见书(参考4小时/份),据实计算,每份18小时以内,多次修订除外。

(三)经主管合伙人或客户同意,与专家进行研究、探讨或请教(参考2小时/次),据实计算,每案累计8小时以内

(四)持续与客户谈判或调取必要的相关资料,据实计算

(五)承办律师向客户或相关领导汇报或沟通案情,据实计算

(六)涉外法律业务中涉及翻译或文本繁杂的法律文件,有效工作小时另行据实核算

(七)证券业务、并购等大型项目的法律文件,有效工作小时另行据实核算

五、工作小时测算原则

(一)在途时间测算

律师在提供法律服务过程中,乘坐车、船、飞机所耗费的路途时间以及因差旅所耗费的时间,可以比照有效工作小时收取律师费,但另有约定的除外:

1.主城区内办案,在途时间按每公里2分钟计算;

2.乘坐飞机(火车)所花费的在途时间,按实际飞行(行驶)时间计算(航班/车次延误及机场/车站等候时间不计算);

3.主城区外乘坐汽车在途时间按每公里0.5分钟计算。

在途时间与律师工作小时分别核算,且在途时间应减半计算有效工作小时。

(二)有效工作小时换算原则

1.有效工作小时以承办律师实际的工作时间为基础。承办律师为2人以上的,应以各自的工作小时为基础分别申报;

2.实际工作时间并不必然等于有效工作小时,若因自身工作效率和质量不高而未达到社会必要劳动时间的,应合理调减有效工作小时;

3.如果本应由1人独立完成某项具体事务,但因下列情形分工不当致使2人以上(含2人)共同参与

方能完成的,主管合伙人应根据各自承担工作量的大小、作用及付出时间,在测算参考标准内将参与承办律师的工作小时折算为有效工作小时:

(1)该律师因业务能力、办案经验等无法独立胜任;

(2)无须2名以上律师参与即可胜任或办理的。

4.下列情形不应计算或申报有效工作小时:

(1)合伙人或资深律师为了指导、培训助理律师(实习律师)而带其学习办案,如后者在该项工作中确实未起到助手、配合作用的,则不计算后者有效工作小时;

(2)律师书写法律文书,调查收集证据等代理工作(包括多次重复),因没有达到律师行业公认的或事务所要求的质量标准而无法采用或未采用的,但其中部分被采用可以折合工作小时的除外。

5.主管合伙人或主办律师非因客户要求,而是因时间紧迫或助理律师无法独立胜任等特殊原因,单独从事或包揽本应由助理律师承办的事务,应当对其有效工作小时进行酌减或不计工作小时;

6.律师工作小时与在途时间均以分钟为计量单位,并应当为6分钟的整数倍。

六、第三条为律师代理诉讼与非诉讼事务通常所需的工作时间,用于律师承办并申报有效工作小时的参考。若参与承办律师实际工作时间因效率偏低而多于上述参考标准的,律师在测算工作量时,应按第四条的规定,将代理该业务实际付出的时间折算为有效工作小时。

七、工作日志的填写

(一)律师在填写工作日志中"服务内容"一栏时,应先简明扼要地注明其承办法律事务的名称(如建设银行诉华嘉公司一案,可标注为:华嘉案),并在服务内容中注明参与承办律师的姓名及完成的主要工作,以保证工作清单与有效工作小时申报表的信息完整。

1.律师在填写具体工作内容时,应当对办理法律事务进行清晰的分段描述,从而使客户明确知悉该律师代理每一段具体法律事务之内容与时耗。

例:

A案:××律师与××先生就某事进行面谈。

A案:××律师就某事给××女士起草信函。

A案:××律师就专家证言问题与××先生会面和沟通交流。

2.审单合伙人对描述模糊的工作内容可不予批准,如将总共5小时的工作内容描述为:"对电子邮件和信函进行回复;电话会议;准备及参加会议;修改文件。"

(二)同一律师在同一连续期间内处理多个不同法律事务的,在填写工作日志时,应当将上述期间按不同法律事务的工作量比例分割为若干时间段,填写在各个法律事务之中,且分拆后时间相加之和不得超过原时间区间。

(三)为避免不合理的申报,律师不得申报因工作质量或效率不高而进行的重复工作内容,包括上司因此要求重做而导致的重复工作。

八、申报与确认

(一)向客户申报工作小时清单,原则上应当每月一次,最长两个月以内。

(二)多个律师共同承办同一法律事务的,主办律师应指定一名助理律师或律师助理负责填制工作清单。在向客户申报时,应当对工作清单按时间先后顺序进行汇总整理,以便客户审阅。

(三)负责申报的助理律师或律师助理每月25日前,应当按"一案一清单"的原则,汇总所有参与承办律师的工作日志并制作《律师工作小时清单》,一并交主管合伙人审查后提交客户签章确认,并于次月3日前将客户确认的清单,连同所有承办律师自己签字确认的《有效工作小时申报表》由审单合伙人审定。

(四)在《律师工作小时清单》中,负责汇总申报的助理律师或律师助理应将各承办律师的以下工作内容删除:

1.关于填写合同或收结案审批表、申报工作日志等内部程序性工作内容;

2.非为客户服务所必需的其他工作内容,如内部汇报等(承办律师之间对案件的研讨时间除外)。

上述工作内容在律所内部《有效工作小时申报表》中仍可申报,由开拓者与审单合伙人审查确认。

(五)采取计时收费的,律师应将客户不视为付费小时但事务所内部可作为考核之用的有效工作小时的相关工作内容,参照本指引第八条第(四)款的规定办理。

(六)对于已签订代理合同但客户尚未付费的法律事务,律师仍应当逐月向其确认工作小时,并经申报审批程序后由财务部先行挂账,待客户付费后统一支付。对于未签订代理合同的,承办律师仍应当及时、准确地记录工作日志,待签订合同后向客户申报工作清单,并根据客户确认申报有效工作小时。

(七)律师应当将客户确认的《律师工作小时清单》归档附卷。

九、内部审核原则

(一)计时收费的,以客户签章确认为审核依据。

(二)律师申报的有效工作小时合乎社会必要劳动时间的,可予以确认。

(三)律师申报的单项工作或某项服务内容累计高于测算标准的,应特别说明原因。

(四)主管合伙人、审单合伙人在审核时,可以调阅卷宗并要求承办律师就申报内容作出相应说明。

(五)从事同一具体事务或书写同一法律文书时,因不符合律师行业公认的专业水准而反复修正、重复进行的工作,不应计入有效工作小时。

(六)律师在持续办理法律事务过程中的用餐或休息时间,应予扣除,但因业务需要专门安排的工作餐叙时间除外。

(七)律师在承办法律事务时,因工作方法不当、驾驭能力不强、办案效率低下等导致工作时间明显高于正常、合理范围的,应自行调减有效工作小时。

第七届理事
会以前出台
规则指引

1

重庆市律师协会申请律师执业人员考核办法

(重庆市律师协会第六届理事会第八次会议审议通过　渝律发〔2017〕31号)

第一章　总　则

第一条　为规范我市申请律师执业人员考核工作,把好律师执业准入关,为律师行业输送合格人才,根据《中华人民共和国律师法》、《律师执业管理办法》、《中华全国律师协会章程》、《中华全国律师协会申请律师执业人员实习管理规则》(以下简称《实习管理规则》)、《中国全国律师协会申请律师执业人员实习考核规程》(以下简称《实习考核规程》)《重庆市律师行业规则制定程序规定》的相关规定,制定本办法。

第二条　本指引适用于在重庆市行政区域内注册登记的律师事务所进行申请律师执业考核的人员。

第三条　市律师协会统一组织实施本区域的律师执业考核工作。市律师协会组织实施律师执业申请考核工作,接受市司法行政机关的指导、监督。

第四条　市律师协会设立考核委员会,定期组织对申请律师执业人员的考核。考核委员会由执业律师和市律师协会秘书处相关工作人员组成。

第五条　执业律师担任考核委员会委员的,应当具备以下条件:

(一)具有较强的专业能力,勤勉敬业,恪守职业道德和执业规范,在行业内享有较高声誉;

(二)具有五年以上执业经验;

(三)没有违规违纪行为,未受到任何行政或行业处分。

考核委员会委员选任程序按照《重庆市律师协会专门委员会工作规则》执行。

第二章 考核程序与考核内容

第六条 对申请律师执业人员的考核,应当按照书面审查、面试考核和结果公示三个步骤依次进行。

考核委员会还可采取实地考察、访谈指导律师等方式,抽查接受被考核人员执业的律所场所、实务训练档案等,检查申请律师执业人员的实习或实务训练情况。

第七条 对申请律师执业人员的考核,包括个人展示、政治素质与职业道德、律师实务、沟通协调和应变能力四个方面。

第三章 书面审查

第八条 在律所实习的实习人员,提出考核申请时,应同时向市律师协会提交下列材料:

(一)实习人员撰写的不少于3000字的实习总结;

(二)实习人员撰写的实务训练周记(本条规定自本办法生效之日起顺延一年执行);

(三)指导律师出具的考评意见;

(四)律师事务所出具的《实习鉴定书》;

(五)市律师协会颁发的申请律师执业人员集中培训《结业证书》复印件;

(六)在指导律师指导下参加的不少于15次(包括本数,下同)接待当事人的活动记录、心得体会以及指导律师的点评意见;

(七)在指导律师指导下参加的不少于3次签订委托代理合同的活动记录、心得体会以及指导律师的点评意见;

(八)在指导律师指导下进行的不少于3次整理案卷归档的实际操作记录、心得体会以及指导律师的点评意见;

(九)在指导律师指导下参与的不少于8次的诉讼、仲裁或者非诉法律事务代理的活动记录、心得体会以及指导律师的点评意见;

(十)实习律师在实习期间被市律师协会派遣到司法或者行政机关协助开展相关工作的,视同参加本条第(六)到第(九)款的活动;

(十一)申请律师执业人员实习证复印件;

(十二)律所为拟申请专职律师的实习人员购买社保的证明,已退休的实习人员应提供已开始领取退休金的证明,拟申请兼职的实习人员应提供所在的从事法学教育的高等院校或科研机构同意其申请兼职律师的证明;

(十三)与律所签订的实习合同及实习期间律所提供的不低于重庆市最低工资标准报酬的证明材料(申请兼职律师的实习人员除外);

(十四)本人人事存档证明复印件(由重庆市人才交流中心司法分中心出具,军队转业自主择业人员、兼职教师、退休人员、在读学生除外);

(十五)渝中区、江北区、南岸区、沙坪坝区、九龙坡区、大渡口区、渝北区、两江新区的实习律师需提交接受市律师协会安排的参加相关公益活动的证明材料。

实习指导律师出具的考评意见和律师事务所出具的《实习鉴定书》,应当按照本办法第七条规定的内容,对实习人员的情况如实作出评价。

第九条 取得公职律师证、公司律师证,连续从业三年后申请转为执业律师的人员;取得法律援助律师证,连续从事法律援助工作一年后申请转为执业律师的人员;申请律师执业实习考核合格后,超过两年不满三年未申请律师执业的人员;因本人不再从事律师职业申请注销原律师执业证书,或与原所在律师事务所解除聘用合同和所在律师事务所被注销后六个月内未被其他律师事务所聘用等原因,注销原律师执业证书后超过两年不满三年,又重新申请律师执业的人员,只参加市律师协会组织的实习期集中培训后方可申请面试考核的人员,需向市律师协会提交下列材料:

(一)律师事务所接受其执业的证明材料;

(二)市律师协会颁发的申请律师执业人员集中培训《结业证书》复印件;

(三)律师事务所为拟申请专职律师的上述人员购买社保的证明,已退休的上述人员应提供已开始领取退休金的证明,拟申请兼职律师的上述人员应提供所在的从事法学教育的高等院校或科研机构同意其申请兼职律师的证明;

(四)本人人事存档证明复印件(由重庆市人才交流中心司法分中心出具);

(五)市律师协会规定的其他材料。

第十条 申请律师执业实习考核合格后,超过一年不满两年未申请律师执业的人员;面试考核中被作出延长实习期决定,延长期满后申请律师执业的人员;因本人不再从事律师职业申请注销原律师执业证书,或与原所在律师事务所解除聘用合同和所在律师事务所被注销后六个月内未被其他律师事务所聘用等原因,注销原律师执业证书后超过六个月不满两年,申请律师执业的人员,直接申请面试考核时,需向市律师协会提交以下材料:

(一)律师事务所接受其执业的证明材料;

(二)律师事务所为拟申请专职律师的上述人员购买社保的证明,已退休的上述人员应提供已开始领取退休金的证明,拟申请兼职律师的上述人员应提供所在的从事法学教育的高等院校或科研机构同意其申请兼职律师的证明;

(三)本人人事存档证明复印件(由重庆市人才交流中心司法分中心出具);

(四)市律师协会规定的其他材料。

第十一条 第八条至第十条规定的人员提交上述材料时,应装订成册后由律师事务所加盖印章,面试考核时应携带上述材料原件备查。

第十二条　市律师协会在收到律师事务所提交的考核申请材料之日起30日内,组织对申请律师执业人员进行考核;有特殊情况的,可延长考核时间,但延长时间不超过30日。

第十三条　市律师协会收到申请律师执业人员及律师事务所提交的实习考核材料后,应当进行程序性审查,并根据下列情况分别作出处理:

（一）考核材料符合本办法要求的,应当在规定的考核期限内安排实习人员进行面试考核;

（二）考核材料部分符合本办法要求的,应当及时要求申请律师执业人员及律师事务所予以补正;申请律师执业人员及律师事务所按照要求补正的,安排实习人员进行面试考核;

（三）考核材料不符合本办法要求且申请律师执业人员、律师事务所拒绝说明或补正或者经补正后仍不符合要求的,应当由考核委员会对该申请律师执业人员出具考核不合格的意见,并依据《实习管理规则》第三十四条的规定给予相应的处理。

第四章　面试考核

第十四条　市律师协会应在面试考核七日前,通过在网站上发布公告或官方微信公众平台推送等方式将面试时间、地点及注意事项等通知申请考核人员。

被考核人员因有特殊情况不能按时参加面试考核,可以在面试考核前两日内向市律师协会申请重新调整本人的面试考核时间。

第十五条　面试考核小组应当为三人以上单数。以下人员不得担任当期面试考核小组成员:

（一）申请考核人员的近亲属;

（二）申请考核人员的实习指导律师或同所律师;

（三）与申请考核人员存在其他利害关系,可能影响面试考核公平、公正的。

第十六条　面试考核小组成员和参加考核人员在面试当日现场通过"双盲抽签"确定分组进行面试。

第十七条　面试实行全程录音录像,录音录像资料应当妥善保管,保管期限为36个月。

第十八条　面试考核的程序及评估标准另行制定。

第五章　考核结果

第十九条　考核结果分为合格、不合格两种。市律师协会应将考核结果在市律师协会网站上予以公示,公示期不得少于五日,接到有效举报应及时调查核实并于收到举报后三十日内作出调查结论。

第二十条　考核合格的人员,应当自收到考核合格通知之日起一年内,依照规定程序向司法行政机关申请律师执业。逾期未申请律师执业的,按照《重庆市律师协会申请律师执业人员考核程序指引》的规定予以处理。

第二十一条　考核小组应给予考核不合格的实习人员延长实习期三个月、六个月、九个月、十二个月的决定,同时在实习证上进行相应标注。

考核不合格的实习人员按照延长期限完成相关实习项目后,重新向市律师协会提交实习考核申请。

第二十二条　申请考核人员对考核不合格被延期的处理决定不服的,可以自收到市律师协会公告该次考核结果之日起十五日内,向市律师协会书面申请复核。市律师协会应当自收到复核申请之日起三十日内进行复核,并将复核结果通知申请人。

第二十三条　复核考核小组成员由当期面试考核小组成员外的其他实习考核委员会成员共五人担任,并采取无记名投票方式按少数服从多数的原则进行表决。复核考核小组认为有必要时,可以对实习人员重新进行面试考核。

复核小组可以要求接受被复核人员律师执业申请的律师事务所负责人、实习人员的指导律师列席参加复核。

第二十四条　复核考核小组维持原考核结果或处理意见的,按照本办法第二十一条的规定予以处理;复核考核小组认为申请复核理由成立的,应撤销原考核结果,重新出具考核结果。

第六章　监督管理

第二十五条　第八条规定的人员凭不实、虚假《实习鉴定书》、考评意见或者其他有关证明材料,或者采取欺诈、贿赂等不正当手段通过市律师协会考核的,市律师协会应当撤销对该实习人员出具的考核合格意见,该实习人员已进行的实习无效,并给予两年内不得再次申请实习的处分;情节严重的,给予五年内不得再次申请实习的处分。处理决定应当在十五日内在市律师协会的网站上予以通报,并抄送该实习人员所在区(县、自治县)司法行政机关。

第二十六条　第九条规定的人员凭不实、虚假证明材料,或者采取欺诈、贿赂等不正当手段通过考核的,市律师协会应当撤销对该人员出具的考核合格意见,该人员已进行的实习集中培训无效,并给予两年内不得再次申请面试考核的处分;情节严重的,给予五年内不得再次申请面试考核的处分。

第二十七条　第十条规定的人员凭不实、虚假证明材料,或者采取欺诈、贿赂等不正当手段通过考核的,市律师协会应当撤销对该人员出具的考核合格意见,并给予两年内不得再次申请面试考核的处分;情节严重的,给予五年内不得再次申请面试考核的处分。

第二十八条　市律师协会应当在十五日内将处理决定在市律师协会的网站上予以通报,并抄送该人员所在区(县、自治县)司法行政机关。

第二十九条　第二十五条至第二十七条规定的情形的处理发生在申请律师执业人员已获准律师执

业之后的,市律师协会应当同时将处理决定通报市司法局律师公证工作管理处。

第三十条 实习指导律师或者接受申请律师执业人员的律师事务所有下列情形之一的,市律师协会应当给予训诫、通报批评或者公开谴责;情节严重者,一至两年内禁止其指导实习人员,并给予所在律师事务所一至两年内禁止接受申请律师执业人员的行业惩戒:

(一)不履行或者懈怠履行实习指导、管理职责,致使该律师事务所同一名申请律师执业人员参加三次以上(含本数)面试考核仍无法通过考核,或者一年内该律师事务所参加面试考核的申请律师执业人员三分之二以上无法一次性通过考核的;

(二)无正当理由拒绝为申请律师执业人员出具《实习鉴定书》、考评意见或者其他有关证明材料的;

(三)为申请律师执业人员出具不实、虚假的《实习鉴定书》、考评意见或者其他相关证明材料的;

(四)帮助申请律师执业人员通过贿赂等不正当手段取得考核合格意见的;

(五)采用其他不正当手段妨碍考核工作顺利进行的。

处理决定应当在十五日内在市律师协会网站上予以通报,并抄送该实习指导律师或者接受实习人员实习的律师事务所所在区(县、自治县)司法行政机关。

第三十一条 考核委员会及面试考核小组、复核考核小组中的成员有下列情形之一的,市律师协会应当停止其在实习考核委员会或者面试考核小组、复核考核小组的工作,并给予训诫、通报批评或者公开谴责的处分;认为其违规行为需由司法行政机关给予行政处罚的,应当及时提请司法行政机关调查处理:

(一)不履行或者懈怠履行实习考核工作职责的;

(二)有接受实习人员财物、吃请、贿赂等行为的;

(三)在实习考核中有徇私舞弊、滥用职权行为的;

(四)有违反实习考核保密规定行为的;

(五)有其他影响考核公平公正进行的不正当行为的。

律师协会秘书处工作人员及其他实习考核工作参与人,在实习考核工作中有前款规定情形的,市律师协会应当按照有关规定给予相应的纪律处分或者建议司法行政机关给予纪律处分。

第七章 附 则

第三十二条 在重庆市内申请担任公职律师、公司律师、法律援助律师的实习考核,可参照本办法并结合相关工作实际执行。

第三十三条 公职律师、公司律师、法律援助律师、法官、检察官申请转为执业律师的面试考核,可以不参加市律师协会组织的本办法第七条规定的实务部分考核。

第三十四条 本办法经重庆市律师协会第六届理事会第八次会议审议通过,自2017年7月1日起施行。

本办法施行之日起,原《重庆市律师协会申请律师执业人员实习考核实施细则》自行废止。

2

重庆市律师协会申请律师执业人员面试考核评估标准指引

(重庆市律师协会第六届理事会第十六次会长办公会审议通过 渝律发〔2017〕33号)

第一章 总 则

第一条 为落实中华全国律师协会、重庆市律师协会实习人员相关管理规则规定,根据《重庆市律师协会申请律师执业人员考核办法》《重庆市律师行业规则制定程序规定》的相关规定,特制定本指引。

第二条 实习人员参加面试考核时,由面试考核小组依照本指引所确定标准,对参加面试的实习人员面试表现作出评判,以核定其是否熟练掌握了律师业务的基本技能,初步具备独立执业能力。

第二章 考核方式

第三条 考官在对面试人员考核时,应依照《实习人员面试考核评估表》所列考核环节次序逐项对面试人员考核,并依照考核情况分别作出"5分(优秀)""4分(良好)""3分(一般)""2分(较差)""1分(差)"的评判。

第四条 考官应依照对面试人员表述及对问题应答所形成的观感,即时比照《申请律师执业人员面试考核评估表》内考核项目作出判断,并同步对每一环节作出综合评议,提出点评意见。考官对面试人员填写考核结果或汇总得分时,应保持静默。考官应尽量杜绝面试结束时回溯评议、点评。

第五条 各环节考核完毕后,考官应汇总面试人员各环节综合评议结果,得出面试人员本次面试考核综合总评结果,并填写于"考核结果"栏目。

第三章 个人展示环节评估标准

第六条 举止、仪态项目中,在着装上,男性面试人员应以西装、衬衣、领带的正装搭配为宜,女性面试人员应以得体、大方的职业套装搭配为宜;在仪表上,应发型整齐、面容整洁;在仪态上,步履应从容稳健,入座后应姿态端庄挺直,随身物品应放置座位旁。考核标准为:

5分(优秀):仪表端庄、举止大方得体,表现出良好修养,自信并具亲和力,符合律师职业专业形象要求。

4分(良好):仪表端庄,举止比较得体,较有修养,比较符合律师职业专业形象要求。

3分(一般):仪表规范,举止表现出基本的礼节,符合通常职业的3分(一般)形象要求。

2分(较差):仪表、举止基本规范,无羞怯、拘谨状况。

1分(差):仪表、举止不得体,缺乏礼貌与基本素养,缺乏自信与亲和力。

第七条 语言表述项目中,语言表述用词应规范、简练,不应过多出现停顿或语气助词;吐字发音应清晰、明确,应答能够切合考官节奏。考核标准为:

5分(优秀):语言规范,表达清晰、流畅、精练,具有影响力和感染力。

4分(良好):语言规范,表达比较清晰、流畅、简洁。

3分(一般):语言比较规范,能明确表达核心内容。

2分(较差):语言基本规范,表达基本清楚,经一次补充或修正能表述所需透露的信息。

1分(差):语义表述含糊不清,需要反复补充、修正才能表达所要透露的信息。

第八条 心理状态项目中,对考官发问应沉稳从容应答,能够对自己的性格状态有明确的认知,对自身能够适应本行业的优势及需要提高的部分有较为清楚的认识,对未来可能出现的不确定状态有较充足的准备。考核标准为:

5分(优秀):应答自信、从容、沉稳,能够清楚地了解自己的优点及缺点,对自身与行业的适应度及未来的不确定状态有明确的认识。

4分(良好):应答比较自信、从容,比较清楚地了解自己的优点及缺点,对自身与行业的适应度及未来的不确定状态有较多的预想及认识。

3分(一般):能自如应答,对自身与行业的适应度及未来的不确定状态有基本的认识。

2分(较差):能作出切合题意的应答,对自身与行业的适应度及未来的不确定状态有一定的认识。

1分(差):应答不能切合题意,出现羞怯、紧张情形,对自身与行业的适应度及未来的不确定状态缺乏一定的分析和认识。

第九条 展示内容项目中,面试人员应在考官指定的时限中全面、完整地传达出考官所希望了解的个人信息、学习和工作背景、实习经历以及个人性格、爱好及今后的职业规划等信息。对提问的问题能够把握核心,准确理解及应答。考核标准为:

5分(优秀):能够在指定的时间内清晰、完整地表述,全面展示考官发问希望了解的内容。

4分(良好):能够在指定的时间内较为清晰地表述、较为全面地展示考官发问希望了解的内容。

3分(一般):能够在指定的时间内基本清楚、正确地回答出考官发问希望了解的大部分内容。

2分(较差):经补充、修正后,在指定的时间内能基本完整地介绍考官发问希望了解的内容。

1分(差):表述过于简略或逻辑次序混乱,对考官发问希望了解的内容理解不全面或不准确,考官无法明确了解相应信息。

第十条 个人魅力项目中,考官应对面试人员在本环节应答过程中所展现出来的综合能力、状态进行整体评价。在该环节中,考官应结合面试人员的教育、工作、生活经历等背景,以相对对应及客观的标准对面试人员作出判断。考核标准为:

5分(优秀):与考官形成融洽的交流或互动,语言表述或肢体语言运用得当,富有感染力。

4分(良好):与考官形成较好的交流或互动,语言表述或肢体语言运用得当;

3分(一般):能与考官形成交流或互动,语言表述或肢体语言运用适宜。

2分(较差):能够回应考官的交流或互动,必要时可辅助以肢体语言。

1分(差):不能与考官形成有效交流或互动,表述与肢体语言运用较为不当或不当,缺乏感染力。

第四章 政治素质与职业道德环节评估标准

第十一条 职业荣誉感、责任感项目考核标准为:

5分(优秀):具备良好的律师职业荣誉感、责任感及对于职业荣誉感、责任感产生的基础有清晰的理解与阐述,对于如何塑造律师职业形象及维护律师职业荣誉有明确的、符合职业规范要求的认识。

4分(良好):具有较好的律师职业荣誉感、责任感,对于如何塑造律师职业形象及维护律师职业荣誉有比较明确的、符合职业规范要求的认识。

3分(一般):具有律师职业荣誉感、责任感,对于如何塑造律师职业形象及维护律师职业荣誉有一定的认识。

2分(较差):具有律师职业荣誉感、责任感,了解塑造律师职业形象及维护律师职业荣誉的必要性。

1分(差):对律师职业荣誉感、责任感认识较差,对律师职业荣誉感及职业荣誉感产生的基础认知模糊或不准确,不能清楚地阐述如何塑造律师职业形象及维护律师职业荣誉。

第十二条 律师执业理想项目考核标准为：

5分（优秀）：对律师的执业理想有明确的理解与认知，对如何实现并信守执业理想有明确规划。

4分（良好）：对律师的执业理想有比较明确的理解与认知，有实现执业理想的明确规划。

3分（一般）：理解律师的执业理想基本内容，有实现执业理想的初步规划。

2分（较差）：能阐述执业理想及实现执业理想的途径。

1分（差）：含糊或不能正确阐述律师的执业理想，无对执业理想实现途径的规划或规划较为模糊。

第十三条 社会主义法治理念项目考核标准为：

5分（优秀）：对社会主义法治的核心内容、本质要求、价值追求、重要使命及根本保证有明确的理解和认识，完全具备社会主义法治理念。

4分（良好）：对社会主义法治的核心内容、本质要求、价值追求、重要使命及根本保证有比较明确的理解和认识，比较具备社会主义法治理念。

3分（一般）：对社会主义法治的核心内容、本质要求、价值追求、重要使命及根本保证有明确的理解和认识，具备一定社会主义法治理念。

2分（较差）：对社会主义法治的核心内容、本质要求、价值追求、重要使命及根本保证有基本的理解和认识。

1分（差）：不能清楚了解社会主义法治的核心内容、本质要求、价值追求、重要使命及根本保证中的内容。

第十四条 职业规范项目考核标准为：

5分（优秀）：对有关案件受理、冲突处理、结案管理等方面的管理制度、工作程序、方法、主要禁止行为等在内的律师执业规范有全面的认识，能够正确回答考官的全部提问。

4分（良好）：对有关案件受理、冲突处理、结案管理等方面的管理制度、工作程序、方法、主要禁止行为等在内的律师执业规范有比较清楚的认识，能够比较正确回答考官的绝大部分提问。

3分（一般）：了解律师执业规范规定，能够正确地回答考官大部分提问。

2分（较差）：了解律师执业规范规定，经提示或补充后能够正确地回答大部分考官提问。

1分（差）：对律师执业规范的认识比较模糊或不准确，不了解主要规定，无法清楚地描述其中内容。

第十五条 职业道德项目考核标准为：

5分（优秀）：对律师职业道德和执业纪律规范内容清楚及全面了解，能全面、正确回答考官提出的全部问题。

4分（良好）：对律师职业道德和执业纪律规范内容比较清楚及了解，能比较全面、正确地回答考官提出的大部分问题。

3分（一般）：对律师职业道德和执业纪律规范内容有比较清楚的认识，能较全面地回答考官提出的大部分问题。

2分(较差):对律师职业道德和执业纪律规范内容比较清楚,经提示后能回答考官提出的大部分问题。

1分(差):对律师职业道德和执业纪律规范内容认知模糊或不准确,不能正确回答考官提出的相关问题。

第五章 律师实务环节评估标准

第十六条 实习周记簿项目中,实习周记簿是考察实习人员实习状况、实习真实性的依据材料之一。接收实习人员实习的律师事务所应当建立实习人员实习周记制度,由实习人员填写实习周记簿,并由指导律师签署意见。实习周记簿应当与面试人员的实习过程相对应,载述时间与内容范围应涵盖实习期间。对本项目的考核,由考官结合面试人员提供的材料,根据执业经验和逻辑规则进行判断。考核标准为:

5分(优秀):实习周记簿原始记录载体真实、全面,与实习周记簿统计表相互印证,指导律师按规定时间及时作出指导意见,对实习人员的评价与考官考核感受完全相符。

4分(良好):实习周记簿原始记录载体真实、全面,与实习周记簿统计表相互印证,指导律师能按规定作出指导意见,对实习人员的评价与考官考核感受绝大部分相符。

3分(一般):实习周记簿原始记录载体真实,指导律师能按规定作出指导意见,对实习人员评价与考官考核感受大部分相符。

2分(较差):实习周记簿原始记录载体真实,指导律师按规定作出指导意见,对面试人员评价真实。

1分(差):无实习周记簿原始记录载体,或原始载体与实习周记簿统计表不能相互印证,或无指导律师对面试人员评价或指导律师对面试人员评价不客观真实。

第十七条 实务训练项目中,实务训练考核材料是考察实习人员实习状况、实习真实性的依据材料之一。该材料应当证明实习人员完成实务训练项目的真实状况以及实习期届满的实习成效,应包括实习人员参加主要实务训练项目形成的全部工作文书、操作记录、训练心得以及指导律师点评意见。该材料应按律师对外提供法律服务的装订规范整理装订成册。

实务训练考核材料复印件须由律师事务所盖章,并核对原件,其中,应包括在指导律师指导下参加的不少于15次(包括本数,下同)接待当事人的活动记录、心得体会以及指导律师的点评意见,在指导律师指导下参加的不少于3次签订委托代理合同的活动记录、心得体会以及指导律师的点评意见,在指导律师指导下进行不少于3次整理案卷归档的实际操作记录、心得体会以及指导律师的点评意见,在指导律师指导下参与不少于8次的诉讼、仲裁或者非诉法律事务代理的活动记录、心得体会以及指导律师的点评意见。实习律师在实习期间被市律师协会派遣到司法或者行政机关协助开展相关工作的,视同参加以上活动。对本项目的考核,由考官结合面试人员提供的材料原件,根据经验法则、逻辑规则和自己的理性良心自行判断。考核标准为:

5分(优秀):实务训练材料原始记录载体客观真实,实务训练材料符合律师对外提供法律服务的装订规范并整理装订成册,目录与内容对应,内容全面,能反映实习人员已全面掌握从事律师职业所需要的专业知识,并有全面的认识和理解,表现出4分(良好)的学习能力。

4分(良好):实务训练材料原始记录载体客观真实,实务训练材料比较符合律师对外提供法律服务的装订规范并整理装订成册,能反映实习人员已较为全面地掌握从事律师职业所需要的专业知识,并有比较全面的认识和理解。

3分(一般):实务训练材料原始记录载体客观真实,实务训练材料整理装订成册,能反映实习人员已基本掌握从事律师职业所需要的专业知识。

2分(较差):实务训练材料原始记录载体客观真实,能基本反映面试人员具备从事律师职业所需要的大部分专业知识。

1分(差):实务训练材料不客观真实或伪造,未能整理成册或训练内容欠缺、训练内容次数不足,欠缺实习心得体会及指导律师点评意见,不能反映面试人员对从事律师职业所需要的专业知识有充分了解或认识片面,相关知识点模糊,不熟悉实务工作。

第十八条 洽谈技巧项目中,考官应了解面试人员既往会同指导律师参与业务洽谈的情况,考察实习人员在实习过程中体会及学习到的洽谈技巧是否已相较实习之前有较大提升,是否已可满足独立执业的基本需求。考核标准为:

5分(优秀):已具备与客户洽谈业务的专业技巧,能够准确了解如何主导谈判走向,表现出4分(良好)的沟通和协调能力。

4分(良好):对与客户洽谈业务的技巧有较多的了解,比较了解如何主导谈判走向,表现出较好的沟通和协调能力。

3分(一般):了解与客户洽谈业务的技巧,具备一定的沟通和协调能力。

2分(较差):基本了解与客户洽谈业务的技巧,并具备学习能力。

1分(差):不了解、不具备与客户洽谈业务的专业技巧,不掌握或不熟悉实务工作,学习能力需待加强。

第十九条 实体及程序专业技能项目中,考官应考核面试人员对于实体及程序法律知识的掌握情况,对相应的法律规定是否已全面、充分了解,是否基本具备独立执业及为社会公众较好地提供专业法律服务的能力。考核标准为:

5分(优秀):已掌握从事律师职业所需要的基本实体专业技能,并有全面、准确的认识和理解,表现出良好的学习能力。

4分(良好):基本掌握从事律师职业所需要的基本实体专业技能,并有比较全面的认识。

3分(一般):基本掌握从事律师职业所需要的基本实体专业技能,并有基本认识。

2分(较差):基本掌握从事律师职业所需要的大部分基本实体专业技能。

1分(差):对从事律师职业所需要掌握的基本实体专业技能较为欠缺,相关知识点模糊,不熟悉实务工作。

第二十条 案例分析项目中,考官可以根据实务训练材料的内容,也可以随机设定案例题目,考察面试人员对信息的收集与分析能力、对核心法律问题的归纳把握能力、对事物逻辑关系的分析能力及综合表达能力,以判定其是否基本满足独立执业的素质需求。考核标准为:

5分(优秀):思考分析全面、细致,能从不同角度思考问题,有很好的逻辑能力。

4分(良好):思考分析比较全面,能从不同角度思考问题,有较好的逻辑能力。

3分(一般):具备一定的思维逻辑能力,能较准确地分析、归纳案例题目的要点。

2分(较差):具备基本的思维逻辑能力,能较准确地分析、归纳案例题目的大部分要点。

1分(差):思维严谨性比较差,逻辑比较混乱,在分析、归纳案例要点方面较为欠缺,存在一定的漏洞与偏差。

第六章 沟通协调和应变能力环节评估标准

第二十一条 沟通能力项目中,考官既要结合面试人员在既往环节应答过程中所展现出来的交流能力、表达能力等对其进行评价,也应假设某些执业权利受阻的特定情形,询问面试人员解决办法。考核标准为:

5分(优秀):能够清晰、明确地表达自身诉求,准确把握问题核心,寻找最贴切的法理依据佐证自身诉求的合理性。

4分(良好):能够比较清晰、明确地表达自身诉求,比较准确地把握问题核心,寻找法理依据佐证自身诉求的合理性。

3分(一般):能够比较清晰地表达自身诉求,以法理依据佐证自身诉求的合理性。

2分(较差):能够清楚地表达自身诉求,基本把握问题的核心。

1分(差):不能准确地把握问题核心,表述逻辑缺乏依据或表述不清。

第二十二条 应变能力项目中,考官应假定面试人员在执业过程或案件处理过程中遭遇某种不利状况,要求其在较短时间内作出应对处理。考核标准为:

5分(优秀):思维敏捷,对问题能从容应对并且作出准确的判断与回答。

4分(良好):思维比较敏捷,能较为从容应对并且作出比较准确的回答。

3分(一般):思维比较清晰,对问题能作出基本全面的回答。

2分(较差):思维基本清晰,对问题能作出基本正确的回答。

1分(差):思维不够清晰,思路过于发散,对问题焦点归纳及应答不集中或不能应答。

第二十三条 业务的灵敏性和创造性项目考核标准为:

5分(优秀):对法律、政策变化与市场环境的关联性触觉敏锐,具有因市场环境的影响而强化自身学习与开发律师业务的意识,具备为客户提供针对性的解决方案的意识。

4分(良好):对法律、政策变化与市场环境的关联性有一定认识,具有强化自身学习与开发律师业务的意识,具备为客户提供解决方案的基本意识。

3分(一般):具有强化自身学习基本意识与开发律师业务的基本意识,具备为客户提供解决方案的基本意识。

2分(较差):具有强化自身学习的基本意识。

1分(差):对市场环境与律师业务之间的关联性不敏感,缺乏持续学习意识或不具备为客户提供解决问题方案的基本意识。

第二十四条 个性稳定性项目考核标准为:

5分(优秀):积极进取,有正确的人生观,自我评价正确,对社会环境认知正确、思维不偏激或极端。对情绪控制得当,能够将认识、目标和行动有机统一。

4分(良好):有正确的人生观,对社会环境认知比较正确,思维不偏激或极端,对情绪控制比较得当,能够较好地将认识、目标和行动有机统一。

3分(一般):有正确的人生观,自我评价和对社会环境认知比较正确,思维不偏激或极端,对情绪控制比较得当。

2分(较差):有正确的人生观,思维不偏激或极端,对情绪控制适宜。

1分(差):对自我没有清醒、全面的认识,思维比较偏激或极端,不能有效控制情绪或行为。

第二十五条 诚信规范执业项目考核标准为:

5分(优秀):熟悉了解律师执业行为规范的各项规定,能全面、正确地回答考官提出的全部问题。

4分(良好):比较了解律师执业行为规范的各项规定,能比较全面地回答考官提出的全部问题。

3分(一般):了解律师执业行为规范的规定,能比较全面地回答考官提出的大部分问题。

2分(较差):掌握律师执业行为规范核心内容,能回答考官提出的大部分问题。

1分(差):对律师执业行为规范的内容认知模糊或不正确,不能正确回答考官提出的大部分问题。

第七章 附 则

第二十六条 本指引由重庆市律师协会会长办公会负责解释。

第二十七条 本指引经重庆市律师协会第六届理事会第十六次会长办公会审议通过,自2017年7月1日起施行。

3

重庆市律师协会申请律师执业人员面试考核程序指引

(重庆市律师协会第六届理事会第十六次会长办公会审议通过 渝律发〔2017〕32号)

第一章 总 则

第一条 为规范本市申请律师执业人员面试考核程序,根据《重庆市律师协会申请律师执业人员实习考核办法》(以下简称《办法》)、《重庆市律师行业规则制定程序规定》的相关规定,制定本指引。

第二条 面试人员参加面试考核时,由考核小组依照本指引确定的程序,对参加面试的实习人员进行面试考核,统一面试考核流程,确保对全体面试人员的程序适用公平。

第二章 考核小组

第三条 面试考核小组成员及参加面试考核人员的分组应当由市律协秘书处工作人员在每次面试考核10分钟前通过组织双盲抽签确定。

考核小组负责对实习人员进行面试考核。面试考核小组成员为三人以上单数,设组长一名。组长主持面试考核的流程工作,各考官均有权对面试人员发问及作出评判。经组长提议,也可由本次考核小组考官轮流主持当次面试考核流程工作;负责主持的考官为当次面试考核的主考官。

第四条 除面试人员自我介绍外,考官的提问与面试人员的回答均应尽量简洁;面试人员应答偏离主题时,考官可要求面试人员停止回答该项问题。组长应根据现场情况把控节奏与时间,必要时可直接引领提问至下一考核环节。

第三章　面试人员进场

第五条　面试人员进场后,应先于门口处等候。由市律师协会秘书处工作人员现场领取其身份证和实习证,并转交考核小组查验。面试人员未携带身份证和实习证的,组长告知其停止参加本次考核,下次参加考核时间由市律师协会秘书处另行安排。

第六条　考核小组核实面试人员身份后,主考官请面试人员步入面试席就座,以此考察其仪态、举止及涵养。

第七条　面试人员应携带实务训练等材料原件备查。面试中需要核查实务训练材料原件而实习人员无法当场提供的,主考官告知其终止参加本次考核。考官应在面试成绩单上注明原因,本次面试成绩为不合格。

第四章　面试考核

第八条　面试人员就座后,主考官宣布面试考核开始。面试考核应当采取互动问答的方式进行。每名实习人员的面试考核时间不得少于10分钟。

面试考核中,各项考核内容占总分值的权重分别为:

(一)实习人员个人展示部分,占面试考核总分值的25%;

(二)实习人员政治素养与职业道德部分,占面试考核总分值的25%;

(三)实习人员律师实务部分,占面试考核总分值的25%;

(四)实习人员沟通协调和应变能力部分,占面试考核总分值的25%。

第九条　面试考核采用评分法,总分值为100分,由考核小组打分后取其平均值。实习人员得分为60分以上(含本数)且按照《办法》第七条所列四个方面考核内容,每项得分均不低于该项分值60%的,评定为面试考核合格。否则,视为考核结果不合格。

考核结果被认定为不合格的,根据该面试人员面试考核得分,按照以下标准延长相应的实习期:

(一)面试考核得分高于50分(含本数)低于60分(不含本数)或者按照《办法》第七条规定的四个方面所列任意一项考核内容得分高于12.5分(含本数)低于15分(不含本数)的,给予延长实习期三个月;

(二)面试考核得分高于40分(含本数)低于50分(不含本数)或者按照《办法》第七条规定的四个方面所列任意一项考核内容得分高于10分(含本数)低于12.5分(不含本数)的,给予延长实习期六个月;

(三)面试考核得分高于30分(含本数)低于40分(不含本数)或者按照《办法》第七条规定的四个方面所列任意一项考核内容得分高于7.5分(含本数)低于10分(不含本数)的,给予延长实习期九个月;

(四)面试考核得分低于30分(不含本数)或者按照《办法》第七条规定的四个方面所列任意一项考核

内容得分低于7.5分(不含本数)的,给予延长实习期十二个月。

第十条 面试考核开始后,主考官应结合"个人展示环节"考核目的,要求面试人员用2~3分钟的时间对自己的个人信息、学习和工作背景、实习经历以及个人性格、兴趣爱好等作简要介绍。一般而言,该环节面试人员的自我介绍应不少于2分钟。考官应着重考察其语言表达能力及逻辑思维。

第十一条 面试人员自我介绍完毕后,考官可以就其自我介绍过程中所披露出的信息进一步提问,以对其进行全面判断。与此同时,考官亦可以依照《申请律师执业人员面试考核评估表》(以下简称《评估表》)"个人展示环节"所列考核项目对面试人员提问。

通常情况下,诸位考官提问问题合计以不超过三个为宜,如考官已对面试人员表现形成判断,亦可不再提问。

第十二条 "个人展示环节"结束后,主考官应以明确的方式,将考核流程引导至"政治素质与职业道德环节"。面试人员可随机在题库内抽取一组题目进行回答,亦可由考官依照对考核项目的理解、以自身掌握信息为基础随机设定题目。

本环节,考核小组选用题库内抽取题目的比例应高于本环节全部提问问题的50%。如考核小组通过面试人员就主考官发问的应答已对面试人员表现形成判断,亦可不再提问。

第十三条 经考官提问后,主考官认为可对面试人员政治素质与职业道德形成判断的,应以明确的方式,将考核流程引导至"律师实务环节"。考官应着重审查面试人员提交的实务训练考核材料原件的真实性,以及与面试人员提交实务训练考核材料复印件、实习周记簿之间的对应性,并可就其中实体性专业技能及程序性专业技能内容向面试人员提问,以甄别是否存在虚假实习的情况。对于面试人员表述在实习过程中所掌握的职业技巧或依实习周记簿、实务训练考核材料载述,该面试人员应当掌握的执业技巧或专业技能,考官应提问。

本环节,考核小组对面试人员的提问应不少于两个,但应不多于四个,且应兼顾对考核项目的全面覆盖。

第十四条 主考官根据问答情况,认为可以对面试人员"律师实务环节"作出判断的,应将考核流程引导至"沟通协调和应变能力环节",并主导提问。通常情况下考核小组对面试人员可提问一至两题。提问时,考核题目由考官依照该实习人员提交的实习周记簿、实务训练考核材料随机设定。如考官通过面试人员就其他考官发问的应答已对面试人员的表现形成判断,亦可不再提问。

第十五条 每一考核环节中,主考官提问完毕后,应征询其他考官是否尚有问题发问。如其他考官均无问题发问,主考官应将流程导引至下一考核环节。

第十六条 "沟通协调和应变能力环节"考核完毕后,主考官应宣布提问阶段结束,并告知面试人员现在由各位考官汇总评分及点评意见,面试人员可在考场外稍事休息,待结果产生后再通知其入场宣布点评意见及面试考核结果。

第五章　点评意见及面试考核结果汇总

第十七条　面试人员退场后,考官依公平公正、客观原则,按照《评估表》所列明的考核标准独立考核,考核结果分为合格或不合格两种。如确有需要,可以在组长的同意下,进行交流评议,但交流意见不影响考官的独立评判。考官应即时将考核结果在《申请律师执业人员面试考核汇总表》(以下简称《汇总表》)填写、签署后交现场工作人员,以便及时准备对下一面试人员的考核。

《评估表》提交后不可修改、取回,工作人员亦不得接收考官对同一面试人员重复提交的《评估表》。

第十八条　考核小组采取考官打分的形式进行评定,以该组考官得出的平均分数作为实习人员面试考核得分。

第十九条　考官不得拒绝作出考核结果。考官拒绝提交《评估表》或拒绝在其上填写考核分数并签署的,视为弃权,该面试人员的面试考核结果将依照已提交的《评估表》统计。如已提交的《评估表》为两份,则该两份《评估表》所得出的平均分数即为面试人员的面试考核得分;如已提交的《评估表》少于两份,本次面试考核无效。

第二十条　现场工作人员应即时将诸考官对每一面试人员的评估结果进行汇总,加权平均得出该面试人员本次考核得分,并填写于《汇总表》,由该考核小组参与考核的考官签字确认。

第二十一条　考官对《汇总表》记载的考核结果有异议的,现场工作人员应即时将该考核小组全部考官对该面试人员考核的《评估表》提供给提出异议的考官核对。经核对,《汇总表》记载的考核结果正确的,考官应签署确认。考官拒绝签署的,应由其在《汇总表》上自行书写拒绝签署的理由,并签署姓名、日期;考官不书写拒绝签署的理由的,由其他考官在《汇总表》上注明并签署姓名、日期。

第二十二条　主考官综合其他考官的评议及点评情况,对考核结果为不合格的面试人员在《汇总表》上作出书面评语。

第六章　点评及面试考核结果宣布

第二十三条　面试考核结果统计完毕,且对面试人员的点评意见形成后,主考官应安排现场工作人员通知该面试人员入场听取点评并当场宣布面试考核结果。

第二十四条　面试人员进场后,应先于门口处等候,由主考官请其步入面试席就座。面试人员就座后,主考官应综合考官意见、结合面试人员表现,对其面试考核情况进行点评,客观地指出面试人员展现出的优点和可能存在的问题,鼓励其继续发扬之处,提醒其注意改进之处,对其作出正确引导。

第二十五条　点评结束后,主考官应向面试人员宣布其本次面试考核结果。考核结果宣布完毕后,主考官宣布面试考核结束,请面试人员退场。

第七章 附 则

第二十六条 本指引由重庆市律师协会会长办公会负责解释。

第二十七条 本指引经重庆市律师协会第六届理事会第十六次会长办公会审议通过,自2017年7月1日起施行。

4

重庆市律师事务所收入分配规则行业指引

律所管理规则行业指引2016年第3号（总第3号）
（2016年9月11日重庆市律师协会第六届理事会第七次会议通过 渝律发〔2016〕30号）

第一条 为促进行业规范健康发展，引导律师事务所合理有序地进行业务收入分配，根据司法部《律师事务所管理办法》和《重庆市律师行业规则制定程序规定》等有关规定，结合本市实际情况，制定本指引。

第二条 本指引适用于在重庆市行政区域内注册登记的律师事务所，以及个人律师事务所开办人（开办人）、合伙制律师事务所合伙人（合伙人）和不属于开办人和合伙人类别的聘用执业律师（聘用律师）。

第三条 律师事务所业务收入是指律师事务所接受当事人委托办理法律事务，根据委托合同向委托人收取的法律服务费（包括律师办理法律事务发生的差旅费，以下简称律师费）。委托合同约定由委托人另行承担且不由律师事务所收取的差旅费和其他费用，不属于律师事务所业务收入。

第四条 律师事务所应按照行业管理规定和规则要求建立收入分配制度，遵循按劳分配、合法合规、效率优先、兼顾公平的原则实施收入分配。

第五条 律师事务所收入分配可以采取按律师个人业务收入的一定比例对应分配的方式（提成制分配方式），也可以采取业务统一收支核算、律师统一考核和发放薪酬及业绩奖金的分配方式（公司制分配方式），以及其他兼顾提成制分配特点和公司制分配特点的方式。无论何种方式，律师事务所均应保证所有业务收入统一入账，合法做账，依法纳税和合理分配。禁止律师事务所实行聘用律师包干上交管理费或其他变相包干经营的分配方式。

第六条 律师事务所及其开办人和合伙人应当保障本所聘用律师和其他聘用人员的法定工作权利和福利待遇，包括并不限于提供办公条件、支付重庆律师行业最低月工资和缴纳社会保险费等。

第七条 律师事务所应当根据自己的实际情况，适时建立包括执业风险、事业发展、社会保障等内容的一个或多个基金,基金在业务收入中的计提总额不得低于当年度业务收入额(税前营业收入额,下同)的1%。当基金累计计提金额达到前三个年度律师事务所平均业务收入总额的5%后,可不再继续提取。

律师事务所不得将计提的基金以任何变相分配的方式支付给聘用律师,开办人或合伙人不得挪用基金,更不得将基金作为利润分配。

第八条　采取提成制分配方式的律师事务所,向律师(包括开办人或合伙人自己在内)支付单一业务个人提成分配的比例,不得超过该业务收入额的70%。如按照律师年度业务收入总额,以比例分段累进支付业务提成分配的,律师事务所支付律师个人全部业务提成分配比例的算术平均值,不得超过律师年度业务收入总额的80%。具体提成比例由律师事务所自行决定。

第九条　采取提成制分配方式的律师事务所向律师支付收入时,应该按照律师办理业务的进度分段进行,不得采取到账一次性分配方式。律师事务所对律师尚未完成委托合同义务的业务,应保留业务到账收入总额5%~10%比例的案件质量风险金。律师事务所只有在律师结案且按规定完成卷宗归档,未发现服务质量问题之后,才能将该部分金额对律师进行支付。

第十条　采取公司制分配方式的律师事务所,应根据自身实际制定业务考核和薪酬发放制度、业绩激励制度,以及案件质量风险控制制度等管理规则。其中,涉及薪酬发放总额、案件质量风险金保留等分配性支出的支付,不得低于本指引对采取提成制分配方式的律师事务所的基本规定要求。

第十一条　采取公司制分配方式的律师事务所在提留基金之后,用于律师(包括开办人或合伙人自己在内)支付工资、奖金、办案报酬等分配性支出的比例,不得超过全所年度业务收入总额的75%。

第十二条　律师违法执业或者因过错给当事人造成损失的,由其所在的律师事务所承担赔偿责任。律师事务所赔偿后,可以向有故意或者重大过失行为的律师追偿。

第十三条　律师事务所因经营产生的房租、物管费、水电费、办公费等费用,以及应由律师事务所承担的聘用人员的社会保险费和工资等,应由律师事务所及其开办人、合伙人按法律法规规定和章程协议约定负担,不得以任何方式转移或变相转移给聘用律师承担,也不得以任何方式对应核算给聘用律师负担。

第十四条　依法应当由开办人、合伙人和聘用律师个人缴纳的个人所得税、社会保险费用的个人承担部分及按照行业管理规定缴纳的个人会费等,由开办人、合伙人和聘用律师个人承担。

第十五条　本指引自重庆市律师协会理事会通过之日起生效,由重庆市律师协会会长办公会负责解释。

5

重庆市律师社会保险和最低工资保障行业指引

律所管理规则行业指引2016年第2号（总第2号）
（2016年9月11日重庆市律师协会第六届理事会第七次会议通过　渝律发〔2016〕29号）

第一条　为规范律师行业劳动用工关系，保障律师事务所和律师合法权益，促进律师事业健康发展，根据司法部《律师事务所管理办法》《中华全国律师协会关于律师事务所贯彻落实〈中华人民共和国劳动合同法〉保障律师最低工资权益的指导意见》和《重庆市律师行业规则制定程序规定》等有关规定，结合本市实际情况，制定本指引。

第二条　本指引适用于在重庆市行政区域内注册登记的律师事务所和执业律师。

第三条　律师事务所应当保障执业律师享有参加基本养老、基本医疗、工伤、失业、生育保险的权利，为执业律师依法缴纳社会保险费。

第四条　律师事务所应当与执业律师签订劳动合同，并自劳动合同订立之日起三十日内，向社会保险经办机构申请（或转移申请）办理社会保险登记，但法律法规规定不符合办理社会保险登记情形的除外。

第五条　律师事务所不得以任何形式将依法应由律师事务所承担缴纳的社会保险费，转移或变相转移给执业律师个人负担。

第六条　执业律师在法定或约定工作时间内履行职责的情况下，律师事务所向执业律师支付的工资不得低于本指引规定的最低工资标准。律师事务所不得拒绝履行支付最低工资的义务，也不得将该义务转移或变相转移给执业律师个人负担。

未采取固定工资制的律师事务所向执业律师支付的月工资可以按照年度平均值计算，即以执业律师该年度累计获得的工资收入总额除以12个月计算出月平均工资,但月平均工资仍不得低于本指引规定的最低工资标准。

第七条 律师事务所原则上向执业律师至少每月支付一次工资,实行周、日、小时工资制的可按周、日、小时支付工资。律师事务所应当按照约定的日期支付工资,如遇节假日或休息日,则应提前至最近的工作日支付。律师事务所确因客观原因暂无法准时支付工资的,在保障执业律师基本生活的前提下,经协商一致并形成书面协议,可以延期支付,延期最长不得超过三十日。

第八条 律师事务所支付的工资包括以各种名义支付或分配给执业律师的办案酬金、津贴、补贴或奖金。执业律师办理或协助办理法律援助案件及提供其他公益服务,从政府机关或其他机构直接获得的办案补贴或津贴等,应计入最低工资范围。

第九条 律师事务所向执业律师支付的月工资,不得低于本指引规定的重庆市律师行业最低月工资标准。重庆市律师行业最低月工资标准,由重庆市律师协会理事会(或授权会长办公会)每年按照重庆市人力资源和社会保障局发布的本地最低月工资标准确定并发布。如果理事会未能及时确定和发布该标准,该标准等同于重庆市人力资源和社会保障局发布的本地最低月工资标准。鼓励律师事务所以本地最低工资标准金额的2倍作为执业律师的最低月工资标准。

第十条 律师事务所违反本指引,未按时足额缴纳律师事务所应当承担的社会保险费,或未按照重庆市律师行业最低月工资标准支付工资的,执业律师可向重庆市律师协会投诉,并请求协助解决。

第十一条 重庆市律师协会收到投诉并经调查核实后,可分别或同时采取如下处理措施:

(一)约谈被投诉律师事务所负责人,责令改正;

(二)对被投诉律师事务所给予行业内部通报批评;

(三)取消被投诉律师事务所当年各种评优、评先资格;

(四)提请相关主管部门给予行政处罚。

第十二条 本指引中的执业律师是指取得律师执业证书,并与律师事务所签订了劳动合同的专职律师,不包括公司律师、公职律师、兼职律师等依法不与律师事务所订立劳动合同的律师。

与律师事务所订立了劳动合同的实习律师、行政人员等其他人员,可参照本指引执行。

第十三条 本指引自重庆市律师协会理事会通过之日起生效,由重庆市律师协会会长办公会负责解释。